KB064140

통일의 선각자,

문익환의 삶과 분단극복론

통일의 선각자, 문익환의 삶과 분단극복론

초판 1쇄 발행 2014년 3월 31일

저 자 ㅣ 이유나
발행인 ㅣ 윤관백
발행처 ㅣ 도서출판 선인

편 집 ㅣ 최진아
표 지 ㅣ 박애리
영 업 ㅣ 이주하

인 쇄 ㅣ 대덕인쇄
제 본 ㅣ 과성제책

등록 ㅣ 제5-77호(1998.11.4)
주소 ㅣ 서울시 마포구 마포대로 4다길 4(마포동 324-1) 곳마루 B/D 1층
전화 ㅣ 02)718-6252 / 6257
팩스 ㅣ 02)718-6253
E-mail ㅣ sunin72@chol.com
Homepage ㅣ www.suninbook.com

정가 30,000원
ISBN 978-89-5933-710-1 90300

· 잘못된 책은 바꿔 드립니다.

통일의 선각자,

문익환의 삶과 분단극복론

이유나 저

도서출판 선인

올해 2014년은 늦봄 문익환 20주기이자, 문익환이 방북하여 김 주석과 남북문제를 논의한 지 25주년이 되는 뜻깊은 한 해이다. 그는 25년 전인 1989년 3월 25일 방북하여 평양도착성명에서 "내가 밟고 가는 눈 덮인 들판 길 조심하여 헛 밟지 말지어다. 오늘 걷는 나의 발자취가 뒤에 오는 이의 표식이 될 것임에"라는 시를 다시 읊었다. 1948년 4월 동족간의 참극을 막고 자 김구, 김규식이 온갖 방해를 무릅쓰고 38선을 넘으면서 읊은 서산대사의 시를 다시 인용하는 것으로 시작하는 이 성명을 통해 늦봄은 "하늘 우러러 한 점 부끄럼 없는"이라고 한 윤동주와 "모든 통일은 선"이라고 외친 장준하 의 마음으로 '정부와는 상호 보완하면서 민간인만이 할 수 있는 민간차원의 기여를 한다'는 심정으로 김일성 주석과 기탄없는 통일을 위한 대화를 하러 왔노라고 선언하였다. 또한 늦봄은 "한편이 이기고 한편이 지는 일이 아니 라 우리 모두 승리자가 되는 길을 찾아왔다"라고 성명서를 통해 밝혔듯이 당시의 그에 대한 비판과는 달리 어느 한편에 경도된 통일이 아니라 중립적 입장에서, 민족자주적인 평화적인 통일에의 길을 모색하고자 하였다.

해방이후 분단된 이래 정부차원의 통일노력과 민간차원의 통일운동이 늘 병행되어 왔는데, 늦봄의 통일론과 통일운동은 1948년 김구, 김규식의 남북협상파 세력의 남북협상운동, 조봉암을 비롯한 진보당 세력의 평화통 일운동, 4·19시기 민족자주화 통일론을 이끌었던 민주민족운동 세력의 통 일운동, 1960~70년대 함석헌, 장준하 등의 반독재민주화운동, 분단체제의 극복과 통일운동의 연장선상에서 이해되고 평가될 수 있을 것이다.

1970년대 말부터 민주화운동의 열기가 고조되었을 당시 선민주 후통일이냐, 선통일 후민주이냐는 논쟁이 일고 있을 때 늦봄은 민주도 통일도 하나라는 민주통일병행론의 입장에 서서 민주화와 통일을 위해 헌신하였다. 이후 6번의 수감 생활 동안 꾸준한 독서와 사색, 교류를 통해 영적인 성숙이 더해지면서 그의 통일사상은 진화해 나갔으며, 1989년 3월 역사적인 방북을 결행하게 된 것이다.

1989년의 늦봄의 방북은 그동안 남북간에 쌓여온 불신과 반목을 해소하고 사상, 신앙, 제도의 차이를 초월한 민족적 단합과 교류와 협력의 길을 터놓는 선구적 역할을 하였으며, 사실상 통일에의 의지가 박약했던 남한정부와 북한당국의 가교역할을 하여 남과 북의 민간통일운동의 연계에 노력하였다는 점에서 큰 의미를 지닌다고 할 수 있다.

2014년 현재의 남북한과 주변국을 바라보면 심상치 않은 분위기이다. 동북아 정세가 요동치고 있다. 제국주의 열강과 한국의 주변국이 한반도를 무대로 각축했던 1894년 갑오년의 위기상황과 흡사한 양상이다. 우리의 입자가 위태로워졌다. 북한은 핵, 미사일 발사와 함께 장성택 처형 이후 북한 유일체제의 강화를 위해 노력하고 있으며, 중국은 시진핑 주석 이후 중화민족의 부흥을 강조하며 공세적이고 강경한 입장을 보이고 있으며, 일본은 아베정권이 집권한 이후 더욱 우경화되고 공세를 강화하고 있다. 미국 백악관도 아시아 지역을 "지정학적으로 가장 민감한 곳"이라 부를 정도로 동북아의 정세가 예사롭지 않다. 지금과 같이 복잡한 국제정세와 남북 정치 정세의 소용돌이 속에서 강대국의 희생양이 되지 않고 남북통일과 동북아 평화번영을 달성하기 위해서는 그 어느 때보다도 현명한 외교안보전략과 대북정책이 필요한 때이다.

이러한 중요한 시기에 "우리가 벌여야 하는 평화운동은 서구의 평화운동과는 달리 이 나라가 세계평화를 깨뜨리고 인류의 생존을 위협하는 화약고의 구실을 하느냐, 세계평화의 열쇠가 되느냐 하는 중대한 갈림길에서 벌이는 운동"이라고 하면서 우리가 한반도를 중심으로 한 국제관계에서 국가간 갈등을 해소하고 이익을 조율하는 데 능동적으로 앞장서며 동북아에서 균형적 역할, 중립적 입장을 취할 것을 강조하며, 인생의 후반기를 민족과 민중에 대한 뜨거운 사랑으로 민족의 통일과 세계의 평화를 위해 헌신한 늦봄 문익환의 삶과 정신이 다시금 되새겨지게 된다.

문익환에 대한 기존의 연구는 문익환의 통일운동을 주로 방북과 4·2공동성명 등 그의 방북사건에만 한정해 이해하는 단편적인 연구가 대부분이었다. 그러나 문익환의 통일론과 통일운동에 대한 연구는 종합적이고, 거시적인 차원에서 분석할 필요가 있다. 우선 문익환의 성장 배경인 가족환경과 지리적 환경, 학업과 스승 및 교우관계에 대해 검토함으로써 어떠한 성장과정 속에서 민족문제와 통일문제를 인식하게 되었는지를 밝혀낼 것이다. 다음으로 해방이후 1950년대부터 70년대에 개신교의 통일론과 문익환의 통일론은 어떠한 변화 양상을 보이는지 검토해 보고, 목회자이자 신학자로서 신구약 번역작업을 하던 그가 왜, 어떤 이유로 민주화와 통일운동에 가세하게 되었는가를 고찰하고자 한다. 그리고 3·1민주구국선언 시기, 민주통일국민회의와 민통련 의장을 맡아서 활동하던 시기의 그의 민주화운동과 통일운동, 그리고 통일인식에 대해 살펴보고, 민주통일국민회의와 민통련 단체 내의 문익환의 위상과 그의 적극적인 제안에 따라 구성된 민통련 통일위원회의 활동에 대해서도 분석할 것이다. 또한 그의 '연방제 3단계 통일론'과 남북한 및 김대중 등의 통일방안을 비교 분석함으로써 당시 통일논의와 그의 통일론의 동일성과 차이를 확인하고자 한다. 나아가 그의 통일론을 실행에 옮긴 1989년 방북사건의 실체적 진실과 역사적 의미를 밝혀 낼 것이다. 마지막으로 문익환이 방북 후 '범민련 남측본부 결성 준비위원회'의 준비위원장으로서 범민련 결성에 노력하다가 돌연 '새 통일운동체' 구상으로 전환한 이유는 과연 무엇이었는지에 관해 탐구하고자 한다. 아울러 그의 범민련에서의 활동과 '새통체' 논쟁을 통해 나타난 통일론의 변화 등을 종합적으로 다루고자 한다.

이 책은 저자의 박사논문 「문익환의 통일론과 통일운동에 대한 연구」를 수정, 보완한 것이다. 저자의 연구를 위해 지금까지 아낌없는 많은 사랑과 관심을 가져 주시고, 논문을 지도해 주시고 가르쳐 주신 서중석 교수님의 은혜에 머리 숙여 감사드린다. 역사학을 연구하기 시작한 시점부터 지금까지 교수님께서는 늘 힘이 되어 주시고, 사랑과 격려로 함께 해 주셨다. 제자 사랑을 몸소 실천해주시고 저자의 논문에서 세밀한 부분까지 조언과 많은 지적을 해 주셨던 임경석 교수님, 심도 있는 논문이 되도록 날카로운 지적을 해주신 김택현 교수님, 논문의 구성과 세부적인 사항까지도 관여해주시고 가르쳐주신 강인철 교수님, 논문을 자세하게 검토해주시고 부족한 점을 일일이 지적해주셔서 완성도를 높여주신 정해구 교수님께 존경과 감사를 드린다. 연구자의 길에 들어선 순간부터 지금까지 지속적으로 관심을 가져 주시고 가르쳐주셨던 정현백 교수님, 신해순 교수님, 주진오 교수님, 박선희 교수님, 김태식 교수님, 이기순 교수님을 비롯한 많은 선생님들께 감사드린다.

그리고 논문과 관련된 많은 자료도 참고할 수 있도록 도와주시고, 많은 조언을 해 주신 홍석률 교수님, 잦은 방문에도 불구하고 논문의 구성과 체계에 대해 말씀해 주신 정창현 선생님, 논문을 쓰면서 힘든 시기마다 격려와 조언을 아끼지 않으시고 연구의 방향을 제시해 주신 김지형 선생님, 석사과정 시기부터 지금까지 지속적으로 많은 조언을 해주시고, 사랑으로 이끌어 주신 독립기념관의 이명화 선생님께도 감사드린다. 많은 조언과 자료를 제공해 주시고 실질적으로 많은 도움을 주신 민주화운동기념사업회의 이호룡 선생님과 관계자분들께도 감사드린다. 문익환 목사님의 방북 25주년 행사 준비로 바쁘신 가운데서도 항상 따뜻하게 대해 주시고, 사진 자료와 논문 자료에 큰 도움을 주셨던 통일맞이 이혁희 선생님과, 박용수 선생님께 감사드리고, 또한 문익환 목사님의 가족 분들을 비롯하여 당시 활동하셨던 분들의 생생하고도 주옥같은 증언은 이 책을 완성해 가는 데 중요하고 결정적인 역할을 하였기에 갑작스런 부탁과 바쁘신 일정 가운데에도 흔쾌히 인터뷰에 응해 주신 많은 분들께 진심으로 깊은 감사를 드린다. 이외에도 일일이 밝히지 못하였지만 지금까지 도움을 주신 많은 선생님, 선배님, 동료, 후배님들에게도 감사를 드린다.

그리고 어려운 출판 환경에도 불구하고 본서가 세상에 나오도록 도와주신 선인출판사 윤관백 사장님과 편집팀 최진아 선생님과 박애리 선생님, 관계자 분들께 감사드린다.

나의 삶의 원동력이자, 인생의 참된 스승이신 대학에서 정치학과 민족통일론 강의를 해 오신 아버지 이성구 교수님, 그리고 딸의 앞날을 위해서 새벽마다 기도해주시고 사랑으로 양육해주신 어머니 김현 교수님께도 감사드린다. 또한 만사를 제쳐두고 국회도서관과 국립중앙도서관에서 자료를 찾아주고 헌신적으로 도움을 준 남편에게도 감사한다.

무엇보다도 역사학 연구를 통해 한민족의 나아길 길을 제시하고 밝히도록 비전을 주신 사랑하는 하나님께 감사를 드린다.

2014년 3월
이유나

contents

문제제기와 연구 내용

1_
문제 제기

　　문익환(호는 늦봄, 1918~1994)은 한국현대사의 민주화운동과 통일운동에 큰 영향을 끼친 인물이었다. 특히 1980년대 이후 통일논의와 통일운동에서 그의 행보는 한국현대사의 흐름과 밀접한 관련성을 띠었으며, 나아가 남북한 통일운동사 측면에서 볼 때도 매우 의미 있는 활동이었다.

　　분단정부 수립과 한국전쟁 이후 남쪽의 통일논의와 통일운동은 수난의 연속이었다. 1950년대 이승만의 북진통일론에 대항하여 조봉암은 평화통일론을 내세웠고 1960년 4·19를 계기로 하여 통일논의가 활발히 전개되었지만, 이듬해 5·16쿠데타로 통일논의 자체가 봉쇄되었으며 통일운동세력은 극단적인 탄압에 직면하였다. 이후 1972년 7·4남북공동성명의 발표로 통일논의가 다시 형성되었지만, 박정희 정권은 유신체제 수립의 명분으로 남북대화를 내세움으로써 이 시기 남북관계는 정치권력의 안정화를 위한 도구로 활용되기까지 하였다. 1980년대에 이르러 통일논의가 조금씩 활기를 띠었고 1987년 6월항쟁을 거치면서 1988년에는 학생, 종교계, 사회단체들의 통일논의와 통일운동이 폭발적인 양상을 띠며 전개되기 시작하였다. 이때 문익환은 사회운동세력의 통일논의와 통일운동의 한복판에서 활동하였다. 따라서 이 책은 위와 같은 한국현대사의 통일논의와 통일운동사의 흐름을 염두에 두면서 문익환의 통일론과 통일운동을 집중적으로 조명함으로써 한국현대사에서 그의 통일 인식과 활동이 어떤 역사적 의미를 지니는지에 관해 탐구하고자 한다.

문익환의 통일운동에 관한 연구는 1989년 그의 방북과 방북 후 김일성 주석과의 합의하에 발표된 4·2공동성명에 관한 것이 대부분이며, 이에 대한 평가와 영향을 다루는 접근방식이 많았다. 1980년대에는 문익환의 방북에 대해 부정적 평가가 많았으나, 1990년대 탈냉전 이후 남북관계가 새로운 변화를 맞이하면서 그의 방북사건과 4·2공동성명에 대한 평가도 새롭게 재조명되기 시작하였다. 그러나 방북에 관한 연구의 경우에서도 방북과정이나 합의과정에 대한 정밀한 연구가 이루어졌다고 보기 어렵고, 문익환의 통일운동을 주로 방북사건에만 한정해 이해하는 단편적인 연구가 대부분이었다.

문익환의 통일운동에 대한 연구는 종합적이고, 거시적인 차원에서 분석할 필요가 있다. 즉 시기별로 그의 통일에 대한 인식의 변화가 어떠한 통일운동 내지는 활동으로 표출되었는지 면밀히 검토해야 하고, 그가 타계 직전에 조국통일범민족연합(이하 '범민련'으로 약칭)의 해체를 주장하고 새 통일운동체(이하 '새통체'로 약칭)를 구상하게 된 동기 및 배경을 확인할 필요가 있다. 또한 새통체 논쟁에 참여했던 인물들의 다양한 입장과 이 문제를 둘러싼 남측과 북측의 입장 등을 다각도로 검토하는 접근방식이 요구된다. 따라서 이 책은 이러한 문제의식을 가지고 문익환의 통일론과 통일인식을 규명하기 위해 구체적으로는 다음과 같은 사항들을 밝혀내고자 한다.

우선 문익환의 성장 배경인 가족환경과 지리적 환경, 학업과 스승 및 교우관계에 대해 검토함으로써 그가 누구로부터 어떠한 영향을 받았는지를

통일의 선각자, 문익환의 삶과 분단극복론

파악하고, 또 어떠한 성장과정 속에서 민족문제에 관심을 가졌으며, 누구와의 교류 등을 통해 통일문제를 인식하게 되었는지를 밝혀낼 것이다.

다음으로 해방 이후 월남한 그의 통일인식 형성에 근본 바탕이 되었던 당시 기독교계의 통일론은 무엇이었고, 목사이면서 신학자였던 그가 누구의 신학에 영향을 받았는가를 살펴보는 것이 필요하다. 이와 관련하여 구체적으로 그의 설교 등을 통해서 민족문제를 어떻게 바라보았으며, 아울러 신구약 번역자였고 목회자였던 그가 언제, 무엇 때문에 민주화와 통일운동에 가세하게 되었는가를 고찰해 보고자 한다.

문익환의 통일론과 통일운동은 그가 관련된 여러 사회단체와 관계 속에서 살펴 볼 필요가 있다. 따라서 본서는 민주통일 국민회의나 민주통일민중운동연합 등 재야단체 활동 시기, 단체 내 문익환의 위상과 그의 적극적인 제안에 따라 구성된 민통련 통일위원회의 활동에 대해서도 분석할 것이다. 또한 그의 '연방제 3단계 통일론'과 남·북한 및 김대중 등의 통일방안을 비교 분석함으로써 당시 통일논의와 그의 통일론의 동일성과 차이를 확인하고자 한다. 나아가 그의 통일론을 실행에 옮긴 1989년 방북사건의 실체적 진실과 역사적 의미를 밝혀 낼 것이다.

끝으로 문익환이 방북 후 '범민련 남측본부 결성 준비위원회'의 준비위원장으로서 범민련 결성에 노력하다가 돌연 '새통체' 구상으로 전환한 이유는 과연 무엇이었는지에 관해 탐구하고자 한다. 방북 이후 새통체 논쟁에서 범민련과 새통체, 그리고 새통체 내부에서 재야와 종교계 등의 입장은 무엇이었으며 그의 주장은 무엇이었는지 파악하고자 한다. 합법성과 대중성 강화 노선, '범민련식'이 아닌 남측의 자생적인 민간통일운동 노선 논란 등에서 어떤 입장을 보였으며 최종적·핵심적 통일론은 무엇이었는지를 분석해 보는 것은 그의 통일론과 통일운동을 이해하는 데 있어서 중요한 의미가 있기 때문이다.

이 책에서는 역사적 관점에서 문익환의 통일론과 통일운동을 시대적 흐

름에 따라 분석할 것이다. 문익환의 통일론을 이해하기 위해 출생과 성장과
정 및 교우·사제관계 등 그의 사상 형성 배경을 통해 민족문제와 통일 인
식이 시기별로 어떻게 변화되었고, 나아가 남북한 당국의 통일정책 변화에
과연 그가 어떠한 영향을 끼쳤는지 검토하고자 한다. 또한 통일운동단체
속에서 그가 차지하는 위상을 드러냄으로써 특히 1980년대 후반 이후 민간
통일운동 지도자로서의 역할에 대한 평가를 시도할 것이다. 이 문제는 1989
년 그의 방북사건이 몰고 온 파장과 영향 등을 통해 파악할 필요가 있다.
아울러 그의 범민련에서의 활동과 '새통체' 논쟁을 통해 나타난 통일론의
변화 등을 종합적으로 다루고자 한다.

　문익환에 대한 직접적인 연구는 통일운동 관련 논문이나 언론매체에 실
렸던 방북 관련 반응 등을 다룬 몇몇 글들을 제외하면 적은 편이다. 그에
관한 연구는 주로 그의 생애를 전체적으로 다룬 평전과 신학대학의 학위논
문 및 연구논문이 있다. 문익환에 대해 종합적으로 다루면서 그의 통일론
및 통일운동을 연구한 대표적인 연구로는 시인 김형수의『문익환평전』을
들 수 있다. 평전의 성격상 문익환의 일대기를 문학적 서술방식으로 드러내
고 있으며 직접 인터뷰한 내용을 인용하면서 쟁점에 대해 평가를 시도하였
다. 그는 문익환이 신학자에서 민주화, 통일운동에 뛰어들었던 계기가 일반
적으로 장준하의 죽음 이후라고 알려진 것과는 달리 이미 1970년 전태일이
죽은 시점부터였다고 주장하였다. 또한 그의 삶과 통일운동은 정치적인 운
동이라기보다는 종교적인 섬김이었으며, 한민족만이 아닌 '전우주적 공동
체 의식'을 견지하고 있었음을 강조하였다.[1] 그러나 그의 글은 사실관계에
중점을 두면서도 학술적 가치보다는 문학적 접근이 강하다는 점에서 연구
서로서의 한계를 가지고 있다.

　문익환의 통일운동 및 통일론에 관한 연구논문은 극히 소수이고, 그것도

---

[1] 김형수,『문익환 평전』, 실천문학, 2004.

역사학적 관점에서 진행된 연구는 양적으로 매우 빈약하다. 그럼에도 불구하고 문익환의 통일론과 통일운동을 본격적으로 다룬 최초의 연구서는 김지형·김민희의『통일은 됐어-젊은 현대사 연구가가 엮은 문익환 목사의 통일역정』이라고 할 수 있다. 문익환의 어린 시절부터 신학자의 삶, 방북과 새통체 결성과정까지를 각각의 시대적 배경과 상황을 배경으로 서술하였으며 동시에 그의 활동과 사상을 자세히 서술하였다.

1994년 문익환의 타계 직후 간행된 이 책에서는 문익환의 방북이 민족적 화해와 신뢰를 형성하여 민족부활, 즉 통일의 바탕을 마련한 우리시대 통일운동의 일대 쾌거였으며, 민간 통일운동의 새 지평은 바로 문익환의 방북으로부터 비롯되었다고 평가하였다.[2] 또한 김지형은 해방 이후 분단사와 통일운동사를 고찰하면서 정부차원의 통일노력과 민간차원의 통일운동이 항상 병행되어 왔음에 주목하면서, 특히 남북협상세력—평화통일을 지향한 조봉암을 비롯한 진보당 세력, 4·19시기 민족자주화 통일론을 이끌었던 학생·재야세력, 1960~1970년대 독재정권 청산이 곧 통일의 초석이라고 인식했던 민족통일운동세력—등의 연장선상에서 문익환의 통일노선을 평가하였다. 나아가 문익환의 방북 결과물인 '4·2공동성명'에 대해서는 '7·4남북공동성명'의 합의사항을 민간차원에서 재차 확인했다는 점에서 높이 평가하였고, 문익환을 비롯한 민간통일운동은 실제적인 대중적 통일촉구 활동과 남북교류의 새로운 장을 열었다고 긍정적으로 평가하였다.[3]

문익환을 직접 연구 주제로 한 학위논문들은 주로 신학대학원에서 신학과 관련된 연구나 그의 통일운동과 통일론을 신학적 관점에서 해석하는 것들이 대부분이다.[4] 또한 사회운동사 차원에서 문익환의 통일담론과 통일

2) 김지형·김민희,『통일은 됐어』, 지성사, 1994.
3) 김지형,「통일운동세력의 분단인식과 대응」,『인문과학연구』5호, 가톨릭대학 인문과학연구소, 2000.
4) 현철승,「문익환 목사의 통일운동론 연구」, 목원대 신학대학원 석사논문, 2001; 이요한,「문익환 목사의 통일운동연구」, 서울신학대 대학원 석사논문, 2007;

운동에 대해 접근한 연구성과도 있다.[5)]

이처럼 문익환의 통일운동 및 그의 통일론에 대한 직접적인 연구는 많지 않다. 특히 역사학적 측면에서 문익환의 방북과 통일론에 대한 연구는 거의 이루어지지 않았다. 주로 정치학 또는 신학적 접근을 통해 일반적인 통일운동이나 통일론을 서술하면서 문익환의 통일론에 대해 소개하는 정도이며, 그나마 방북사건과 4·2공동성명에 대한 평가가 대부분을 차지하고 있다.

문익환의 방북 사건과 4·2공동성명 등 그의 통일론과 통일운동에 대한 본격적인 연구는 서중석, 강정구, 강만길, 김낙중, 이승환, 이장희, 노중선 등의 연구가 주목할 만하다. 서중석은 조봉암, 이종률, 장준하, 문익환의 통일론과 통일운동이 각각 어떻게 같고 다른지 서술하였는데, 이들이 공통적으로 외세와 지배층을 부정적으로 바라보면서 민족자주와 민중 중심의 통일을 강조하였으며 제3의 길을 모색하는 등 유사한 주장을 했다는 공통성을 지적하였다. 서중석은 통일운동이 민족의 동질성을 공감하는 데서 출발하여 그것을 극대화할 때 완결될 수 있다는 점에서 민족적 동일체 의식의 필수불가결성을 강조하였다.[6)] 또한 서중석은 1989년 문익환의 방북과 2000년 6·15정상회담으로 열린 남과 북의 새로운 관계, 한반도 긴장의 완화가 남북관계의 제1단계라고 한다면, 제2단계는 남과 북의 교류협력관계, 한반도 평화정착을 위한 기본구조 구축으로 보면서, 통일지향 역사의식과 시민의식 형성의 중요성을 강조함으로써[7)] 문익환의 방북사건을 남북관계의 일

김요섭, 「늦봄 문익환 목사의 사회선교신학에 대한 연구」, 한신대신학대학원 석사논문, 2006; 박재순, 「한국에큐메니칼 운동의 전통과 신학적 유산」, 『신학사상』 2005년 봄호 등이 있다.

5) 피재현, 「늦봄 문익환 연구: 통일담론과 통일운동을 중심으로」, 성공회대 NGO대학원 석사논문, 2005.

6) 서중석, 「한국전쟁 후 통일론의 전개와 민족공동체의 모색」, 『분단50년과 통일시대의 과제』, 역사비평사, 1995.

7) 서중석, 「통일지향 역사의식과 시민의식 형성의 중요성」, 『늦봄 방북 20년, 통일운동의 성찰과 전망』 문익환 방북 20주년 기념 심포지엄, 2009.

대 전환적 사건으로 묘사하였다.

강정구의 연구는 문익환이 통일운동가로 나서게 된 배경을 서술하고, 다양한 통일방안과의 차이점을 분석하면서 방북사건과 '4·2공동성명'에 대한 평가를 시도하였다. 문익환의 방북과 통일논의에 대해 보수주의자와 일부 민중진영의 다양한 비판도 있었지만, 그는 사랑을 바탕으로 민족의 하나됨을 위한 실천 지향적 민족사랑, 감상적 통일론자의 맹목적 사랑이 아닌 현실분석과 이에 대한 대안을 모색하는 사랑, 남이나 북에 편향되지 않으며 부자나 경상도에게만 기울어진 류의 사랑이 아니라 다함께 아우르는 사랑, 즉 민족사랑·민주사랑·민중사랑을 아우르는 큰 사랑을 철학적 기조로 깔고 이를 통일적으로 구현하기 위해 혼신의 힘을 기울였다고 평가하였다.[8] 또한 그는 각 시대별 통일방안을 연대기적으로 고찰하면서, 1980년대의 통일논의에서 문익환의 '3단계 연방제 통일방안'과 김낙중의 '3차 7개년 4단계 통일방안', 김대중 '3원칙 3단계 통일방안' 등을 함께 서술하였다. 특히 그는 문익환의 통일론 중 통일 1단계에 이르기 위해서는 평화협정 체결, 미군철수가 이루어져야 하고, 남과 북 사이에 인적·물적·문화적 교류가 광범위하게 실현되어야 한다고 파악하였다. 또한 문익환은 중립화 선언만이 진정한 민족자결을 이루는 길이기 때문에 1단계에서 영세중립국 선언을 제안하고 있다고 하면서, 그의 통일론 중 1단계를 특히 강조한 점이 주목할 만하다.[9]

강만길은 1948년 김구와 김규식의 남북협상이 당시로서는 아무런 현실적 성과를 거두지 못했던 반면에, 문익환의 방북은 바로 현실적 성과와 연결되었다는 점에서 차이가 있다고 평가하였다. 문익환 방북 때 합의된 남북 불

---

8) 강정구, 「늦봄 통일방북의 민족 통일사적 의의: 4·2공동선언과 6·15공동선언을 중심으로」, 늦봄 문익환 목사 방북 12주년 기념토론회, 2001.

9) 강정구, 「통일방안의 연대기적 고찰과 평가 민간통일운동의 나아갈 길」, 『아시아사회과학연구원』, 1999.

가침선언은 곧 실현되었고, 정전협정의 평화협정으로의 대체 문제 등도 실현단계에 임박했다고 하였다. 즉 문익환의 방북과 '4·2공동성명'은 남북 사이의 불가침 합의서 교환과 휴전협정의 평화협정으로의 대체, 그리고 남북연합 단계와 완전통일 단계 사이에 연방제 단계를 설정하는 일 등을 선도한 계기가 되었다고 보았다.[10]

김낙중은 여러 통일방안을 비교 검토하면서, 문익환의 연방제 3단계 통일안에 대해 다루고 있는데, 단계별로 옮겨가는 데 있어서 구체적인 언급이 없고 평화의 제도화에 관해 구체적 보장조치를 제시하지 못하고 있다는 한계와 문제점에도 불구하고, 남북 쌍방에서 주장하던 국가연합식 통일안과 연방국가식 통일안을 모두 수용한 것이라고 의미 부여하였다. 문익환의 단계적 연방제안이 북한 당국에 의하여 긍정적 평가를 받았기 때문에 의미 있는 중요한 통일방안이라고 본 것이다.[11] 또한 김낙중은 4·2공동성명의 경우, 1980년 북한의 '고려민주연방공화국안'(이하 '고민연안'으로 약칭)에서 전제조건으로 내걸었던 남한 군사정권의 퇴진, 미군 철수, 미국의 내정 간섭 중지 등에 관해 일체 언급이 없었을 뿐 아니라, 이 공동성명의 합의사항을 각각 남북한의 정권당국에 건의하기로 하였으며, 더구나 이에 관해 북측의 최고 당국자가 남측의 노태우 대통령과 만나서 논의할 용의가 있다고 표명한 사실을 높게 평가하였다. 그는 4·2공동성명은 북한이 정치 군사 문제를 우선적으로 타결해야만 된다고 주장하던 통일 여건조성정책을 변경한 것으로 볼 수 있다며 종래 북측이 고집해 왔던 연방제뿐만이 아니라 남측 주장인 국가연합식 연방제에 대해서도 "긍정적으로 평가하였다"는 입장을 나타냈다는 것은 북한 통일정책상 큰 변화라는 점을 강조하였다.[12]

10) 강만길, 「문익환 목사 방북 10주년 기념-민간통일운동의 회고와 전망」, 『늦봄 문익환목사 방북 10주년 기념, 가슴으로 만난 평양 기념식 및 토론회 자료집』, 통일맞이 늦봄문익환 목사 기념사업, 1999.

11) 김낙중·노중선, 『현단계 제통일방안』, 한백사, 1989.

12) 김낙중, 「문익환 목사 방북의 역사적 의의-지상증언」, 『빼앗긴 변론』, 역사비평

| 통일의 선각자, 문익환의 삶과 분단극복론

노중선은 4 · 2공동성명은 재야통일운동사에서 남북 간의 첫 합의라는 점에서 역사적 의미가 크며, 2000년 6 · 15 통일시대가 열린 것도 바로 이 4 · 2공동성명에서 그 합의의 가능성이 확인되었기 때문에 가능했다는 점에서 큰 의미를 부여할 수 있다고 보았다. 또한 4 · 2공동성명은 동토와도 같던 냉전시대를 민족화해와 평화의 시대로 바꾸어 놓는 데 선각적인 역할을 했다는 역사적 의미를 지닌다고 하였다.[13]

이승환은 문익환의 방북과 4 · 2공동성명의 발표, 새로운 통일운동체에 특히 주목하면서, 문익환의 4 · 2공동성명은 7 · 4남북공동성명의 계승이며 6 · 15공동선언의 전편이라는 역사적 위치를 지녔다고 보았다. 그리고 4 · 2공동성명이 천명한 '공존'과 '점진성'의 원칙은 비록 남에서는 일시적으로 거부되었지만, 김대중 정부의 등장과 함께 '사실상의 통일추구'라는 내용으로 남측 정부의 기본 정책기조가 되었다고 평가하였다.[14]

이장희는 역대 정부의 통일정책과 민간 통일운동을 서술하면서, 장준하는 통일운동이란 민주 통일과 인권운동을 중심으로 하는 민주화운동의 일환임을 분명히 하였고, 이것은 문익환의 통일운동에도 큰 영향을 준 것으로 보았다. 방북 후 4 · 2공동성명을 통해 문익환이 그간의 북측의 선(先) 정치 · 군사회담, 남측의 선 교류협력을 병행추진하기로 합의함으로써, 후일 남한 정부 당국이 제1차 고위급회담 시 남북한의 입장을 절충, 양보케 하여 양자를 병행하여 다루게 한 것으로 평가하여 이를 민간통일운동의 큰 공로로 인정해야 한다고 강조하였다.[15]

———————————

사, 1990.

[13] 노중선, 「문익환 목사 10주기, 다시 그를 기억한다—6 · 15통일시대는 4 · 2공동성명에서 열리기 시작」, 『민족 21』, 2004.1.

[14] 이승환, 「문익환, 김주석을 설득하다—늦봄 방북 20주년을 맞아」, 『창작과 비평』 (143) 2009년 봄호.

[15] 이장희, 「'민족화해협력범국민협의회' 결성을 통해 본 해방후 민간 통일 운동과 정부의 통일 정책」, 『통일경제』 1998.9.

홍석률은 민간통일운동에 대해 전반적으로 설명하면서, 특히 문익환의 방북이 민간통일운동의 새로운 장을 개척하였다고 평가하면서도 국가보안법 철폐, 평화협정 체결 등의 민간통일운동이 풀어야 할 많은 과제들이 여전히 남아 있고, 정부와 민간통일운동단체의 관계도 상호 대립적인 것이 아니라, 서로 협력해야 할 시대적 사명을 지니고 있다고 평가하였다.[16]

황범주, 윤용민이 쓴『인물로 본 통일에세이』에서는 문익환의 생애와 방북의 과정 및 결과에 대해 서술하면서, 방북 성명서는 제2의 7·4남북공동성명이라 불릴 만하다며, 그를 백범 김구와 견주었다. 또한 문익환에 대해 순결하고, 생명 사랑에 근거한 영원한 청년이라고 평가하면서, 특히 문익환의 민주화와 민족통일운동을 화해와 평화의 신학인 기독교신학의 구체적인 실천으로 보았다.[17]

반면, 문익환의 방북과 4·2공동성명에 대해 안기부[18]와 일부 언론 및 학계에서 개진해온 북한의 지령을 받았다든지 북에 동조한 것이라든지 환상적 혹은 감상적 통일론이라는 등 부정적인 시각도 없지 않다. 이창하는 문익환의 갑작스런 방북으로 북한 측이 그동안 줄기차게 추구해온 통일전선전략에 그가 철저히 이용당했다고 하면서, 결국은 문익환의 방북이 남북관계를 냉각시키는 결과를 초래했다고 부정적으로 보았다.[19] 또한 연정열은 문익환의 방북을 문명사적 측면에서 정부의 사전승인 없는 방북행위가 실정법 위반뿐만 아니라 기존의 창구 단일화에 혼선을 빚어 국론을 분열케 하였다고 보았다. 또한 문익환이 북한 방문 시 김일성 부자 세습체제를 비판하지 아니하였고, 김일성으로 하여금 남한에 대한 오판을 가져다 주기 쉬운 환상에 젖은 행위를 하였다는 점에서 문제가 있다고 보았다.[20]

---

16) 홍석률, 「민간 통일운동의 전개와 쟁점」, 『내일을 여는 역사』 2005년 가을.
17) 황범주, 윤용민, 『인물로 본 통일에세이』, 지리산, 1992.
18) 안기부, 「문익환·황석영 씨 입북은 북한의 정치공작」, 『얼굴』 1989.5.
19) 이창하, 「문 목사 입북 계기 '민간급 대화' 확대 획책」, 『통일』 1989.5.

이렇듯 문익환의 통일운동과 통일론에 대한 연구는 주로 단편적인 연구가 많았으며, 또한 방북과 4·2공동선언에 대한 평가가 대부분이었다. 문익환의 통일론을 제대로 이해하기 위해서는 그의 통일론 형성의 배경에 대해 좀 더 깊이 있게 분석해야 하며, 그의 통일운동은 문익환이라는 한 인물에만 초점을 맞출 것이 아니라, 다른 학생운동세력, 재야 등의 움직임 등 한국 사회운동이라는 큰 틀에서 살펴볼 필요가 있다. 또한 사회운동 세력과 남한 정부, 북한 정부의 갈등관계라는 국내적 상황과 국제적 상황 등을 함께 고려해 서술되어져야 한다. 또한 방북 후 결성한 새통체와 관련된 논쟁점 등에 대한 부분도 분석되어야 할 것이다. 따라서 이 책에서는 이러한 점들에 주안점을 두면서 문익환의 통일론과 통일운동에 대해 좀 더 거시적이고 종합적인 분석을 하고자 하였다.

2_
연구내용과 자료

이 책의 구성은 다음과 같다. 제1장에서는 문익환이 장준하 죽음 이후 민주화, 통일운동에 적극 나서게 되는 사상적 배경으로서 그의 가계, 학력과 교류관계 등을 살펴보고자 한다. 특히 그가 신학자에서 민주투사, 통일운동가로 변모하게 되는 배경을 이해하기 위해 그의 신학사상은 어떠한 것이었는지, 누구의 영향을 받았는지 등에 주목하였다. 그리고 해방 이후부터 1971년 시기 기독교계의 통일론과 문익환의 통일론, 7·4남북공동성명 발표 전후시기부터 1975년 시기의 기독교계와 재야의 통일론과 문익환의 통일론에 대해 살펴보았다.

제2장에서는 문익환의 1976년에서 1987년 시기의 통일운동과 통일론에

_____

20) 연정열, 「문명사적 측면에서 본 문익환 목사 방북이 갖는 의미」, 『통일로』 1989.5.

대해 살펴보았다. 구체적으로 문익환이 3·1민주구국선언사건이나 '김대중 내란음모사건' 등에 가담한 이유는 장준하의 통일론을 계승하는 것으로서 민주회복운동과 민주화를 통한 통일운동이었음을 밝히고자 하였다. 또한 민주통일국민회의와 민주통일민중운동연합(이하 '민통련'으로 약칭)에 참여해 활동한 사상적 배경은 무엇이었는지, 민통련의 이념과 활동을 통해 드러나는 그의 조직 내 위상과 활동 구상은 어떠한 것이었으며, 시기별로 그의 통일론이 어떻게 변화해 나갔는지 등을 밝히고자 하였다. 아울러 그동안 주목하지 않았던 민통련 통일위원회의 활동에 대해서도 검토하였다.

　제3장에서는 1988년 개신교와 청년학생들의 통일논의와 통일운동이 본격화되었던 시기에 문익환의 입장과 활동 및 1989년 문익환의 방북, 4·2공동성명의 발표에 대해 검토하였다. 1988년 4월 16일 발표한 그의 연방제 3단계 통일론의 핵심은 무엇이며 재야, 정부, 북한, 학생세력 등의 통일론과의 비교, 그리고 김대중 통일론과의 유사점과 차이점을 분석하였다. 또한 문익환의 방북과 관련해 방북의 국내외적 배경과 과정에 대해 서술하고, 김일성과의 회담에서는 어떠한 협의·합의가 이루어졌으며, 합의사항의 핵심은 무엇인지, 무엇보다 그 영향은 무엇인지 등에 대해 검토하였다. 특히 문익환의 방북은 독단적인 돈키호테식 행동이 아니라 그가 참여했던 전국민족민주운동연합(이하 '전민련'으로 약칭)의 대표자격을 띤 결행이라는 사실을 밝히고자 하였으며, 문익환·임수경·문규현·서경원 등 일련의 방북사건과의 관련성 및 정부 당국과의 갈등관계에 관해 서술하고자 하였다.

　제4장에서는 문익환이 범민련에 참여했으나 장기간의 감옥생활 탓에 범민련 활동을 거의 하지 못하고, 오히려 새통체 구상을 통해 통일운동의 대중성 강화를 구상하고 있었다는 점에 주목하였다. 그리고 당시 민간 통일운동세력 내의 논쟁점이자 분열양상의 원인이 된 범민련과 새통체와의 논쟁점을 비교, 분석하고 문익환의 마지막 통일노선을 정리하였다.

　이 책은 당시에 발행된 신문과 잡지에 수록된 통일문제 관련 기사를 주요

｜통일의 선각자, 문익환의 삶과 분단극복론

자료로 사용하였다. 즉『로동신문』,『한겨레신문』,『조선일보』,『동아일보』,『한국일보』,『서울신문』,『크리스챤신문』등 신문과『기독교사상』,『제3일』,『씨알의 소리』,『말』,『흐름』,『세계』등의 잡지에 게재된 글을 참고하였다.

다음으로 국회나 정부기관이 간행한 통일관계 자료 또는 자료집, 그리고『민중의 소리』,『민통련: 민주통일민중운동연합 평가서(1)』및 민통련 성명서,『범민련 자료집1』,『93범민족대회 자료모음집』,『통일맞이 자료집』등 민통련·국민회의·범민련 등 문익환 관련 사회단체들에서 발행한 자료집, 성명서를 주로 활용하였다.

문익환과 김대중의 통일론을 비교하는 과정에서『문익환 전집: 옥중서신』,『김대중의 3단계 통일론—남북연합을 중심으로』,『공화국연합제 통일의 제창—3원칙과 3단계통일방안』,『후광 김대중 전집 3: 통일론』등을 참고하였다.

또한 문익환 당대 활동가들의 기록 등도 적잖은 도움이 되었다. 예춘호의『서울의 봄—그 많은 사연』, 이창복의『세기의 길목에서』, 조성우의『구부러진 한길』,『가자 북으로 오라 남으로—황석영 북한 방문기』등의 회고록, 편지글, 전집 등도 검토하였다.

관계자들과의 직접적인 증언 작업도 큰 도움이 되었다. 방북에 동행했던 정경모, 유원호와의 인터뷰를 비롯하여 문익환과 신앙적·사상적 교류를 해온 박형규, 박종화, 김상근, 김경재, 김성재 등으로부터 소중한 증언을 들었다. 또한 민통련 의장시기 문익환과 활동을 함께 하였던 장기표, 김종철, 이명식과의 인터뷰 내용을 참고 하였으며, 그의 통일론 구축과정에서 중요한 역할을 한 당시 민통련 통일위원회 소속의 김낙중, 노중선, 김선택 등의 증언과 전민련·범민련 활동 시 중요한 정책적 조언을 하였던 조성우, 이창복, 이승환, 황인성 등의 증언도 적절하게 참고하였다. 무엇보다 부인 박용길과 작은 아들 문성근 등 가족들의 회고가 큰 도움이 되었다. 이상의 증언내용과 관련하여, 문서자료나 방증자료로써 입증되는 경우에 활용하는 것을 원칙으로 하였으며 사실관계의 진위여부 논란이 있는 부분은 복수의 증언을 통해 확인하고자 하였음을 밝혀둔다.

문익환의 통일문제인식과 개신교의 통일론

1_
성장과
통일문제인식의 형성

1) 가계와 민족주의, 기독교사상

  늦봄 문익환(文益煥)은 1918년 6월 1일, 중국 길림성 화룡현 지신진 명동촌 동거우에서 목사이며 독립운동가였던 아버지 문재린(文在麟, 1896~1985)과 어머니 김신묵(金信默, 1895~1990) 사이에서 4남 4녀 중 장남으로 태어났다.[1] 문익환의 시조는 신라시대 다성(多省) 씨에서부터 시작되는데, 다성 씨는 신라 자비왕 15년에 전남 광주군 남평에서 출생하였다. 중시조는 1329

---

[1] 김형수, 『문익환 평전』, 실천문학사, 2004, 67쪽. 문익환의 남매 4남 4녀 중 1924년에 출생한 셋째 아들 두환은 1936년에 사망하고, 둘째 딸 경희는 어린 나이인 3살 때 사망하고 셋째 딸 영희는 태어난 지 얼마 안 돼서 사망해 결국 3남 2녀가 되었다.

년 고려 충숙왕 때 고려에 면화를 들여온 삼우당 문익점이며, 문익환은 그의 26대손이었다.[2]

1899년 2월 18일 함경북도 종성에서 두민(頭民)을 지낸 문익환의 고조부 성암 문병규(文秉奎, 1834~1900)를 포함한 남평 문씨 집안 40명, 맹자를 만독(萬讀)한 전주김씨 김약연 가문 31명, 김약연의 스승 남도천[3] 집안 7명[4], 그리고 회령출신 김해김씨 김하규(문익환의 외조부) 집안 63명과 통역일을 해 주던 김항덕까지 총 141명이 함께 두만강을 건너 북간도[5] 화룡현에 부걸라재(명동촌[6])라는 곳에 정착하였다. 이들이 북간도 이민을 결행하게 된 직접적인 동기는 크게 세 가지였는데, 첫째 이전에 살았던 조선땅에서 보다 경제적으로 더 잘 살아보자는 목적에서였고, 둘째 집단적으로 들어가 삶으로써 간도를 우리 땅으로 만들어 보자는 취지였다.[7] 그들은 북간도에 황무지를 개척하여 농장을 만들고 부락 공동체 소유의 대토지 경영을 하거나

---

2) 문재린·김신묵, 『기린갑이와 고만네의 꿈』, 삼인, 2006, 27쪽.

3) 남도천의 본명은 남종구이다.

4) 문병규, 김약연, 남도천 이들 세 가문은 모두 함경북도 종성 출신이었다.

5) 북간도는 백두산 동북쪽 두만강 너머인 연길, 화룡, 왕청의 삼현과 혼춘현을 가리킨다. 여기에 간도의 연장개념으로 서간도는 백두산 서남, 압록강 대안의 남만주 지방, 한인의 이주 정착지역을 지칭하게 된 것이고, 이곳은 고조선의 역사가 깃들여 있을 뿐 아니라, 고구려의 발흥지로 한민족의 기원과 관련이 깊은 지역이다(윤병석, 「한국근대사상 간도와 독립운동, 서전서숙」, 『한국독립운동과 서전서숙』, 보재이상설선생기념사업회, 2007, 16~17쪽).

6) 明東은 '밝은 동쪽' 또는 '동쪽을 밝힌다.'라는 뜻으로 북간도의 용정과 함경북도의 회령 중간에 위치하고 있다. 한인들이 이곳을 우리 이름으로 '명동'이라 불렀던 이유는 역사적으로 이곳이 우리 민족의 땅이었기 때문이었다. 또한 두만강 건너 북간도 지역은 고대부터 우리 역사와 밀접한 관계를 가진 지역으로 발해국의 동경 용천부와 중경 현덕부가 있던 지역이었다. 그리고 고려 공민왕 때 이곳에 이성계를 파견하여 여진족을 토벌, 귀순케 하였으며, 조선 세종 때는 김종서로 하여금 회령 이북에 6진을 설치하게 하고 변경을 개척하였다(김재홍, 『북간도 명동촌, 그 삶과 독립운동』, 독립기념관 한국독립운동사연구소, 2005, 7쪽).

7) 송우혜, 『윤동주 평전』, 푸른역사, 2004, 43쪽.

문익환의 생가 표지석

중국 명동촌에 있는 문익환의 집 전경

제1장_ 문익환의 통일문제 인식과 개신교의 통일론

자작농이 될 수 있었다. 셋째는 기울어가는 나라 운명을 바로 세울 인재를 양성할 목적이었다. 변방 민중의 삶이란 항상 경제적·사회적으로 불안하고 열악한 형편이었으며, 개인적인 삶은 민족 전체의 현실과 연결되어 있기 때문에 북간도 이주민들은 현실개혁의 방안으로 교육에 깊은 관심을 가지고 있었다.[8]

회령, 용정, 명동촌 등을 중심으로 한 북간도지방은 한민족의 강인한 개척자적 정신이 맥으로 흘러가던 곳이고, 조선조말과 개화기에 민족의 자주독립, 자강, 무실역행, 교육과 신앙운동의 중심지였다.[9] 문병규, 남도천, 김약연, 김하규 이들 네 학자들은 모두 고향에서 각자 서재를 열었던 훈장들이었는데, 북간도 이주 후 문병규과 남도천은 이미 환갑을 넘은 나이였기 때문에 뒤로 물러났고, 그 대신 김하규, 김약연 등과 남도천의 아들인 남위언이 세 곳에 서재를 설치하였다.[10]

조국의 쇠망에 의분했던 네 명의 실학파 선비들이 북간도로 이주[11]한 목적 중에는 이처럼 아이들을 잘 가르쳐 나라를 구할 인재를 양성하자는 뜻도 있어서 만주인의 땅을 사서 돈을 낸 비율에 따라 땅을 분배하고 가장

---

8) 서굉일·김재홍, 『규암 김약연 선생』, 고려글방, 1997, 249쪽.

9) 김경재, 『울타리를 넘어서』, 유토피아, 2005, 188쪽.

10) 이듬해인 1900년에는 이미 간도의 자동에 와서 살던 윤하현 일가도 이곳으로 옮겨 오게 되었다. 송우혜, 『윤동주 평전』, 푸른 역사, 2004, 42쪽; 문재린·김신묵, 앞의 책, 29쪽. 김약연은 명동촌으로 이주한 이후, 1901년 규암재를, 김하규는 대룡동에 소암재를, 남위언은 상중영촌에 남오룡재의 서당을 각각 설립하고, 맹자의 정치철학을 교육이념으로 삼고 한학을 가르쳤다. 규암재에서 출발한 명동촌의 민족교육이 서전서숙의 정신을 이어받아 명동서숙으로, 다시 명동학교로 계승되어 민족교육의 중심기관이 되었다(김재홍, 앞의 책, 10쪽).

11) 북간도 이주 초기 단계에서는 조선인들이 두만강변의 무산, 종성, 회령 등지에서 도강한 뒤, 강기슭의 산골짜기를 따라 해란강 이남 일대, 곧 두만강변에서 멀지 않은 분지와 산기슭에 조선인 촌락을 형성하였다. 그 뒤 이주민 수가 급증하면서 조선인들은 더 멀리 북상하여 해란강 건너 부르하통하와 가야하 이북과 이서 지방으로 깊숙이 정착하게 되었다. 이에 따라 북간도 도처에 조선인 마을이 형성되었다(윤병석, 앞의 책, 25쪽).

좋은 땅을 갈라내어 학교운영비를 조달할 '학전'으로 삼아 그 땅에서 나오는 수입을 교육기금으로 썼다. 그리고 해마다 학전에서 나오는 수익금으로 한학책들을 구입해 각 서재에 나누어 쌓아 놓고 학동들이 다니며 그 책으로 공부하게 하였다.[12] 이곳에서 문익환의 조부 문치정(文治政, 1879~1914)은 신임이 두터워 북간도 명동마을의 재정을 맡았다.[13]

특히 김약연의 사촌동생인 김학연과 남위언은 북간도 최초의 민족교육기관인 서전서숙 출신으로서 이곳에 명동서숙을 세우는 데 앞장섰다. 1907년 4월 헤이그 특사사건 이후 일제에 대한 탄압과 운영경비의 어려움 등으로 인해 1년도 채 못 되어 서전서숙이 폐교되자, 다음 해인 1908년 4월 27일 김약연, 김학연 등은 명동에서 새로운 교육의 필요성을 역설해 학교 설립을 추진하였다. 이에 따라 서전서숙의 정신을 이어받아 주로 한문을 가르치는 명동서숙이 세워졌다. 김약연은 숙감으로 학교 실무를 맡았고, 학교 재정을 맡은 사람은 문재린의 선친 문치정이었으며, 서기는 최봉기, 교사는 김학연과 남위언이 담당하였다.[14] 교사가 턱없이 부족하던 1909년 5월, 25세의 청년 교사 정재면[15]이 부임해 왔다. 명동의 유지들이 모두 한학의 대가들이었음에도 불구하고, 그는 명동서숙을 기독교학교인 명동학교[16]로 바꾸었고,

---

12) 송우혜, 앞의 책, 42쪽.

13) 문동환, 「'민족운동의 요람'서 운명을 타고나다」, 『한겨레신문』 2008.7.21 참조.
    문익환의 조부 문치정은 15세인 1894년에 외세에 대항하기 위해 일어섰던 동학
    군으로 활동하다 농민운동이 좌절되면서 20세 되는 해인 1899년 아버지 문병규
    와 함께 함경북도 종성에서 만주로 이주하였다. 그는 만주로 이주한 후 동학군
    의 좌절과 아픔 속에서 민족을 부흥시키기 위해서는 서양문물을 배워야 한다
    고 생각했고, 그러한 목적 때문에 기독교로 전환하여 신앙을 갖게 되었다.

14) 문재린·김신묵, 앞의 책, 43쪽.

15) 정병태 또는 정재면은 1884년생으로 신민회 회원이자, 신학자 정대위 박사의
    부친으로 서울 상동청년학원에서 기독교와 민족의식을 바탕으로 근대학문을
    익혔다(위의 책, 44쪽).

16) 정재면은 명동학교의 교무주임으로 학교행정을 맡았고, 박무림은 숙장을, 김약
    연은 교감, 문익환의 조부인 문치정은 재무, 김신묵의 부친인 김하규, 김정규,
    남위언은 이사를 맡았다(정대위, 『하늘에는 총총한 별들이-북간도 정재면의

학생들도 모두 기독교인이 되었다.[17)]

　김약연은 정재면의 전도로 기독교 신앙을 받아들였고 명동학교 옆에 명동교회를 설립하였다. 그는 기독교신앙과 전통사상을 민족애로 융합하여 교회운동을 독립운동의 방략으로 채택하였다. 그리하여 명동교회는 신앙공동체이면서 민족의식을 강화하고 정신적 단결을 도모하는 사회경제적 생활공동체로 자리 잡아 나갔다. 또한 김약연은 이동춘, 구춘선, 박찬익, 윤해 등과 명동촌 중심의 교육문화운동을 전체 간도로 확대시켜 북간도 각처에서 성장해 온 이주 한인사회를 결집시키는 사회운동을 구체화함으로써 간민교육회를 주도하는 등 북간도 민족운동의 구심점이 되었다.[18)] 그리고 문익환의 명동소학교 재학 시절, 김약연은 교장으로 재임하면서 그의 민족주의사상 형성에 직간접적인 영향을 주었다.

　정재면 또한 기독교와 민족의식을 연결시킨 독립운동을 지향하였는데, 그가 추구한 명동학교의 교육목표 역시 기독교 정신에 따른 독립운동가를 양성하는 것이었다. 그는 북간도 이주 한인학교를 위한 교과서 편찬위원회를 조직해 각 학과마다 유능한 인사를 초청하여 교과서를 편찬하기도 하였다. 이에 따라 북간도 기독교인들의 학교 교육이념은 항일구국, 배일주의, 민족독립이 되었다. 또한 역사의식을 중시하는 애국적인 역사교육, 저항의식을 고취시키는 창가교육에 치중하였고, 독립전쟁을 준비하는 입장에서

독립운동사』, 청맥, 1993, 20쪽).

[17)] 정재면은 명동서숙을 명동학교, 명동중학교, 명동여학교로 발전시켰는데, 무엇보다도 이들 학교를 기독교학교로 변화시켰다.

[18)] 서굉일, 「일제하 북간도 기독교인들의 역사적 상황과 민족이념의 실천」, 『평화교육과 민중교육-문동환 박사고희기념논문집』, 풀빛, 1990, 155~156쪽. 문화교육투쟁을 주도해온 간민교육회는 1909년부터 1912년까지 북간도 각처에 70여 개의 학교, 교회, 야학을 세워 독립운동의 거점을 만들었고, 한인사회를 단결하게 하는 민중조직화운동을 전개해 나갔다. 이후 신해혁명을 맞이하여 1912년 5월 중국 정부의 허가를 얻어 민정조직을 기반으로 한 정치투쟁조직인 간민회로 발전하였다.

군사훈련과 체력단련을 교육의 급선무로 삼았다.[19]

유학의 전통이 강한 학자들로 형성되었던 명동촌에서 정재면의 부임 이후 학생들에게 정규과목의 하나로 성경을 가르치고 예배를 드리게 됨으로써 신학문과 기독교가 함께 수용된 것은 획기적인 사건이었다. 동만주와 한반도 동북지방 일대를 대상으로 포교활동을 전개하던 캐나다 북장로회는 평안남북도를 대상으로 활동하던 미국 장로교보다 더욱 진보적이어서 명동촌에 전파된 기독교는 곧 항일 민족의식을 키우는 강력한 도구로 기능하였다.[20]

청일전쟁의 주요 전장이었고, 양반층의 영향력이 상대적으로 미약하였으며, 자립적 중산층이 형성되었던 평양을 비롯한 평안도, 황해도 등 서북지방에서는 보수적인 미국 장로교가 선교활동을 전개함으로써 박형룡, 길선주 등의 보수신학자 계보를 형성하였지만,[21] 명동촌이 속해있던 관북지방은 이와는 달랐던 것이다. 즉 함경도와 간도를 포함하는 관북지방은 캐나다 장로교회가 선교활동에 착수한 이후부터 세를 확장하게 되었는데, 캐나다연합교회의 성립 이후 스코트, 프레이져 등 자유주의적 경향의 선교사들이 주도권을 장악하게 되어 이들의 영향 아래 관북지역 교회는 상대적으로 진보적·자유주의적 경향을 띠게 되었다.[22] 결국 문익환이 성장하였던 관북지역에 해당하는 명동촌은 자연스럽게 진보주의적 신학을 수용하였던 것이다.

아버지 문재린은 선대로부터 이어받은 민족의식이 매우 강하였고, 신앙심 또한 깊었다. 그는 8세 때인 1904년부터 김약연의 서당 규암재에서 김약

---

[19] 정대위, 앞의 책, 22쪽.

[20] 문동환, 「민족운동의 요람'서 운명을 타고나다」, 『한겨레신문』, 2008.7.21 참조.

[21] 북한교회사집필위원회, 『북한교회사』, 한국기독교역사연구소, 1996, 275~280쪽.

[22] 위의 책, 282~284쪽.

연과 자신의 6촌 형 김석관 등에게 4년 동안 한학을 배웠고, 1908년 명동서숙에 편입, 1910년 명동학교에서 증설된 명동중학교에 입학하여 공부하다가 교사 정재면의 감화로 기독교에 입문하게 되었다. 1919년 '국민회'[23]의 일원으로서『독립신문』기자로 활동하다가 1920년 국민회 서기 겸『독립신문』기자 신분으로 자수하여 일본영사관에 구금된 후 다음 해 2월 석방되었으며, 1931년 캐나다 토론토 임마누엘 신학교를 졸업하였다.[24] 민족교육을 중요하게 생각했던 문재린은 뒤늦게 목사가 되어 목회를 하였는데, 목회지에는 어김없이 학교를 세워 신앙을 통한 민족교육을 펼쳐나갔다.

문익환의 통일론에 직접적인 영향을 끼친 사람은 바로 이런 그의 아버지 문재린이었다. 문익환은 "통일이라는 민족문제의 해결이 저의 존재의 전부가 되었다면 그것은 저의 신앙의 전부인 셈인데, 이것은 아버님에게서 온 것입니다"라고 하였으며,[25] 또 "아버님의 믿음은 이 나라의 민주화와 민족의 통일로 구체화되지 않으면 안 되는 것이었습니다. 그의 믿음과 민족사랑은 한 치 어긋하지 않고 하나였습니다. 표리일체였습니다"[26]라고 하면서 자신이 기독교 신앙과 민족통일 문제의 해결을 동일시한 것은 아버지로부터 물려받은 것이라고 하였다.

---

[23] 국민회는 1919년 간도에서 조직된 독립운동 단체로서 1914년 북간도 장재촌 명동에 도착한 이동휘(李東輝)가 김약연(金躍淵)·김영학(金永學)·구춘선(具春先)·마진(馬晉) 등과 조직하여 교육활동에 주력하다가, 3·1운동을 계기로 대한민국 임시정부 소속 간도국민회로 발전하였다. 즉 상해에 임시정부가 수립되고 헌법이 공포되면서 연길·왕청·화룡·혼춘 등의 지방에 거류하는 한인들이 독립운동의 효율적인 전개를 위해 각 독립운동단체를 통합하여 만든 자치기관이다(채근식,『무장독립운동비사』, 대한민국공보처, 1985, 70~71쪽).

[24] 문재린·김신묵, 앞의 책, 742~746쪽 참조. 문재린은 1961년 이전까지 목회활동을 주로 해 오다가, 1961년 목회 일선에서 물러나 평신도 운동을 시작했으며, 1977년 1월 북미주 한국민주화연합운동 중앙조정위원이 되는 등 민주화운동에 헌신하기도 했다.

[25] 문익환,「1990.6.1 어머니께 보내는 편지」,『전집』8권, 사계절, 1999, 361쪽.

[26] 문익환,「아버님은 이렇게 가셨습니다」,『전집』6권, 사계절, 1999, 108쪽.

또한 그는 "제 아버지의 염원은 민족통일이었습니다. 병석에서 헛소리하실 때도 통일을 중얼거리시다가 가셨습니다. 제가 부덕한 제가, 병구완을 해드리는데 하루는 '네가 나를 살리려고 애쓴다만 이제는 틀렸다. 힘이 있을 때 실컷 뛰어라.' 그래 실컷 뛰다가 들어왔습니다. 저는 효도를 했습니다. 아버지 유언 따라 뛰다가 들어왔습니다"라고 하면서 자신의 통일론과 활동이 아버지 문재린의 영향 때문이었다고 회고하였다.[27]

문익환에게 있어서 민족주의와 기독교 신앙은 하나였다. 그는 "기독교 신앙과 민족주의는 완전히 하나가 되어야 한다"고 하면서 "기독교를 위한 민족이 아니라 민족을 위한 기독교가 너무나 자연스러운 것입니다. 나는 어렸을 때부터 그런 환경에서 자랐어요. 아버지가 그런 대표적인 분이셨고, 내가 목회자가 되어야겠다고 생각한 것도 투쟁의 과정에서였지요"라고 하였다.[28]

문익환의 어머니 김신묵은 김하규(1862~1942)[29]의 넷째 딸로 1895년 함경북도 회령에서 태어나서 1911년 문재린과 결혼하였고 같은 해 4월 명동여자소학교 3학년에 편입하였다. 1916년 명동교회 교인들은 '여자비밀결사대'를 만들어 모금운동을 통해 독립군을 지원했고, 김신묵은 명동교회 여전도회를 조직해 해방이 되는 해까지 20년간 회장직을 맡았다. 당시 여전도회는 여성들을 위해 각 지역에 여전도사를 파송하고 지원하는 일을 하였다. 그리고 명동에서 문맹을 퇴치하기 위해 야학을 다섯 군데 세웠다. 김신묵은 1919년 3·1만세운동 때는 갓난아기 문익환을 등에 업고 거리로 나서기도 했으며, 한국전쟁 발발 중인 1950년 피난지인 제주도에서 목사 부인들과

27) 문익환, 「1986년 공판기록」, 『전집』 5권, 사계절, 1999, 77쪽.
28) 위의 책. 문익환이 목회자의 길을 걷기로 결심한 것은 신사참배반대데모주동 자였던 중학교 4학년 때였으며, 그 당시는 민족지도자가 되는 길은 목회자가 되는 길밖에 없다고 생각했다.
29) 김하규는 1862년생으로 한학의 조예가 깊었고, 명동학교에서도 직접 한문을 가르쳤다. 그러나 성경을 여러 번 읽다 결국 기독교에 입문하게 되었다.

1930년대 소년 문익환이 용정의 집에서 가족들과 밥을 먹는 모습
(좌로부터 문두환, 문동환, 김신묵, 할머니, 문익환, 문선희)

문익환의 장남 문호근의 서울대 졸업식(좌로부터 문성근, 김신묵, 문호근, 문재린, 박용길)

'목사부인회'를 만들어 부상한 군인들을 치료하고 전도하는 일에 나섰다.[30]

문익환은 이와 같이 민족운동과 기독교 신앙으로 아로새겨진 가정에서 자랐다. 즉, 문익환에게 이때는 민족주의에 접목된 기독교의 영향을 강하게 받은 시기라고 할 수 있을 것이다.[31]

그의 동생 문동환(1921~) 역시 이 같은 영향하에서 자라났다. 가정, 학교, 교회에서 "나라와 민족을 위해 바치지 않는 생명이란 무의미한 것이다"라는 말을 들으며 그의 나이 여섯 살 때 목사가 되겠다고 결심하였다.[32] 그는 1938년에 은진중학교를 졸업했으며, 재학 중 강원용·장하린·안병무 등과 더불어 김재준의 영향을 많이 받았다. 1943년 일본 동경신학교와 1947년 조선신학교를 졸업한 후 경기도 장단중학교와 서울 대광중고등학교 등에서 교편을 잡으며 후학을 양성하였다. 그러나 문익환과 함께 여행하던 중 비참한 농촌의 현실을 목격한 후 민중과 함께하는 신학, 즉 민중 신학자의 삶을 살아가기로 결심하게 되었다.[33] 1951년 미국으로 유학하여 피츠버그 웨스턴신학교에 입학하여 1953년에 졸업하고, 1961년 종교교육학 박사 학위를 취득한 이후 모교인 한국신학대학의 교수가 되었다. 그는 1969년부터 1970년까지 미국의 유니온신학교에서 객원교수로 연구하면서 그 당시 미국에서 대두하기 시작한 남미 해방신학의 영향을 받았다.

---

[30] 문재린·김신묵, 앞의 책, 742~746쪽 참조.

[31] 문익환은 자신이 어렸을 때부터 '민족주의'의 영향을 강하게 받았음을 강조하였다. "유년시절에 나 문익환이한테 가장 많은 영향을 준 것은 민족주의예요. 그냥 민족주의. 우선 어머니가 내가 아홉달이 되던 1919년 3월, 날 할머니 품에 맡겨놓고는 용정으로 달려가서 독립만세 부르셨거든요. 그 때 어머니 가슴을 살짝 비켜간 탄환이 바로 옆에 있는 열여섯살 먹은 나팔수를 맞혀서 죽였어요. 그게 늘 나한테 부담이었어. 내대신 죽었다는 생각, 내가 그 사람 생까지 살아 줘야 된다는 생각들이 아직까지도 묵직한 부담으로 있어요"(문익환, 『전집』8권, 사계절, 1999, 359쪽).

[32] 문동환, 『아리랑 고개의 교육』, 한국신학연구소, 1991, 14쪽.

[33] 문동환박사고희기념논문편집위원회, 『평화교육과 민중교육』, 풀빛, 1990, 512쪽.

앞에서 살펴본 바와 같이 문익환의 기독교사상과 민족주의 의식의 형성은 그의 가계와 밀접한 관련성을 띤 것이었다. 조부 때로부터 고향을 떠나 시작된 북간도 생활은 그의 민족적 정체성이 배태된 배경이었으며, 기독교 사상을 바탕으로 독립운동에 매진했던 부모로부터 받은 영향은 문익환 사상 형성의 근본적인 원천이었다.

2) 학력과 교류

문익환은 1925년 기독교학교이자, 민족교육의 산실인 명동 소학교에 입학하여 윤동주, 송몽규 등과 친하게 지내면서 민족의식을 싹 틔웠다. 1931년 3월 명동 소학교를 졸업하고, 용정으로 이주하여[34] 1932년 은진중학교에 입학하였다.

1920년대가 되면서 독립운동의 일환으로 교육사업이 중요하게 시작되는데 북간도에는 명동중학을 비롯하여 영신, 정동, 창동, 동흥, 대성, 신흥, 명신, 길동 등의 중학교가 있었다.[35] 1910년대에 민족주의 교육을 한 명동, 창동, 정동, 북일학교가 일제의 탄압으로 쇠퇴하고, 용정에 새로운 민족주의 교육기관이 들어서게 되는데, 제창병원을 세운 캐나다 장로회 선교사 구예선(Dr. Robert Grierson, 1868~1965)이 1919년 10월 16일 설립한 은진중학교가 그것이다.[36] 은진중학교는 신앙을 바탕으로 일제의 회유와 사회주의

---

[34] 용정에는 아버지 문재린의 유일한 형제인 삼촌 문학린이 머물고 있었는데, 문학린은 민족운동에 민감해서 광주학생사건 관련으로 1년 동안 옥살이를 하였다(김형수, 앞의 책, 153~154쪽).

[35] 이선호, 『세월속의 서북간도와 조선인, 나의 생활』, 이지북스, 2005, 104쪽.

[36] 은진중학교는 북간도 용정촌 예수교 서원 윗층 성경학원을 임시교사로 하고 초대 교장에 부두일(Rev. Willwam Rutus Foot, 1869~1930)이 취임하였고, 1924년 명동중학교가 폐쇄될 때 학생들을 1925년 인수 하였다. 은진중학교는 기독교 학교이면서 단군 초상화, 태극기를 걸고 예배를 보았으며 일제의 탄압 속에서도 김약연 등 민족지도자들은 은밀하게 활동을 계속하였다(이선호, 앞의 책, 104~105쪽).

자들의 압력에도 굴하지 않고 민족의 독립을 제1로 삼는 비타협 민족주의
자의 길을 고수하였으며, 은진 졸업생들은 상해와 중경, 서안 등지의 임시
정부와 광복군 진영을 찾아 독립군이 되었던 사례가 많았다.[37] 문익환은
은진중학교에 대하여 "은진학교의 기독교 민족교육은 철저한 것이었다. 작
문교사 이기창 선생은 '조선독립'으로 결론이 나지 않으면 점수를 주지 않았
다. 은진중학은 국경일과 국치일에 태극기를 내어 걸고, 애국가를 부를 수
있는 치외법권 지대로서 명동학교가 폐교된 후 북간도 민족 독립운동의 본
산을 이루었다"[38]라고 회고한 바 있다.

문익환은 1932~1935년 윤동주[39], 송몽규 등과 함께 은진중학교를 3학년
까지 다녔다.[40] 많은 사상적 교류를 나누었던 강원룡[41], 안병무[42] 등도 이
때 함께 학교생활을 하였다. 특히 윤동주와 문익환은 소학교와 광명학원
중학부까지 네 곳의 학교를 같이 다닌 절친한 벗이었다. 그들은 어린 시절
6년 동안 함께 소학교에 다니며 민족주의와 기독교신앙으로 뼈가 굵어갔으

---

[37] 서굉일, 「기독교 민족주의 교육을 실시한 북간도 용정 은진학교의 역사와 전통」,
『살림』 통권 제144호, 2001, 95쪽.

[38] 위의 글, 88~89쪽; 문익환, 『전집』 6권, 사계절, 1999, 343쪽.

[39] 윤동주(1917~1945)는 북간도 명동촌 출신으로 은진중학교, 평양 숭실중학교,
광명학원 중학부를 거쳐서, 1941년 연희전문학교 문과를 졸업했다. 그는 수많
은 산문과 시를 쓰면서 나라의 독립과 민족의 장래를 고뇌하는 내용의 시를
썼다. 1943년 송몽규와 함께 '독립운동'의 혐의로 일본 경찰에 체포되어 1945년
후쿠오카 형무소에서 독립을 눈앞에 두고 옥사하였다.

[40] 김경재, 『김재준 평전』, 삼인, 2001, 58쪽.

[41] 강원룡(1917~2006)은 함경남도 이원군 출신으로 은진중학교 재학시절 김재준
의 기독교적 세계관에 큰 영향을 받았고, 1940년 일본 도쿄에 메이지 학원 영문
학부를 졸업한 뒤, 간도, 회령 등에서 사회, 교육 사업을 벌였다. 8·15 해방
이후에는 좌우합작위원회 선전부 등에서 활동하며, 좌우합작과 건국운동에 참
여했으며, 민주화운동과 여성지도자 배출 등에도 힘썼다. 또한 2000년 (사)평
화포럼을 창설해 한반도의 평화를 정착하기 위해 노력하였다.

[42] 안병무(1922~1996)는 평안남도 신의주에서 출생했으며, 간도에서 청소년기를
보냈다. 서울대에서 사회학을 전공했고, 하이델베르크 대학교에서 신학박사
학위를 받았으며, 한국 민중신학의 창시자라 할 만하다.

며, 만주에서 평양으로, 다시 또 만주로 자리를 옮기면서 가장 민감한 10대 시절 세 중학교를 함께 다니며 인생과 시를 배웠다. 또한 문익환은 윤동주에 대하여 한국 민족의 자연스러운 풍모이고 가장 순수하고 고귀한 한국적인 향기를 품고 있었으며, 극히 한국적이었기에 그의 마음은 넓고도 넓은 하늘과 같았다고 회상하였다.[43] 또 문익환은 윤동주에 대하여 "동주는 민족의 해방을 기다리고 있었다. 그날을 기다리며 별을 헤면서 살았다. 그러나 동주는 민족해방만으로 참 아침이 되었다고 경망한 생각을 하지 말라고 한다"고 하였다. 그가 기다린 것은 '민족해방'과 함께 '그리스도의 빛'이었다는 것이다.[44] 이처럼 문익환은 윤동주와 신앙세계를 같이 하였다.

두 사람은 명동에서 30리 떨어진 용정에 있는 은진중학교에서 3년 동안 국사 교사인 명희조로부터 민족애와 민족사상을 배웠다. 문익환은 "명희조 선생님은 국사시간에도 동양사를 가르치고 나아가 우리 민족의 처지를 언제나 세계사 속에서 볼 수 있도록 큰 안목을 만들어 주려고 노력했다",[45] 또 "그는 학생들이 소설책을 읽어도 조국의 광복과 연결 지어 생각하도록 가르쳤다"[46]는 회고로써 스승 명희조로부터 받은 영향을 인정하였다.[47] 윤동주가 나라 잃은 망국의 슬픔을 느꼈던 것처럼 문익환은 조국 분단의 슬픔을 느끼면서 이를 개인의 슬픔만이 아닌 겨레와 민족의 슬픔이라고 이해하였다.[48]

윤동주의 죽음은 문익환에게 커다란 충격을 주었다. 그의 죽음으로 인한 슬픔은 훗날 문익환이 민주화운동과 통일운동에 혼신을 다하게 하는 데 내

---

43) 문익환, 『전집』 6권, 사계절, 1999, 136쪽.
44) 문익환, 「1972년 크리스마스 전날 밤 한빛교회에서 한 설교」, 『제3일』, 1973년 12월호.
45) 송우혜, 앞의 책, 123쪽.
46) 김형수, 앞의 책, 168쪽.
47) 은진중학교동문회, 『은진80년사-북간도의 샛별』, 63쪽.
48) 문익환, 「동주의 가을 동주의 슬픔」, 『한겨레신문』 1988.9.22.

내 정신적인 뒷받침으로 작용했기 때문이다. 그에게 윤동주는 친구이자 정신적 버팀목이었다. 일제에 저항하다 죽어간 윤동주에게 늘 빚진 심정으로 살았던 문익환의 옥중서신 한 대목은 그의 심정을 잘 드러내주고 있다.

> 동주가 없는 문익환이는 생각할 수 없는 것 같습니다. 스물아홉 살 젊음으로 동주는 지금도 제 옆에, 아니 제 속에 살아 있습니다. 민족정신과 기독교 신앙이 혼연일체가 된 그의 시 정신이 그가 자리를 비운 이 역사를 살아가도록 늘 저에게 힘과 용기를 주었던 겁니다. '죽는 날까지 하늘을 우러러 한 점 부끄럼이 없기를' 빌면서 지난 46년을 살아온 셈입니다. 동주와 함께, 동주의 몸이 되어, 동주의 마음으로.[49]

문익환은 은진중학교에서 기독교 학생들과 사회주의 학생들과의 대결을 경험하였다. 이런 대결의 와중에서 기독교 신앙을 가진 문익환은 평양에 있는 숭실중학교로 전학을 갔다. 그곳에서 문익환은 4학년 때 신사참배를 거부하다가 평양경시청으로 끌려가기도 하였다. 결국 숭실중학을 중퇴하고 다시 용정에 있는 광명학원[50]의 중학부 5학년에 편입해서 그곳을 졸업하였다.[51]

이후 1938년 도쿄의 일본신학교에 입학하여 장준하, 전택부 등과 교류하다가 1943년에 학병을 거부하며 만주의 봉천신학교로 옮겼으며, 1946년 8월 김천의 배영중학교에서 영어 교사로 봉직하다가 1947년 조선신학교[52]를 졸업하였다. 문익환은 조선신학교에 재학 중 스승인 장공(長空) 김재준[53]을

---

49) 문익환, 『전집』 8권, 사계절, 1999, 362쪽.

50) 당시 용정에는 기독교 계통의 은진, 민족주의 계통의 대성, 사회주의 계통의 동흥, 친일 계통의 광명이 있었는데, 5년제 정규학교는 광명밖에 없었다.

51) 문익환이 은진중학교와 숭실중학교, 그리고 광명학원의 중학부로 옮길 때마다, 윤동주 역시 세 학교를 같이 다녔다.

52) 조선신학원이 1940년에 조선신학교로 출범하고, 1951년에 한국신학대학, 1992년에 한신대학교로 교명을 변경하였다.

만났다. 김재준은 그를 비롯해 장준하, 안병무, 강원룡, 이우정, 김관석 등 수많은 한국 기독교계 지도자들은 길러낸 인물이다.

문익환이 스승 김재준으로부터 받은 사상적 영향력이 매우 지대했다는 점에서, 김재준의 신학관에 대해서 검토해 보고자 한다. 김재준은 처음에 일본 신학교인 일본청산학원에서 자유주의신학 일변도의 학문을 접하였다. 그러다가 1928~1929년 에는 미국 프린스턴신학교에서 근본주의 신학자이며 신약학자인 메이첸(Gresham Machen)을 비롯한 보수 신학계열 교수의 강의를 듣기도 하였다. 그의 폭넓은 신학 탐구 자세를 가늠케 하는 대목이다. 따라서 그는 유학시절 자신을 극단적 자유주의도 극단적 보수주의도 아닌 '살아계신 그리스도주의자'라고 칭할 정도였다.[54]

그러나 이후 그는 진보적 신학 노선을 정립해 나가기 시작하였다. 1930년대 이후 한국기독교계에서 나타난 신학의 큰 흐름은 성서관의 차이에서 비롯된 진보와 보수계열의 두 세력으로 대별된다. 한국 보수주의 신학의 중심에는 미국의 근본주의 신학을 대변하며 성서에 대한 문자적 영감과 해석을 추구하는 박형룡, 변홍규 등이 있었다. 반면 진보주의 신학자들로서는 정경옥, 김재준, 윤인구, 송창근 등이 있었는데, 정경옥은 성서의 기록을 인간의 자유주의적이고 실존적인 이해의 측면으로 인식하였고, 김재준은 성서의

---

53) 문익환의 한신대의 스승인 장공 김재준은 함경북도 경흥 출신으로 어려서는 한문서당에서 유교식 교육을 부친에게서 받다가, 고건원 보통학교와 서울에서 중동학교 고등과를 다녔으며, 1923년부터 용현소학교 신아산소학교 등에서 교사로 일하였다. 그 후 1928년 일본 청산학원 신학부와 1929년 미국 프린스턴신학교 대학원 과정을 수학, 1932년 미국 웨스턴신학교애서 수학해 신학석사학위를 받았다. 그는 8·15 해방 후 조선신학교를 세우면서 진보주의 신학자, 자유주의 신학자로 부각되었으며, 조선신학원 교수와 한신대에서 학장에 취임되기도 하면서, 훗날 한국 기독교의 진보적 세력의 지도자가 되고 문익환, 장준하, 안병무, 강원룡, 이우정, 김관식 등 수많은 인물을 길러낸 스승이 되었다. 그는 1953년 기독교 장로회에서 자유로운 신학연구와 강의를 했으며 한국신학대학의 설립배경이 되었고, 1970년대부터는 사회문제에 적극관심을 보여 민주화운동에 헌신하였다(김경재, 앞의 책, 162쪽).

54) 천사무엘, 『김재준 평전』, 살림, 2003, 71~76쪽.

│통일의 선각자, 문익환의 삶과 분단극복론

기록 중 사회역사적 배경을 중시하였다.[55] 특히 김재준은 "우리가 지금 역사에 관심을 가지는 것은 이 질서의 변혁이 우리 땅의 인간들에게 맡겨졌기 때문입니다. 천국 열쇠가 우리 손에 있기 때문입니다"[56]라고 하면서 종교가 역사에 방향을 제시하고, 인간을 중시하는 '인간주의'여야 한다는 '역사 참여'적 성격을 강조하였다.[57]

김재준의 신학의 핵심은 '성육신(成肉身) 신학'[58]과 여기서부터 도출된 '화해의 신학'이 근간이라고 할 수 있다. 특히 '화해의 신학'은 후술하듯이 문익환에게 적잖은 영향을 끼치게 된다. '화해의 신학'의 본질은 인간 개인의 의식과 무의식, 자기와 타자, 인간과 하나님, 인간과 자연관계가 본래 창조질서에서 벗어나서 긴장과 적대관계로 변질되어 있기 때문에, 그 사이에 막힌 담을 헐어 분리상태를 극복하고 화해·통전을 실현하려면 분열과 소외의 책임을 자기가 인수하는 '자기 희생적인 아가페적 행위'가 요청된다는 것이다.[59] 이에 따라 남북 분단과정과 한국전쟁기간 동안 직간접적으로 생명의 희생과 고통을 경험한 기독교 집단과 북한의 공산주의 노선의 대립을 극복하는 것 역시 '화해의 신학'에서 도출되었다고 볼 수 있다.[60]

미국의 근본주의 신학은 1900~1930년대에 절정에 도달해 있었는데, 그들

---

55) 유동식, 『한국신학의 광맥』, 다산글방, 2003, 170~173쪽.

56) 김재준, 『(범용기속편)귀국 직후』, 선경, 1985, 12쪽.

57) 장공의 역사참여 의식에 관한 자세한 내용은 심일섭, 「장공 김재준의 역사참여의 신학사상 연구」, 강남대학교 인문과학논집 창간호 1996, 제3장 1절, 제4장 1절 참조.

58) '성육신 신학'의 본질은 복음과 세계, 하나님 나라와 역사현실, 교회와 국가정치, 성과 속, 계시와 이성은 상호 분리되지도 않고, 조잡한 야합을 허용하지도 않고, 이분법적인 병존을 용인하지도 않고 오로지 거룩하고 신적인 것이 시간적이고 세계적인 것 속에 끊임없이 돌입해 들어가서 후자를 창조적으로 속량하고 변혁시켜 간다는 것이다(김경재, 『영과 진리 안에서』, 대한기독교서회, 1999, 108~109쪽).

59) 김경재, 『아레오바고법정에서 들려오는 저 소리』, 삼인, 2007, 446쪽.

60) 김경재, 위의 책, 446~447쪽.

신학운동의 근저에 '성경무오설(聖經無誤說)'이라는 교리가 자리 잡고 있었다.[61] 김재준이 미국에서 신학연구를 하고 귀국한 시점의 한국 개신교, 특히 장로교는 이 같은 근본주의 신학으로 무장한 미국 선교사들에 의해 장악되어 있었다. 또한 이들 선교사들의 주입식 교육에 의해 평양신학교에서 훈련받은 교역자들이 신도들을 지도하고 있었다. 그 결과, 한국 개신교 전래 초기, 곧 개화기에 지녔던 개신교의 역동성과 창조적 소수자로서의 역사 개혁적 힘은 상실되고 교권주의와 경직된 교리주의가 한국 정통교회를 지배하게 되었다. 장공 김재준은 한국 장로교의 근본주의 신학을 비판정신으로써 비판·해체하고, 선교사들의 후견인적 사상통제로부터 한국 기독교를 해방시켜 세계적 신학 조류에 접촉하게 해야 한다는 역사적 사명감을 지니게 되었다. 이에 장공은 진보적 신학의 흐름을 주도하여 조선신학교를 설립하였다.[62]

1945년 8월 조선신학교 교수였던 김재준은 「기독교의 건국이념」이라는 글을 통해 한국 기독교의 당면 인식이 '공산주의운동에 대한 우려'임을 지적하고, "자유만 확보한다면 공산주의 기타 여하한 정부라도 조선의 현실에 비추어 우선 감사히 수락한다"고 하면서 공산주의를 기독교의 입장에서 포용할 여지가 있음을 내비쳤다.[63] 이 글에서 그는 "공산주의가 유물론과 무신론을 주장한다고 하는데, 기독교 신자라 해도 생활에 있어서는 유물론적으로 살아가는 사람이 많고, 무신론자라고 자칭하는 사람도 많은 세상에서 유독 공산주의자에게만 편견을 가질 이유가 없다"고 하여 기독교가 공산주의를 배타적으로 받아들일 필요가 없음을 강변하였다.[64]

---

61) 근본주의신학이 주장하는 기독교의 '근본적 교리들'(Fundamentals)은 문자적 성경영감, 예수 그리스도의 동정녀 탄생, 예수그리스도의 대속적 속죄, 그리스도의 육체적 부활, 그리고 그리스도의 재림 등이었다.

62) 김경재, 「장공의 영성신학」, 『신학연구』 31 봄호, 1990, 191쪽.

63) 김재준, 「기독교의 건국이념(1945.8)」, 『김재준 전집』 1, 한신대 출판부, 1992, 163쪽.

64) 위의 글, 164쪽.

당시 근본주의자들과의 논쟁, 즉 진보와 보수의 갈등에는 단순히 신학적인 문제뿐 아니라 해방 이후 분단된 조국과 교회의 상황이 반영되어 있었는데, 이러한 갈등은 조선신학교 내부에서부터 시작되었다. 1947년 4월 대구에서 총회를 개최하기 일주일 전쯤, 조선신학교 학생들 중 51명이 김재준과 몇몇 교수들이 신(新) 신학을 가르친다고 주장하며 총회에 호소하려 하였다. 그들은 문익환이 회장으로 있는 학우회에서 결의를 얻어 이 일을 추진하고자 했지만 실패하자 팸플릿을 만들어 총회원들에게 배부하였다.[65] 평양신학교에서 보수적인 신학으로 훈련된 학생들은 김재준의 진보적인 신학을 견디지 못하였고, 결국 반감을 갖게 된 일부 학생들은 김재준 목사가 세계적인 학설들을 가르치면서 성서무오설의 부정, 부활의 부정 등을 언급했다 하여 총회에 고발했던 것이다.

김재준에 대한 학생들의 불만이 총회 차원에서 문제가 되자 학생회가 나섰는데, 당시 학생회장 이해영이 회의를 소집하고 교수의 수업내용을 고발한 학생들을 문제 삼는 집회를 열었다. 이때 문동환과 문익환이 나서서 일부 학생들의 행동이 옳지 못했던 점을 적극적으로 비판하였다.[66] 문익환 형제는 당시 김재준의 집에서 잠을 자고 기숙사에서 밥을 먹으며 조직신학, 목회학, 교회사를 수강하는 등[67] 스승 김재준의 진보 신학적 노선의 압도적인 영향하에 있었다.

스승 김재준의 영향에 대하여 문익환은 다음과 같이 언급하였다.

일본에서 배운 권위주의적인 독일 신학의 틀을 깨는 데 결정적인 몽치를 휘둘러 주신 분이, 반권위주의적이라기보다는 무권위주의적인 장공 김재준 목사님이십니다. 일본 청산학원 신학부를 다니실 때 신학서적보다 문학서적을 더 많이 읽으셨

---

65) 천사무엘, 앞의 책, 137~138쪽.
66) 김형수, 앞의 책, 261~265쪽.
67) 위의 책, 262쪽.

으니 알 만한 일이지요. 사면 받아 간 죄수들, 면천의 혜택을 안고 찾아간 천민들이 새 살림 터전을 마련한 빈방이 바로 김 목사님 자라난 곳이거든요. 민중신학이 그의 뿌리에서 움텄다는 것은 하나도 이상할 것이 없는 거죠.[68]

이렇듯 그의 자유주의와 진보주의적 신학사상은 조선신학교의 제자들에게 영향을 주어, 1970년대 이후 안병무 등과 같은 민중신학자들을 배출케 하였으며, 진보주의 신학사상에 입각하여 '역사 동참'을 추구함으로써 민주화와 민족통일을 위해 헌신한 문익환, 강원룡, 이우정[69] 등을 낳았던 것이다.

문익환이 통일운동에 뛰어들게 된 직접적인 동기는 그의 친구인 장준하 때문이었다.[70] 두 사람은 일본신학대학에서 만난 사이였다. 장준하는 "통일에 이르는 길은 분단체제를 청산하는 길이며, 분단적인 민족관, 국가관에 입각한 교육, 이념, 문화의 가치관을 통일적인 민족이념과 가치관으로 고쳐야 한다"[71]고 주장하였으며, "통일 이상의 지상명령은 없다"고 주장하였다. 문익환은 장준하의 죽음 이후 자신이 장준하의 대타라고 하면서 민주화운동과 통일운동에 뛰어들게 되는데, 장준하의 이러한 통일인식은 문익환에게 직간접적으로 큰 영향을 주었다. 또한 그는 장준하의 평화통일 인식의

---

68) 문익환, 『전집』 8권, 사계절, 1999, 362~363쪽.

69) 이우정(1923~2002)은 경기도 포천 출신으로, 1951년 한신대 신학과를 졸업했으며, 1953년 한신대에서 1974~1976년 서울여대에서 교수로 학생들을 가르쳤다. 1970년대부터 여성노동운동, 인권운동 등에 참여했으며, 1990년대에 들어서는 남북문제에 관심을 갖고 활동하였다.

70) 장준하가 1942년 일본신학교에 들어갔을 때 3년 과정의 본과에는 박영출, 김형도, 지동식, 황재경, 오택환 등이 있고, 2년 과정의 예과에는 전택부, 문익환, 문동환, 전경연, 김관석, 장병길, 박봉랑, 김철손, 백이언 등이 2년 혹은 동급의 1년생으로 있었다. 이 중 전택부는 후에 장준하의 『사상계』에 직접 참여했다가 YMCA총무가 되고, 박봉랑은 후일 한국신학대 교수로 있으면서 『사상계』의 주요 필자가 되었다. 문익환은 장준하와 민주화 운동을 하다가 장준하 사후 장준하의 대타의 삶을 살았다. 그리고 문동환은 장준하가 다 마치지 못한 신학공부를 한신대에서 마칠 수 있도록 주선하였다(박경수, 『재야의 빛 장준하』, 해돋이, 1995, 86쪽).

71) 장준하, 「민족통일전략의 현단계」, 『민족주의자의 길』, 세계사, 2002, 47~48쪽.

영향을 받아[72] '장준하 8주기 추도사'에서 다음과 같이 언급하였다.

……민주화도 민족통일도 평화운동이다 하는 것입니다. 분단된 조국이 언제 화약
고로 터질지 모르는 이러한 위험을 극복하고 어떻게 평화를 정착시키고, 그리고
한국의 평화뿐 아니라 아시아의 평화, 나아가서는 세계 평화의 초석이 되게 하느
냐, 적어도 장 선생이 지금 제 속에서 외치고 있는 것은 바로 그것입니다.
평화운동이 곧 민주회복운동이요 민족통일운동입니다. 민주회복운동과 민족통일
운동은 곧 평화운동이다 그런 생각을 합니다. 그래서 그것을 위해서 일해 나가는
것이 바로 장준하 선생의 생을 제 몸으로 살아가는 것이며, 그리고 우리들의 몸으
로 살아가는 것입니다. 그것이 곧 그를 추모하는 뜻이라고 생각합니다.[73]

문익환은 1983년 세 번째 감옥인 공주교도소에서 '민주화운동과 통일운
동이 곧 평화운동'이라는 인식에 이르렀고, 그것이 장준하의 삶을 대신 사
는 것이라고 여기게 되었다. 그러나 구체적인 통일론을 비교할 경우, 두
사람의 통일론이 같은 것이라고 보기는 어렵다. 장준하의 '모든 통일이 좋
다'는 인식에 대하여 문익환은 "그렇다고 그의 사상이 자유와 민주를 외면
한 통일지상주의자로 변신했는가? 그런 건 아니라고 나는 생각해요"[74]라는
반응이다. 장준하가 공산화 통일이 아닌 자유민주주의에 바탕을 둔 통일을
지향하였듯이 문익환 역시 북측 입장에 경도된 통일을 추구한 것은 아니었
지만 장준하와의 차이점이 있다면, 문익환의 경우 남북의 입장을 절충한
통일론을 지향하였던 것으로 볼 수 있기 때문이다.
　그는 감옥에 있을 때 윤동주와 장준하가 자신의 오른쪽과 왼쪽에 늘 함께
있는 것처럼 느끼며 지냈다. "동주는 '죽는 날까지 하늘을 우러러 한 점 부끄

---

72) 서중석, 「한국전쟁 후 통일론의 전개와 민족공동체의 모색」, 『분단 50년과 통
　　일시대의 과제』, 역사비평사, 1995, 340~343쪽.
73) 문익환, 『전집』 6권, 사계절, 1999, 87~88쪽. 장준하 선생 사망 8주기 추도사.
74) 문익환, 『전집』 5권, 사계절, 1999, 279쪽.

럼이 없기를' 바라며 살다가 한 점 부끄럼 없이 죽었습니다. 준하는 '부끄러운 조상이 되지 않는다.'며 살다가 우리 모두의 자랑으로 죽어갔습니다'[75] 라면서 강연이나 글을 통해 누차 부끄러운 조상이 되거나, 부끄러운 역사를 후손에게 물려줘서는 안 된다는 것을 강조하였다.

1947년 구미교회, 을지교회의 전도사 등을 지내던 문익환은 이듬해 1월 12일 김관석, 문동환, 지동식, 홍태현, 장하구, 장준하 등 13명과 함께 모여 종로 6가 기독교 대한 복음교회에서 복음동지회를 구성하였다.[76] 1949년에는 미국 프린스턴신학교로 유학을 갔으나 1950년 한국전쟁이 발발하자 유엔군에 자원, 도쿄 GHQ(유엔 극동사령부)에 근무하며 정전회담 통역을 맡았다. 문익환은 이때 약소국의 비애와 분단으로 인한 민족의 비극적 역사를 뼈저리게 느낀[77] 동시에 북한의 도발로 인한 전쟁의 폐허를 보면서 반공주의적 시각을 더욱 공고히 하게 되었다.[78]

1954년 8월 다시 미국으로 건너가 프린스턴신학교 대학원과정을 마친 후 신학석사 학위를 받고 귀국, 38세 되던 1955년 한빛교회에서 목회를 하게 되었다. 그러던 중 1968년 신·구교 공동 번역 책임위원으로 8년간 일하며 성경 구약의 시를 이해하기 위해 시를 공부하기 시작하였다. 이 과정에서 문익환은 죽마고우였던 윤동주의 민족시와 생명시혼을 자신의 시세계에서 부활시키고 계승하려는 강렬한 의식을 형성하게 된 것으로 볼 수 있다.[79]

---

75) 문익환, 『전집』 8권, 사계절, 1999, 344쪽.

76) 『한겨레신문』 2008.8.7; 김형수, 앞의 책, 268쪽.

77) 문익환, 『문익환』, 돌베개, 2003, 246쪽; 문익환의 부인인 박용길은 문익환이 통일에 관심을 갖게 된 중요한 계기가 된 시기는 한국전쟁 당시 유엔군 사령부에서 통역관으로 근무하던 시절이었는데, 남과 북의 동족이 전쟁하는 것은 민족의 비극이며, 약소국인 우리 민족의 문제를 미국이 좌우하는 것을 보면서 분노하며, 남북통일이 반드시 이루어져야 한다는 강한 열망을 갖게 되었다고 거듭 강조하였다(2007년 9월 24일 통일의 집에서 박용길과의 인터뷰내용 중 일부).

78) 조성우의 인터뷰(2009.4.14) 참고.

79) 문익환, 『두하늘 한하늘』, 창작과 비평, 1989, 112~113쪽.

조선어학교 교장 시절 문익환

신구교 구약성서번역위원회에서 일하는 문익환

2_
개신교의 통일론과
문익환의 통일관

1) 1971년 이전 개신교계의 통일론과 문익환의 통일에 대한 관심

해방 이후 남한에서의 통일논의는 꾸준히 전개되어 왔다. 1950년대 이승만 정권은 한국전쟁 전부터 북진통일론을 간헐적으로 표출해왔는데,[80] 한국전쟁 이후 특히 1953년 휴전협정 체결이 임박해지면서부터 본격적으로 북진론을 개진해나가다가 정부의 공식적인 통일정책으로 삼았다.[81]

1955년 북진통일론이 한계점을 드러내면서, 퇴조를 보이기 시작한 가운데 1951년부터 일기 시작한 조봉암을 중심으로 한 진보당의 평화통일론은 1956년 공식 선거공약으로 확정되었다.[82] 주지하듯이 진보당의 평화통일론은 유엔감시하의 남북한 총선거론에 근거하여 민주적이고 평화적인 조국통일을 이루자는 것이었다.[83] 한편 1955년 대통령선거에서 신익희 등 민주당은 "통일은 무력으로도 가능하고, 평화적으로도 가능하다"[84]며 중요한 것은 화전양면에 걸쳐 준비하자는 화전양양론(和戰兩樣論)을 주장했다. 이는 이승만의 북진통일론과 큰 차이가 없는 것이었지만, 단독 북진에 반대한다는 면에서 북진통일론과 차별성을 보였다.[85]

---

80) 서중석,『한국현대민족운동연구』2, 역사비평사, 1996, 285~302쪽 참조.
81) 홍석률,『통일문제와 정치·사회적 갈등: 1953~1961』, 서울대학교출판부, 2003, 19쪽.
82) 서중석,「한국 전쟁 후 통일론과 민족공동체의 모색」,『분단50년과 통일시대의 과제』, 역사비평사, 1995, 314~315쪽.
83) 서중석,「조봉암, 진보당의 진보성과 정치적 기반」,『역사비평』가을호, 1992, 24~26쪽.
84) 민주당이 주장하는 평화적 방법에 의한 통일론은 진보당이 주장하는 적극적인 방법에 의한 평화통일이 아니라, 공산주의의 몰락과 함께 한국의 통일문제도 평화적으로 해결된다는 소극적, 수동적인 방법을 염두에 둔 것이었다.

4·19 직후 시기는 통일논의가 만개한 때였다. 통일론의 유형은 유엔 감시하의 남북 총선거론, 중립화통일론, 남북협상론 등으로 대별된다. 유엔 감시하의 남북 총선거론은 민주당과 신민당 등 보수세력의 통일론으로서 실질적인 통일방안이라기 보다는 국제여론을 의식한 명목적인 성격이 짙었다.[86] 4·19항쟁에 편승하여 권력을 잡은 민주당 정권은 여전히 극우 반공이데올로기를 탈피하지 못한 한계를 보였지만, 통일론에 있어서는 무력북진통일론을 폐기하는 유연성을 보였다. 민주당 정권은 '대한민국 헌법 절차하에서의 유엔 감시하의 총선거'를 통한 평화적 통일을 주장하였지만, 현실적이고 설득력 있는 대안을 내놓지는 못했다. 민주당은 1960년 7·29 총선에서 재차 '유엔 감시하의 남북자유선거통일'을 제시하였는데 선거감시단은 각자 진정한 자유선거를 실시하는 유엔 회원국가로 정한다고 주장하였다. 민주당은 집권 후 중립화통일론이나 맨스필드의 오스트리아식 중립화 통일방안을 강력히 반대하였다.[87] 결국 민주당과 신민당 등 보수세력은 유엔감시하의 남북 총선거론을 통일방안으로 내세웠는데, 실제 통일논의가 활성화되자 이에 대한 확신을 갖지 못하고 유보적인 태도를 보였다. 따라서 이와 같은 통일방안은 대중적 설득력을 반감시킬 수밖에 없었다.[88]

김삼규, 김용중 등이 주장한 중립화통일론은 미소의 세력균형에 입각한 통일론으로 남북한 당국이 참여하는 국제협상에서 한반도의 영세중립화를 보장하고 유엔에서 결정되는 중립국 감시하의 총선거를 실시하자는 것이 핵심내용이었다. 남북협상의 필요성을 인정하면서도 국제적 해결을 강조하였으나 북한은 중립화안에 대하여 어떠한 공식적인 견해도 표명하지 않

85) 홍석률, 앞의 책, 86~88쪽.
86) 홍석률,『통일문제와 정치사회적 갈등: 1953~1961』, 서울대출판부, 2001, 213~214쪽.
87) 서중석,「1950년대와 4월혁명기의 통일론」,『통일시론』봄호, 1999, 173쪽.
88) 홍석률, 앞의 책, 217쪽.

았다.[89] 중립화통일론자들은 분단 및 한국전쟁을 미소의 세력권 투쟁의 결과로 인식하고 있었고, 따라서 한국의 통일은 단적으로 미소의 세력권 투쟁에서 벗어나는 것이라고 보았다. 미소 세력권 투쟁이란 이데올로기의 문제가 아니라 안전보장에 관한 문제이기 때문에 한국은 평화적으로 중립화통일이 가능하다고 판단하였다.[90]

이와 달리 남북협상론은 민족자주통일협의회(이하 '민자통'으로 약칭)의 주류인 사회당, 민족건양회, 민민청, 통민청 등이 주장한 통일론으로서 외세의 간섭 없이 남북 당사자 사이의 협상으로 통일문제를 결정지어야 한다고 하는 반제국주의적 관점에 입각한 것이었다. 남북협상론자들은 낮은 단계의 남북교류를 거쳐 점차 높은 단계의 통일을 이루어 가는 단계적 통일론을 주장하였다. 따라서 당시 북한의 통일방안과 연방제 주장에 대해서도 민족적 관점에서 긍정하는 태도를 보였으며, 남북한의 상호인정과 민족공동체성 회복을 위한 다양한 교류를 주장하였다.[91] 김영춘, 이재춘 등에 의해 개진된 남북협상론은 자주, 민주, 평화의 통일원칙을 중심으로 혁신계뿐 아니라 다양한 민족주의 세력을 하나로 결집하고자 시도한 민자통의 대표적인 통일논의였다.[92] 남북협상론자들은 이 같은 견해에 따라 유엔감시하의 총선거론을 반대하는 것은 물론 중립화론도 외세 의존적이라고 비판하였다.[93]

---

[89] 김보영, 「4월 민중항쟁 시기의 남북협상론」, 『4·19와 남북관계』, 민연, 2000, 146쪽.

[90] 서중석, 앞의 글, 170쪽.

[91] 김보영, 앞의 책, 146쪽.

[92] 민자통 내부에서 사회대중당과 혁신당은 중립화노선을 지지하였고, 사회당, 경북 민통련, 민민청, 통민청, 민족건양회 등은 남북협상에 의한 자주적 통일을 주장하면서 서로 대립하여 민자통은 5·16 쿠데타 발발 전까지 공식적인 통일방안을 제시하지 못했다. 그러나 민자통을 움직이고 있는 실질적인 구성단체들의 의견은 대부분 자주적인 남북협상 노선이었다(김지형, 「4월 민중항쟁 직후 민족자주통일협의회의 노선과 활동」, 『4·19와 남북관계』, 민연, 2000, 115쪽).

다음으로는 해방 이후부터 4·19시기까지 정부, 사회단체 등에서 분출된 위와 같은 다양한 통일논의 속에서 한국 기독교계는 어떠한 통일논의를 형성하여 나갔는지 검토해보고자 한다. 한국 기독교는 해방 이후 민족분단의 시련이라는 역사적 환경 속에서 교회 재건문제의 필요성이 대두되었을 뿐만 아니라, 북한 공산주의의 기독교 탄압에도 대응해야 하는 상황에 직면하였다. 공산주의와의 대결과정에서 월남한 기독교계 지도자들은 남한의 교회에 상당한 영향력을 발휘하였고 남한에서의 기독교운동은 신탁통치에 반대하여 좌익과 대립하는 입장을 취하게 되었다. 이러한 양상은 민족주의 계열의 기독교 정치세력과 밀접한 관계를 나타내게 되었다. 그러나 유력한 교계 지도자들이 친일, 부일협력자들이었으므로 신사참배문제가 청산되지 못하였고, 민족분단의 상황에서 이에 대처할 수 있는 대외적인 명분과 내재적인 한계를 동시에 가질 수밖에 없었다.[94]

한편 북한에서도 기독교는 정당, 정치운동을 통하여 소련 군대의 탄압과 공산세력에 대응해 나갔다. 1945년 해방 이후 소련군이 이북에 진주하고 공산세력을 구축해 나가자 기독교는 민족주의, 민주주의, 자유주의적 성향을 가지고 공산세력에 정면으로 대항해 나갔던 것이다.[95] 북한에서 기독교 우파에 의한 반소반공 무력투쟁론을 주장한 대표적인 인물이 목사 김병조였는데, 그는 기회가 있을 때마다 "우리나라는 민주공화국이 되어야지 공산국가가 되면 안 되는데 소련의 공산화정책은 기어코 북조선을 공산화할 것인즉, 기독교인들은 앞장서서 그들과 싸울 수밖에 없다"[96]고 하며 북한의 공산주의에 대한 반대 입장을 드러냈다.

---

93) 김보영, 앞의 글, 162쪽.
94) 김용복, 「민족분단과 기독교의 대응」, 『한국기독교 사회운동』, 로출판, 180쪽.
95) 위의 글, 183~184쪽.
96) 최인학, 「반공광복단 사건과 김병조 목사」, 『일제 김병조의 민족운동』, 남강문화재단출판부, 1993, 153쪽.

해방 이후 제2공화국 시기까지 확인되는 민족문제에 대한 개신교 내부의 태도는 '친미, 보수, 반공적 종교 지형의 형성 및 고착화'로 특징지을 수 있다. 이 과정은 혁명적 좌파운동의 주도성 아래 개시된 해방정국에서 국가권력의 성격과 주체를 둘러싼 '혁명과 반혁명의 대립'[97]과 깊이 맞물려 진행되었다. 또한 종교 내적으로도 신도집단의 대규모적 월남과 월북, 교파의 연이은 분열 등으로 큰 혼란을 겪었는데 한국전쟁 말엽에 이르러 이러한 과정이 어느 정도 마무리되면서 안정국면에 접어들기 시작하였다.[98]

해방 이후 남한의 기독교계 인사들을 정치적 성향에 따라 크게 세 부류로 나눌 수 있다. 첫째, 이승만의 노선을 따르는 기독교계 중진인 이윤영, 배은희 목사 등인데 이들은 1945년 11월 27일 독립촉성기독중앙협의회를 조직하였다. 둘째, 김구 등의 임시정부계에 동조하는 기독교 인사들을 중심으로 한 한국독립당 세력이다.[99] 셋째, 김창준 목사를 중심으로 한 기독교 사회주의자 등이다.[100] 해방 정국에서 한국 개신교 교회의 사회갈등과의 관계는 '우익세력과의 연대와 통합'으로 특징지을 수 있다. 그러나 소수이나마 해방정국에서 이른바 중도파(중도 우파와 중도 좌파 포함) 세력에 개별적으로 참여한 개신교 신자들이 있었다. 김창준, 노대욱, 최문식, 이재복, 여운형, 여운홍, 정노식, 백남운, 유영준, 이만규, 윤근, 장권, 최근우 등이 이들이다. 그 외에 강원도 홍천교회를 담임했던 박금산, 수원시 인민위원회 위원장이었던 이하영, 강원도 평창군 인민위원회 위원장이었던 황희수, 김원용, 좌우합작위원회 우파 대표로 참여한 김규식, 강용원, 오하영, 진보당

---

97) 최장집, 정해구, 「해방8년사의 총체적 인식」, 『해방전후사의 인식』 4, 한길사, 1989, 21쪽.

98) 강인철, 「해방후 한국개신교회와 국가, 시민사회(1945~1960)」, 『현대한국의 종교와 사회』, 한국사회사 연구회논문집 제 35집, 1992, 104쪽.

99) 정성한, 『한국 기독교 통일운동사』, 그리심, 2003, 129쪽.

100) 고무송, 「한국교회 통일론과 북한교회와의 만남」, 『교회와 신학』 2000년 여름호, 34쪽.

에 참여했던 이명하, 이동화, 조봉암도 이 범주에 포함시킬 수 있을 것이다. 그러나 중요한 점은 중도파 세력에 참여한 인사들은 대부분 당시 신자로서의 정체의식이 모호했거나 교회 안에 기반을 거의 갖지 못했다는 사실이다. 다만 김규식과 강원용은 한국기독교청년회전국연합회의 초대 회장과 정경부장을 각각 역임하는 등 예외적으로 교회 내에 상당한 기반을 가지고 있었다.[101]

1947년 10월 남북 통일정부 수립을 논의하기 위한 미소공동위원회가 최종적으로 결렬되고, 1948년 2월 유엔 소총회에서 남한만의 총선거안이 가결되자, 그간의 좌우 대립에 이어 기독교 우익과 중도파 사이에도 분열과 대립이 표출되었다. 기독교인의 한 사람이었던 이승만은 단독정부 수립을 추구하였지만 여운형, 김구, 김규식 등의 기독교인들은 중도적 입장에서 좌우합작에 힘쓰거나 단정을 반대하였다.[102] 김구, 김규식 노선을 지지하는 기독교 중도파 진영은 남한만의 단독선거는 영구 분단을 의미한다고 보아 반대하였고, 이미 1946년 6월 3일 '정읍발언' 이후 남한만의 단독 정부 수립을 주장해 온 이승만의 노선을 지지하는 기독교 우파 진영은 그것을 불가피한 차선책으로 여기며 찬성하였다.[103] 1948년 1월 유엔조선임시위원단 대표들이 서울에 오자 김구는 이승만과 결별하여 정치적 노선을 달리 하였고,[104] 이후 우파와 중도파 진영은 단독정부 수립문제로 대립하였다. 1947년 7월 기독교 중도파였던 여운형이 피살되었으며 1949년 6월에는 김구도 희생되었고, 김규식 또한 납북되고 말았다. 결국 이들 좌우합작파, 남북협상파의

---

101) 강인철, 『한국기독교회와 국가·시민사회: 1945~1960』, 한국기독교역사연구소, 1996, 213~214쪽.

102) 이만열, 「한국기독교통일운동의 전개과정」, 『민족통일을 준비하는 그리스도인』, 두란노, 1994, 21쪽.

103) 김재준, 「새역사의 발자취」, 『김재준전집』 13, 장공김재준목사기념사업회, 1992, 208쪽.

104) 서중석, 『한국현대사 60년』, 역사비평사, 2007, 28쪽.

퇴장으로 인해 단정을 원하는 이승만 정권이 등장하게 되었다. 이는 이승만을 중심으로 한 기독교인들의 전면적인 등장을 의미하며 기독교가 정치권력과 밀착하게 되는 계기가 되었다.[105] 미군정의 고위직에도 그러하였지만 신생 정부의 고위 관직에 기독교인이 상당수 진출하게 되었고, 국회와 정당에도 기독교인의 수가 다른 종교인들의 수보다 월등히 많았다. 이승만의 집권기를 정부와 기독교의 유착시기라고 해도 무리가 없을 것이다.[106] 다음과 같은 『기독교공보』 '사설'의 한 부분은 한국교회가 이승만 진영으로 완전히 기울어졌음을 잘 보여준다.

> 민족○망의 총선거 날은 드디어 5월 9일로 발표되었다. 이○에 삼천만 겨레의 가슴에 넘치는 ○결의 정을 못이겨함과 함께 이 5월 9일은 찬해서 사적으로 갑오의 길진 계절적으로 입하의 좋은 날 버들가지느러진 ○풍을 노래해 마지 못한다. 뉘가 이날을 기뻐하지 않는 자 있으리오. 저 패○한 망도가 아닐진댄.[107]

해방 후 대다수의 기독교인들이 우익세력에 편입되었던 데 반해, 김창준은 1947년 민주주의민족전선에 가담하여 모스크바삼상결정 지지운동을 벌였으며 서울에서 좌파 기독교인들을 결집하여 '기독교민주동맹'을 결성하는 등 해방정국에서 그의 행적은 기독교 사회주의자로서의 면모가 뚜렷하였다. 1948년 남북 제정당 사회단체 대표자 연석회의 때 북한을 방문했다가 "민족적 양심이 조금이라도 있는 자라면 우리 조국을 양단하고 독립을 방해하는 단독선거를 반대해야 할 것입니다. 애국적 정열이 있는 사람이라면 양군철퇴를 요구하고 통일정책을 우리 손으로 세우기 위해 싸워야 할 것입

---

105) 이만열, 앞의 글, 22쪽.

106) 강인철, 『한국개신교교회의 정치사회적 기능에 관한 연구: 1945~1960』, 서울대학교 박사학위논문, 1994, 224~235쪽.

107) 「사설, 총선거일과 기독자의 제언」, 『기독교공보』 1948.3.17(○는 원문의 인쇄 상태 불량으로 해독 불가능).

| 통일의 선각자, 문익환의 삶과 분단극복론

니다"[108]라고 하여 이승만의 단독정부 수립을 강하게 거부하면서 허헌, 홍명희와 함께 그대로 북한에 머물렀다.

이와 같이 해방 이후 좌우의 이념적 갈등이 극대화되던 시기에 문익환은 어떠한 활동을 하였으며 그의 이념적 노선은 무엇이었을까. 확인 가능한 문익환의 최초 행적은 정부 수립 이듬해인 1949년 '임마누엘단'이라는 반공 기독청년단체의 결성과 활동이다.[109] 임마누엘단은 전택부, 장하구, 지동식, 김철선, 문동환, 문익환 등이 주축이 되어 결성되었다. 남과 북의 이념적 갈등이 극심한 상황에서 1949년 미국 정부는 군사고문단 500명만 남기고 주한미군을 철수하겠다고 선언하였으며, 미 국무장관 애치슨(Dean Gooderham Acheson)이 한반도를 태평양 방위전선에서 제외한다는 발표를 하였다. 그러자 북의 남침을 우려하던 일부 기독교인들이 이승만 정권을 불신하며 미군철수 반대시위를 벌였으며, 급기야 임마누엘단이라는 비밀결사체까지 결성하게 되었던 것이다.[110]

문익환의 반공적 시각은 그의 가족사와 북간도 시절의 경험과 관련이 있다고 볼 수 있다. 즉 중국공산당 소속 조선인들에게 북간도 명동을 빼앗겼고, 일제에게 구속되어 간신히 살아 돌아온 아버지 문재린을 공산당이 다시 죽음의 위험에 내몰았으며, 그 이후에 그는 소련군 사령부에 끌려가 모진 수난을 당했다. 그로 인해 문재린과 문익환 등 그의 가족은 체험적 피해의식 속에서 반공주의적 입장을 견지할 수밖에 없었던 것으로 볼 수 있다.[111]

한국전쟁 이후 한국 교회의 반공주의적 성향은 더욱 짙어졌다. 한국전쟁

---

108) 김흥수, 「해방직후 북한교회의 정치적 성격」, 『한국기독교와 역사』 제2호, 한국기독교역사연구소, 1992, 65~66쪽에서 재인용.
109) 피재현, 「늦봄 문익환 연구-통일담론과 통일운동을 중심으로」, 성공회대학교 NGO대학원 석사학위논문, 2005, 23쪽.
110) 위의 논문, 23~24쪽.
111) 김형수, 앞의 책, 275~277쪽.

을 경험한 한국 교회는 정세가 휴전협정으로 끝나게 될 것처럼 조성되자 이승만 대통령의 북진통일이 아무리 비현실적이라 하더라도 내심 기대할 수밖에 없는 상황이 되었다. 대한예수교 각 교파 연합 신도대회에서는 1950년 12월 27일 유엔 사무총장, 미국의 트루먼 대통령, 맥아더 사령관에게 보낸 메시지에서 "한국전쟁은 자유민주국가와 공산독재국가 간의 최후 결전의 전초전이므로 유엔군이 승리할 때까지 전진무퇴할 것"을 요청하였다.

1951년 6월 소련 측이 휴전을 제의하고 미국도 이를 받아들여 본격적인 휴전회담이 시작되자 이에 한국기독교연합회는 '남북통일 기원 신도대회'를 부산에서 개최하여 "여하한 고통과 희생이 있다 하더라도 공산세력을 국경선 외로 몰아내고 한국 남북통일의 완전독립을 지향하여 일로매진할 것을 굳게 결의"하며 휴전회담을 거부하였다.112) 이와 관련, 1952년 1월 9일 부산 중앙교회에서 결성된 기독교연합 전시비상대책위원회(위원장 황성택 목사)와 1953년 6월 14일 서울지역의 기독교 신도들은 각각 북진통일 기원 대회를 개최하였다. 전필순 목사가 대회장을 맡아 탑골공원에서 개최하였으며 장로교, 감리교, 성결교, 구세군 등의 여러 교파에서 2천여 명이 참석하였다. 1953년 6월 15일 한국기독교연합 주최로 열린 전국 기독교 신도 구국대회 등에서도 휴전을 반대하고, 북진통일을 기원하였다.113)

이승만의 집권기에 기독교계가 동조한 북진통일론은 '휴전을 반대하고 공산주의를 이겨야 한다'는 승공통일론으로 연결되었다. 이것은 한국전쟁 당시 기독교계가 입은 피해의식114)과 함께 기독교인들이 공산주의에 대한 관대한 여유를 갖지 못했다는 것을 반증하는 것이었다.115)

---

112) 김양선, 『한국기독교해방십년사』, 대한예수교장로회, 1956, 140쪽.
113) 이상규, 「통일운동에 대한 보수교단의 어제와 오늘」, 『기독교 사상』, 1995.7, 34쪽.
114) 한국전쟁에 희생된 교역자와 소실된 교회당 수는 교역자 약 408명에 전소된 교회당 1,373곳, 반소된 교회당은 666곳이나 되었다(김양선, 앞의 책, 90쪽).
115) 이만열, 「한국기독교 통일운동의 전개과정」, 『민족통일을 준비하는 그리스도

| 통일의 선각자, 문익환의 삶과 분단극복론

이와 같은 반공 성향의 기독교계 속에서 문익환은 이승만정권 말기에 해당하는 1959년에 이르러 '민족의 비원'이라는 제목의 설교를 통해 남북통일의 염원을 드러내기 시작하였다.

> 우리 민족의 비통한 소원은 무엇입니까 통일입니다. 형제끼리 총을 겨누고 싸우지 않고 살 수 있도록 우리 모두 통일을 보지 않고는 눈을 감고 죽을 수 없는 사람들입니다. …… 형제의 연락과 화평을 위해서 우리 믿는 자들이 하느님 앞에서 화평을 이루어야 합니다. 그리고 불신자 형제들이라도 하느님 앞에서 화평을 이룩해야 합니다. 이것은 우주적인 에큐메니컬 운동의 과제입니다.116)

이어서 그는 "이런 견지에서 우리는 통일을 염원합니다. 통일은 오고야 말 것입니다. 그때 우리는 형제를 정죄하지 않고, 용서하고, 형제로서 화목하고 한 하느님을 섬기는 자들이 되어야 합니다. 이것이 6·25의 쓰린 맛을 짓씹어 보면서 느낀 것입니다"라면서 남북의 동포가 화해하여, 신앙을 바탕으로 한 남북통일이 이루어져야 함을 강조하였다. 문익환의 이 같은 사고가 당시 기독교 일반이 이승만의 반공이데올로기에 매몰되어 북한을 적으로 인식하던 때에 드러났다는 점에서 주목된다. 조봉암의 평화통일론을 문제 삼음으로써 평화적 통일논의 자체를 금기시하던 시기에 이 같은 설교가 전해졌던 것이다. 특히 한국전쟁을 치르는 과정에서 기독교계가 전쟁의 최대 피해자였다는 점을 고려할 때 문익환이 북한을 형제이자 동포라고 인식하면서 용서와 화해를 구한 것은 순수한 민족주의적 발로이자 매우 대담한 주장이었다고 할 수 있다. 여기서 그는 '화평'을 강조하였는데, 이를 통해 문익환의 신앙이 '화해의 신학'에 근거하고 있음을 알 수 있다. 후술하겠지만 문익환의 이러한 '화해의 신학'에 기반한 인식은 1970년대 초까지 지속적

인』, 두란노, 1994, 35~36쪽.
116) 문익환, 『전집』 12권, 사계절, 1999, 203~205쪽.

으로 나타나게 된다.

다음으로는 1960년 4·19 직후 기독교계의 통일논의와 문익환의 인식을 살펴보고자 한다. 4·19 직후는 남북교류론, 중립화통일론, 남북협상론 등 다양한 통일논의가 활발히 전개되던 시기였다. 반공노선으로 일관한 기독교계 내에서도 통일논의가 전개되었는데, 그 내용은 무엇이며 이와 관련해 문익환은 어떻게 생각했는지 검토할 필요가 있다.

한국교회 보수진영은 극우 반공세력의 대변지로 자리 잡은『기독공보』사설을 통해 "이승만 때 우리가 느낀 과오는 말할 수 없이 많다"[117]고 하여 그동안의 과오를 인정하는 듯하다가 윤보선과 장면 내각 수립이 가시화되자 이승만에 대한 직접적인 비난 논조를 드러내었다. 보수적 정치세력에 가담해온 한국 교회 대부분의 지도자들은 4·19 이후 다양하게 전개된 통일논의에 대해 가능한 한 통일문제를 덮어두려는 경향을 보였다.[118] 이들은 표면적으로는 남한이 아직 남북통일에 대한 준비가 되어 있지 않았다는 이유를 들었지만 내면적으로는 그들이 지지한 이승만 정권의 붕괴와 더불어 반공 북진통일의 가능성이 희박해졌기 때문이었다.

이에 반해 다소 진보적인 성향을 가졌던 기독교의 지도자들은 다양하게 통일논의를 전개하였는데, 특히 중립화통일론에 대한 반응이 뜨거웠다. 감신대 학장이었던 홍현설은 맨스필드 상원의원의 중립화통일론을 접하고 "맨스필드 상원의원의 '오스트리아식 중립화론'이 던진 파문은 최근 우리나라에서 적지 않은 물의를 일으키고 있다"면서 "그러나 우리가 이 문제를 단순한 감정적 견지에서 논의할 때는 지났다고 생각한다. 보다 더 현실적인 견지에서 이 문제는 신중히 다루어져야 할 것"이라는 입장이었다.[119] 또 그는 공산주의와의 대결에 있어서 "그러므로 이제부터 모든 그리스도의 교

---

[117] 「사설: 반공단체는 무엇을 했나」,『기독공보』, 1960.5.9.
[118] 강원룡, 「남북통일과 우리의 과제」,『기독교사상』, 1961.2, 40쪽.
[119]『크리스챤 신문』1960.12.10.

회는 선교사업을 지지만 하는 교회가 되지 말고 모든 교회는 곧 선교단체가 되어야 하겠다"면서 "그리스도의 교회가 이 세상의 가난하고 버림받은 사람들에게 눈을 돌리며 그들의 부르짖음에 귀를 막으면 그만치 그리스도에게서는 멀어지고 유물주의적인 생활 태도로 결과적으로는 공산주의자들의 진영에로 더 많은 사람을 넘겨주는 결과가 될 것"[120]이라고 하였다. 홍현설은 1960년 중립화통일론 문제는 신중히 다루어져야 하며, 북한 공산주의자에 대해 무조건 배척했던 당시 멸공의 풍토에서 좀 더 완화된 차원의 대결을 강조한 것으로 볼 수 있다.

박창환은 중립 통일논의가 활발히 전개되는 상황에서 다음과 같이 주장하였다.

> 우리는 세계정세가 어떻게 변하여 얼마나 후에 어떤 일이 생기든지 예측하지 못한다. 그러나 떠돌아다니는 소리에 의하면 '중립 통일'이 될지도 모른다는 것이다. …… 공산주의자들이 그들의 독특한 매력적인 이념과 선전을 가지고 또는 실천적 행동을 가지고 민중에게 파고들 때, 우리는 방관하고 있다가 송두리째 삼켜 버림을 당해야 하는가? …… 오늘 이 남한에서 기독교인들이 참 기독교인이 되어 전 인민이 우리에게 소망을 두게 하는 일에서부터 시작하지 않는다면 통일은 바라나 마나 한 것이라고 본다. 오늘 당장에 우리에게 손 벌리고 애원하는 사람들에게 참사랑을 베풀자. 그것이 오늘 시작될 때 내일의 문제는 해결되리라.[121]

박창환 역시 공산주의와의 대결 방안을 새로운 차원에서 제시하고 있음을 확인할 수 있다.

강원도 '중립 통일론'의 문제점을 지적하면서 "우리는 다만 민주주의 원칙에 의해 대중의 자유와 함께 생활에 보장받는 정권만이 우리 국민을 위한 정부라는 것을 믿는 견지에서 공산주의와 대결하는 동시에 우익독재

---

120) 『크리스챤 신문』 1960.12.10.
121) 『크리스챤 신문』 1961.1.14.

나 독점자본주의와도 대결하는 것이다"라고 하였고, 또 "기독교인인 까닭에 불신자들에 비해 인간 존엄성과 자유의 가치와 사회 정의를 실현하려는 의욕이 더 강할 것이니 이 민족 공동체 안에 침투해 들어가서 용감하게 싸우고 피땀 흘려 건설해감으로 남북통일 과업을 하루속히 성취해야 할 것"[122] 이라고 주장하였다.

한국 기독교는 분단 현실 속에서 처참한 경험을 해 왔으며 이것이 공고한 반공의식으로 이어졌다. 이런 경험 위에서도 4·19로 인해 분단 상황에 대한 적극적 대응, 나아가 어떻게 공산주의와 대결하느냐 하는 현실적 문제를 생각하지 않을 수 없게 되었다. 문익환 또한 1960년 시기에 북한 공산주의 사회는 철저히 불신의 터 위에 서 있다고 보았다.

> 이북 공산주의 사회는 철저하게 불신의 터 위에 서 있습니다. 부모와 자식이 서로 믿을 수 없고, 부부가 서로 마음을 주지 못하고, 스승이 제자를 믿었다가는 큰코다 치고, 국민이 위정자를 믿을 수 없고, 위정자는 국민을 믿어서는 안 되는 사회가 공산주의 사회입니다.[123]

그는 북한 공산주의사회는 불신 풍조가 깊다고 하면서, 우리 대한민국도 이와 다르지 않다고 하였다. 그리고 이어서 "미국이 소련을, 소련이 미국을 믿을 수 없고, 이남이 이북을, 이북이 이남을 믿을 수 없습니다. 민주당 신파가 구파를, 구파가 신파를 믿을 수 없는 것입니다. 구교가 신교를, 신교가 구교를 믿을 수 없습니다. 예장과 기장이 서로 믿을 수 없습니다. 그리고 서로 믿지 못할 만할 까닭이 쌍방에 있습니다. …… 그러나 그전에 우리는 이남에서만이라도 서로 믿는 분위기를 조성해야겠습니다"[124]라고 하면서

---

122) 강원용, 「남북 통일과 우리의 과제」, 『기독교 사상』 1961.2, 47쪽.
123) 문익환, 「6·25의 아픔」, 『전집』 12권, 사계절, 1999, 225쪽.
124) 위의 책, 227쪽.

4·19 이후 조성되었던 상호 신뢰의 분위기를 다시 살려야 하며 "이것이야 말로 민족의 비원인 남북통일의 길을 개척하고 터를 닦는 일이다"라고 주장 하였다.[125]

1960년 문익환은 「통일의 종소리」라는 글을 통해 "맨스필드의 중립론이 나 대학생들의 연방론은 비현실적인 이상론이라고 비웃어버릴 수만은 없 다. 미소의 냉전이 풀리기 전에는 한국문제는 해결될 소망이 없다고 늘여 잡고 있다가는 뜻하지 않은 때에 올 것이 오고 말 것이다"라고 하면서 "총력 을 집중해야 한다. 왜냐하면 불시에 통일이 오면, 혼란이 따르고 혼란은 공산화를 초래하겠기 때문이다. 잘못하면 통일을 염원하면서 통일을 막는 자들이 될 가능성이 많다"고 하였다.[126] 문익환은 "공산주의는 기독교의 서 자"[127]라고 하면서 기회균등이라든지 분배의 균등이 나쁜 것은 아니지만 인간에 대한 기독교적 사랑이 없으면 공산주의는 독재의 구실을 만들어주 기 때문에 공산주의 그 자체에 대해서 반대 입장을 분명히 하였다. 대신 그는 자유 이념과 민주주의적 가치를 중시하였다.[128] 그러나 민주주의에 대한 이러한 태도 역시 "기독교적인 밑받침이 없는 민주주의는 독재주의의 허울 좋은 겉치레에 지나지 않는다"는 기독교 신앙에 기초한 것으로 볼 수 있다.[129] 그는 다만 중립화 통일이라든지 연방제 통일에 대해서 다소 유연 한 자세를 보였으며, 통일을 우리가 이루어야 할 과제로 인식하고 있었

125) 위의 책, 228쪽.
126) 위의 책, 230쪽.
127) 위의 책, 231쪽. 문익환은 "공산주의사상이 사회적으로 약자인 노동자, 농민이 착취 받지 않은 사회를 말한다"고 보았는데 이는 기독교의 구약에서는 모든 예언자들이 목숨 걸고 특권계급과 투쟁하고 가난한 사람들의 권익을 보호해 주었을 뿐만 아니라 신약에서 예수님도 언제나 어렵고 가난하고 억눌린 자 편에서 그들을 격려하고 생의 의욕을 주었던 것으로 보았다. 결국 공산주의 사상은 마르크스가 성서에서 힌트를 얻었고 이를 차용한 것으로 보았다.
128) 위의 책, 231쪽.
129) 위의 책, 231쪽.

다.[130]

4 · 19 시기의 다양한 통일논의에도 불구하고, 이후 1960년대에 한국교회의 반공주의적 통일노선에는 별다른 변화가 없었다. 1960년대 초부터 김재준, 정하은, 조향록, 한배호 등은 전체주의적 민족주의 및 비민주적 경제발전의 가능성에 대한 우려를 표명하여 인간성에 대한 본질적 이해가 무시되었다고 마르크스주의를 비판하였다.[131] 이들은 공산주의가 인간의 속성을 고려하지 않았기 때문에 그것이 개인의 자유를 제거하나 사회내의 근본악들을 일소하지 못할 것이라는 입장을 견지하였으며, 공산주의를 비민주적 방식으로써 국가가 통제하는 체제로 간주하면서 공산주의를 거부하였다.[132] 특히 김재준은 해방 직후 우익의 입장에서 공산주의와의 제휴를 조심스럽게 인정하였지만, 한국전쟁 이후에는 철저한 반공주의자로 변신하

---

130) 문익환이 4 · 19를 전후한 시기에 여타 기독교 목회자, 신학자들처럼 중립화통일론을 적극적으로 지지하지는 않았다. 그러나 중립화통일론에 반대했던 보수세력들도 당시 국제정세에서 중립화협정이 맺어질 가능성 자체를 매우 높게 보았는데, 이를 반영하듯 각종 여론조사에서도 중립화통일론에 대한 지지도가 상당히 높게 나타났다. 그러나 중립화통일론이 여러 사람으로부터 지지를 인정받았다는 사실과 당시 실정에서 객관적으로 강대국사이에 한국중립화협정이 체결될 수 있느냐의 문제는 별개였다. 왜냐하면 중립화가 가능하려면 주변 강대국, 특히 미국과 소련이 여기에 동의하고 적극성을 보여야 했기 때문이었다(홍석률, 『통일문제와 정치사회적 갈등 : 1953~1961』, 서울대출판부, 2001, 256~257쪽). 이러한 맥락에서 기독교계였던 문익환이 중립화를 적극 지지하지도 않고, 또한 적극 반대했던 것도 아닌 가볍게 언급한 것은 이해할 만하다.

131) 다음의 글들이 참조할 만하다. 김재준, 「4 · 19이후의 한국교회」, 『기독교사상』 5, 1961, 34~41쪽; 정하은, 「에큐메니칼운동과 공산주의」, 『기독교사상』 7, 1963, 50~58쪽; 조향록, 「선거의 의의와 기독자의 책임」, 『기독교사상』 7, 1963, 45~51쪽.

132) 이영숙, 「진보적 개신교 지도자들의 사회변동방안 연구 1957~1984년을 중심으로」, 『현대한국의 종교와 사회』 한국사회사연구회 논문집 35집, 1992, 145~146쪽. 진보적 개신교 지도자들은 1960년대 중반에 이르러 가지지 못한 자들의 상황이 심각해졌다는 것을 의식하기 시작해 여전히 공산주의에 대해서는 반대하지만, 사회적 약자에 대한 관심과 평등문제를 기독교적 관점에서 인식하였다.

| 통일의 선각자, 문익환의 삶과 분단극복론

였다.[133] 문익환 역시 1961년 「기독교신앙과 공산주의」라는 글을 통해 공산주의자들은 물질이 정신을 지배한다고 생각하지만 그보다는 정신이 물질을 지배한다며 마부와 말의 비유를 들어 소위 '유물사관'을 비판하였고, 또한 공산주의는 '이상주의'이고 '유토피아적'이기 때문에 지배와 피지배가 없다는 논리는 현실과 맞지 않다고 소련의 예를 들면서 마르크스 사상을 반대하였다.[134] 이와 같이 문익환은 기본적으로 공산주의에 반대하는 입장을 보였다. 그리고 그는 북간도 시절 아버지가 공산주의자들에게 박해를 받은 것을 직접 목격한 '체험적 반공주의'에 근거한 반공적 입장을 견지하였던 것이다.

1961년 5월 11일 '통일 촉성 이북인 대회'(고문: 고한규, 백낙준, 선우훈, 이용설)가 개최되었다. 이 대회는 멸공의식을 일층 앙양하여 조속히 조국통일이 이루어지기를 바라는 민족의 숙원을 재확인하고, 그것을 내외에 천명하는 데 목표를 두었다.[135] 1963년 2월 22일 예수교장로회 기독공보사는 국민회당에서 1,500여 명이 모인 가운데 반공 강연회를 개최하여 반공포로 석방을 기념하였다. 1966년에는 한국 기독교 반공연맹이 창립되었고, 1967년 10월 아시아 기독교 반공대회가 10여 개국 150여 대표의 참석하에 열렸다.[136] 강원용, 변홍규 등 한국 대표들이 1968년 7월 스웨덴 웁살라에서 열린 '세계교회협의회(World Council of Churches: WCC, 이하 WCC)대회'(일명 웁살라대회)에서 WCC가 '중공의 유엔가입을 지지하고 미국의 월남전쟁 개입을 반대하였으며 징병 기피자를 돕도록 호소한 것'에 대해 한국기독교연합회(NCC)는 "공산주의에 의해 역사상 가장 큰 피해를 입었던 한국 민족과

---

133) 김흥수, 「한국교회의 통일운동역사에 대한 재검토」, 『기사연 무크』 3, 1988, 97~98쪽.

134) 문익환, 「기독교신앙과 공산주의」, 『전집』 12권, 사계절, 1999, 261~262쪽.

135) 『기독공보』 1961.5.15.

136) 이만열, 『한국기독교와 민족통일운동: 한국기독교사 연구』, 한국기독교역사연구소, 2001, 355쪽.

한국 교회는 WCC의 결정에 대해 반대하고 분노한다"[137]고 발표한 사건은
당시 한국교회의 반공적 성격을 잘 드러내 준다.[138] 따라서 1960년대 중반
까지 월남한 개신교 지도자들을 중심으로 한 한국의 기독교는 출신지역과
무관하게 강력한 반공주의적 태도에 기초한 정치적 보수주의에 기초하고
있었다.[139]

　　그러나 1960년대 말부터 기독교계의 상황이 크게 달라지기 시작하였다.
1969년 박정희정권에 의해 '3선개헌'이 강행되자, 기독교장로회 대부격인
김재준은 '3선개헌반대범국민투쟁위원회' 위원장을 맡아 박정희 권력에 정
면으로 도전하였다. 그러나 이를 두고 보수 개신교 지도자들, 즉 예수교장
로회 통합 측과 합동 측, 그리고 감리교 교단의 월남한 서북출신자들이 이
를 비난하거나 또는 3선개헌에 찬성하며 독재정권을 옹호하고 나서면서 교
회 내 분열현상이 나타났다. 이를 기화로 개신교 내 진보와 보수 간의 갈등
은 더욱 격렬해졌다.[140] 반면 비록 소수이지만 기독교장로회가 주도한 개
신교의 민주화운동은 권위주의 권력에 맞서 노동, 농민, 도시빈민 운동 등
다양한 저항적 민중운동을 형성하였고, 학생운동과 함께 성장해나갔다.[141]

---

137) 『크리스챤 신문』 1968.8.3. 이보다 앞서 한국 장로교는 1950년대 중반부터
　　WCC가 사회주의 국가들과의 '평화적 공존(co-existence)'을 추구하고 사회주의
　　국가 교회들의 회원 가입을 추진하는 데 당혹한 장로교 주류 세력은 WCC와
　　의 관계 지속여부를 놓고 격렬한 논쟁을 벌였으며 이 논쟁은 결국 1959년에
　　장로교 주류 세력이 예수교장로회 '통합측'과 '합동측'으로 분열되는 결과로
　　이어졌다(강인철, 「남한의 월남 개신교인들-반공주의와 민주주의에 미친 차
　　별적 영향」, 『종교문화비평』 통권13호, 2008, 137쪽).

138) 김흥수, 「한국교회의 통일운동 역사에 대한 재검토」, 『신학과 현장』, 1991, 105
　　쪽.

139) 강인철, 「남한의 월남 개신교인들-반공주의와 민주주의에 미친 차별적 영향」,
　　『종교문화비평』 통권13호, 2008, 139쪽.

140) 위의 논문, 139쪽.

141) 위의 논문, 140쪽. 김경재는 1960년대 이후 한국교회는 서서히 역사현실에 눈
　　을 뜨고 일부 진보적 기독교교단에서나마 역사현실 참여와 인권 및 민주화운
　　동, 그리고 분단현실의 비도덕성에 대한 자각과 극복의 당위성을 자각하게

　｜통일의 선각자, 문익환의 삶과 분단극복론

개신교 진보주의자들은 박정희 군사정권이 안보논리를 앞세워 언론의 자유와 인권을 탄압하기 때문에 민주화의 과제가 안보논리에 밀려 후순위가 되었다고 인식하였다. 따라서 민주화를 제대로 추진하려면 안보논리에 근거하고 있는 분단을 해소하여 통일을 추구하는 길밖에 다른 대안이 없다고 보았다.[142] 결국 1960년대 말 한국의 진보적 개신교 통일론은 북한을 같은 민족으로 포용하려는 민족의식에 기초함으로써 반공주의 극복의식이 표출되기 시작하였다.

문익환은 1967년 「화해의 복음」이라는 설교에서 "오늘 한국사회에서 공산당을 제일 미워하는 사람들, 그들은 기독교인으로 되어 있습니다. 이것은 과연 옳은 것인가?"라고 반문하면서 "한국의 기독교가 여기에 화해의 기운을 조성해서 남북의 평화로운 통일을 이루는 데 이바지 한다면 이것은 참으로 세계적인 공헌"이라고 하였다.[143] 이 같은 인식은 김재준의 '화해의 신학'에 영향을 받은 문익환의 사고변화라는 관점에서 이해할 수 있다. 그러나 이 시기에 그가 반공주의의 노선에서 완전히 후퇴하였다고 볼 수는 없다.

1968년 시기 그의 북한에 대한 인식을 살펴보기로 하자. 1968년 1월 북한 무장 게릴라 부대가 박정희를 암살하기 위해 서울에 침입해 총격전을 벌인 이른바 청와대 습격사건, 그리고 연이어 북한 영해에 들어온 미국의 정보함 푸에블로호 나포사건이 일어났다.[144] 문익환은 이 시기에 북한의 두 가지의 만행에 대해 규탄하는 대열에 끼이고 싶지 않다고 하면서[145] "대한민국

되었다고 보았다(김경재, 「한민족 통일운동에서 한국기독교의 역기능과 순기능」, 『평화교육과 민중교육-문동환박사고희기념논문집』, 풀빛, 1990, 427쪽).

[142] 이만열, 앞의 책, 357쪽.

[143] 문익환, 「화해의 복음」, 『전집』 12권, 사계절, 1999, 370쪽.

[144] 신정화, 『일본의 대북정책(1945-1992)』, 오름, 2006, 104쪽.

[145] 문익환은 "저는 북괴의 만행을 규탄하는 대열에 끼이고 싶지 않습니다. 오히려 그들이 안방까지 들어오도록 문단속을 하지 못하고 있는 사람들, 백성의

이나 북한 모두 규탄하고 싶지 않다. 다만 이 사건들에서 나타난 민족의 비극 앞에서 울고 싶을 따름이다"라고 하였다. 그는 "반공의 기치를 들지 않아야 한다"[146]는 입장이었다. 그 이유는 박정희 정권이 이 사건들을 통해 반공이데올로기를 한층 강화하려는 의도를 드러냄으로써 자칫 통일에 걸림돌로 작용하지 않을까 하는 우려 때문이라고 볼 수 있다. 통일을 바라는 문익환에게 당시 상황에서는 위험을 각오한 용기 있는 발언이었다. 한국의 과제 중에 남북통일이라는 과제 이상 큰 과제가 어디 있느냐는 것이 그의 생각이었다.

이상에서 보듯이 이 시기에 있어서 문익환은 순수한 신학자이자, 목회자로서의 신분으로 직접적인 사회참여나 사회개혁운동에 참여하지는 않았다. 따라서 이 시기 그의 설교도 대부분 순수 신학적인 면이 강하였다고 할 수 있다. 그러나 그는 강원룡, 김재준 등과 교류하면서 그들과 영향을 주고받으며 남과 북의 체제를 객관적인 시각에서 이해하려고 시도하였고, 화해의 신학을 바탕으로 남과 북이 하나의 민족으로서 용서와 화해를 해야 한다고 강조하였다. 중립화통일론에 대한 논의가 분분하던 1960년대 기독교 신학자들이 대체로 공산주의와의 대결에 초점을 맞추었던 반면 강원용은 공산주의뿐만 아니라 우익 독재 자본주의와도 대결해야 함을 강조했고, 문익환도 이 시기에 반공주의적 입장에 서 있었지만 시대적 조류에 따라 반공주의의 강약을 달리하였다.

신고를 세 번씩이나 받고도 움직이지 않은 경관, 무장 유격대가 내려온다는 보고를 받고도 골프를 치러 간 내무부 장관이야말로 규탄을 받아야 할 것입니다"라고 하였다(문익환, 「때의 징조를 보아라」, 『전집』 12권, 사계절, 1999, 408쪽).

146) 문익환은 "그들의 광신적인 발광을 보면서 우리는 다른 사람들처럼 반공의 기치를 들어야 할까요? 반공의 기치를 들 사람은 우리 아니고도 얼마든지 있습니다. 오히려 이때야말로 우리 기독교인들은 남북통일을 위해서 자세를 바로잡고 착실하고 견실하게 한 걸음 한 걸음 전진해야 할 것이 아니겠습니까?"라고 하였다(위의 책, 409쪽).

| 통일의 선각자, 문익환의 삶과 분단극복론

2) 7·4남북공동성명 전후 개신교계 통일논의와 문익환의 위치

1970년대 초는 통일논의에 있어서 새로운 전환점이 되는 시기였다. 국제적으로는 미국의 냉전전략이 수정되면서 한반도에서도 일시적으로 긴장완화 분위기가 조성되었다. 이러한 상황에서 남과 북은 대화를 시도하였다. 동아시아에서의 데탕트를 실현하고자 하는 미국의 궁극적인 목적은 박정희 정부에게 직접적이며 반복적인 남북대화의 요구로 나타났다.[147] 그리하여 박정희는 1970년 '8·15성명'에서 처음으로 북한과의 대화용의를 밝혔고, 남북체제의 공존을 전제로 한 선의의 경쟁을 제안하였다. 이는 '유일 합법정부론'을 포기하고 북한 정부의 실체를 인정한 셈이었다.[148] 1971년 남북 적십자회담이 성사되었고, 1972년은 통일운동사에서 하나의 분수령을 이룬 시기였다.

전후 최초로 남북한 당사자들이 각기 상대방을 인정하는 조건 위에서 긴장상태 해소와 조국통일문제를 협의하였으며 그 결과가 쌍방의 합의에 기초한 7·4남북공동성명으로 제시되었다.[149] 이 성명에서 자주, 평화통일, 민족대단결이라는 통일의 3대 원칙이 제시되었고, 이 외에도 남북 양측은 중상비방 금지, 다방면적인 교류 실시, 서울평양 간 직통전화개설, 그리고 긴장완화와 돌발적인 군사사고를 방지하며 통일문제를 해결하기 위해 남북조절위원회를 구성, 운영하기로 해 남북단계는 새로운 단계로 접어들었다.[150] 그러나 박정희 정권은 성명서 발표 후 유신체제로 전환함으로써 7·4남북공동성명을 정치권력 강화의 방편으로 활용하였다. 또한 모든 통

---

[147] 1970년대 초 남북대화의 국제적 배경과 구체적인 과정에 대해서는 다음의 연구가 참조된다. 김지형, 『데탕트와 남북관계』, 선인, 2008.

[148] 조순, 「1980-1990년대 기독교 통일운동과 그 이론적 기반 및 쟁점들」, 『한국 개신교가 한국 근현대의 사회·문화적 변동에 끼친 영향 연구』, 한국신학연구소, 2005, 220쪽.

[149] 한국역사연구회 현대사연구반, 『한국현대사』 3, 풀빛, 1991, 292쪽.

[150] 심지연, 『남북한 통일방안의 전개와 수렴』, 돌베개, 2001, 62~63쪽.

일논의를 독점하고 민주화운동을 탄압하였다.

7·4남북공동성명서 발표 전후시기에 진보적 기독교계 인사들의 통일논의 가운데서 문익환은 어느 위치에 있었으며, 그들의 주장과 어떠한 차이점을 보였을까. 1970년대에 들어서면서 한국교회는 남북통일을 위해 무엇을 해야 할 것인가에 대한 논란의 불꽃을 점화하며 명망 있는 교계의 지도자들을 중심으로 다양한 논의를 펼쳐 나갔다.

김관석과 한완상의 경우, 남북통일을 위해서는 분열된 교회부터 일치시켜야 통일의 과업을 달성할 수 있다고 주장하였다. 문익환, 장준하 등과 일본 신학교 과정을 같이한 KNCC의 총무 김관석은 1970년 12월 「교회와 한국통일」이라는 제목의 글을 『기독교사상』에 발표했다. 그는 국토통일의 개념을 설명하면서, "국토통일은 쪼개진 땅덩어리를 하나로 만든다는 뜻이 아니다. 그것은 갈라진 동포와 동포, 사람과 사람을 하나로 묶어 놓는다는 것이다. 갈라진 인간을 합치는 데는 개인의 분열된 인격성을 극복하고 인격의 통일이 성취되어야만 한다"는 점에 강조점을 두었다. 그리고 그는 무엇보다 통일의 성취를 위해 먼저 교회의 분열을 극복하고 교회의 일치를 이루어내야 한다고 주장하였다. 또한 통일의 신학, 그리고 나아가서는 우주적인 공동체 안에서의 한국통일을 위한 국가관과 평화관을 설정해 나가려는 노력이 필요하다고 보았다.[151]

당시 서울대 문리대 교수였던 한완상은 『기독교 사상』1970년 12월호에 「남북통일의 제난점과 교회의 사명」이라는 글을 발표했는데, 그는 이 글에서 조국통일의 문제를 하이더(Heider)와 뉴우콤(Newcomb) 등의 이론으로 설명하면서, 무엇보다도 한국의 양극화 현상이 통일이란 지상과제를 해결하는 데 있어 큰 걸림돌로 작용한다고 강조하였다. 남북통일의 전제조건으로서의 전반적 안정과 안정구축은 이 양극화를 피하고 극복함으로써 더 쉽

---

151) 김관석, 「교회와 한국통일」, 『기독교 사상』 1970.12, 16쪽.

게 이루어질 수 있다고 하였다. 또한 교회 내의 조화 없이 국가와 사회의 통일은 불가능하므로 남북통일을 위해 먼저 교회가 일치단결해야 한다고 강조하였다.[152]

비교적 진보적인 사상을 가졌던 박형규는 "남한의 교회가 진정으로 북한에 대해 선교를 시도할 생각이 있다면 먼저 그들의 사상체계와 용어를 배워야 한다"[153]고 하여 교회가 민족통일의 역사적 전환점에서 선교적 사명을 다하기 위해서는 반공의식을 버리고 복음과 신앙에 입각한 자유의 입장을 취해야 한다며 남한 교회의 반성을 촉구하였다. 그는 남북분단을 외세에 의한 것으로 보았을 뿐 아니라, 북한도 우리 민족이라는 '동족의식'을 견지하였다. 1971년 9월 「화해의 복음과 남북의 대화」라는 글을 통해 공산주의자의 유혹에 넘어가지 않기 위해서는 먼저 사회정의를 실현하며 민중의 자주 역량을 키워야 한다고 하였다. 이어 그는 "교회는 언제나 민중이 편이 되고 민중과 함께 생각하고 행동하는 조직이 되어야 할 것이다. 그리하여 교회가 민중 운동의 앞장을 서고 이 운동을 통해 남한에 자유롭고 정의로운 사회가 이룩될 때 한반도의 통일은 가능해질 것이고 교회는 화해자의 사명을 다하게 될 것이다"[154]라고 주장하여 민중이 주체가 된 민중신학적 입장에서 통일을 사고하였으며, 북한을 배타적으로 바라보기에 앞서 남한에 먼저 정의로운 사회가 실현되어야 함을 강조하였다.

1972년 7·4남북공동성명이 발표되자 그 이튿날 김재준이 대표로 있는 '민주수호국민협의회'[155]는 남북 간 통일원칙 합의에 관한 이 공동성명을

---

152) 한완상, 「남북통일의 제난점과 교회의 사명」, 『기독교 사상』, 1970.12, 33쪽.

153) 박형규, 「한반도의 미래와 교회의 선교자세」, 『해방의 길목에서』, 사상사, 1974, 168~170쪽.

154) 박형규, 「화해의 복음과 남북의 대화」, 『제3일』 1971.9, 32쪽.

155) 1971년 4월과 5월의 양 대 선거를 앞두고 운동권은 전열을 정비하여 범국민적 연합운동기구인 민주수호국민협의회를 4월 19일 서울 대성빌딩에서 결성하고, 대표위원에 김재준, 이병린, 천관우 등을 선출하고, 운영위원에 신순언, 이호철, 조향록, 김정래, 법정, 한철하, 계훈제 등을 선출했다(이재오, 『해방후

"정부의 비상사태 선언과 선량한 시민들의 눈과 입과 귀가 가리어진 가운데 이루어진 것"이라면서, 평화통일을 위한 남북 간 긴장상태 완화와 교류의 개시, 조국통일을 위한 민중참여 전제, 민중의 자유의사 표현을 억압하는 특별조치법·국가보안법·반공법 등 관계법령의 폐기 또는 수정을 주장하였다. 이 성명에는 "정권간의 이해득실이 얽혀 방편적인 통일논의로 도리어 민족분열을 영구화하는 결과를 초래하지 않도록 엄중히 경계한다"는 우려를 표명하였다.[156] 또한 김재준은 1972년 9월 「남북한교류의 시점에서」라는 글을 통해 "공산주의가 어느 정도 민주주의적으로 수정된다면 그 만큼 더 많이 통할 수 있게 될 것"이라고 하면서 더 근본적인 문제는 우리 내부에 있으며, "국민 하나하나가 '자유가 아니면 죽음을 달라'라고 할 정도로 자유인으로서의 긍지와 위신을 지킬 줄 알게 해야 한다"고 하였다. 그는 기본적으로 남한의 민주주의가 공산주의보다 우월하지만, 남한도 먼저 독재가 아닌 인간의 존엄성과 자유를 존중하는 사회가 되어야 하며, 그런 관점에서 남북교류도 이루어져야 한다는 태도를 보였다.[157]

전택부(서울 YMCA의 총무)는 7·4남북공동성명서가 발표된 직후인 1972년 7월 8일 "동족끼리 통일하는 데 반대할 사람이 어디 있는가. 다소 늦은 감이 있지만 특히 미국이나 소련 등 기타 타국의 간섭 없이 우리끼리의 회담으로 합의되었다는 것이 매우 통쾌하다"며 우리 민족의 자주적인 노력으로 합의됐음에 대해 기쁨을 표했다.[158]

위와 같은 기독교 지도자들의 통일논의 속에서 문익환은 1972년 10월 「남북통일과 한국교회」라는 글 속에서 기독교, 민주주의, 공산주의가 서구 구라파에서 들여온 3형제라고 비유하면서 기독교는 자본주의적인 미국식 민

한국 학생운동사』, 형성사, 1984, 289~290쪽).
156) 노중선, 『남북한 통일정책과 통일운동 50년』, 사계절, 1996, 155쪽.
157) 김재준, 「남북한교류의 시점에서」, 『제3일』 1972.9, 23쪽.
158) 『크리스챤 신문』 1972.7.8.

통일의 선각자, 문익환의 삶과 분단극복론

주주의와 일심동체여서도 안 되며 공산주의자의 편에 서도 안 되고, 자유민주주의와 공산주의를 모두 포괄해야 한다고 주장하였다. 이데올로기에 의해 남북이 적대시할 필요가 없다는 것이다. 무엇보다 남북이 통일된 다음에야 기독교적 교리를 논하는 것이 순서라고 보면서, 남한 내부에서 기독교계가 진보와 보수진영으로 갈라져 북한에 대한 상이한 시각의 차이를 드러내는 현상에 대해 경계하였다. 또한 7·4남북공동성명 가운데에서 '사상과 이념과 제도를 초월해서 민족대단결을 이루자'는 3항에 의미를 부여하여 박정희 정권이 북한에 대한 자신감을 표현한 것으로 보고 일단 긍정적으로 평가하였다. 그러나 동시에 남한 적십자사 수석대표인 이범석의 "이념은 변할 수 있지만 민족은 영원하다"라는 말을 빌려 어떠한 이념도 민족보다 우선할 수 없음을 강조하였다.[159]

   이 시기 이상과 같은 논의들은 우선 '북한 공산주의자들과의 대화나 공존은 불가능하며 무력으로 통일해야 한다'는 이전의 전투적인 대결논리에서 벗어났다는 점에서 그리고 비판의 화살을 남한과 남한교회 내부로 돌렸다는 점에서 평가될 필요가 있다. 그러나 이러한 논리도 공산주의자들과의 평화적 대결을 전제로 하고 전개된 논의였다는 점에서 일정한 시대적 한계를 드러낸 것 또한 사실이다. 평화적 대결에서 승리하려면 우선 남한 사회에 자유와 인권의 보장, 그리고 사회정의가 이루어져야 한다고 보았기 때문에 기독교운동 세력들은 민주화와 인권수호에 여념이 없었다는 사실에 주목할 필요가 있다.[160] 이런 노력은 남한사회 내부의 비인간적인 문제들을 극복함으로써 통일에의 기반을 튼튼히 하는 과정으로 이해될 수 있으며,

---

[159] 문익환, 「남북통일과 한국교회」, 『기독교사상』, 1972.10, 52~55쪽.

[160] 김재준, 박형규, 함석헌 등 진보적 인사들은 1968년 8월 '3선개헌 저지 범국민 투쟁위원회'를 조직하였고, 8월 15일 동 위원회는 반대 성명서를 주요 일간지에 발표하였다. 또 한국교회의 민주화운동이 보다 급진적인 방향으로 전개된 것은 소위 10월 유신 이후라고 볼 수 있다(이상규, 「해방후 한국교회의 민주화운동과 통일운동」, 『한국기독교와 역사』 제4호, 81~82쪽).

민주화운동에 몰두하는 과정에서 통일문제는 일단 민주화 이후로 고려할 수 있는 문제로 인식된 것도 사실이었다.[161]

결과적으로 7·4남북공동성명은 민중의 참여가 배제된 발표였다는 점이나 내용면에서 구체성이 다소 떨어진다는 점에서 한계를 지니고 있었지만, 자주·평화·민족대단결이라는 3대원칙으로 상징되는 공동성명은, 분단이후 남북한 최고당국자들이 최초로 서로 의사소통을 했으며, 나아가 통일문제의 기본원칙에 합의했다는 점에서 의미가 있었다.

요컨대 7·4남북공동성명을 전후해서 기독교계의 진보적 인사들은 통일에 대한 다양한 이념적 스펙트럼을 나타냈는데 중도 우파적 입장을 보인 김관석과 한완상은 통일에 앞서 기독교계의 일치를 주창하는 '교회중심주의'였고, 중도적 입장의 전택부는 민족자주적 관점에서 7·4남북공동성명의 의미를 부여하였다. 한편 박형규는 '민중신학적' 입장에서 북한에 대한 동족의식이 선행되는 통일을 강조하였으며, 김재준은 이 시기 국가보안법과 반공법 등의 폐기 또는 수정을 요구할 정도로 진보적인 입장에 서있었다. 그리고 문익환은 통일을 위해서는 남과 북의 이념도 초월해야한다는 '민족 중심적' 입장을 견지했다고 할 수 있다.

반면 비교적 보수적인 성향을 가졌던 기독교계 인물들은 분단과 통일에 대해 어떠한 인식을 지니고 있었을까? 한철하는 「남북통일과 선교전략」에서 남북통일을 위해 중요한 점은 휴머니즘과 민족주의 등이며, 선의의 경쟁단계에서 상호교류단계로, 그리고 마지막으로 통일단계에까지 이르러야 한다고 주장하였다.[162]

이영민은 1972년 7월 15일의 『크리스챤 신문』의 사설을 통해 "오늘의 시점에서 교회가 반성해야 할 한 가지 점은 공산주의에 대한 연구와 함께 반

---

161) 김흥수, 「한국교회의 통일운동역사에 대한 재검토」, 『희년신학과 통일희년운동』, 한국신학연구소, 1995, 440쪽.

162) 한철하, 「남북통일과 선교전략」, 『기독교사상』 1970.12, 45~53쪽.

공운동을 한층 높은 차원에서 전개해야 한다는 점이다"라고 하였다. 보수 성향의 기독교계 여론이 여전히 반공주의적 시각을 강조하고 있다는 사실을 확인할 수 있다. 동시에 그는 "화해의 복음을 위해 그리고 통일 한국의 선교활동을 위해 교회는 적극적인 미래지향적 구상과 정책을 갖출 수 있어야 한다"고 하여 화해와 통일지향의 선교전략을 드러내고 있다.[163]

우재승은 「기능주의 이론을 통해 본 남북한 간의 단계적 접촉」이란 글을 통해, 정부가 주장하는 "단계적 통일 접근방법이 가장 현실적"이라고 하면서 적십자회담이 정치적인 문제가 아닌 비정치적인 문제로 접근되어져야 하며, 통일을 이루기 위해서는 좀 더 폭넓은 접촉 및 교류를 해야 하며, 무엇보다도 민족적 통일 염원의 강력한 힘이 뒷받침될 때 통일이 실현될 수 있다고 보았다. 그리고 그는 중요한 점 중의 하나로 현 사회적 문제의 모순과 갈등의 제거를 지적하면서 "대중민주주의가 확립되고 국민총화를 이룩할 때 비로소 남북대화는 그 올바른 방향을 찾게 된다"고 파악하였다.[164]

이상에서 보는 바와 같이 보수적 기독교 인사들은 선교적·단계적·기능주의적 통일을 주장하여 반공주의적 시각에서 탈피하지 못하였고, 여전히 정부의 통일정책에 기대는 듯한 태도를 보였다.

이와 같이 7·4남북공동성명은 한국 기독교로 하여금 민족통일문제에 대해 고민하며 사고하게 하는 계기가 되었다. 한국 기독교의 지도적 인물들은 남북의 통일을 위한 노력이 필요하다고 보면서도 자유와 민주주의적 가치관이 무엇보다 중요하다고 인식하고 있었다. 그러나 7·4남북공동성명이 발표되었을 때 극히 소수를 제외하고는 자주, 평화, 민족대단결의 원칙이 오히려 반공정신에 어긋난다고 보았으며, 장준하나 문익환 역시 7·4남북

---

163) 『크리스챤 신문』 1972.7.15.

164) 우재승, 「기능주의 이론을 통해 본 남북한간의 단계적 접촉」, 『제3일』 1972.9, 47~50쪽.

공동성명에 감명을 받고 공산주의와 대결하기 위하여 빈익빈부익부의 부조리를 과감하게 시정해 나가자고 주장할 정도였다.[165] 즉 통일문제도 중요하지만 국내적으로 사회부조리 척결이나 부의 균등배분 등 민주화도 역시 중요하다는 시각을 유지하고 있었다.

지금까지 1970년부터 1972년 7·4남북공동성명이 발표된 시점을 전후해서 나타난 기독교계의 통일론에 대해 살펴보았다. 다음으로는 당대 반박정희 민주화운동을 주도하였으며 민간 통일논의를 이끌어 간 함석헌, 장준하, 천관우 등의 인식과 문익환의 통일 인식이 어떻게 달랐는지를 살펴보고자 한다. 먼저 1971년 11월 『씨올의 소리』에서 「우리의 살길」이라는 글을 통해 드러나는 함석헌의 통일인식을 살펴본다.

> 미군이 남한을 점령하고 소련군이 북한을 점령했기 때문에 생긴 일이다. 그러므로 문제의 핵심은 민주주의나 공산주의에 있는 것이 아니라 남의 나라 그 세력을 위해 언제나 밖의 세력의 도움을 구한다. 그 이유는 자기에게 민중의 동의와 신임으로부터 오는 아무런 힘도 없기 때문이다. 그래서 야심적인 정치가는 언제나 외국세력을 끌어들이는 법이다.[166]

함석헌은 민족분단의 원인을 외세로 규정하고 미국과 소련이 남한과 북한을 점령했다고 보았으며, 결국 통일은 어디까지나 민중이 주체가 되어야 한다고 파악하였다.[167] 함석헌은 통일방안의 "첫 단계는 남북이 불가침조약을 맺는 것으로 북한은 늘 평화통일을 주장해 왔지만, 남한은 '평화공세

---

165) 서중석, 「한국통일론의 전개과정과 새로운 전망」, 『민족통일을 앞당기는 국학 -무엇을 어떻게 할 것인가』, 제2회 한국학국제학술대회(1997.10.3~4, 안동) 발표요지 68~71쪽; 김인걸, 「1990년대 남한통일논의의 지형변화」, 『한국사론』 41~42, 927쪽.

166) 함석헌, 「우리의 살길」, 『씨알의 소리』 1971.11.

167) 함석헌, 『함석헌 전집』 12, 한길사, 1988, 34쪽.

통일의 선각자, 문익환의 삶과 분단극복론

에 속아서는 안 된다'고 하면서 평화를 말하는 자들을 용공주의자로 몰았다… 남한정부의 통일정책은 말로는 분명히 드러내지는 않지만, 통일은 무력에 의해 되는 수밖에 없다"[168]라며 남한 정부는 무력통일을 원하는 것이 아니냐는 반응을 보였다. 이에 대해 서중석은 "7·4공동성명이 있기까지 박정희 정권은 '선건설 후통일'의 진부한 미명 아래 어떠한 통일논의도 억압하여 '선건설 후통일론'은 이승만 정권의 북진통일론이 변형된 것"[169]이라는 평가를 한 바 있다.

함석헌은 통일방안의 두 번째 단계로 '군비축소'단계를 제시하였다. 그는 "쓸모없는 군비경쟁으로 민족을 자멸의 길로 몰아넣지 말고 '남북이 더 이상 군비경쟁을 하지 말자'는 합의는 할 수 있는 것 아니냐'고 반문하였다. 마지막 단계는 평화를 국시로 하는 단계로 보았다.[170] 그리고 그는 "그러면서 이 세 단계가 처음부터 '중립노선' 외에는 살 길이 없다는 것을 깊이 인식해야 한다. 여기서 중립이란 의미는 사상적, 정책적 중립을 뜻하는데, 그것은 전쟁을 버리고 평화를 선언하자는 것과 같다'라고 하여 중립노선이야말로 인류를 살리는 길임을 강조하였다.[171] 함석헌은 "민족의 통일은 단순한 정부의 통합이 아니라 보다 높은 정부, 사회가 되어야 함"을 역설하였다.[172] 그리고 그는 "통일에 있어서 반드시 제거해야 하는 독소는 국가지상주의이며, 민중 전체가 하는 '혁명'으로만 통일을 이룰 수 있다'고 하였다.[173] 통일문제에 대하여 낡은 국가 지상주의에서 벗어나서 인류역사에 새로운 방향

---

168) 함석헌, 「우리의 살길」, 『씨알의 소리』 1971.11; 송건호, 『민족통일을 위하여』, 한길사, 1987, 135~138쪽.

169) 서중석, 「1950년대 이후의 혁신정당론」, 『한국의 민족주의운동과 민중』, 두레, 1987, 182쪽.

170) 함석헌, 『함석헌 전집』 14, 한길사, 1988, 58~61쪽.

171) 함석헌, 「우리의 살길」, 『씨알의 소리』 1971.11.

172) 함석헌, 『함석헌 전집』 17, 한길사, 1988, 19쪽.

173) 위의 책, 19쪽.

을 제시할 것을 강조하였던 것이다. 결국 함석헌에게 통일은 곧 혁명이었고, 그 혁명은 민중 전체가 하는 것이었다. 그리하여 기성구조를 바꾸어 새로운 사회를 만드는 것이 통일이라고 보았다.

위와 같이 함석헌은 분단의 원인을 미국과 소련, 즉 외세에 의한 것으로 보고, 통일의 주체는 '씨ᄋᆞᆯ' 곧 민중이어야 하며, 민족의 통일은 평화적으로 이루어져야 한다며 '중립노선'을 주장하였다. 함석헌이 이 시기에 이미 '중립노선'을 언급한 것은 대단히 용기를 필요로 하는 발언이었고, 이러한 함석헌의 '민중' 주체의 통일과 '중립노선'은 문익환의 통일관에 영향을 주었음을 부인하기 어렵다.

다음으로 항일 투사이자 민족주의자였던 장준하는 7·4공동성명 이후 발표한 「민족주의자의 길」을 통해 주목할 만한 민족통일에 대한 견해를 밝혔다. 그는 "모든 통일은 좋은가. 그렇다. 통일 이상의 지상 명령은 없다. 통일은 갈라진 민족이 하나가 되는 것이며 그것이 민족사의 발전이라면 당연히 모든 가치 있는 것들은 그 속에 실현될 것이다"[174]라면서 이전의 통일에 대한 소극적 자세에서 완전히 방향전환을 하였다. 일견 감상적이고 감정적인 통일지상주의자의 고백으로 볼 수 있지만, 분단체제에 대한 그의 깊은 통찰이 들어있음을 주목할 필요가 있다. 장준하는 '민족적 비원을 팔아 유신체제가 생겨났고, 유신정권은 7·4남북공동성명을 휴지처럼 여기는 폭거를 잇달아 저질렀다'고 규정함으로써 극우반공체제가 7·4공동성명을 악용한 것이라고 판단하였다.

그는 1973년 6월 이후 쓴 「민족통일 전략의 현 단계」라는 글에서 "민족통일이란 두 말할 여지도 없이 억눌린 자에게 자유를, 노예 상태에 있는 민중에게는 해방을 가져다주는 것"이라고 피력하기도 하였다.[175] 또한 그는 "통

---

174) 장준하, 「민족주의자의 길」, 『씨알의 소리』 1972.9, 20쪽.

174) 장준하, 「민족주의자의 길」, 『씨알의 소리』 1972.9, 20쪽.

175) 서중석, 「분단체제 타파에 몸 던진 장준하」, 『역사비평』 통권 38, 1997, 77~78쪽.

일을 위해서는 일제 잔재와 친일, 반민족, 외세 의타적 세력집단을 해체하고 구조적 불균등 사회를 장악한 과도적 지배계층과 그들의 부패, 도덕적 타락을 일소해야 했다. 그리고 분단체제로부터 누리고 있는 사상, 주의, 지위, 재산, 명예 등을 과감히 희생하지 않으면 안 된다"고 그의 유고 글(「우리의 견해」)에서 밝혔다.[176] 분단체제의 모든 가치와 논리, 정책과 그 실행을 반성해야 한다는 자기 시대에 대한 뼈아픈 성찰을 강조했던 것이다. '민족주의자의 길'이 여운형에게는 '좌우합작'이었고, 김구에게는 '남북대화'였다면, 장준하에게는 '분단체제의 극복'이었던 것이다.[177]

또한 장준하는 "통일은 처음부터 끝까지 민중의 일이다. 통일 없이는 가난과 부자유, 이 모든 현실적 고통이 궁극적으로 해결되지 못함을 알아야 한다. 그러므로 통일문제는 민중 스스로가 관여하고, 따지고 밀고나가야 한다"며 통일로 가는 길은 민족적 양심에 따라 민중이 만들어가야 함을 강조하였다.[178] 아울러 장준하는 민족의 공동 이상을 개발할 민족세력의 형성을 제창하였는데, 그 민족세력은 민족경제와 복지, 평등사회의 건설을 지향하는바 그 실체는 민중이고 반외세 세력이며 자유를 위해 투쟁해온 모든 민주세력이라고 하였다.[179] 장준하는 또한 "정치, 경제, 문화 어디서나 자주성을 확보해야 한다. 그리고 하나의 민족을 향해 서로 개혁해 나가야 한다"[180]며 자주성을 강조하였다. 결국 장준하는 모든 주의, 모든 사상이 오직 통일을 위해서만 가치가 있다고 함으로써 남북대화의 성공을 진심으로 염원했던 것이다.

언론인 천관우의 경우는 7·4남북공동성명이 발표된 후 「남북공동성명

---

176) 위의 글, 79쪽.
177) 위의 글, 80쪽.
178) 장준하, 「민족주의자의 길」, 『씨알의 소리』 1972.9, 20쪽.
179) 서중석, 「분단체제 타파에 몸던진 장준하」, 『역사비평』 통권 38, 1997, 85쪽.
180) 장준하, 「민족주의자의 길」, 『씨알의 소리』 1972.9, 20쪽.

에 관한 공청회」에서 '복합국가론'을 제시해 주목을 받았다. "복합국가란 두 개 이상의 정권이 있는 그대로 결합해서 한 국가를 형성하는 것을 말한다"고 하면서 "복합국가는 어느 범위 안에서는 그 복합된 나라가 전면적으로 한 나라로서 움직이는 이른바 국가연합(confederation)과 또 어느 범위 안에서는 그 구성 국가가 부분적으로 제각기 한 나라로 움직이기도 하는 미국과 소련 같은 이른바 연방국(federal state)이 있다. 이 연방국은 몇 개의 나라가 한 나라를 구성하되 한 주권 아래 강력하게 결합되어 있다"고 하였다.[181] 그래서 그는 "남북한 총선거의 선행단계로 우선 한동안 남은 남대로, 북은 북대로의 체제를 유지하고 그러면서도 일정한 한도 안에서나마 한민족이 한 덩어리로 얽히는 국가의 형태 즉 복합국가 방안을 생각할 수 있다"고 주장하였다.[182] 처음에는 결합력이 약하지만, 단계적인 교류를 확대해 최대한의 공통점을 발견하고 긴장완화 등 제반조치를 취한 다음 결합력을 높여 단일국가로 도달하자는 것이다. 그리하여 천관우의 '복합국가론'은 본인이 시인하듯이 정밀한 체계적 이론을 갖춘 것은 아니지만 당시 많은 사람들의 관심을 끌기에 충분하였다.[183]

문익환은 통일에 대한 관심이 일찍부터 없었던 것은 아니지만 민족문제나 통일이 신학적인 글로 표명되기 시작한 것은 7·4공동성명이 발표된 이후였다. 그는 "한국 신학의 주제는 '남북통일'이어야 한다"는 주장을 하면서, "'남북통일의 신학'은 민족 '화해'와 '빵' 곧 유물론과 경제문제를 신학적으로 해명하는 과제를 안고 있다"는 의견을 피력한 바 있다.[184] 또한 "무엇보다도 남북통일이라는 거족적인 문제를 해결하기 위해 한국 신학은 이제는 남북통일의 신학이 하루속히 모색되어야 할 것이며, 그들과 한 형제가 되는 '화

181) 천관우, 「민족통일을 위한 나의 제언」, 『창조』 1972.9, 31쪽.
182) 위의 글, 31쪽.
183) 송건호, 『민족통일을 위하여』, 한길사, 1987, 140쪽.
184) 문익환, 「남북통일과 한국교회」, 『기독교 사상』 1972.10, 65쪽.

해의 신학'이어야 한다"고 주장했다.[185] 그리하여 이때부터 문익환은 '통일신학'을 외치게 되었다. 그가 1959년에는 '화평'을, 또한 1967년에는 '화해'를 강조하고, 1972년에 '화해의 신학'을 지속적으로 주장하는 것으로 볼 때 그의 신학의 바탕이 '화해의 신학'에 근거를 두고 있음을 알 수 있다. 그리고 일반적으로 기독교계에서 1970년대 말경에 이르러서야 '통일신학'이 등장함에도 불구하고 문익환이 이미 1972년에 '통일신학'을 주장하였다는 사실은 시대를 앞서가는 매우 선진적인 주장이었다고 볼 수 있다. 그러나 이때까지만 해도 그의 '남북통일'에 대한 이해는 단지 '지리적인 통일'만을 뜻하는 것이었다.[186] 그러다 이 시기 이후부터 그 같은 인식이 점차 변화해 발전해가게 된다.

1970년대의 인권투쟁을 통해서 문익환이 발견한 것은 민족의 실체는 바로 '민중'이라는 사실이었다.[187] 그는 "각기 다른 생각을 자유롭게 발표할 수 있도록 해 달라"면서 민중의 뜻인 '민의(民意)'를 존중할 것을 역설하였다.[188] '민의'와 관련하여 당시 시국사건 관련자 가족을 통해 이 땅에서 벌어지는 인권유린의 현실을 알게 되고 인권문제에 관심을 갖기 시작하면서 그는 서서히 역사의 능동적 참여자로 변모해 나갔다.[189]

이 당시에 문익환은 함석헌, 장준하, 박형규 등과 교류하면서 자신의 통일론을 정립해 나갔는데, 함석헌에게서는 '중립노선'을, 장준하로부터는 '민주화와 자주화'에 기초한 통일을, 박형규 · 안병무 등과의 교류를 통해서는 '민중신학'적 관점에서 통일론을 형성해 가게 되었다. 이들의 공통점은 '민중' 중심의 역사를 강조하여 민중이 주체가 되는 통일된 사회를 모색하였다

---

185) 위의 글, 66쪽.
186) 문익환, 『전집』 3권, 사계절, 1999, 130쪽.
187) 문익환, 「7 · 4 공동성명 이후의 민족문제」, 『민족 통일 해방의 논리』, 형성사, 1984, 5쪽.
188) 문익환, 「남북통일과 한국교회」, 『기독교 사상』 1972.10, 67쪽.
189) 김지형 · 김민희, 앞의 책, 126쪽.

는 점이다. 하지만 이 시기의 문익환은 아직 구체적인 통일방안이라 할 만한 체계를 제시하지 못하였다.[190] 김대중이나 천관우의 통일방안과 비교할 때도 문익환은 단지 '남북통일의 신학'과 '민중'을 주목했을 뿐 어떤 절차와 방법으로 통일국가를 이뤄내야 할 것인지의 통일론이나 방안이라 할 만한 것을 제시하지는 못하는 한계를 보였다.

그럼에도 불구하고 문익환은 7·4공동성명 이후의 시기에 신학자로서 앞으로의 신학이 '분단의 극복과 화해의 신학'이 될 것과 민의, 즉 민중의 뜻에 큰 의미를 부여하기 시작했음을 알 수 있다. '민중'이란 용어는 1970년대 아직 개념정립이 확실히 되어 있지는 않았지만, 대체로 사회체제에서 억압받은 계층을 모두 포괄하는 개념으로 파악할 수 있다.

1970년대 초반 전태일 분신사건과 광주대단지사건[191]에서 민중들의 힘이 표출된 이후 학생운동권에서 수용되기 시작한 민중이란 개념은 민청학련의 '민중·민족·민주선언' 이후 학생운동의 중심개념으로 자리 잡았다. 게다가 기독교에서도 1971년부터 민중이란 단어를 사용하기 시작했는데, 특히 서남동의 '예수·교회사·한국교회'와 안병무의 '민족·민중교회'라는 강연에서 본격적으로 제기되었고, 이는 민중신학으로까지 발전해 나갔다.[192]

한완상은 사회학적 관점에서 정치적 통치수단이나 생산분배 및 소비 전반에 걸친 행위와 작용을 관장하는 수단으로부터 소외된 집단을 민중이라고 보았다.[193] 박현채는 민중이 역사적 존재이고 사회적 실체임을 강조하

---

190) 문익환이 이 시기 구체적인 통일방안을 내놓지 않았던 표면적인 이유는 문익환이 늘 주장해 오던 통일방안은 민에게서 나와야 한다는 지론 때문이었다.
191) 광주대단지 사건이란 1971년 8월 10일 하루 동안 경기도 광주군(지금의 성남시) 신개발지역주민 수만 명이 공권력을 해체시킨 채 도시를 점거했던 사건이다.
192) 김인걸 외, 『한국현대사 강의』, 돌베개, 1998, 360쪽.
193) 한완상, 『민중사회학』, 종로서적, 1984, 17~18쪽.

면서 계급, 민족, 시민 등 여러 개념을 포용하는 상위 개념으로서 사회적 생산의 결과에서 소외된, 결국 수동적 민중도 능동적 민중으로 역사적인 변천을 하여 역사의 주체가 된다고 하였다.[194] 한편 서남동은 '사회의 모순된 구조 때문에 소외되고 억압당하며 인간울타리 밖에 살게 되어 있는 그런 집단'까지를 합하여 민중이라고 하였으며, 때문에 이들은 새 역사의 주인이 되고 새 역사를 열 '고난 받은 메시야'라고 하여 민중신학적 관점에서 민중을 서술하였다.[195] 당시 문익환이 민의 또는 민중을 강조했던 것은 서남동이나 안병무 같은 민중신학자의 영향을 받은 것으로 이때까지는 민중의 개념을 과학적으로 서술하지 못했지만, 1980년 중반 이후부터는 민중 민주주의 개념을 사용하면서 민중이라는 개념을 정립해 나갔던 것으로 볼 수 있다.

---

194) 박현채, 『한국자본주의와 민족운동』, 한길사, 1984, 11쪽.

195) 서남동, 「민중(씨올)은 누구인가?」, 『한국민중론』, 한국신학연구소, 1984, 555쪽.

민주화운동기
문익환 통일론의 형성과 전개

1_
민주, 통일 병행과
한반도 중립화론

1) 3·1민주구국선언에 나타난 문익환의 통일관

　7·4공동성명이 발표된 지 얼마 되지 않아 1972년 10월 17일 박정희는 군대를 동원하여 일체의 헌법기능을 정지시키는 비상계엄령을 선포하였다. 국회가 해산되고 정당 및 정치활동이 정지되었으며 이른바 '10월 유신 체제'가 등장하였다. 박정희는 "현행 헌법이 평화통일과 남북대화를 뒷받침 할 수 없기 때문에 통일을 위해"[1] 유신체제가 형성되었음을 강조하여 쿠데타의 명분으로 통일을 제시하였다.[2] 그러나 남북대화에 근거한 유신의 명

---

[1]　대통령비서실, 『박정희 대통령 연설문집』 4, 대통령비서실, 1973, 297~300쪽.
[2]　서중석, 『사진과 그림으로 보는 한국현대사』, 웅진지식하우스, 2006, 242쪽.

분론은 허구이고 기만적인 위선이었다. 왜냐하면 남북문제에 관한 한 정부는 체제와 관계없이 야당이나 국민은 사실상 배제한 채 어느 때나 독점적인 정치권한을 행사하였고, 남북대화는 유신체제가 아니더라도 정부가 의도하는 대로 추진할 수 있는데도 불구하고 굳이 남북대화에 유신을 연관시킨 것은 통일을 위한 것이라기보다는 자신의 정권유지를 위한 방편이었다고 볼 수 있기 때문이다.[3] 1975년 5월 13일 박정희가 '헌법에 대한 일체의 비판이나 반대논의를 금지'하는 긴급조치 9호를 선포함으로써 1973년과 1974년에 걸쳐 활발하게 전개되었던 범국민적 민주회복운동은 침묵의 시기로 들어가게 되었다.[4]

한편 7·4남북공동성명을 계기로 민족통일의 주체를 민중으로 내세우며 분단체제의 극복에 노력했던 장준하가 1975년 8월 17일 포천 약사봉에서 의문사를 당하는 충격적인 사건이 발생하였다. 장준하의 죽음과 관련된 문익환의 생각은 다음의 글에 잘 드러나 있다.

> 70년대 인권운동에 있어서 저는 지각생입니다. 장준하 씨의 죽음이 아니었다면 저는 역사의 방관자로 남았을지 모릅니다. 그의 죽음을, 아니 그의 마음을, 그의 뜻을, 그의 나라사랑, 겨레사랑을 땅에 묻어 버릴 수 없다고 생각했습니다. 그의 시체를 땅에 묻으면서, 저는 그의 죽음 앞에 맹세를 했습니다. '네 뜻을 젊은 세대에 전하마', '네가 하려다가 못 다한 일을 하마'.[5]

문익환은 장준하의 장례위원장을 맡아 그의 시신을 땅에 묻으며 장준하가 못 다한 일을 하리라고 다짐하였다. 그때까지 신학자이면서 신구약공동성서 번역작업에 몰두하던 문익환은 이후 장준하의 뒤를 이어 민중이 주도

---

3) 이상우, 『제 3공화국』 1, 중원문화, 1993, 314쪽.

4) 한국기독교사회문제연구원 편, 『1970년대 민주화운동과 기독교』, 한국기독교 사회문제연구원, 1983, 136~137쪽.

5) 문익환, 『전집』 3권, 사계절, 1999, 145쪽.

하는 조국통일을 이루겠다는 신념으로 본격적으로 민주화와 통일운동에 뛰어들었던 것이다. 즉 장준하의 죽음은 문익환으로 하여금 통일운동을 하게 한 직접적인 도화선이 되었다. 홍근수는 "장준하의 죽음과 월남 공산통일의 충격이 3·1민주구국선언을 기초하게 되었고, 그 이후로 저는 민주와 통일운동에 서게 되었고……"라고 한 문익환의 말을 인용하면서, 장준하의 죽음을 계기로 작성된 3·1민주구국선언 발표 이후를 문익환이 재야운동에 몸을 던지게 된 시초로 보았다.[6]

그렇다면 구약학 전공자이자 목사였던 문익환이 민주투사이며 통일운동의 사도로 거듭나게 된 계기는 무엇이었을까? 평범한 기독교 신학자였던 문익환은 1970년대에 접어들면서 '새로 태어난 모습'을 보이기 시작했다. 그는 당시의 인권 등 여러 가지 사회문제에 관심을 갖게 되었다. 그가 제일 먼저 사회문제로 인한 슬픔의 고통을 느끼게 된 계기는 다름 아닌 1970년 11월 13일 열악한 노동조건에 항의해 "내 죽음을 헛되이 하지 말라"며 유서를 남기고 분신자살한 전태일 사건이었다. 전태일의 어머니 이소선에 의하면 "아들이 성모병원에 옮겨진 직후 문익환이 병원으로 찾아와 '노동자가 주인 대접 받는 사회, 사람이 사람답게 사는 사회가 되어야 합니다'라고 위로해 주었다"[7]는 것으로 보아 이때부터 문익환이 노동자들의 삶에 대해 현실적으로 인식하게 되었음을 알 수 있다.

전태일 분신 이후 문익환은 "전태일 아닌 것들아 다들 물러가거라. … 모든 허접 쓰레기들아 모든 거짓들아 당장 물러들 가거라"라며 사회문제를 소재로 한 격정적인 시들을 발표하였다. 이처럼 순수한 기독교신학자였던 문익환은 당시 최하층의 민중이라 할 수 있는 청계천 평화시장의 재단사 전태일의 죽음을 통해 노동자의 인권문제에 관심을 기울이기 시작하였다.

---

6) 홍근수, 「통일의 예언자 문익환 목사의 통일론-그의 투쟁의 삶을 회고하면서」, 『밝은 전망; 예측되는 미래』, 지성사, 1995, 132쪽.
7) 김재명, 「문익환 그는 누구인가」, 『월간중앙』, 1989.5, 167쪽.

현실문제에 눈을 뜨기 시작한 문익환은 1974년 발생한 '전국민주청년학생연맹사건(민청학련사건)'[8]을 접하면서 인권문제에 더 깊은 관심을 가지게 되었고, 구속자 석방투쟁을 위한 여론 형성에도 노력하였다. 이때 '고난받은 자들을 위한 기도회'[9]가 기독교회관에서 시작되었다. 문익환은 1975년 4월 9일 민청학련사건으로 인해 발생한 제2차 인혁당 사건 관계자들 중 8명이 사형집행 당하는 것을 보고 큰 충격에 휩싸였다.[10] 이후 4월 11일 서울농대생 김상진이 유신독재타도를 부르짖으며 할복자살을 했는데, 이 사건 역시 문익환에게 진보적이고 진취적인 삶으로 전환케 하는 또 하나의 계기점이 되었다. 서중석은 장준하가 7·4공동성명의 발표를 계기로 민족주의자의 길을 걷게 되었고, 1980년대 학생들이 군부의 극우 반공 독재로 인해 민주화·반미자주화 투쟁의 선봉에 섰던 것처럼 문익환은 유신독재로 인해 민주화와 통일운동가로 거듭나게 되었다고 보았다.[11] 갈릴리교회 동지였던 이문영도 그의 변화가 '체제'에서 연유되었다고 하면서, "독재체제가 아니면 그는 성서번역에만 몰두하였을 것이고, 사회현실에 눈을 돌리지 못했을 것이다"라고 회고하였다.[12] 요컨대 문익환이 인권과 노동

---

8) 민청학련사건에 대한 자세한 내용은 서중석, 『대한민국선거이야기』, 역사비평사, 2008, 182~185쪽과 김원일, 『푸른 혼』, 이룸, 2006, 279~280쪽 참조.

9) 김상근, 이해동 목사가 중심이 되어 '고난 받은 자들을 위한 기도회'(목요기도회)를 열기 시작했을 때 문익환도 김관석, 허병섭, 문동환, 서남동, 안병무, 문정현, 이우정 등과 함께 참여하면서 함께 기도하고 정권을 규탄하며 구속자 가족들에게 힘과 용기를 주었다.

10) 서중석, 앞의 책, 182쪽.

11) 서중석, 「한국전쟁후 통일론의 전개와 민족공동체의 모색」, 『분단50년과 통일시대의 과제』, 역사비평사, 1995, 346쪽.

12) 『한겨레신문』 1989.4.2. 이문영은 "문익환이 사회현실에 눈을 돌리게 된 것은 유신이후 김재준이 발행한 동인지 『제 3일』을 통해서인데, 그가 이 잡지의 후원회장을 맡으면서 기독교와 비침한 현실에 대한 글을 쓰곤 했다"며, "그러던 중 결정적인 계기는 1975년 8월 13일 이우정, 문동환, 안병무, 서남동, 이문영 등과 갈릴리교회를 처음 시작하고 고난을 같이하기로 예배하던 중 장준하의 부음소식을 듣게 되고 부터였다"고 증언하였다(『한겨레신문』 1989.4.2).

| 통일의 선각자, 문익환의 삶과 분단극복론

자들의 삶 등 사회적 현안에 관심을 갖게 된 계기는 1970년대 초 전태일의 분신자살, 민청학련사건, 김상진의 자살 등에 직면하게 되면서부터였다고 할 수 있다.

그리고 문익환은 장준하의 죽음 이후 본격적으로 통일운동에 가세하게 되었다. 1974년 4월 30일 군사력과 경제력에서 월맹을 압도한다고 자랑하던 월남이 월맹군에 의해 너무도 허무하게 지도상에서 사라지는 것을 보고 문익환은 소위 '월남 충격'을 받았다. 이때 박정희는 월남 패망을 우리의 '교훈'으로 삼아야 한다면서 다음과 같은 특별담화를 발표하였다.[13]

> 첫째, 공산주의자들과 무슨 평화협정이다, 조약이다, 긴장완화다, 화해다, 운운하는 이러한 것은 그들과 우리와의 힘이 균형이 유지되고 있을 때나 이것이 가능하다. 두 번째 자기 나라의 국가안보를 남에게 의존하는 시대는 벌써 갔다. 자기 나라는 자기 힘으로 지키겠다는 굳건한 결의와 지킬 만한 능력을 가지고 있어야만 우리가 생존할 수 있다. …… 세 번째 이것은 우리에게 매우 중요한 일입니다. 즉 국론이 분열되고 국내가 혼란에 빠져 있을 때에는 일단 유사시 힘을 가지고 있으면서도 그 힘을 제대로 발휘할 수 없다는 사실입니다. 결국 국민의 총화단결 부재, 정치 분란, 사회혼란 때문에 월남이 패망한 것입니다. 이것은 인도지나반도에서 쓰고 있는 인민해방이나 폭력혁명 전략이라는 것이 북한공산주의자들이 쓰고 있는 남조선해방, 남조선혁명전략 등과 똑같은 '아세아 국제공산주의 전략'의 일환이고…….

박정희는 담화문을 통해 국론분열을 경계하였으며, 북한의 제2의 남침을 막기 위해 국민적 단결을 호소하였다. 박정희는 사이공이 월맹군에 포위되고 탄손누트 공항이 포격을 받고 있는 시점에서 나온 위 담화문을 통해서 국민들에게 안보 위기감을 실감시킴과 동시에 국민들에게 반공의식을 한층 고취시켜 나가며 독재화의 구실로 삼았다. 그러나 문익환은 세계

---

13) 대통령 비서실, 「박정희 대통령 월남패망과 관련 특별담화」, 1975.4.29.

최강의 육해공군의 막강한 지원과 화력에도 불구하고 월남군이 바닷가 모래성처럼 무너지는 것을 보면서, '이것이 남의 일같이 보이지 않고 이대로 가면 한국 국민도 같은 선택을 아니 하리라는 보장이 어디 있는가. 그리될 때 한국의 월남화는 60만 국군의 힘으로 막을 길이 없다'는 생각이 들어 3·1민주구국선언을 기초하였다.[14] 즉 문익환은 "월남 국민이 몇 사람만을 부자로 만드는 독재—월남의 '티우' 독재정권—보다는 노동자, 농민을 위하는 프롤레타리아독재—월맹 정부—를 선택하여 월남이 패망하였다"[15] 고 판단하였으며, 한국 국민 또한 불행한 선택을 하지 않기 위해서 민주화를 가로 막는 장벽인 분단의 제거가 필수적임을 자각하였다. 그는 분단을 남과 북 독재의 구실과 명분을 마련해 주는 것으로 인식했으며, 민주화와 민족통일이 함께 이루어져야 함을 강조하였다. 이렇듯 장준하의 죽음과 월남 충격은 문익환으로 하여금 3·1민주구국선언을 기초하게 한 배경으로 작용하였다.

문익환은 3·1민주구국선언을 통해 무엇을 주장하고자 하였는가? 문익환이 장준하가 못 다한 일을 하리라고 다짐했던 일 중 하나가 3·1민주구국선언이라고 할 수 있다. 그 과정은 다음과 같다. 1976년 3월 1일 오후 6시 명동성당에서는 20여 명의 천주교 정의구현전국사제단 신부들이 공동 집전하고 2천여 명의 신·구 교회 관계인사 및 신자가 참석한 가운데 3·1절 기념미사가 열렸다. 1부 미사는 장덕필의 사회로 거행되었으며, 김승훈은 강론을 통해 3·1절의 의의를 되새기며 현 정국을 비판하였다. 2부 미사에서는 신구교 합동 기도회를 개최하여 개신교의 문동환이 간단히 설교하였고, 뒤이어 2월 16일 전주에서 있었던 기도회의 경과보고 형식으로 문정현이 김지하 어머니의 호소문을 낭독하였으며, 마무리 기도의 형식을 빌어 이우정에 의해 11명[16]이 서명한 3·1민주구국선언[17]이 낭독되었다.[18]

---

14) 문익환, 『전집』 5권, 사계절, 1999, 30쪽.
15) 문익환, 「3·1 민주구국선언」, 『전집』 3권, 사계절, 1999, 129쪽.

이른바 '3·1민주국국선언'사건은 비슷한 시기에 발생했던 몇 가지 사건이 조립되어 있었다. 하나는 1976년 3월 1일 문익환 등이 중심이 되어 명동성당에서 행해진 3·1절 기념미사와 기도회에서 발표된 글자 그대로의 '3·1민주구국선언사건'이고, 다른 하나는 이보다 앞선 1월 23일에 강원도 원주 원동성당에서 있었던 '신·구교 연합기도회 사건'이었다.[19] 이때 기도회가 끝나고 신·구교회의 성직자들은 교육원에 모여 그동안 있었던 인권, 민주상황과 관련한 경과보고를 들었고, 이어서 준비된 제목 없는 성명서를 읽고 문익환, 문동환, 서남동, 조화순, 신현봉, 함석헌 등이 서명했는데, 이 제목 없는 성명서가 바로 '원주선언'이었다.[20] 이때 강론을 했던 신현봉 신

---

[16] 서명인사는 윤보선, 김대중, 이우정, 함석헌, 정일형, 윤반웅, 안병무, 문동환, 이문영, 서남동, 이태영 등 11명이었다. 그러나 정작 선언의 기초자인 문익환의 이름은 빠져 있었다. 이는 문익환이 그간 심혈을 기울여 몰두했던 신, 구교 공동 성서 번역작업이 마무리 작업단계에 있었기 때문에 서로에게 양해된 사항이었다. 결국 문익환을 비롯한 18명이 구속, 기소되었다(김지형 외, 『통일은 됐어』, 지성사, 1994, 138쪽).
그러나, 윤선자는 은명기를 포함하여 최종적으로 선언서에 서명한 사람이 12명이라고 보고 있다(윤선자, 「1970년대의 통일운동과 '3·1민주구국선언' 사건」, 『전남사학』 2002.12).

[17] 문익환은 3·1민주 구국 선언문이 박정희의 하야를 권고한 첫 성명서라고 생각했고, 그 때 중앙정보부에서 검찰에 넘어올 때 죄목은 내란예비음모였으나, 검찰에 와서는 긴급조치 9호 위반으로 바뀌었다(문익환, 『전집』 5권, 사계절, 1999, 35쪽).

[18] 원래 윤반웅 목사가 3·1 민주구국 선언서를 읽기로 되어 있었는데 강진 경찰서에 구류되어 있다는 소식이 와서 이우정이 대신 낭독하게 되었다(이우정, 「3·1민주구국선언 사건의 부스러기 이야기들」, 『새롭게 타오르는 3·1 민주구국선언』, 사계절, 1998, 253쪽).

[19] '신구교 연합기도회 사건'은 가톨릭교회에서 신구교회의 일치주간을 두고 있는데, 1976년에 일치주간은 1월 18일부터 25일이었고, 이 일치주간을 계기로 신구교회가 합동으로 원주교구 원동성당에서 '인권과 민주회복을 위한 기도회'를 가졌는데, 이 기도회는 치밀하게 준비되었고, 개신교 목회자들에게도 정중하고 비밀스럽게 참석을 요청하였다(김정남, 『진실 광장에 서다』, 창비, 2005, 145쪽).

[20] '원주선언'의 주요내용은 안보를 위해서 민주주의를 포기할 수 없으며, 민주주의의 기본이념과 최소한의 원칙이 지켜져야 하며, 민주인사에 대한 탄압과 억

부는 유신체제를 강도 높게 비판하였고, 이 선언의 주된 내용은 신·구교가 민중과의 일치를 지향한다는 것이었다. 그런데 원주선언은 세상에 널리 알려지지는 않았지만 내용에 있어서나 시대상황에 있어서나 유신시대의 대표적인 반유신선언으로 매우 중요한 의미를 지녔다. 이 기도회에 참석했던 개신교 목회자들은 3·1절을 한 달 앞두고 원주기도회와 같은 행사를 열고자 원주선언의 사본을 가지고 돌아갔다. 특히 서남동은 원주선언이 아주 잘 되었다고 하면서 개신교쪽 책임 아래 가톨릭과 짝을 이루어 3·1절에 무엇인가 역사적인 일을 해야겠다는 집념을 보였다. 이렇듯 원주선언은 3·1민주구국선언의 모체가 된 셈이었다.[21] 이 두 사건을 축으로 하고 여기에 2월 16일 전주에서 있었던 기도회에서의 김지하 관계발언, 문정현 신부가 관계된 유인물 사건, 윤반웅 목사의 격렬한 유신체제 비판 등 각각 떨어진 사건이 묶여져 하나의 사건으로 표출되었다.

구국선언서에 서명한 사람들은 두 갈래로 나눌 수 있는데, 한 갈래는 갈릴리교회[22]의 주요 구성원들인 서남동, 안병무, 이우정, 이문영, 문동환 등과 다른 한 갈래는 김대중, 정일형 등 민주주의를 신봉하는 정치인들이었다. 그런데 개신교쪽과 정치권 양측은 다같이 전 대통령 윤보선의 서명을 받고자 하였다. 왜냐하면 냉엄한 현실 속에서 윤보선을 서명에 합류시키는

───────────────

압정책을 철회하고 김지하 등 민주인사, 애국학생들을 즉각 석방할 것을 요구하였다(위의 책, 146~147쪽).

[21] 위의 책, 148쪽.

[22] 문동환, 안병무는 정치교수 제1호로 학교에서 쫓겨났고, 그 후 교수재임용에 의해 실직하는 교수들이 속출했다. 실직한 기독교 교수들이 중심이 되어 갈릴리 교회가 만들어졌는데, 중심인물은 서남동, 안병무, 문익환, 이우정, 이문영, 이해동, 문동환이었다. 이들과, 동아일보, 조선일보에서 쫓겨난 기자들, 그 밖에 여러 곳에서 쫓겨난 사람들이 모였다. 매주 일요일 오후 2시 30분에 모여 고난 받는 현장에 대한 보고가 있은 후 이들을 위해 함께 기도하였다. 이 교회는 해직된 기독교 교수들을 중심으로 1975년 8월 17일 오후 2시 흥사단 소유의 대성빌딩의 방을 하나 빌려 시작했다(문동환, 「은둔자를 통일의 왕초로 만든 사건」, 『새롭게 타오르는 3·1 민주구국선언』, 사계절, 1998, 117쪽; 이우정, 앞의 글, 250쪽).

것이 그들의 신변안전을 보호해 줄 것이라고 판단했기 때문이었다.[23]

문익환은 "통일 이상의 지상명령은 없다"고 하면서 7·4공동성명 발표 이후 민족통일과 분단체제의 극복에 온힘을 기울였던 장준하의 통일론을 계승하기 위해 3·1민주구국선언을 작성하였던 것으로 확인된다. 즉 "통일에 대해 신앙인의 책임을 느낀다.『씨알의 소리』에서 장준하의 글을 읽고 감명받았다. '네 대신에 내가 하마'해서 선언문을 썼다"는 그의 회고가 있기 때문이다. 문익환은 장준하가 마치 자신에게 3·1절에 뜻있는 일을 하라고 촉구하는 것 같은 마음을 느끼고 3·1정신으로 암울한 현실을 극복할 것을 국민에게 호소하는 선언서를 만들기로 하여 2월 12일 초안을 작성하고, 다음날 함석헌에게 동의를 얻었다.[24] 2월 19일 문익환은 서울 수유리 안병무의 집 모임을 주선하여 이문영, 서남동, 문동환, 이우정 등이 모인 자리에서 자신이 작성한 선언문 초안을 이들에게 공개하고,[25] 이우정에게는 윤보선의 부인 공덕귀와 이태영에게 여성계의 대표로 서명해 줄 것을 요청하도록 부탁하였다.[26]

한편 김대중도 3·1절에 선포할 선언문을 2월 21일 독자적으로 준비하고 있었다. 김대중은 3·1절이 다가오는데 민주인사는 투옥 중인 현실에서 국민과 정부에 시정을 촉구하기 위해 합법적인 방법으로 성명서를 발표하기로 결심하여 ① 양심구제를 받자 ② 국민이 희망을 갖도록 하자 ③ 정부의 시정을 촉구하고 대화를 유도하자는 목적으로 선언문을 준비해 나갔다.[27]

---

23) 김정남, 앞의 책, 149쪽.

24) 이우정, 앞의 글, 251쪽.

25) 이 날 문익환이 작성한 초안에 대해 이문영을 비롯한 이들이 조언을 해 주기도 하였다(「3·1 서명에서 빠진 까닭」,『뉴스메이커』2003.10.30).

26) 유시춘 외,『70·80 실록 민주화운동 I - 우리 강물이 되어』, 경향신문사 출판본부, 2005, 143쪽.

27) 이계창,『법정에서의 진실-명동 3·1사건, 부산 미문화원 방화사건』, 가톨릭출판사, 1991, 66~67쪽.

김대중은 야당 정치가로서 국민에게 활기를 주고 희망을 주기 위해 행동하지 않으면 안 되었다. 그는 자신이 투옥됨으로 국민들에게 새로운 전기를 만들어 주고 싶다는 생각을 김수환 추기경과 의논하였다.[28] 또한 그 후 김대중은 당시 민주회복국민회의 고문이었던 정일형의 집에 찾아가 3·1절 민주구국선언문안을 보여주고 그로부터 동의를 얻었다.[29] 정일형의 부인 이태영을 통해 선언문에 대한 윤보선의 동의를 얻으려 하였으나, 윤보선은 김대중의 선언문에 대해 온건한 내용이라는 평을 하였다. 이때 문익환의 선언문 초안이 윤보선에게 전해졌는데 윤보선은 김대중의 초안문이 아닌 문익환의 선언문에 동의하였다.

윤선자는 그의 논문에서 "문익환이 그의 선언문 초안을 가지고 김대중을 방문했고, 김대중은 그의 선언문에 동의하여 서명하였다"고 하였다.[30] 반면 강만길은 "연금상태에 있었던 김대중은 3·1절을 맞으면서 반유신선언을 준비하고 있었고, 문익환과 김대중 등이 준비하던 반유신선언 계획이 전직 대통령 윤보선에게 전달됨으로써 하나로 합쳐지게 되었다"고 보았다.[31] 그러나 문익환, 김대중의 선언문이 하나로 합쳐졌다기보다는 문익환이 자신의 선언문 초안을 가지고 김대중과 서너 번의 의견조정을 한 후 최종 완성하였고 김대중이 여기에 서명한 것으로 보는 것이 타당하다.[32] 최종선언문

---

28) 김용운 편, 『김대중 자서전 2-역사와 함께 시대와 함께』, 인동, 1999, 77쪽.
29) 한국정치사연구소, 『대명: 박정희와 그 정적들』, 동광출판사, 1987, 305~306쪽.
30) 윤선자, 앞의 글, 508쪽.
31) 강만길, 「3·1민주구국선언의 역사적 성격」, 『새롭게 타오르는 3·1 민주구국선언』, 사계절, 1998, 26쪽.
32) 문동환의 증언에 의하면, 그의 제자 김성재가 중간연락책을 맡아 선언서 초안을 받아서 안국동 윤보선 집으로 가지고 왔다. 문익환은 좀 더 명확히 쓰자고 했고, 김대중은 문익환의 초안이 너무 강경하다고 해서 서너 번에 걸친 의견조정을 하였다(문동환, 「떠돌이 목자의 노래」, 『한겨레신문』 2008.9.2).
김성재에 의하면, 문익환의 초안을 몇 차례 김대중에게 전달해 주어서 부분적 수정이 이루어졌으며, 김대중은 '유신반대'가 강경하니, 삭제할 것을 원했고, 문익환은 유신반대를 반드시 넣어야 한다고 주장했다. 결국 김성재도 선언문

│통일의 선각자, 문익환의 삶과 분단극복론

에는 문익환이 쓴 원본에 김대중의 의견과 윤보선의 의견이 다소 반영된 측면이 있었다. 요컨대 문익환이 작성한 초안이 주가 되었고, 김대중은 그 초안에서 강경한 부분을 다소 누그러뜨리는 역할을 하였다. 경제에 관한 것이나 부분적인 것들을 이문영이 조언하였고,[33] 윤보선의 개입 등 여러 사람의 도움이 있었지만 핵심적인 내용을 포함하여 처음부터 끝까지 문익환의 주도하에 이루어진 것으로 보아도 무방하다.

2월 26일 선언문의 서명자들은 다시 모여 서명 권유 대상자들 중 감옥에서 나온 지 얼마 안 되는 박형규, 성서번역 임무를 맡은 문익환 등은 빼기로 합의하였다. 이 성명서는 문익환의 장남 문호근이 필경해 한빛교회 이해동 목사가 등사하였다. 이를 낭독하기 좋게 문익환의 부인 박용길이 특유의 궁체 붓글씨로 써서 이우정에게 건네주었던 것이다.[34] 그런데 기관원의 문초에 이우정은 선언문의 작성도, 인쇄도, 서명자 선정도 모두 함석헌이 혼자서 해서 자기는 사실을 모른다고 했으며, 이우정 외의 서명자들도 중앙정보부로 연행되어 가서 모두 함석헌이 단독으로 한 일이었고 자기들은 모르는 일이라고 우겼다. 또한 함석헌을 조사하자 그는 자기가 다 한 일이며 자신이 모든 책임을 지겠다고 했다. 사전에 말을 맞춘 대로 진술한 것이었다.[35]

3·1민주구국선언의 목적과 역사적 의미에 대하여 강만길은 선언의 목적은 결국 긴급조치 철폐, 유신철폐, 박정권 퇴진을 요구한 것이었다고 할 수 있다며, 이 선언에 3·1절을 계기로 감행된 반군사독재, 반유신운동이라

은 문익환의 초안을 가지고 다듬어졌음을 인정하였다(2009년 6월 8일 서울 동교동 '김대중 도서관'에서 김성재와의 인터뷰).

[33] 「3·1 서명에서 빠진 까닭」, 『뉴스메이커』 2003.10.30. 김성재에 의하면 경제에 관한 부분은 김대중의 견해가 많이 반영되었다고 하였다(2009년 6월 8일, 김성재의 인터뷰).

[34] 유시춘 외, 앞의 책, 144쪽.

[35] 이한두, 『(유신공화국의 몰락)박정희와 김영삼과 김대중』, 범조사, 1987, 268쪽.

는 역사적 의미를 부여하였다.[36] 선언문에 서명했던 이문영은 선언문 내용을 '선(先) 통일이 아니라 선 민주'를 이야기한 것으로 해석하였다.[37] 이장희의 경우는 3·1민주구국선언은 유신반대와 민주화운동이지만, 민간 통일운동의 다른 형태의 저항으로 보아야 할 것이라는 견해를 제시하였다.[38]

선언문의 목적에 대하여 작성자인 문익환은 법정에서 다른 증언자들과는 달리 민족통일문제를 강조하였다. 검찰 공소장에는 이에 대한 언급이 한마디도 없음에 대해 여러 차례 불만을 토로할 정도였다. 물론 문익환이 민주화를 요구하지 않은 것은 아니지만 민족통일에 더욱 무게중심을 두었다고 볼 수 있다. 즉 강만길, 이문영 등의 지적과 같이 유신철폐나 정권퇴진, 선민주의 목적도 있었지만 문익환에게 있어서 3·1민주구국선언은 '민주화를 통하여 민족통일을 추구하기 위한' 목적에서 선언문을 작성한 것으로 볼 수 있다. 문익환은 재판 중 "민주통일이 되게 하는 힘은 군사력도 경제력도 아닌 민주역량이므로 국민의 민주주의에 대한 확신과 이를 이룩할 수 있는 슬기, 역량, 경험 그것만이 정치적인 통일에서 민주통일을 이룩할 수 있는 힘이라고 믿었다"[39]라고 하여 민주주의와 민족통일의 관계를 명확히 제시하였다.

3·1민주구국선언사건은 관련자들의 비중이나 사회적 명망으로 인해 광범위한 국내외의 관심과 지원을 불러일으켰다. 1976년 3월 13일 일본의 '가톨릭 정의와 평화협의회'와 '기독자 한국문제 긴급회의' 등 7개 단체가 공동으로 성명을 발표하여 3·1민주구국선언사건을 기독교 신앙양식에 대한 정

---

36) 강만길, 『강만길 사론집-역사는 이상의 현실화 과정이다』, 창작과 비평사, 2002, 194쪽.

37) 이문영, 『겁 많은 자의 용기』, 삼인, 2008, 294쪽.

38) 이장희, 「해방후 민간통일운동의 평가와 과제」, 『민간통일운동이 나아갈 길』, 아시아사회과학연구원, 1999, 42~43쪽.

39) 이문영, 앞의 책, 291쪽; NCCK인권위원회 편, 『1970년대 민주화운동 1』, 728~729쪽에서 재인용.

통일의 선각자, 문익환의 삶과 분단극복론

치적 탄압이라고 규정하고, 한국 기독교인들의 신앙을 본받아 정의를 위한 행동에 나설 것을 내외에 호소하였다. 미국과 독일에서도 교회들이 구명과 지원운동에 나섰다. 그리고 라이샤워와 코언 교수 등이 『뉴욕타임스』에 투고해 미국의 정계 지도자들에게 한국의 인권탄압정책에 반대하라고 촉구하는가 하면, 미 하원의원 102명과 상원의원 17명은 박정희 대통령에게 서한을 발송해 민주회복을 촉구하는 인사들에 대한 탄압소식을 접하고 비탄에 잠겨 있다면서 이런 상태에서는 미국의 유권자들에게 남한에 대한 군사적 지원을 정당화하기가 어렵다고 주장하였다.[40]

다음으로는 민주구국선언문의 내용을 통해 드러나는 문익환의 통일관을 살펴보고자 한다. 문익환은 1972년 당시 '남북통일'이라는 표현을 썼는데 이것은 '지리적인 통일'을 뜻하는 것이라고 할 수 있다. 그러나 1976년 3·1민주구국선언을 기초할 당시 그에게 있어서 통일이란 갈라진 국토의 지리적인 통일만을 의미하는 것은 아니었다.[41] 그것은 서로 갈라져 반목질시하며 원수가 되어 있는 '민족의 통일'이었다. 지리적인 통일만으로는 이질화되어 있는 민족의 통일이 이루어질 수 없다고 보았다. 그리고 이 두 가지 중에 본질적인 것은 지리적인 통일이 아니라 사회학적인 통일, 즉 국토통일과 민족통일 중에 본질적인 것은 민족통일이라고 보았다.[42]

문익환 자신은 민주구국선언의 골자를 ① 민주주의를 회복하고 ② 부익부 빈익빈의 경제부조리를 시정하여 ③ 민족통일의 길을 열어야 한다는 것으로 상정하였다. 이 선언을 기초할 당시 그의 관심은 남과 북으로 갈라진 국토가 아니라 '민족'이었다. 그 후로 '민주냐 통일이냐' 하는 문제가 제기되었을 때 이 둘을 하나로 묶어주는 것이 그에게 있어서는 바로 민족이라는

40) 김정남, 앞의 책, 158~159쪽.
41) 문익환, 『통일은 어떻게 가능한가』, 학민사, 1984, 36쪽.
42) 문익환, 위의 책, 36쪽.

민주회복을 염원하는 3·1 민주구국선언사건 관련자 가족들

3.1민주구국선언 사건 관련자 가족들이 시위를 벌이는 모습

통일의 선각자, 문익환의 삶과 분단극복론

개념이었다.[43] 이 같은 근거로 볼 때 문익환을 열렬한 통일 민족주의자라고 볼 수 있을 것이다.

3·1민주구국선언문에서 "민족통일의 기회는 남과 북의 정치가들의 자세 여하로 다가올 수도 있고 멀어질 수도 있다"고 하면서, 변해가는 국제정서를 유도해 가며 '주체적인 외교력'을 발휘할 것을 남북 지도자에게 요구하고 있다. 또한 통일된 나라를 위한 정책은 '국민'에게서 나와야 한다는 '민주주의'의 원칙을 대단히 강조하고 있다.[44]

그러나 선언문에서 나타나는 통일론을 살펴보면, 반공주의적 시각에서 탈피하지 못하는 한계를 드러내고 있다. '승공', 즉 공산주의와의 대결에서 승리해야 하며, 민주주의가 공산주의 틈바구니에서 당한 고생을 살려 민주주의의 진면목을 보여줘야 한다고 강조하고 있다. 민주주의를 통해 공산주의와의 대결에서 승리하자는 이러한 인식은 일차적으로 문익환을 비롯한 서명자들이 처한 당시 시대적 상황을 고려할 필요가 있다. 반공 이데올로기가 팽배한 현실에서 비롯된 불가피한 측면이 있기 때문이다. 그럼에도 불구하고 이들의 인식상 한계 또한 비교적 분명하다. 민주주의를 공산주의와 대립적인 이념으로 이해한 점이 그러하다. 아울러 월남 패망으로 공산주의에 대한 일종의 경계심이 작용하였던 국제정세의 영향도 배제하기 어렵다.

결론적으로 3·1민주구국선언문은 기초자 문익환으로부터 시작하여 김대중, 윤보선 등을 거치면서 내용적 손질을 보아 완성되었다. 3·1민주구국선언의 의미는 반유신, 반독재에 대한 항거라고 평가할 수 있으며, 서명자들 역시 반유신운동, 민주화운동의 일환으로 참여하였다고 증언하고 있다. 문익환은 이에 동조하면서도 또한 통일을 목적으로 이 글을 작성하였다고 주장하였다. 아울러 그가 이 선언을 구상하게 된 진정한 동기는 장준하의 죽음 이후 자신이 장준하의 뒤를 이어 통일운동에 가세하겠다는 의지의 표

---

43) 문익환, 『전집』 3권, 사계절, 1999, 14~17쪽.
44) 위의 책, 17쪽.

현이라고 볼 수 있다.

2) 옥중에서 통일에 대한 견해의 변화와 중립화론

박정희 정권이 한편으로는 남북대화를 추구하면서도 또 한편으로는 군사독재체제를 강화하기 위한 유신체제 수립을 시도하는 등 모순적이고 복잡한 정세 속에서 당시 민주화운동세력은 '민주화와 통일'의 관계를 고민하지 않을 수 없었다. 특히 1960년대 말 1·21사태, 푸에블로호사건 등 일련의 군사적 긴장이 고조되었고, 그 분위기 속에서 주민등록증제도의 실행, 향토예비군의 창설 등을 통해 국가권력의 통제력이 강화되어 나갔다. 박정권은 남북관계의 위기를 정치권력의 강화로 연결시키는 비상한 능력이 있었다. 결국 유신체제의 수립으로 연결됨으로써 분단 상황이 한국정치에 얼마나 직접적으로 영향을 미칠 수 있는지 절실하게 보여주었다.

남한의 지하 전위정당을 추구한 '통일혁명당'(이하 '통혁당'으로 약칭)사건[45]이나 '선민주·후통일'식의 노선을 보인 '전국민주청년학생총연맹'(이하 '민청학련'으로 약칭)사건[46]이후, 재야와 학생운동세력 내에서 민주화와

---

[45] 통일혁명당 사건은 1968년 8월 24일 당시 중앙정보부가 발표한 '통일혁명당 간첩단사건'에 의해 세상에 알려졌다. 이 사건은 그 규모나 성격에 있어서 한국전쟁 이후 최대의 조직사건이었다. 통혁당은 전위정당으로서의 지도이념을 명확히 내걸었으며, "당면의 최고 목표는 민중민주주의혁명을 수행, 부패한 반봉건적 사회제도를 일소하고 민주주의제도수립과 민족의 통일을 성취"를 당강령으로 삼고 있었다. 이후 1979년까지 통혁당 재건운동은 지속적으로 전개되었으며, 사건 적발지역도 서울 경기에서 호남과 부산 경북지역까지 확대되는 특징을 갖는다.
(올바른 과거청산을 위한 범국민위원회 http://www.ktruth.org 참조)

[46] 민청학련사건(民靑學聯事件)은 1974년 4월, 대한민국에서 전국민주청년학생총연맹(이하 민청학련)의 관련자 180여 명이 불온세력의 조종을 받아 국가를 전복시키고 공산정권 수립을 추진했다는 혐의로 구속·기소된 사건을 말한다. 2005년 12월에 국가정보원 과거사건 진실규명을 통한 발전위원회는 재조사를 통해 "민청학련사건은 학생들의 반정부 시위를 '공산주의자들의 배후조종을 받는 인민혁명 시도'로 왜곡한 학생운동 탄압사건"이라고 발표했다.

|통일의 선각자, 문익환의 삶과 분단극복론

통일의 상관관계는 오랜 논쟁거리였다.[47] 문익환은 감옥에서 나온 이후 민주화와 통일의 우선순위 논쟁이 치열하게 벌어지는 것을 보면서,[48] 자신만의 입장을 세우지 않을 수 없었다. 1978년 3월 『씨알의 소리』에 발표된 문익환의 글을 통해 당시의 그의 통일 인식을 살펴볼 수 있다.[49] 이 글에서 그는 첫째로, 통일된 한국은 열강들 사이에 완충지대로서 동북아시아의 정치안정에 크게 기여할 것이라고 인식하였다. 통일된 중립 한국은 주변 4강에게 위협받지 않는 강한 나라가 될 것이라고 하면서 통일방안으로 중립화를 언급한 것은 아니지만 통일된 국가는 중립적인 국가여야 한다고 보았다. 이 시기에 문익환이 '중립'을 처음 언급하였지만, 본격적인 통일방안으로서 '중립화 단계'를 설정한 것은 김대중 내란음모사건에 연루되어 세 번째 감옥생활을 하던 시기였다.

둘째로 통일의 필연성은 경제적인 면, 즉 대한민국은 총 예산 중 국방비의 비율이 매우 높으며, 북한의 경제파탄의 중요한 원인이 해군·공군까지 자력으로 유지하면서 미국의 해군·공군의 지원을 받는 대한민국의 국방력과 경쟁하려는 데 있기 때문이라고 보았다.[50]

셋째로, 통일의 주도권은 우리 국민이 잡아야 한다, 즉 다른 나라들은 이권 때문에 항구 분단을 획책할 수도 있기 때문에 우리는 자주적으로 통일되어야 함을 강조하였다.

넷째로, 민주화와 통일의 관계를 둘이 아닌 하나로 보았다.[51] 즉 "민주화

---

47) 이승환, 「군사정권시기의 민간통일론」, 『통일시론』 99 가을, 139쪽.

48) 1970년대 후반부터 야당과 재야세력은 긴급조치 하에서도 유신체제로서는 진정한 남북대화와 통일이 불가능하다고 보았는데, 야당은 일반적으로 '선민주·후통일'을, 일부 급진재야는 '선통일·후민주'를 각각 이슈로 내세웠다(김갑철, 『민중통일론의 이상과 현실』, 문우사, 1993, 196쪽).

49) 문익환, 「민주화와 민족통일」, 『씨알의 소리』 1978.3.

50) 문익환, 『전집』 3권, 사계절, 1999, 20쪽.

51) 문익환, 「민주화와 민족통일」, 『씨알의 소리』, 1978.3.

를 내용으로 하지 않는 민족통일도 없고, 민족통일을 내용으로 하지 않는 민주화도 없다"[52]고 함으로써 통일과 민주주의를 분리된 선후관계로 규정하기 보다는 서로 결합하고 병행하는 것으로 보아야 한다는 인식을 드러내었다. 따라서 민주화의 추진이 곧 민족통일의 추진이요 민족통일의 추진이 곧 민주화의 추진이라고 주장하면서, 남한의 경우 민주화는 민족통일의 첫 단계이지, 앞 단계가 아니라고 지적하였다. 나아가 통일을 전제하지 않으면 이 땅에서는 어떤 민주화 노력도 반민족적인 동시에 반민주적이 된다고 이해하였다.[53] 즉, 남한사회의 민주화를 추구하는 민주화운동은 통일에 유리한 조건을 여는 것이고, 반면 남북의 화해와 협력을 추구하는 통일운동은 안보논리를 바탕으로 한 독재 강화를 차단하기 때문에 민주화에 도움을 준다는 것이다. 민주화운동과 통일운동이 같이 병행되어야 한다는 그의 주장은 현실적인 유효성을 가질 수 있었다.[54] 그런데 여기서 '선민주 후통일론' 관점에서 제기되던 '민주주의'와 '선통일 후민주론' 관점에서 제기되던 '민주주의'는 뚜렷한 실질적 차이를 내포하고 있었다. 전자의 민주주의가 군부독재의 타도, 유신철폐 같은 주로 정치적 영역의 민주화에 국한된 개념이라면, 후자가 주장했던 민주주의는 보다 근본적인 사회구조의 변화를 염두에 둔 것이라 할 수 있다.[55] 이러한 차이는 그 이후에도 여전히 제기되는 문제였고, 1980년 5·18 광주항쟁 이후 민주화운동이 본격적으로 성장하면서 이에 대한 고민은 더욱 심화될 수밖에 없었다.

3·1민주구국선언으로 수감되었던 문익환은 1977년 12월 31일 형 집행정지로 출옥하였으나, 1978년 10월 「유신체제 6주년을 맞이하여」라는 그의

---

52) 문익환, 『전집』 3권, 사계절, 1999, 23쪽.
53) 문익환, 「7·4공동성명 이후의 민족문제」, 『전집』 3권, 사계절, 1999, 131~133쪽.
54) 서중석, 「한국전쟁후 통일론의 전개와 민족공동체의 모색」, 『분단 50년과 통일 시대의 과제』, 역사비평사, 1995, 349쪽.
55) 홍석률, 「민간통일운동의 전개와 쟁점」, 『내일을 여는 역사』 2005 가을, 102쪽.

성명서가 다시 문제가 되어 형 집행정지처분 취소로 계훈제와 함께 재수감되고 말았다. 성명서는 유신헌법의 비민주성을 지적하는 것이었지만 문익환에게 이것은 통일헌법의 필요성을 드러내기 위한 하나의 방편이었다고할 수 있다. 그는 성명서 발표 이전부터 통일을 대비한 통일헌법의 마련을주변 동료들에게 설파하곤 하였다. 동료들은 통일헌법의 마련보다 먼저 유신헌법의 비민주성을 드러내는 것이 순서라는 입장이었는데 그에 따라 위의 성명서를 먼저 발표하게 되었던 것이다. 이 사건으로 인해 또다시 감옥생활을 하던 중 그는 "민주화는 곧 민족통일"이란 사실을 깨닫게 되었다.[56]

1977년에 문익환은 민족통일을 국토통일보다 앞세웠는데, 1979년에는 솔제니친의 소설 『이반 데니소비치의 하루』를 읽다가 갈라진 땅의 통일이 그것만으로 얼마나 중요한 것이냐는 걸 깨닫게 되고 국토통일이 없이는 민족통일이 없다는 사실을 알게 되었다. 7월 9일 부인에게 보낸 서신에서 그는"우리의 국토, 이 땅은 우리를 낳아 길러 준 우리의 어머니인 거죠. 이 땅이없이 우리는 존재할 수 없는 거니까요. … 그런데 이 땅, 이 국토가 허리가묶여서 꿈틀거리고 있거든요. 우리의 아픔은 이 땅의 아픔인 거죠"라고 말하며 국토의 통일이 민족의 통일과 함께 절실한, 진정한 통일의 의미를 갖는다고 생각하였다. 아울러 조국의 통일은 갈라진 역사의 통일임을 깨닫고,"조국통일은 갈라진 역사의 두 흐름을 합류시키는 일이죠. 맞서 싸우느라고우리의 창조적인 힘을 파괴적으로 소모해 간 슬픈 역사를 청산하고 힘을모아서 우리의 역사에 새로운 꿈과 창조적인 힘을 불어 넣는 일이 바로 조국통일이라는 말의 뜻인 것"이라며 민족사의 큰 틀에서 통일을 이해해 나갔다.[57] 이때 문익환은 민족통일을 기반으로 하여 국토통일도 경시할 수 없는중요한 의미가 있음을 깨닫게 되었다.

---

56) 문익환, 「발바닥으로 외칠 거야」, 『발바닥으로 외칠 거야』, 도서출판 소리, 1990, 37~38쪽.
57) 문익환, 『전집』 7권, 사계절, 1999, 57~58쪽.

문익환의 통일론을 이해하기 위해서는 먼저 그의 분단론을 검토할 필요가 있다. 문익환은 '민족통일의 실체'라는 강연에서 분단의 원인으로써 "분단은 우리 민족의 뜻을 짓밟은 외세의 짓"이라며 외부적인 요인을 들었다. 다음으로 "외세의 분단정책에 동조한 좌익세력과 이승만 독재세력"이라며 내부적인 요인도 간과하지 않았다.[58] 한반도 분단의 원인으로 문익환은 다음과 같은 견해를 피력하였다.

> 분단 자체가 제2차 대전 후의 강대국 미소 냉전관계로 생겼는데 우리 민족세력들이 단합된 힘으로 이것에 대처하지 못했다는 것이지. 요새는 이 분단문제를 상당히 리얼리스트하게 사람들이 보고 있어요. 단순히 외세만 아니었다면 하는 것보다 우리 민족 자체에 문제가 있다는 거지.[59]

이에 따라 문익환은 분단의 원인은 외세에 의한 것이며 이와 동시에 민족 내부의 문제도 간과할 수 없다고 이해하였다.[60] 반면 백기완은 분단의 원인

---

[58] 분단과정에서 볼 때 분단의 성격을 김학준은 국제적 요인과 국내적 요인의 비중에 따라 국제형과 내쟁형으로 구분하는 이론틀을 제시하였다. 반면 정대화는 이러한 구분은 형태상의 편의적 설명에 지나지 않을 뿐만 아니라 분단에 작용하는 제요소, 특히 강대국의 논리를 파악하는 데 오히려 장애가 된다고 하면서 일반이론의 차원에서는 제국주의형, 냉전형, 내부갈등형을 분단의 이념형으로 구분하고, 냉전형을 다시 세분하는 방식이 체계적이고 설득력이 크다고 주장하였다(정대화, 「한반도 주변 국제질서의 재편과 남북한 관계의 구조」, 『한국과 국제정치』 14, 1991.12, 경남대학교 극동문제연구소, 127쪽).

[59] 문익환, 「발바닥으로 외칠 거야」, 『발바닥으로 외칠 거야』, 도서출판 소리, 1990, 39쪽.

[60] 국제적 조건을 기본으로 하되, 내부적 갈등이 작용한 경우로는 베트남과 한반도의 분단을 들 수 있고, 양자의 차이는 분단 뒤에 베트남이 전쟁을 거쳐 분단을 극복한 반면, 한반도는 전쟁을 통해 오히려 분단이 고착화되었다고 보는 견해가 있다. 분단의 원인 중 국제적 조건이 상대적으로 강하게 작용한 경우가 독일, 오스트리아, 예멘이라면, 내부적 요인이 의해 형성된 경우는 중국을 들 수 있다. 다만 독일과 오스트리아의 분단이 전쟁책임과 관련된 것이라면, 예멘의 분단은 제국주의와 관련 돼있다는 점에서 근본적으로 성격을 달리 한다고 볼 수 있다(강만길 외, 『한국사 20-자주 민주 통일을 향하여 2』, 한길사, 1994,

에 대해 "항일투쟁에서 민족해방이라는 염원이 미소 강대국의 침략에 의해 분단으로 나타나게 되었고, 이것이 냉전 이념의 강화로 분단구조는 더욱 고착화된 것"이라고 보았다. 또한 그는 "일본이란 외세 뒤에 미국이라는 외세가 버티고 있음을 깨달아야 한다"면서 "외세가 국내 독재세력과 연합하여 반통일을 고착화하는 것"을 경계하였다.[61] 요컨대 백기완은 분단의 주된 요인으로 외세의 침략을 들었고 부차적으로 국내 독재세력도 분단국가의 형성에 일조하였다고 보았으며, 문익환 역시 분단의 원인을 외세뿐만 아니라 우리 민족 자체에 있다고 보아 백기완과 큰 차이는 없으나, 민족내부의 문제에 더 비중을 두는 듯한 견해를 보였다.

분단의 결과로 인해 어떠한 상황이 초래되었는지에 대해서 문익환은 다음과 같은 인식을 보였다. 첫째, 분단은 경제를 파탄으로 몰아넣었음을 강조했다. 남북이 무력경쟁을 함으로써 남북의 경제력을 탕진시켜 가고 있을 뿐만 아니라, 분단으로 인해 남북의 자연자원의 교류가 막히고, 그것이 경제에 치명적인 타격을 주어 왔다고 보았다. 둘째, 분단이 우리 문화 창조의 힘인 정신생활을 변질시켰다고 보았다. 즉 사회에 미움과 불신 풍조가 만연해 있는데, 이것이 분단 때문임을 강조했다. 셋째, 분단은 동족상잔의 비극을 초래했다는 것이다. 6·25뿐만이 아니라 당시도 남에선 남대로, 북에선 북대로 민족을 유린하고 참혹하게 제 동족을 죽이는 동족상잔의 비극이 벌어지고 있다고 보았다.[62]

문익환의 분단 인식은 민족주의와 평화주의로 이어져나갔다. 그는 분단은 민족 반역이며 경제적·문화적으로 큰 손실이고, 무엇보다도 평화와 반대되는 개념인 동족상잔을 초래했다는 점에서 극복해야 한다고 보았다. 여

179~180쪽).

61) 백기완, 「통일만이 민족의 살길이다」, 『발바닥으로 외칠 거야』, 도서출판 소리, 15쪽.

62) 문익환, 『전집』 3권, 사계절, 1999, 38~39쪽.

기에서 그의 민족주의, 평화주의를 살펴볼 수 있다. 문익환은 이후에도 여러 글에서 '평화주의'를 매우 강조하였는데, 이러한 '평화'의식은 기본적으로 동족상잔의 비극을 막기 위함이었다. 문익환에게 있어서 '평화'는 전쟁과 반대되는 개념이기도 했지만 '폭력'과 대비되는 개념이기도 했다.[63]

다음으로 이 시기 문익환의 '통일'에 대한 개념을 파악하고자 한다. 그가 1980년 4월 12일 한국정치문화연구소 정치문화 강좌에서 한 '민족통일의 실체'라는 강연은 이 시기 그의 통일론을 집약적으로 잘 보여주고 있다. 그는 통일을 민족통일, 조국통일, 국토통일의 세 가지 차원에서 보았다. 이러한 그의 통일인식은 1978년 10월부터 1979년 12월까지 두 번째 감옥살이 동안 통일의 문제를 세 차원에서 새로 이해하게 된 결과라고 할 수 있다. 이전에는 민족통일과 국토통일 중에서 민족통일을 더 강조하였다. 물론 이 시기에 문익환의 강조점이 옮겨진 것은 아니지만, 통일을 민족통일·국토통일·조국통일이라는 세차원에서 보게 되었다는 점이 달라졌다. 이 세 차원은 서로 분리될 수 없는 하나라고 문익환은 강조하였다.[64] 첫째, 그는 민족통일에 대해 다음과 같이 설명하였다.

> 우리가 지향해야 할 것은 우리의 통치지역의 통일이 아니라 민족사의 주체인 민족의 통일입니다. 민족사의 주체인 민족이 본의 아니게 분열되어 적대 관계에 놓이게 됨으로써 민족의 힘이 소모되어 가고, 또 서로서로 죽여 가고 있는데 이 비극을 극복하여 다시 한 민족이 되어 문화 창조의 주체로서 일어서게 되는 길, 바로 그것이 민족통일입니다. 우리 민족의 문화 창조의 힘을 소모시키고 파괴하는 온갖 분

---

63) 문익환은 "보편적으로 평화의 적은 전쟁과 빈곤이라고 생각한다. 그러나 한국이라는 상황에서 생각해 본다면 평화의 적이 또 하나 있다는 것을 알 수 있다. 그것은 '폭력'이다. 전쟁도 폭력이지만, 전시가 아닌 때 우리가 겪고 있는 폭력, 이것은 전쟁과 독립시켜서 평화의 적으로 분명히 규정할 필요가 있지 않을까"라고 피력하였다(문익환, 「성서의 평화」, 『한국기독교장로회 회보』 1990.8).
64) 문익환, 「7·4남북공동성명 이후의 민족문제」, 『통일은 어떻게 가능한가: 홍남순 선생 고희 기념 논총』 1983.12.

열 요소를 제거하고 민족의 힘을 창조적으로 통합하는 일, 그것이 민족통일이라고 규정지을 수 있을 것입니다.[65]

문익환은 "우리가 지향하는 통일은 지리학적인 문제이기 이전에 사회학적인 문제이다"라고 인식했다. 즉 지배자와 피지배자로 분열되어 있는 사회 속에서 주종관계를 일체 청산해야 한다는 것이다. 그래야만 진정한 민족통일이 이룩될 것이라고 보았다.[66] 또한 민족통일은 전 국민이 균등한 자유를 행사하는 데 있다고 보았다. 즉, 자유의 평등이 이루어질 때 민족은 통일이 된다는 것이다.[67] 다시 말해 전 국민이 주권을 행사하여 자치하는 자유인이 될 때 곧 민주주의를 이룩할 수 있다는 것이다.

둘째, 조국통일은 역사와 전통의 통일을 말하는 것이라고 하였다. 이것은 지난날의 것에 멈추는 것이 아니라 과거와 현재를 통해 미래를 창조하는 힘을 구축함을 의미했다. 그런 의미에서 통일의 에너지, 통일의 원리 등이 이 민족사 속에서 나와야 한다는 것이다. 동학혁명, 3·1운동, 학생과 농민의 항일투쟁, 4·19, 1970년대 인권운동 등에서 민족통일의 에너지와 민족통일의 이념, 통일의 지혜를 찾자는 사고와 연결된다.[68]

셋째, 국토통일은 국토뿐만이 아니라 문화의 통일까지도 의미했다.[69] 국

---

65) 문익환, 『전집』 3권, 사계절, 1999, 43쪽.
66) 또한 문익환은 민족을 분열시키는 요소는 정치적 문제, 즉 지배자와 피지배자의 문제뿐만이 아니라, 우리의 문화 자체가 민족을 분열시키고 있다. 도시와 농촌으로, 빈자와 부자로, 또는 공부한 사람과 공부 못 한 사람, 기업주와 노동자 등 이런 것이 민족을 분열시키고 있다, 또 외래 사상, 외래문화가 이질화시키고 있다고 보았다(위의 책, 44쪽).
67) 문익환, 『전집』 7권, 사계절, 1999, 67쪽; 문익환은 "민족통일에 반대되는 민족분열의 길을 가면서 무력으로나 정치적인 계산만으로 국토나 통일하는 것은 참으로 통일이 아니기 때문에 우리는 그런 말만의 통일에는 가치를 인정할 수 없는 거예요. 오늘 이 땅에서 몸과 마음의 합일 같은 통일을 찾아야 할 것이 '자유'와 '평등'의 통일이라고 생각해요"라고 하였다. 문익환, 『전집』 7권, 사계절, 1999, 87쪽.
68) 위의 책, 57쪽; 문익환, 『전집』 3권, 사계절, 1999, 49쪽.

토의 사전적 의미는 '영토, 영해, 영공 등 국가에 주권이 미치는 범위로서 외부의 침입으로부터 보호되어야 할 배타적 영역'이라고 할 수 있는데, 국토의 구성요소는 기후, 지형, 생물 등 자연적 요소와 역사, 문화, 산업 등 인문적 요소로 나눌 수 있다. 그런데 문익환은 문화와 역사를 분리하여 역사는 조국통일에, 문화는 국토통일의 범주에 포함시켰다.

'통일의 개념'에 대한 여러 논의 중에서 이종석은 통일을 지리적으로 국토가 하나된 것만을 의미하지 않고 정치적으로 대립되었던 제도를 하나로 만드는 것이고, 경제적으로 상이한 체제를 하나로 거듭나게 하는 것이며, 이질화된 문화를 하나로 다시 탄생시키는 것이라고 보았다.[70] 따라서 이종석은 국토통일은 지리적인 측면이 강하기 때문에 국토통일은 별개로 하고, 또 다른 의미로 정치·경제·문화적 통일과 구분하였다.

민병천은 통일의 개념을 세 가지로 구분하여 지리적, 정치적, 사회문화적 통일로 나누었다. 한편 그는 분단과 통일을 대립되는 두 개념으로 이해하여 분단을 역사적 개념으로 보면서, 국가의 분단은 지리적으로 볼 때 생활지역의 분할, 즉 국토의 분할이라고 규정하였다. 따라서 지리적 개념에서 분단을 생활권 혹은 국토의 분열이라고 규정한다면, 통일은 생활권의 통합 혹은 국토의 통일이라고 규정할 수 있다고 보았다. 그리고 그에게 있어서 정치적 통일은 정권의 복수화가 아니라 단일 정부화, 즉 국권통일을 의미하였다.[71]

---

[69] 민족통일의 실체를 위해서 문익환은 몇 가지 제안을 하였다. 정치의 우위의 회복, 한반도에서의 긴장완화, 상호 신뢰의 분위기 조성, 통일을 전 민족적인 과업으로 삼을 것, 북의 정치활동에의 자유, 남의 경제체제의 궤도 수정, 자주적 외교를 통해 회담으로 통일 이룰 것 등이다(문익환, 『전집』 3권, 사계절, 1999, 52~53쪽).

[70] 이종석은 통합과 통일을 엄격히 구분할 필요성은 없지만, 통합은 각 방면에서 남북이라는 상이한 두 개의 공동체가 이론적 관계로 결합되는 것이며, 통일은 제반 분야에서 통합이 이루어져 분열된 두 주권체제가 하나의 국가를 구성하는 것으로 규정하였다(이종석, 『분단시대의 통일학』, 한울아카데미, 1998, 17쪽).

[71] 민병천, 『민족통일론』, 고려원, 1985, 12~13쪽.

문익환의 민족통일, 조국통일, 국토통일의 3차원적 통일론은 개념 자체가 모호한 측면이 있다. 먼저 그가 말한 '민족통일'은 지배와 피지배가 없는 평등한 사회를 염두에 둔 것이었다고 볼 수 있을 것이다. 이것은 민주화와 통일은 하나라는 그의 인식의 연장선상에서 출발한 개념이었다. 그러나 민족통일의 개념은 역사를 비롯한 사회문화적 통일의 의미가 더 짙다고 볼 수 있다. 또한 문익환은 '조국통일'을 역사와 전통의 통일이라고 보았는데, 조국통일은 북한에서 흔히 쓰는 용어이고 광의의 통일개념이기 때문에 민족의 통일과 국토의 통일을 이루는 것을 조국통일이라고 규정하는 것이 더 타당할 듯하다. 또한 그의 '국토통일'은 문화를 포함한 지리적 통일이라는 견해였는데 이는 일면 타당한 면도 있지만 국토통일은 주권이 미치는 영역의 통일이라는 것이 좀 더 설득력이 있어 보인다.

요컨대 문익환의 '3차원적 통일론'은 단지 지리적인 국토의 통일만을 의미하는 것이 아니라 통일의 의미를 확대하여 도농(都農), 빈부(貧富), 노사(勞使) 등이 평등을 이루는 이상적인 민족통일을 추구하였으며 역사와 문화를 강조한 통일론으로서 매우 긍정적이라고 할 수 있다. 그러나 그의 통일론은 논리와 개념 면에서 다소 모호하고 부정확한 면이 있다는 것이 한계로 지적될 수 있을 것이다.

한편 문익환의 통일론과 관련하여 '통일의 방법'이라는 관점에서 이해할 때 정치, 경제, 사회 등 서로 이질적인 남북이 하나로 통일하는 것은 현실적으로 어려움이 많기 때문에 간단히 접근하기가 어렵다. 따라서 통일의 여러 모델(유형)을 파악함으로써 접근할 필요가 있다. 남북 어느 한쪽의 일방적 통일이나 남북의 합의에 의한 통일 또는 중립화나 연립정부 방식에 의한 통일 등 국토통일과 민족통일을 동시에 이룩하는 전통적 통일도 있으며, 또 연방제나 연합제 방식 등에 의해 단계적 통일을 이루려는 방식의 통일도 있다고 할 수 있다.[72] 이와 관련된 구체적 통일방법 내지는 통일방안 등은 후술하면서 비교 검토 하고자 한다.

다음으로 1980년 5월 신군부에 의해 조작된 '김대중 내란음모사건' 당시 드러난 문익환의 통일에 대한 인식과 견해는 무엇이었는지 살펴보고자 한다. '민주주의와 민족통일을 위한 국민연합'(공동의장: 윤보선 함석헌 김대중[73]), 이하 '국민연합'으로 약칭)은 1979년 3월 1일에 조직되어 반독재 운동을 전개하였다.[74] 한편 하나회를 중심으로 한 군의 소장파 그룹은 12·12쿠데타를 통해 군부를 장악하고 최규하 정부를 무력화시키는 작업과 민주화 세력을 국민들로부터 분리시키는 작업을 진행시켰다.[75] 이후 1980년 4월 14일 전두환 보안사령관은 중앙정보부장까지 겸직하여 실질적인 최고 권력자로 부상하였고 이에 따라 최규하 대통령 이하 신현확 내각은 허울뿐인 존재에 불과하게 되었다.[76] 신군부는 학생들의 시위를 구실로 정치권력을 장악하는 본격적인 행동에 돌입하여 5월 17일 배후조정혐의로 김대중 등 26명을 연행하는 이른바 '김대중 내란음모사건'을 일으켰고, 5월 18일을 기해 비상계엄을 전국으로 확대하여 결국 '광주민주화운동'을 촉발시켰다.

'김대중 내란음모사건'과 관련하여 문익환의 활동과 행적을 추적해 보면, 1980년 4월 30일 문익환, 고은, 계훈제, 김승훈, 이문영 등이 참석한 국민연합 중앙상임위원회 모임에서 국민연합은 비정당이지만 민주화를 위하여 정당과 협력할 것을 결의하였다. 이후 윤보선에게 보고하였지만, 윤보선은

---

72) 차기벽, 『차기벽 저작집 9-뜨거운 가슴과 차가운 머리』, 한길사, 2006, 363쪽.

73) 1971년 40대 기수론을 주장하며 대권에 도전했던 현실 정치인인 김대중은 1976년 3·1민주구국선언으로 투옥되었고, 이후 형 집행정지로 풀려났다가 1980년 2월 29일 복권된 후에 신민당에 가입하지 않고 국민연합을 주축으로 한 재야, 시민운동세력의 중심적 위치에 있어서 그의 국민연합의 참여는 재야시민운동에 큰 활력을 불어 넣었다.

74) 송건호, 『송건호 전집1-민족통일을 위하여1』, 한길사, 2006, 152쪽.

75) 이만열, 「5·17 김대중 내란음모 사건의 진실과 그 역사적 의의」, 『김대중 내란 음모의 진실』, 문이당, 2000, 483~484쪽.

76) 김용철, 「광주항쟁과 한국정치의 민주화-탈군부정치의 역사결정적 국면적 원천으로서의 광주항쟁(5·18 20주년 기념 학술연구결과 보고 학술 발표회)」 2000.1.27.

국민연합은 순수해야 한다며 반대하였다. 5월 6일 중앙상임위원회가 열렸는데, 이 때 문익환은 '민주화촉진 국민선언' 초안을 작성하여 함석헌, 윤보선, 김대중, 한완상, 서남동 등의 서명을 받았다. 7일에 '민주화 촉진 국민선언'을 발표하였는데 그 내용을 요약하면 계엄령 해제, 신현확 총리의 사퇴, 전두환의 공식 사퇴, 민주인사들의 복직, 언론방송에 대한 각성 촉구, 유정회와 통일주체국민회의의 해체, 정부개헌심의위원회의 해체 등 민주주의의 실천에 대한 7개 요구사항이었다. 이 선언서에는 이후 총 21명이 서명하였다.[77]

문익환은 1980년 10월 16일 항소이유서에서 민주주의와 민족통일의 상관관계를 언급하면서 "민주화만이 이 민족의 모든 비극의 원천인 국토분단, 민족분열을 극복하고 민족통일을 이루는 것이므로 민주화는 이 겨레의 염원인 민족통일의 첫 단계이다"[78]라고 하면서 민주화를 통한 민족통일을 강조하였다. 또한 그는 자신은 '김대중 내란음모사건'과는 아무런 연관이 없고 단지 민주화와 통일에만 관심을 가졌다고 하였다.[79]

또한 11월 26일 상고이유서에서 "민주회복운동이 내란행위일 수는 없으며, 최규하 정권의 퇴진을 요구하지도 않았고, 학생들의 시위는 특정인의 집권을 위한 것도 아닌 순수한 민주화를 열망하는 국민의 뜻을 대변하는 점에서 내란행위로 규정할 수 없다"[80]고 강변하였다. '김대중 내란음모사건'은 검찰에 의해 조작된 것이며 자신은 민주회복운동과 민주화를 통한 통일운동을 한 것뿐임을 또다시 분명히 하였다. 아울러 자신이 중앙상임위원회 위원장으로 있는 국민연합은 남북으로 갈려진 이질화된 민족을 통일

---

77) 이문영, 앞의 책, 349~365쪽.
78) 문익환, 「육군본부 계엄보통군법회의에서 한 최후진술」, 『전집』 5권, 사계절, 1999, 19쪽.
79) 위의 글, 19쪽.
80) 위의 글, 40쪽.

하고 민주주의로 다시 동질화하여 한겨레로 화해·융화시키는 일을 궁극적인 과제로 설정하고 조직된 국민운동단체라고 강조하기도 하였다.[81]

1980년에 이르러 5월 광주민주화운동을 거치면서 '반미의식'이 높아져 민족자주화운동이 본격화되었다. 신군부의 등장과 함께 남북관계는 더욱 냉각되었고, 광주민주화운동을 거치면서 민주화운동이 민족자주화운동과 결합하지 않으면 실패할 수밖에 없다는 뼈아픈 교훈을 깨닫게 되었다. 이후 1980년의 광주미문화원 방화사건, 1982년의 부산미문화원 방화사건, 1985년 서울 미문화원 점거사건, 1986년 김세진·이재호 분신과 반전반핵투쟁의 자주화운동으로 이어졌다.[82] '부산미문화원 방화사건'의 주동학생들이 광주학살을 미국과 연결시키고 미국의 전두환 군부독재 지원을 정면 비난하면서 "미국은 더 이상 한국을 속국으로 만들지 말고 물러가라"라는 구호 아래 반미투쟁의 횃불을 들었던 점을 통해 볼 때, 1980년대 반미투쟁의 시발점을 1982년 3월에 있은 부산미문화원 방화사건으로 볼 수 있을 것이다.[83]

이 같은 사회적 배경 속에서 1980년대 초중반 통일문제를 둘러싼 논의가 형성되기 시작하였으며 남북 당국 간의 대화와 교류의 물꼬가 트이기 시작하였다. 우선 1980년대 초반 남북한의 통일론을 고찰해 보면, 북한은 1980년 10월 10일 조선노동당 6차 대회에서 이전까지 유지하던 총선거 안에 기초한 과도적 연방제안을 수정하여 '고려민주연방제안'을 제기하였다.[84] 김일성은 연방국가의 국호를 고려민주연방공화국으로 할 것을 제의하였는데, 이는 성격이나 구조상 하나의 완전한 통일국가 형태를 띠는 것이었다. 따라

---

81) 위의 글, 36~37쪽.
82) 신주백·홍석률·정창현, 「통일운동의 역사」, 『역사와 현실』 제16호, 1995, 58쪽.
83) 서중석, 「한국현대사와 80년대의 의미」, 『월간 중앙』 156, 1989.1, 162~163쪽.
84) 김일성, 『김일성 저작집』35, 조선로동당출판사, 1987, 338~356쪽.

서 이 연방공화국은 과도적 성격이 아니라 궁극적인 의미에서 최종적 목표로서의 통일국가의 성격을 지닌 것이라고 볼 수 있다. 아울러 김일성은 이러한 공화국은 '중립국가'로 되어야 하며, 대외적으로 민족 전체의 대표성을 내포해야 한다고 주장하였다. 그럼으로써 남북한의 동등성 원칙 위에 북한이 남한의 존재를 현실적으로 인정한 일종의 '평화공존논리'를 전제로 한 것이며, 1국가 2체제가 존재할 수 있다는 것을 염두에 둔 것이었다.[85]

한편 남측의 전두환 정권은 이에 대응하여 1982년 1월 21일 '민족화합민주통일방안'을 제기하였다.[86] 민족화합민주통일방안은 '민족통일협의회의 구성, 통일헌법 기초, 국민투표에 의한 통일헌법 확정 공포, 총선거 실시, 통일정부와 통일국회 구성'을 주요 내용으로 하고, 여기에 '남북한 기본관계에 관한 잠정협정'을 체결하고 현재의 휴전협정을 유지하면서 남북 간 교류 협력을 도모한다는 것이었다. 그리하여 국토통일원 장관은 1982년 2월 1일 20개 시범사업을 제의하였다.

그러나 민족화합민주통일방안은 민족통일협의회의 대표 수를 어떻게 할 것인지 불분명한 점이 있었다. 또한 '남북간 기본관계에 관한 잠정협정'을 체결하자고 제의하면서 그 협정에서 호혜평등, 상호불간섭의 원칙을 규정하자고 하였으나, 그렇게 될 경우 두 개의 국가가 상호 승인 조치를 취함으로써 영구분단을 합법화하는 결과를 초래하는 것이 아니냐는 비판에 직면하였다. 무엇보다 현존하는 휴전체제를 유지하면서 군비경쟁과 군사적 대치상태를 해소하기 위해 협의하자는 제의가 문제라고 할 수 있었다. 평화협정이 아닌 휴전체제를 유지하면서 군사적 대치상태 해소와 평화통일 문제를 협의하자는 것은 상호모순이라는 비판이 제기되었다.[87]

---

85) 신정현, 『북한의 통일정책』, 을유문화사, 1989, 270쪽.

86) 전두환, 『전두환 대통령 연설문집』 제2집, 대통령 비서실, 1982, 365~368쪽.

87) 김낙중 「현단계 주요 통일방안에 대한 비교 검토」, 『현단계 제통일 방안』, 한백사, 1989, 49~50쪽.

유석렬은 민족화합민주통일방안이 남북 사회의 다방면적인 제반 교류를 실시할 수 있는 구체적인 방법을 제시하고 있으며, 당시 한국 정부가 제시한 모든 통일정책을 집대성한 것으로서 단계적 방법에 의한 구체성과 실현성에 중점을 둔 '선평화 후통일'의 기본원칙에 기초한 것이라고 평가하였다.[88] 그러나 이것은 과거 남한의 통일방안과 비교하여 내용이 비교적 상세하긴 하지만 그 이행과정이 모호하고 국민투표와 총선거 실시 등 북한에서 수용하기 어려운 다분히 정치 공세적이고 분단지향적인 성격을 탈피하지 못한 것이었다.

'김대중 내란음모사건'으로 1980년 5월부터 1982년 12월까지 공주교도소에서 세 번째 감옥생활을 하던 문익환은 민주화도 통일도 민족화해이자 '평화운동'이라는 인식을 보였다. 부인 박용길에게 보낸 옥중서신에서 "두 번 감옥살이에서 나는 민주화가 곧 민족통일이라는 등식을 깨달았다면, 셋째 번 감옥살이에서는 민주화도, 민족통일도 민족화해라는 결론을 얻었소. 그리고 이 화해는 민족의 비극 앞에서 가슴을 치면 다 같이 슬퍼하는 일에서 이룩된다는 것. 우리의 비극이 너무 슬퍼서 우리의 이해나 주의주장은 헌신짝처럼 아낌없이 버릴 수 있게 되는 데서 이룩된다는 것을 깨달은 셈"이라고 하였다.[89]

이 같은 인식의 변화로 인해 민족문제가 국제역학관계에서의 '평화문제'로 비춰지기 시작하였다. 1981년 8·15를 공주교도소에서 보내면서 문익환은 초강대국들의 긴장 고조가 한국 국민들의 뜻과 상관없이 이 땅에서 전쟁을 일으킬 요인이 되는 것이므로 한반도가 세계평화를 파괴시키지 않도록 해야 한다는 생각에 이르렀다.[90] 그는 "한반도의 분단은 세계 평화를 위협

---

88) 유석렬, 『남북한통일론』, 법문사, 1993, 116~117쪽.

89) 문익환, 「문익환이 바우할멈에게, 1981.3.8」, 『전집』 7권, 사계절, 1999, 112쪽.

90) 문익환, 「7·4공동성명 이후의 민족문제」, 『홍남순 선생 고희 기념 논총』 1983. 12, 90쪽.

하는 화약고이기 때문에 이의 극복은 우리의 민족적인 관심사인 동시에 세계의 관심사가 되어야 한다"면서 "우리가 벌여야 하는 평화운동은 서구의 평화운동과는 달리 이 나라가 세계 평화를 깨뜨리고 인류의 생존을 위협하는 화약고의 구실을 하느냐, 세계평화의 열쇠가 되느냐 하는 중대한 갈림길에서 벌이는 운동"이라고 하였다.[91]

위와 같은 인식에서 문익환은 한반도 '중립노선'으로 인식의 확장을 시도해 나갔다. 즉 그는 '한반도를 중립화시켜 4강의 힘의 완충지대로 만든다'는 구상에 이르렀던 것이다. 또한 1960년의 맨스필드의 중립화론을 언급하면서 "강대국들은 동북아시아의 평화를 위해서라도 한국의 중립화에 적극성을 보여야 한다"고 주장하였다.[92]

북한은 1980년 10월 10일 조선노동당 제6차 대회에서 한반도의 중립을 제안하였는데, 김일성은 "고려민주연방공화국은 어떠한 정치군사적 동맹이나 뿔럭에도 가담하지 않는 중립국가로 되어야 합니다"라면서 한반도가 비핵지대 내지는 평화지대로 되어야 한다고 주장하였다.[93] 그리고 그는 "고려민주연방공화국은 중립노선을 확고히 견지하여 '뿔럭불가담정책'을 실시하고 자주성과 내정불간섭, 평등과 호혜, 평화공존의 원칙에서 세계 모든 나라들과 우호관계를 발전시켜나가야 한다"고 언급하였다.[94] 이에 대해 남한 당국 및 언론에서는 부정적인 반응을 보였는데, 북한이 미군철수를 촉진하기 위해서 중립을 주장하였으며 제3세계 및 국제사회에 평화 추구자라는 인상을 심어 주어 그들의 지지를 얻으려는 속셈으로 비동맹운동 및 중립 주장에 적극성을 보였다고 비난하였다.[95] 또 일부는 김일성의 중립화

---

91) 위의 글, 91쪽.

92) 위의 글, 91쪽.

93) Kim Il-Song, 『Report to the 6th Congress of the Workers Party of Korea on the Work of the Central Committee 』, Foreign Language Publishing House, 1980, 118쪽 (최봉윤, 『민족통일운동사』 한백사, 1984, 278쪽에서 재인용).

94) 『로동신문』 1980.10.11~15.

제안이 남한을 북의 지배하에 넣으려는 정치적 전술이라고 이해하기도 하였다.96)

북한의 고려민주연방공화국 창립방안은 '연방제' 통일방안이자 중립국가를 지향했기 때문에97) 문익환의 '중립화' 주장은 용공성 시비에 휘말릴 가능성이 매우 큰 것이었다. 따라서 당시의 상황에서 문익환의 중립화 주장은 모험적인 요소를 내포하고 있었다.98) 그러나 문익환의 이 시기 통일론은 분명히 북한 입장에 동조한 것이 아니라 '민주주의'적 사상에 기반하고 있었다. 전술하였듯이 문익환이 중립화를 주장한 것은 김일성의 영향이 아니라 함석헌과 김재준의 영향이었음을 고려할 필요가 있다. 강만길은 1980년대 당시 통일된 한반도지역이 중립화되어야 한다는 주장을 하기가 상당히 어려웠음에도 불구하고 중립화통일론을 주장한 그의 통일론의 배경에는 무엇보다도 반공주의와 분단국가주의를 극복한 옳은 의미의 민족주의가 있었다고 보았다. 특히 그가 태어나 성장한 간도지역에는 일제와 타협하지 않고 좌파세력과 연합해 민족해방운동의 새로운 방향을 열어 간 민족주의

---

95) 안병준, 「국제권력정치와 한반도 통일」, 『분단과 통일 그리고 민족주의』, 박영사, 1984, 98쪽.

96) 최봉윤, 앞의 책, 279쪽.

97) 중립화통일론과 연방제 통일론과의 상관관계는 자주통일에 중요한 문제인데, 연방제와 중립화가 필연적인 관계를 반드시 갖는 것은 아니지만, 우리나라 현실에서는 상호밀접한 관련이 있다는 것은 부인할 수 없다. 다시 말해 연방제 통일은 남과 북이 존재하는 두 체제간의 문제가 크게 작용하고 있으며, 통일된 우리나라 주변 열강과의 관계에서 중립을 지켜야만 민족의 자주와 단합을 실현할 수 있고, 따라서 중립화의 길을 걷지 않으면 연방제는 실현될 수 없으며, 연방제로 나아가지 않으면 중립화의 통일은 이루기 어렵다고 보는 견해도 있다(전상봉, 『새 천 년을 여는 통일운동론』, 살림터, 1999, 231~232쪽; 곽동의, 『조국통일론』, 이웃, 1993, 182~183쪽).

98) 문익환은 "중립화가 한국이 사는 길이고 세계평화를 가져와 강대국들의 이익과 일치한다"(『연세춘추』 1983.5.23)며 '중립화'에 대한 원론적 언급은 하였지만 구체적인 방법은 제시하지 않았다. 다만 반공주의가 팽배했던 이 당시는 중립화라는 주장은 북한에 동조하는 것으로 이해되었기 때문에, 구체적으로 자신의 입장을 표명하지 않은 점도 고려해 볼 수 있다.

| 통일의 선각자, 문익환의 삶과 분단극복론

문익환 수감 번호 모음

공판정으로 향하는 문익환의 모습

세력이 많이 망명해 있었는데, 그의 민족주의가 이러한 영향을 크게 받았다고 보았다. 이러한 점이 해방 후 분단시대에 분단국가적 민족주의가 아닌 통일 민족주의를 체득할 수 있게 했다고 평가하였다.[99]

요컨대 문익환은 1차 감옥 출옥 후 선민주·후통일이냐, 아니면 선통일·후민주냐의 논쟁에서 민주화와 통일은 하나라고 결론지었으며, 2차 감옥살이를 하는 동안 통일문제를 민족·국토·조국통일이라는 세 차원으로 인식을 하였고 이 중에서 무엇보다 민족통일에 강조점을 두기 시작하였다. 이러한 인식의 발로에서 민주회복운동과 민주화를 통한 통일운동을 추구하였으며 그 결과의 하나가 '김대중 내란음모사건'으로 드러나게 되었다. 또한 그의 통일인식은 한반도 중립노선으로 진화해 나갔으며, 한반도를 힘의 완충지대로 만들어 동북아시아의 평화를 유지하여야 한다는 정연한 사고틀을 형성하였다.

3) 민주통일국민회의의 활동과 통일인식

문익환은 1982년 12월 24일, 형 집행정지로 31개월 만에 출옥한 후 더욱 적극적으로 민주화와 통일운동에 전념해 나갔다. 그에게 있어서 민주화와 통일운동은 불가분의 관계였다. 그리고 이 시기에 그는 민족통일을 이루는 길은 바로 민주화라고 인식하고 있었기 때문에 민주화를 위해 지속적으로 노력하게 되었다. 1970년대 말부터 문익환은 통일운동뿐만이 아니라 민주화운동, '인권' 신장을 위해 노력하였다. 그의 강한 민주투사로서의 면모는 바로 민주화를 위한 길 역시 통일을 이루는 길이라는 인식에서 비롯된 것이었다. 따라서 그의 통일운동과 불가분의 관계에 있는 민주화에 대한 노력과 활동을 대략적으로 살펴볼 필요가 있다.

---

[99] 강만길, 『강만길 선생과 함께 생각하는 통일』, 지영사, 2000, 171~172쪽.

통일의 선각자, 문익환의 삶과 분단극복론

1983년 4월에 들어서자 서울대, 고려대, 연세대, 이화여대 등 시내 각 대학은 물론 전국 대학의 교내시위가 확산·과열되고 있는 가운데 기독교회관에서 개최된 4·19기념강연장에는 '전두환 물러가라'란 외침과 함께 「민주회복을 향한 민족전선」이란 유인물이 살포되었다. 이날의 연사가 문익환이었는데 그 내용이 문제가 되어 연행되었다가 다음 날 석방되는 일도 벌어졌다.[100]

문익환은 4·19기념강연에서 "민주화는 민중의 부활이요, 민족통일은 민족의 부활이며, 민중의 정치적인 부활은 민중의 표현의 자유, 언론의 자유의 획득이며, 양심적인 지성의 표현의 자유, 근로자와 농민들이 저희 의견을 자유로이 표현하여 법 제정과 행정에 반영시킬 수 있을 때에야 가능하다"고 주장하였다. 이어서 그는 "민중의 경제적인 부활은 구체적으로 노조와 농협, 어협의 자율화에서 시작된다"고 하였다.[101]

5월 31일 문익환은 함석헌, 홍남순, 이문영, 예춘호와 함께 민주화를 위한 단식을 시작하면서 「긴급민주선언」을 발표했다. 이 선언을 통해 그는 "이 민족이 사는 길은 하나도 민주화요, 둘도 민주화요, 셋도 민주화입니다. 국민의 민주역량으로 나라를 통일하고, 이 땅에 평화를 정착시키는 일입니다. 이것만이 우리가 사는 길이기 때문에 이 이상 긴급한 일이 없습니다"라고 주장하였다.[102] 6월 9일에도 문익환은 "우리는 온 국민의 민주화 요구를 촉구하는 뜻에서 정부가 성의 있는 조치를 취할 것을 단식으로 계속 천명한다"는 성명서를 발표하였다.[103] 이어 민주학생의 복교와 양심범의 즉각적인 석방, 학원의 자율화, 농협노조의 민주화를 주장하였다. 문익환은 단식

---

100) 예춘호, 『서울의 봄-그 많은 사연』, 언어문화, 1996, 206쪽.

101) 문익환, 「민중의 부활, 민족의 부활」, 『전집』 4권, 사계절, 1999, 95~100쪽.

102) 함석헌, 홍남순, 문익환, 이문영, 예춘호, 「긴급민주선언」, 민주화운동기념사업회, 1983.5.31.

103) 문익환, 이문영, 홍남순, 「성명서-민주화를 촉구하는 글」, 민주화운동기념사업회, 1983.6.9.

을 풀면서 6월 18일 함석헌, 홍남순, 이문영, 예춘호와 함께 '제2 긴급민주선언'을 발표하였다. 선언에서 전두환 정부의 실체가 비민주적에서 더 나아가 폭력적이라고 하면서 교권침해, 인권유린, 언론과 사법부 무력화의 현실을 폭로하며, 정부가 폭력정치를 그만둘 것을 강력히 촉구하였다.[104]

이처럼 1983년 전두환 정권의 '유화국면' 속에서 터져 나온 학생들과 재야의 민주화 촉구운동의 중심에는 언제나 문익환이 있었다. 이즈음 확인되는 그의 통일인식은 장준하 9주기를 맞이하여 1984년 8월 9일 '통일문제 인식의 현 단계'라는 주제의 추모강연에서 한 연설을 통해 나타난다. 그는 국토의 통일과 민족의 통일을 강조하면서 "통일의 당위성은 절대적인 것이기 때문에 통일이 가능하냐는 질문이 아니라 통일은 어떻게 가능하냐는 질문이 되어야 한다"고 하였다. 그리고 "어떻게 통일은 가능하냐는 질문은, 어떻게 국민이 자주적인 주권을 주장할 수 있느냐는 질문이 되며, 그 길은 바로 민주주의의 길이다"라고 하였다. 따라서 "민족통일이 가능하냐는 질문은 민주주의가 가능하냐는 질문과도 같으며, 어떻게 통일이 가능하냐는 질문은 어떻게 민주주의가 가능하냐는 질문과도 같은 질문이다"라고 하였다.[105] 그러한 통일을 달성하기 위한 노력은 곧 민주화를 가져오는 노력으로 이해될 수 있을 것이다. 따라서 그는 민족통일이 곧 민주주의의 구체적인 실현이라고 생각했고, 민족통일은 소수 기득권자를 제외한 국민 대다수가 원하는 일이기 때문에 이것을 실현하는 일이 곧 민주주의의 실현이라고 여겼다. 즉 그는 국민의 뜻에 따르는 민주정부만이 국민을 위한 통일방안을 창출할 수 있다는 의미로 해석했다고 볼 수 있다.[106]

1980년대 대부분의 사회운동은 전두환 군사독재정권에 대항하는 민주화운동에 치우칠 수밖에 없었고 통일논의와 통일운동은 상대적으로 부진했

---

104) 문익환, 『전집』 3권, 사계절, 1999, 74쪽.

105) 문익환, 「통일문제 인식의 현 단계」, 『전집』 3권, 사계절 1999, 175쪽.

106) 문익환, 「통일문제 인식의 현 단계」, 『전집』 3권, 사계절 1999, 175~176쪽.

던 시대적 배경 속에 놓여 있었다.[107] 그 같은 시대적 상황 속에서 문익환이 민주화운동과 통일운동은 하나라고 주장했다는 점은 주목할 만하다. 이에 대해 백낙청은 통일을 위해 민주화가 반드시 필요할 뿐만 아니라 통일이 안 된 상태는 분단체제의 성격 때문에 완전히 민주화가 이루어질 수 없다고 보면서 문익환의 주장에 동조하는 견해를 보였다.[108] 아울러 백낙청은 분단극복 과정에서 이미 쟁취했어야 할 최소한의 민주화와 분단극복을 통해서만 가능해질 수 있는 한층 높은 차원의 민주주의를 구별하기도 했지만, '동시에 생각해야 한다'는 주장은 문익환의 민주화와 통일의 동시적 고찰과 맥을 같이 한다고 할 수 있다.[109] 마찬가지로 한상범도 "민주화와 민족통일의 과업은 남과 북이 민주화되어야 통일의 여건이 마련되고 또한 통일을 위한 남북교류가 이루어져야 경직된 대결, 긴장 소모전이 줄어들어 민주화의 여건이 개선되기 때문에 민주화와 통일은 서로 뗄 수 없는, 둘이면서도 하나일 수밖에 없다"며 문익환의 생각과 궤를 같이 하였다.[110]

앞의 장준하 9주기 강연에서 문익환은 우리 민족의 주체적인 자각과 주권행사 즉, '민족내부의 노력 없는 통일은 없다'는 인식을 분명히 하고 있지만, 또 한편으로는 통일을 위해서는 국제정세의 변화에도 주목할 필요가 있음을 강조하였다.[111] 그는 "국제정세의 가장 큰 변화는 세계사가 대서양시대에서 태평양시대로 옮겨오고 있으며, 한반도를 힘의 완충지대로 삼고 한반도의 평화를 정착시키는가의 여부가 세계사의 중대한 영향을 미친다"고 하면서 한반도의 '중립화론'을 계속적으로 주장하였다. 분단극복의 문제

---

107) 강만길, 『21세기사의 서론을 어떻게 쓸 것인가』, 삼인, 2008, 187쪽.
108) 백낙청, 『인간해방의 논리를 찾아서』, 시인사, 1979, 125~126쪽.
109) 백낙청, 『분단체제 변혁의 공부길』, 창작과비평사, 1994, 115쪽; 서중석 「한국전쟁 후 통일사상의 전개와 민족공동체의 모색」, 『분단 50년과 통일시대의 과제』, 역사문제연구소 편, 350쪽.
110) 한상범, 『살아있는 우리 헌법 이야기』, 삼인, 2005, 390쪽.
111) 문익환, 「통일문제 인식의 현 단계」, 『전집』 3권, 사계절 1999, 175쪽.

를 민족 내부만의 문제가 아닌 좀 더 넓은 시야, 즉 국제정치와 국제정세를 분석하면서 해결해야 함을 인식했다는 점에서 진전된 관점을 보여주고 있다. 문익환은 같은 연설문에서 다음과 같이 자신의 통일에 대한 견해를 분명히 제시하였다.

> 그러나 중요한 것은 교차승인제나 연방제가 아닙니다. 이 두 방안은 다 남과 북의 집권자들의 기득권 유지에 초점이 있기 때문입니다. 국민 대중에게서 나올 통일방안은 이와는 본질적으로 다른 것입니다. 교차승인제나 연방제는 통일의 실체가 아니라 절차이며 형식입니다. 그러면 통일의 실체는 무엇인가? 저는 그것을 자유와 평등의 통일이라고 생각합니다. 평등을 희생시키고 누리는 자유도 아니요, 자유를 적대시하는 평등도 아닙니다. 자유가 평등이요, 평등이 곧 자유가 되어 일체를 이루는 것이 바로 통일의 실체라고 저는 믿습니다.112)

즉, 교차승인이나 연방제는 통일의 실체가 아닌 절차 및 형식에 불과하고, 통일의 실체는 '자유와 평등의 통일'이라고 보았다. 그는 통일의 형식 및 절차보다는 통일의 실체와 내용을 더욱 중요시하였다. 남측의 자유와 북측의 평등이 조화를 이루는 이상적인 모습을 갖춘 통일을 상정하였던 것이다.

또한 문익환은 '중립화'와 함께 '평화'를 강조하여 한반도에서의 평화가 곧 세계평화임을 역설하였다. 1983년 3월 1일 울산 산업선교회 주최 '근로자의 날' 설교에서 "한반도에서의 평화는 곧 동북아시아, 더 나아가서 '세계평화'를 보장해 준다"고 설명함으로써 우리 민족의 평화가 곧 강대국들을 평화로 이끌어내는 결과를 빚어 낼 수 있기 때문에 우리 민족이 '세계평화'라는 측면에서 중요한 역할을 해야 한다는 의견을 개진하였다. 또 지정학적으로 한반도가 분쟁의 불씨를 제거하지 않는다면, 강대국에 의한 핵 대결은

---

112) 위의 글, 176~177쪽.

불가피하다고 보았다. 따라서 남북이 불신하고 증오심을 갖다 보면 한반도
가 화약고에 놓일 위기에 처하기 때문에 평화적인 통일만이 민족을 구하는
길이라고 하였다.[113]

1983년 5월 23일 『연세춘추』의 글에서 그는 한반도 평화를 위한 네 가지
방법을 제시하였는데, "첫째, 평화를 바라는 민중의 희망과 뜻에 따라 정부
가 움직여야 한다"고 보았다. 이는 정권교체를 통해 '민주정부'가 수립되어
야 한다고 주장한 것으로 해석할 수 있다. "둘째는 제3세계 국가가 강대국들
의 전쟁논리에서 벗어나 무력전쟁을 지양하는 국가들과 힘을 결합함으로
써 전쟁 지향적인 국가를 고립시켜야 한다"며 무력전쟁을 하지 않는 제3세
계 국가가 단결하여 미국, 소련 등 전쟁 지향적 제국주의에 맞서야 함을
강조하였다. "셋째는 한국을 중립화시켜 강대국들의 완충지대로 만들어 한
국의 평화적 통일과 중립화를 세계기구와 여론에 호소해야 한다"는 것이다.
한반도가 힘의 균형을 유지하는 '평화구역'이 되어야 한다는 반복되는 주장
이다. "넷째, 주한미군문제에 대해 국민의 의견을 수렴하여 미군철수를 주
장해야 한다"[114]며 무조건적인 주한미군 철수가 아니라 국민의 의견이 반
영된 미군철수를 주장한 점에서 북한과는 다른 입장이었다.

한편 북한은 1980년대 초에는 전두환 정권과의 대화에 소극적이었으나
1984년 들어 남과 북, 미국이 참여하는 '3자회담'을 제의하기 시작하였다.
즉 1984년 1월 10일 북한의 중앙인민위원회와 최고인민회의 상임위원회 연
합회의에서 '조선문제의 평화적 해결을 위한 새로운 조치를 취할 데 대하여'
라는 주제로 토의한 후 3자회담을 제의하기로 결의하고, 이 내용을 미국
및 남한 정부에 편지로 통보하였다.[115] 이에 대해 레이건 미 대통령은 3자
회담보다는 중국을 포함해 4자회담을 개최하는 것이 한반도의 긴장완화를

---

113) 문익환,「한국의 평화와 한국의 근로자들」,『전집』3권, 사계절 1999, 65~67쪽.
114) 위의 글, 70~71쪽.
115) 『로동신문』 1984.1.11.

위해 더욱 바람직한 방안이라고 밝혔다.[116] 슐츠 미 국무장관은 1984년 1월 12일 북한의 3자회담 제의와 관련해서 기자회견을 가졌는데, 이 자리에서 그는 일본과 소련 등 주변 국가들이 회담에 참여하기를 원하지만 중요한 것은 남북한 간의 대화라고 강조하였다.[117]

북한의 전격적인 3자회담 개최 주장에 대해 전두환 정권은 이를 거부하고 '4자회담'을 제안하며, 종래에 주장했던 미·일이 북과 수교하고 중·소가 남과 수교하는 '교차승인정책'을 지속하였다.[118] 손재식 국토통일원 장관은 1월 11일 '북한의 3자회담 제의에 대한 대북한 성명'을 발표했다. 여기서 그는 "오늘날의 경색화된 남북한관계를 개선하고 평화통일의 결정적 국면을 개척해 나가기 위해서는 우리가 이미 제의한 남북한 당국 최고책임자 회담이 개최되어야 하며 이것이 당장 어렵다면 책임 있는 남북한 당국 각료급회담이라도 열어야 할 것"이라고 주장하였다.[119]

1984년 9월 북한 적십자사가 남측에 수해 위문품을 제공할 의향을 밝히고 이를 남한 측이 받아들임으로써 남북대화는 다소 유화국면을 맞이하게 되었다.[120] 그리하여 1985년 5월, 남북적십자회담이 중단된 지 12년 만에 재개되기에 이르렀다. 적십자회담에서 남과 북은 '남북 이산가족 고향방문단 및 예술공연단 교환방문에 관한 합의서'를 채택하고 9월 20~23일 상호 교환방문을 실시하였다. 당시의 교환방문은 분단 이후 최초의 공개적인 인적 교류라는 점에서는 주목할 만한 것이었다.

앞서 서술한 대로 전두환 정권은 정치적 안정과 경제적 성공을 기반으로 올림픽과 제10대 총선거를 대비한 대내외적 정당화를 추구하고 권위주의

---

116) 『동아일보』 1984.1.12.
117) 『동아일보』 1984.1.13.
118) 『동아일보』 1984.1.12.
119) 『남북한 통일제의 자료총람』 제3권, 국토통일원, 1985, 1216~1218쪽.
120) 노중선, 『남북대화백서』, 한울아카데미, 2000, 179쪽.

| 통일의 선각자, 문익환의 삶과 분단극복론

지배체제를 제도화하기 위한 적극적인 전략으로 1983년 말부터 '유화국면'으로의 변화 양상을 띠기 시작하였다.[121] 1984년 초 이래의 학원의 자율화 조치와 제적생 복교, 대학에서의 경찰 철수, 해직교수 복직 등의 유화조치 이후 민주화운동청년연합(1983.9), 한국노동자복지협의회(1984.3), 민중문화운동협의회(1984.10) 등 각종 부문·지역 운동체들의 결성이 잇따랐다. 또한 1984년에는 민주화운동, 각 부문 사회운동, 통일운동의 결집체로 민중민주운동협의회, 민주통일국민회의가 각각 조직되었다.[122] 즉 민족민주운동 진영 내의 연대조직 건설의 필요성이 대두되어 1984년 6월 이부영, 김승훈, 김동완이 공동대표를 맡은 '민중민주운동협의회'(이하 '민민협'으로 약칭)와 1984년 10월 문익환, 계훈제, 백기완, 박형규 등의 재야인사들이 중심이 된 '민주통일국민회의'(이하 '국민회의'로 약칭)가 각각 결성되었는데, 양자 모두 민중적 관점을 견지하고 있었다.[123]

　'민민협'은 1970년대의 국민운동 방식을 지양하면서 조직단위 가입과 민중주체 역량 강화를 위한 계급적 대중노선의 견지, 연대를 통한 각 부분의 강화와 그 성과의 조직적 수렴 등을 모색하여 민족민주운동의 올바른 방향 정립과 통일성 획득의 계기를 만들었다. 이에 비해 '국민회의'는 1970년대 국민연합의 연장선상에서 재야민주인사의 명망성에 기초한 반독재투쟁을 강조하였다. 다시 말하면 전자는 사회정의 실현과 민중의 생존권 확보, 자립적인 민족경제 체제, 강권폭력통치의 극복, 자주적·평화적 방법을 통한 민족통일 등을 주장하였고, 후자는 민주주의와 자립경제, 민족적 교육, 분단의 극복과 민족의 통일을 각각 운동의 과제로 설정하면서 그 주체가 민족, 민중이어야 함을 주장하였다.[124]

---

121) 윤상철, 「6월 항쟁의 전개과정」, 『6월 항쟁과 한국사회10년-1』, 당대, 2008, 112~114쪽.

122) 서중석, 『한국현대사 60년』, 역사비평사, 2007, 179쪽.

123) 김동춘, 「레닌주의와 80년대 한국의 변혁운동: 레닌주의의 한국적 수용과정의 비판적 검토」, 『역사비평』 1990 겨울, 223쪽.

민주와 통일을 위해 때로는 단식으로, 때로는 각종 선언문의 발표로 애쓰던 문익환은 좀 더 조직적인 운동단체가 필요함을 절감하게 되었다. 이에 따라 1984년 8월 30일 문익환은 윤반웅, 계훈제, 성내운, 유인호, 김병걸, 백기완, 유운필, 이창복, 김승균, 임채정, 장기표 등과 함께 아현동에서 모여 범국민적인 민주, 통일운동으로 확대시키기 위해 재야 민주, 통일운동단체가 필요하다는 데 합의하였다. 그 구체적인 준비를 위해 문익환 외 4명으로 '실무소위원회'를 구성하였다.[125]

9월 3일에는 문익환과 4명의 실무위원이 모여 전국 규모로 국민 각계의 지도급 인사들을 만나 재야단체의 결성에 관한 의사를 타진하여 이를 종합하기로 하고, 각 위원이 분담하여 만나보기로 하였다. 10월 5일 문익환과 실무위원들은 회합하여 창립선언서 · 정관 · 강령의 초안을 확정하고, 10월 16일 12시에 장충동 소재 분도회관에서 발기인 96명 중 52명이 참석한 가운데 계훈제를 임시의장으로 선출하여 민주통일국민회의의 창립대회를 개최하였다.[126] 이 모임에서는 창립선언서 채택과 정관확정, 의장단 선출을 하였는데 의장에 문익환, 부의장에 계훈제와 신현봉, 중앙위 위원장에 강희남 등이 선임되었다.[127]

---

124) 위의 글, 223쪽; 「민중민주운동선언」 1984.6.29; 「민주통일 국민회의 창립선언서」 1984.10.16.

125) 민주통일국민회의, 「창립대회 보고서」, 1984.11.26.

126) 계훈제, 『흰고무신』, 삼인, 2002, 284쪽.

127) 조직현황
1. 발기인겸 중앙위원회 위원 명단: 중앙위원회 위원장 강희남(서울), 계훈제(민권운동), 고영근(목사), 곽태영(민권운동), 김병걸(문인), 김승균(민권운동), 김학민(민권운동), 김태홍(언론인), 문익환(목사), 박용수(문인), 백기완(민권운동), 성유보(언론인), 양성우(문인), 유운필(목사), 윤반웅(목사), 이재오(민권운동), 임채정(언론인), 장기표(민권운동)
2. 집행위원 명단: 의장단 3인, 중앙위의장, 분과위원장 6인, 사무총장, 대변인(이상은 당연직)송기인(부산), 윤기석(광주), 오태순(서울), 유진훈(대전), 조화순(경기), 유연창(대구), 이두수(서울), 이재오(서울), 최장학(서울), 성유보(서울) (이상은 지역대표로 선임)

문익환은 창립대회 인사말을 통해 "어떻게 하면 국민의 주권행사로 통일이 이룩될 것인가를 진지하게 고민하며, 그 해결책을 모색하는 과정에서 '국민회의'를 발족시키게 되었다"라고 하였다. 또한 "통일을 이룩하는 것이 민족사 앞에서 민족사의 지상명령이기에 민족의 반역자가 되지 않으려 발족하였다"고 하여 국민회의의 결성 이유를 밝혔다.[128] 창립대회에서는 다음과 같은 내용으로 된 '민주, 통일의 깃발을 드높이자'는 제목의 민주통일국민회의 창립선언서가 채택되었다.

……민주통일국민회의는 민족해방과 민주, 민권의 확립을 위해 싸워온 선열들의 고귀한 정신과 전통을 이어받고 민주화와 민족통일을 열망하는 모든 인사, 모든 운동단체들의 활동을 지지하고 지원하면서 이들과의 강력한 연대를 토대로 민주화의 길을 통한 민족해방운동의 차원에서 범국민적 민주, 통일운동을 전개하고자 한다. …… 그리하여 이러한 목적을 실현하기 위하여 민주 통일 국민회의는 민중의 창의력과 민중에 대한 신뢰에 기초하여 …… 분단의 극복과 민족통일 없이는 민족의 해방과 민족의 자주가 이루어질 수 없으며 민주화의 길을 통하지 않고는 분단의 극복과 민족통일이 성취될 수 없다는 것이 우리의 확신이다. 민주화와 민족통일을 소망하는 모든 민중이 적극적으로 참여하는 우리 민주통일국민회의는 민주주의를 실현하고 민족분열에 거대한 장벽을 허물 때까지 불퇴전의 용기로 맞서 싸워 나갈 것임을 엄숙히 천명한다.

이렇듯 민주통일국민회의는 민주화와 민족통일을 바라는 모든 단체들의 연대를 강력히 촉구하여 범국민적 민주 통일운동을 모색코자 자체 기관지

---

3. 분과위원회:통일문제위원회 위원장 백기완, 문화교육위원회 위원장 김병걸, 인권대책위원회 위원장 고영근, 민주발전위원회 위원장 문정현, 국제관계위원회 위원장 김승균, 민생문제위원회 위원장 임채정
4. 집행부: 의장 문익환, 부의장 계훈제, 신현봉, 사무총장 이창복, 대변인 이호철, 총무국장 장기표, 조직국장 유영래, 사회국장 정수일, 청년국장 채광석, 홍보국장 임정남, 간사 유옥순 (민주 통일 국민회의, 「창립대회보고서」, 1984. 11.26).
[128] 문익환, 「민주 통일 국민회의 창립대회 인사말」, 1984.11.26.

인 『민주통일』을 통해 자신들의 모임이 궁극적으로 정치성을 배제한 '순수
재야단체'임을 드러내고자 하였다. 즉 "국민 각계에서 민주, 민권운동을 해
온 재야 민주인사나 민주국민이면 누구나가 참여할 수 있다"면서도 "중앙위
원이나 회원에는 현역 정치인의 참여를 배제하고 있다"고 밝혔다.129) 민중
주도의 민주화와 민족통일 추구 의사를 명백히 하고자 하였다.

　　민주통일국민회의는 모임 결성의 당위성에 관해 다음과 같이 의미를 부
여하였다. 첫째, 국민 각계의 민주, 민권운동을 대표하고 국민의 정치적 의
사를 대변할 수 있는 강력한 선전활동을 전개할 단체가 있음으로써 정부의
반민주적, 반민중적, 반국민적인 정책과 통치를 효율적으로 비판·공격할
수 있다. 둘째, 한반도 주변정세가 새로운 국면에 접어드는 가운데 민족통
일문제가 당면한 민족적 과제로 부상됨에 따라 민족통일문제에 관한 국민
의 의사를 수렴, 대변할 수 있는 단체의 필요성이 절실하였다는 점이었
다.130)

　　강령에 나타난 '국민회의'의 이념은 자유·평등·평화를 최고의 가치라고
하였고, 민에 의한 민주주의, 평화적 통일, 민족자주와 세계평화에 협력할
것 등이었다.131) 10월 20일 '민주화운동청년연합'(이하 '민청련'으로 약칭)은

---

129) 윤재걸, 『청와대 密命』, 한겨레, 1987, 89쪽.

130) 위의 책, 90쪽.

131) 민주통일국민회의의 강령은 다음과 같다. 1. 우리는 자유, 평등, 평화가 우리
　가 누려야 할 최고의 가치임을 확인하며 이의 실현을 위해 적극 노력한다.
　1. 우리는 자유, 평등, 평화를 부인하는 어떠한 형태의 독재도 거부하며 이
　땅에 진정한 민주주의의 실현과 발전을 위해 적극 노력한다. 1. 우리는 우리
　민족 최대의 질곡이 남북분단임을 인식하고 평화적 통일에 의한 민족해방을
　달성하기 위해 적극 노력한다. 1. 우리는 억압과 수탈로 고통 받는 우리 국민
　모두의 인간다운 삶을 회복하기 위해 적극 노력한다. 1. 우리는 모든 국제관계
　에 있어서 우리의 주권이 침해되거나 민족이익이 희생되어서는 안 된다는 원
　칙을 확인하며, 세계평화애호국민들에 대한 선린협력 관계의 강화를 위해 적
　극 노력한다. 1. 우리는 우리의 염원인 민주화와 민족통일을 평화적 방법으로
　실천할 것이며, 이를 위해 국민의 주체적 역량을 집결하도록 노력한다. 1. 우
　리는 청년, 학생, 노동자, 농민 및 일반 서민들의 민주, 민생, 민권 운동을 적극

'국민회의'의 발족에 대해 앞으로 이 땅에 민주화와 통일이 달성되는 그날까지 민주통일국민회의가 발전해 나갈 것을 기대한다는 축하성명을 보내기도 하였다.[132] 12월 15일 국민회의는 "민주화를 열망하는 모든 인사들의 광범위한 연대를 통해 민주주의의 성취와 민족통일의 기반조성을 위해 노력할 것"이라며 성명서를 발표하였다. 성명서의 내용의 요지는 민중이 주체가 되는 민주화투쟁을 적극적으로 벌여 나가고, 반민주 악법 개폐를 위해 노력하며, 12대 총선을 부정선거로 규정한 것이었다.[133]

또한 국민회의는 1985년 1월 7일 신년 기자 회견문을 발표하면서 "남북대치에 따른 군비강화와 긴장 고조로 인해 엄청난 국력을 허비해야 했다"며 분단 상황은 경제적 측면에서도 불이익임을 강조하였다.[134] 아울러 "민족 분단은 우리사회의 모든 불행의 근원이기 때문에 이를 극복하는 민족통일은 단순히 이산가족의 만남이나 갈라진 땅 덩어리의 재통합이 아니라 이 민족이 예속과 빈곤과 굴종과 전쟁위협으로부터 벗어나 새로운 삶을 창조해 나가는 절대절망의 민족사적 과제임"을 천명하면서 다음과 같이 밝혔다.

지지하며, 이에 동참한다(1984년 10월 16일, 민주 통일 국민회의).

[132] "……민주통일국민회의는 100명에 가까운 민주인사들이 여러 가지 어려움을 겪은 끝에 발족할 수 있었다고 알고 있다. 또한 더 많은 분들이 가세해 들 것이라는 사실도 빨리 실현되기를 바란다. 이 땅의 민주화와 민족 통일을 염원하는 모든 민주인사들이 함께 조직되고 연대되는 것을 민주 통일을 바라는 우리 청년들은 진정으로 보고 싶다"(민주화운동청년연합, 「민주통일국민회의의 발족에 즈음하여」, 1984.10.20).

[133] 문익환 외(민주통일국민회의), 「현 시국에 대한 우리의 견해」, 1984.12.15.

[134] 언론인 성유보도 민족분단이 민중생활에 끼치는 폐해에 대해 서술하면서, "60~70년대 경제개발에서 남북의 경제적 대결의식이 강하게 작용했던 점이 오늘날 어려운 경제적 짐의 근본적 원인으로 작용"했으며, "민족분단과 분단의식이 민중층의 경제적 고달픈 현실을 초래하였다"고 보았다(성유보, 「민족분단이 민중생활에 끼치는 폐해」, 『민주통일』 제1호, 1985.2).

우리 민주통일국민회의는 현시점에서 가장 중요한 것은 온 민중에게 통일논의의
자유를 크게 확대하고 이에 필요한 정보와 자료를 앞으로 적극 제공해 나갈 것이
며 나아가서는 모든 종류의 남북대화와 교류에 이 땅의 민주화를 위해 노력하는
민중민주운동단체들이 자주적으로 참여할 수 있어야 한다고 주장하는 바입니
다.135)

국민회의는 모든 남북대화와 교류에 민중민주운동단체들이 자주적으로
참여할 것을 촉구하고, 남북 간의 진실된 정보 공개와 국민의 자발적인 통
일논의를 보장할 것을 요구하여 '남북교류'의 중요성을 강조하였다. 통일은
오직 '민중'에 의해서만 이루어져야 함을 분명히 하였다.136) 국민회의 신년
기자회견문의 내용은 문익환의 통일에 대한 인식과 대부분 일치하는 것을
확인할 수 있다.

1985년 1월 24일 국민회의 국제분과 주최로 한반도 국제관계 세미나가
개최되었는데 이때 '한반도 주변의 국제정세가 통일에 미치는 영향'이라는
주제발표를 통해 문익환은 "통일의 주체는 국민이며 민중에 의한 통일논
의를 거친 민중적 통일방안으로만이 민족통일이 이루어질 수 있다. 곧 이
것이 통일과 민주주의의 문제이다. 그리고 분단은 외세에 의해 강요된 것
이지만 통일은 민족의 자주적 노력으로 해결 가능하다"라고 하였다. 이는
정부나 지배계급은 통일에의 의지가 미약하기 때문에 결국 민에 의한 통
일, 민중의 의견을 수렴한 통일방안만이 민족통일을 담보할 수 있다는 판
단이다. 이렇듯 문익환은 민중주체의 통일, 자주적인 통일이 이루어져야

---

135) 민주통일국민회의, 「민주통일 국민회의 신년 기자 회견문」, 1985.1.7.

136) 신년기자회견문에서 민주통일국민회의는 통일문제뿐만 아니라, 사회전반에
걸친 민주화문제도 언급하였다. 노동자, 농민의 권익 보호를 포함한 민주화와
관련된 것으로는 "민주인사를 석방하고, 인권탄압을 중지", "노동3권, 최저생
계비의 보장과 노동 조건 개선, 농가부채 탕감과 외국 농축산물 수입 금지
등"을 주장했고, 경제와 교육과 관련한 것으로는 "독점 재벌 특혜 중지와 중소
기업 육성, 학원의 민주화 보장"을 요구하였다(민주통일국민회의, 「민주통일
국민회의 신년 기자 회견문」, 1985.1.7).

한다고 인식하고 있었으며, 긴장완화와 남북교류의 중요성을 강조하고 중립화통일론을 구상하고 있었다. 문익환과 유사한 통일인식을 하였던 국민회의 중앙위원 백기완의 다음과 같은 글을 통해 두 사람의 통일인식을 비교해 보고자 한다.

> 통일논의는 그 동기, 출발의 계기가 근본적으로 민중 민족운동으로 있어야 하고, 통일문제를 위한 대화, 논의, 문제는 그것이 정권 담당자들의 반민중, 반민족, 반민주적 탄압행위로 감행될 것이 아니라 분단 상황의 제 모습인 예속과 착취로부터의 해방, 자유의 구조적 박탈로부터의 해방, 그 완결로서의 강제분단으로부터의 해방을 위한 양심적이며 감격적인 민중, 민족운동으로 전개될 수 있도록 모든 법률 제도가 개폐되어 합법화되고 그것이 민족적으로 정당화되어야 한다.137)

백기완은 독재와 외세를 배격하며 전적으로 자주적 민주 역량에 의한 통일을 강조하였고, 통일의 전제조건으로 민주화를 강조함으로써 반분단 독재의 논리에 의한 통일론을 견지하였다.138) 여기에서 이 시기 문익환과 백기완의 통일론을 비교한다면, 민중주체의 통일과 민족자주적 통일이라는 점에 있어서는 공통된 인식을 보이지만 당국의 남북교류와 중립화통일론에 대한 부분은 차이가 존재했음을 확인할 수 있다.

결론적으로 1980년 초중반 문익환의 통일에 대한 인식은 전술한 「통일문제 인식의 현 단계」라는 글을 통해 엿볼 수 있다. 즉 그는 교차승인이나 연방제는 통일의 실체가 아닌 절차 및 형식에 불과하고, 통일의 실체는 '자유와 평등의 통일'이라는 인식이 강하였다. 또한 그는 한반도의 평화를 강조하였는데, 한반도의 평화가 곧 아시아의 평화이고 세계평화를 담보하는

---

137) 백기완, 「통일논의의 허실과 우리 민중의 나아갈 길」, 『민주통일』 제1호, 1985.2.10.
138) 김호진, 「재야, 학생들의 통일논의와 통일정책정향」, 『통일 어떻게 할 것인가』, 동아일보사, 1988, 155쪽.

것이라고 보았다. 아울러 그는 '국민회의'에서 참된 민주주의에 기초한 통일을 실현할 것을 목적으로 하면서 내부적으로는 민족자주의 원칙을, 외부적으로는 세계평화에 협력할 것을 추구하였다.

2_
민중주체 통일론과
개신교의 통일운동

1) 민통련의 설립배경과 민중 민주주의적 통일인식

1984년에 결성된 '민민협'과 '국민회의'라는 두 개의 운동단체는 상향식 형태로 이루어져서 민중운동의 대표성이라는 문제에 있어서 서로 경쟁적 관계에 있었고, 아직 부문운동이 분화 발전하지 못한 지역운동의 경우 운동력의 중복현상을 가져와서 전국적 통합성을 확보하는 데 장애가 되었다. 실제로 민민협은 대중 동원력과 투쟁력은 있었지만 내적 통합력의 미흡으로 사업의 추동력이 약하였고 명망성의 부족으로 대중적 영향력이 낮았던 반면, 국민회의는 명망성은 있었지만 실제적인 동원력과 투쟁력이 부재하여 시간이 지날수록 두 운동체의 통합 없이는 운동의 질적 성장을 보장할 수 없다는 문제의식이 확산되었다. 이에 따라 1984년 말부터 통합의 문제가 구체적으로 논의되기 시작하였다.[139]

통합논의과정에서 나온 쟁점은 ① 연대운동의 수준을 '협의체'로 할 것인가, '연합체'로 할 것인가, 즉 반군사독재투쟁의 강화에 초점을 둘 것인가, 기층민중역량에 중점을 둘 것인가, ② 운동발전의 성과를 부문운동의 강화

---

[139] 조현연, 『한국 정치변동의 동학과 민중운동: 1980년에서 1987년까지』, 한국외대 정치외교학과 박사논문, 1997, 94~95쪽.

통일의 선각자, 문익환의 삶과 분단극복론

에 둘 것인가, 연대운동조직체에 둘 것인가, ③ 지역운동의 설정을 어떻게 할 것인가, ④ 지도력은 집단지도체제로 할 것인가, 단일지도력의 강화로 할 것인가 등이었다.[140] 이에 대해 민민협 내의 민청련, 개신교 운동단체들은 당면 연대운동의 목표를 민중역량 강화에 두고 부문운동의 독자성을 보장하는 협의체를 주장한 반면, 국민회의 측은 반독재투쟁에 효율적 전개를 위한 단일 지도체제의 연합체적 조직건설을 주장하였다. 결국 이러한 쟁점들이 충분히 합의에 도달하지 못하고 '당면한 통합의 필요성'[141]에 의해 국민회의 안을 기본으로 통합이 이루어졌다. 즉 각 단체들은 자기 부문에서 독자적인 운동을 전개, 강화해 나가지만 독자적인 힘만 가지고 장벽을 허물기 어려울 때는 모든 부문의 힘을 합친 연대의 힘으로 투쟁해 나가는 '연합체적' 성격을 지니게 되었다.

그러나 여러 쟁점들에 대한 원만한 합의를 도출하지 못함으로 인해 민청련과 개신교운동단체들은 참여를 유보한 가운데,[142] 1985년 2월 26일 민민협 중앙위원회에서 범 민주세력의 통합을 결의하였고, 2월 27일 국민회의 확대집행위원회에서도 통합을 결의하였다. 민민협과 국민회의의 통합을 추진하는 '준비소위원회'에서 새 기구의 이름을 '민주통일운동연합'으로 하는 것이 어떠냐는 제안을 하였지만, 그 자리에서 문익환은 통일을 이룩하는 주체가 빠졌음을 말하고 그 주체를 민중으로 하였는데, 여기서 "민중이란 사회의 가장 다수를 이루는 중심적 주체이고, 독재와 분단에서 가장 큰 피해와 희생을 치르고 있는 사람들이므로 민중이 잘 되고 잘 살 때 그 사회

---

140) 민족민주운동연구소, 『민통련: 민주통일민중운동연합 평가서(1)』, 1989, 6쪽.
141) '당면한 통합의 필요성'이란 2·12 총선을 통해 저항적 보수야당이 급부상하게 되자 민중운동세력도 강력한 통합체가 필요하다는 인식이었다.
142) 민청련과 개신교운동단체들은 3월 29일 민통련 창립에는 참여를 유보하였다가 이후 9월 20일 제 2차 통합대회에서는 합류하게 되었다. 물론 개신교운동단체들의 주장이 종교운동으로서의 상대적 독자성을 확보하기 위한 것이라는 점에서 민청련의 주장과는 상당한 차이가 났다.

전체가 잘 되는 것"이라고 하여 민중이 주체가 되어 민주와 통일운동을 전개해 가야 한다는 뜻에서 '민주 · 통일 민중운동 연합'(이하 '민통련'으로 약칭)으로 할 것을 제안하였다.[143] 또한 그는 "'민주 · 통일 민중운동 연합'의 민주와 통일 사이에 점(點)은 민주와 통일을 단순히 '와'로 결합시키는 것이 아니고 민주화와 민족통일문제는 하나이고, 하나로 통일되어 있다라는 뜻"이라고 설명하였다. 그가 1970년대 인권운동과 민주화운동과정에서 민주화문제와 통일문제가 하나라는 인식을 갖게 되었음을 드러낸 것이다.[144] 이처럼 민주화와 민족통일의 관계를 동시적, 불가분의 관계로 파악하고 있음은 민통련이 여느 단체와 구별되는 중요한 특징이었다.[145]

이후 양측대표 실무자들이 활발히 접촉한 결과 3월 29일 오후 2시 국민회의 사무실에서 양측 중앙위원회 위원 1백여 명이 참석한 가운데 통합대회가 개최되었다. 이 통합대회에서 함석헌, 김재준, 지학순을 고문으로 추대하고, 의장에는 문익환, 부의장에 계훈제, 김승훈이 선출되었다.[146] '늦봄'

---

[143] 신홍범과의 문익환 인터뷰, 「민주와 통일은 하나입니다」, 『말』 창간호 1985.6, 57쪽.

[144] 위의 글, 57쪽.

[145] 윤재걸, 『청와대 密命』, 한겨레, 1987, 240쪽. 당시 민통련 사무총장이었던 이창복은 본인은 민통련 활동 당시 민주화가 통일보다 우선시 되어야 한다고 생각했고, 다른 사람들도 대부분 통일논의가 본격화된 1988년 이전까지는 군사독재청산과 민주화를 주요한 과제로 인식했지만, 의장 문익환은 민통련에서 활동할 당시 어느 연설이나 회의에서도 '통일'을 반드시 강조해, 민주와 통일은 동전의 양면과 같은 그런 관계로 인식하였다고 증언하였다(2009년 4월 15일 민화협 사무실에서 이창복과의 인터뷰).

[146] 그밖에 통합대회에서 선출한 임원은 다음과 같다. 지도위원으로는 고영근, 유운필, 이소선, 함세웅, 문정현, 유강하, 신현봉, 이돈명, 송건호, 김병걸이, 중앙위원회 의장은 강희남, 민주 통일 위원장에 김승균, 사무총장에 이창복, 사무차장에 장기표, 조직국장에 유영래, 감사는 호인수, 박진관, 정동익이, 민생위원은 이부영, 정책기획실장은 임채정, 대변인은 김종철, 총무국 간사에 홍성엽, 유옥순, 사회국 간사에 정선순, 홍보국장에 임정남, 간사에 박계동 이었다(민족민주운동연구소, 『민통련: 민주통일민중운동연합 평가서(1)』, 1989, 7쪽). 민통련의 등장은 총선 후 급부상한 신민당을 견제하기 위해 강력한 재야민주세력 통합체를 구축해야 할 필요성 때문에 서둘러 이루어졌다. 이 과정에서

민민협과 국민회의 통합으로 새롭게 출범한 민통련의 문익환 의장

문익환은 당시 67세의 고령임에도 불구하고 민주화와 통일운동에 뒤늦게 뛰어들어 민중운동, 민주화운동단체 및 인사들이 연대하여 만들어낸 가장 큰 연합적 성격의 민중운동 조직인 민통련의 사령탑을 맡게 되었던 것이다.[147]

민중운동측보다는 국민회의측의 입장이 주로 반영되었다. 또한 상이한 입장에 대한 충분한 논의의 결여로 민민협 가입단체 중 민청련과 개신교 운동단체들이 민통련 결성에 불참한 가운데 출범해야 했다. 그 결과 민통련의 초기 활동은 주로 성명서 발표와 농성투쟁의 형태를 취했고 따라서 기존의 국민회의가 보여준 운동방식 이상의 높은 투쟁력을 담보해내지는 못했다. 민족민주운동연구소, 『민통련: 민주통일민중운동연합 평가서(1)』, 1989, 5~8쪽. 이후 9월 20일 민청련과 기독교 일부단체, 지역운동체들이 다시 참여함으로써 민통련은 24개 단체가 소속된 전국적인 공개운동조직의 틀로 재정비되었다(김해진, 「80년대 민주화운동의 성장과 발전」, 『6월항쟁과 한국의 민주주의』, 민주화운동기념사업회, 2004, 62~63쪽).

147) '늦봄'이라는 문익환의 호는 '이미 봄이 와 있는데 그 봄을 늦게 깨달은 자'라는 뜻으로 그의 나이 60세인 1973년 그의 첫 시집인 '새삼스런 하루'를 발행하던

문익환을 비롯한 이들은 이날 토론하는 가운데 문익환의 통일론이 그대로 묻어나있는 민주·통일국민회의와 민중민주운동협의회의 통합선언문을 발표하였다. 이 선언문에서 "운동의 통일, 통일의 운동을 바라는 민중의 뜻을 받들어 두 단체가 시대적 사명감으로 자발적으로 통합했다"고 밝혔다. 그 핵심적인 내용은 다음과 같다.

한반도는 제3세계의 모든 나라와는 달리 민족의 분단, 국토의 분단, 자원의 분단, 이데올로기의 분단이라는 험난한 장벽을 안고 있다. (중략) 이러한 역사적 경험 때문에 민주화와 통일은 양립된 개념이 아니라 표리일체의 관계에 있는 과제라는 진리가 자명해졌다. 민주적인 체제가 확립되지 않은 상황에서 극소수의 지배세력이 추진하는 통일운동은 민족을 기만하고 배신하는 행위가 될 수밖에 없다. (중략) 지난번의 총선에서 민주화를 요구하는 외침은 크게 울렸으나 유감스럽게도 민중이 주체가 되는 통일운동이 민주화운동과 병행되어야 한다는 논리는 반영되지 않았다.148)

때 붙여졌다.

148) 민통련자료집, 「'민주·통일국민회의'와 '민중민주운동협의회'의 통합선언문」, 1985.3.29.
  또한 민통련은 「민통련 서울지부 창립대회 선언문」을 1985년 5월 10일 아래와 같이 주요 내용을 발표하였다.
  ㅡ. 우리는 대다수 국민의 참여를 원칙적으로 봉쇄하고 있는 제악법, 제기구와 국민적 지탄의 대상인 제인사의 철저한 청산에 의한 참된 민주주의의 실현만이 우리 사회의 구조적 모순을 척결하는 유일한 길임을 천명한다.
  ㅡ. 우리는 민족의 의지를 배반한 강요된 분단의 부정 곧 민족의 평화적이고 자주적 통일만이 민족의 생존과 발전을 보장하며, 이의 실현이야말로 이 시대 최고의 가치임을 천명한다.
  ㅡ. 우리는 대외 의존적 성장 일변도의 왜곡된 경제개발 정책으로 인한 자본과 기술의 대외의존, 자원의 황폐화, 생산된 가치의 상환불능의 외채누증, 토착중소기업의 몰락, 소수 독점재벌의 이상비대화 등 민족자립경제의 기반을 잠식하는 오늘의 경제현실을 직시하고 이의 근본적인 재검토와 시정을 요구한다.
  ㅡ. 우리는 저임금과 장시간의 중노동에 시달리면서 자주적 노조결성마저 봉쇄당하고 있는 근로자들의 생존권과 인간적 삶을 위한 제반 노력에 적극 동참하고자 한다.
  ㅡ. 우리는 정부가 조장한 도시-농촌의 연계적 악순환으로 말미암은 광범위한

통일의 선각자, 문익환의 삶과 분단극복론

이렇듯 민통련의 입장은 민주와 통일운동이 하나라는 인식에 기초하고 있었다. 앞서 살펴본 바와 같이 문익환 역시 동일한 인식을 하고 있었다.[149] 또한 문익환은 민통련 결성 당시 민통련의 운동방향이나 계획에 대한 질문에 "이제까지 참으로 부족했던 것이 민족통일운동이었다고 보기 때문에 민주화 문제와 표리일체인 통일문제에 초점을 두어 모든 문제를 파악하고 계획도 세워 나가야 한다고 생각한다"라고 언급한 바 있다.[150] 민통련의 결성 이후 민주화운동도 중요하지만 통일운동의 실천을 위해 노력하려는 그의 의지를 엿볼 수 있다.

앞서 서술했듯이 문익환은 1970년대 말 이후 민주화와 통일은 하나라는 인식에 기초하고 있었다. 이러한 그의 인식은 통일문제와 민주화문제는 함께 해결해나가지 못하면 역사적으로 실패할 수밖에 없다는 판단에 기초하고 있다. 민주와 통일은 하나라는 그의 인식은 문익환 자신의 역사인식의 소산이라고 해야 할 것이다.[151]

문익환의 통일론은 다분히 이상적인 측면이 있다. "통일해야 될 민족은

도시빈민층의 생계보장을 위한 항구적이고 근본적인 대책의 수립을 촉구한다.
一. 우리는 권력의 시녀로 전락하여 반민주·반민중적 보도 태도로 일관하고 있는 언론의 맹성을 촉구하며 이의 근본적 시정을 위해 반민주적 제 언론법의 철폐, 개정을 촉구하다.
一. 우리는 집권 여당을 제외한 모든 정당, 정치단체들이 범야당 연합전선을 구축하여 민주·통일을 갈망하는 민중의 투쟁대열에 적극 동참할 것을 촉구한다.
一. 우리는 우리의 근본취지를 같이하는 모든 사회단체 및 개인들과의 적극적 연대를 희망하며, 이를 통한 공동투쟁의 대동단결을 촉구한다.

149) 문익환은 또한 "남북 모두 지배자와 피지배자로 분열되어 있는데, 이것을 극복, 통일하는 것이 민족통일이라고 생각한다."고 하였으며, "지배와 피지배 관계가 일소된 사회를 성취해 내는 것이 민족의 통일이고 민주화라고 생각하며, 그러므로 민주화와 민족통일은 하나"라고 하였다(『말』 창간호, 1985.6).

150) 『말』 창간호, 1985.6.

151) 강만길, 『강만길 선생과 함께 생각하는 통일』, 지영사, 2000, 171쪽.

휴전선으로 갈라진 남북 민족만이 아니라, 남쪽에서도 동과 서로 금이 가고 지배자와 피지배자, 가진 자와 못 가진 자, 배운 자와 못 배운 자, 도시와 농촌, 남자와 여자, 기업가와 노동자로 금이 간 모든 것을 통일하는 것"[152] 이라는 인식이다. 민족통일이 이룩된 사회는 명령과 복종의 관계, 주종의 관계가 없이 모든 사람이 일치되고 주인이 되는 그런 사회라는 것이다.

1985년 2·12총선을 전후해서 그는 '의회민주주의'를 강조하면서 금권선거 놀음에 빠진 국회가 바로 설 수 있도록 국민이 감시를 강화하는 것이야말로 진정한 민주주의의 재생이라는 관점에서 의회민주주의의 부활을 역설하였다. 총선 결과, 여당인 민정당이 35%밖에 차지하지 못해 과반수를 얻지 못하였고 '여소야대' 정국이 조성되자 그는 국민의 위대한 승리라고 자평하였다.[153]

의회민주주의를 추구하던 문익환은 민통련의 의장이 된 1985년 이후부터 '민중민주주의' 노선을 견지하기 시작하였는데, 그의 사상적 진화를 잘 보여주는 현상이라고 할 수 있다. 그의 민중민주주의 이념을 처음으로 확인할 수 있는 언급은 1986년 5월 6일 김세진 열사에 대한 조사(弔詞)에서 발견된다.[154]

문익환은 당시 인구 중, 농민 8백만, 노동자 1천만, 노동자 및 농민 가족 1천 2백만을 포함한 3천만 그리고 도시 영세민과 소시민 인구수인 1천만을 합해서 4천만을 '민중'이라고 보았고 나머지 2백만 명이 지배계층이라고 보았다. 따라서 '자유민주주의'는 소수만이 누리는 자유가 아니라 전 민족이

---

152) 문익환, 『전집』 3권, 사계절, 1999, 204~205쪽.

153) 문익환, 「2·12 총선거의 의미」, 『전집』 3권, 사계절, 1999, 200~204쪽.

154) 독재는 속임수입니다. 민주주의만이 진실입니다. 그러나 모든 민주주의가 진실인 것은 아닙니다. 민중이 역사의 주인으로 복권되는 민중 민주주의만이 진실입니다. 민중 민주주의만이 분단의 허구를 짓밟고 민족의 통일을 이룩할 수 있기 때문입니다. 민족을 통일하는 민중 민주주의여 그대만이 진실이어라 김세진 열사여…(문익환, 조사 〈김세진 열사〉 1986.5.6).

누릴 수 있는 자유, 이는 곧 평등을 의미하기 때문에 '민중민주주의'에서는 자유가 그대로 평등이 되고, 평등이 그대로 자유가 되므로, 그런 사회를 통일된 조국이라고 보았다. 따라서 '민중민주주의'만이 민족을 통일하는 민주주의라고 정리하였다.[155]

'민주화와 민족통일'의 과제를 제시했던 민통련 또한 지향하는 노선으로서 민중민주주의를 제시하였다. 운동의 주체가 노동자, 농민 중심의 조직화된 민중역량이어야 한다는 '민중노선'과 국민의 절대 다수인 민중이 주도하는 민주주의인 '민중민주주의'를 표방하였다.[156]

1980년대 중반 재야 민주세력의 집결체로서 등장한 민통련과 그 의장 역할을 맡은 문익환이 공히 추구한 민중민주주의 노선에 대하여 좀 더 구체적으로 살펴보고자 한다. 민중민주주의에서 '민중'의 개념이 어떻게 형성되어 온 것인지 먼저 파악할 필요가 있다. 1970년대 후반 이래 민중이라는 용어가 나타난 이후 일반적으로 민중운동을 지지하거나 지원하는 입장에서는 민중의 개념에 대하여 민중은 '역사적 존재이며 사회적 실체'라는 사회과학적 입장을 취하고 있다. 또한 민중의 범주를 소외된 계층, 피지배 계층, 가지지 못한 계층 등으로 상당히 계급주의적 관점에서 정의하고자 하였다. 반면 보편적 입장을 취하는 시각에서 볼 때 민중은 학문적으로 정립되기 어렵고 운동론과 관련해서 파악될 수밖에 없는 개념으로서 상징적 표상이라고 이해하며 민중을 인민, 대중, 시민 등과 명백히 구분할 수 없을 뿐 아니라 다분히 목적 지향적인 개념이라고 해석하였다.[157]

1980년대 민중민주주의를 주장한 급진적 민중론자들의 민중 개념을 살펴보면 "민중은 식민지, 반(半)식민지 나라들의 반(反)제국주의 반(反)매판 과

---

155) 문익환, 「자주 민주 통일의 새 지평을 연다」, 『전집』 3권, 사계절, 1999, 280~283쪽.
156) 민족민주운동연구소 편, 『민통련: 민주통일민중운동연합평가서(1)』, 1989, 480쪽.
157) 유재천 편, 『민중』, 문학과 지성사, 1984, 13~15쪽.

정에서 형성된 계급연합의 역사적 실체"라고 정의하고,[158] 민중은 한국의 발전과정에서 중첩된 인간해방, 민족해방, 계급해방을 동시에 해결할 주체라고 보면서 한국사회를 7계급으로 나누기도 하였다.[159] 한편 북한의 인민민주주의에서는 노동자계급을 중심으로 하여 농민, 지식인, 소자본가, 민족부르죠아지 등 다수로 구성된 계급을 인민으로 보았다.[160]

위와 같은 민중 논의와 관련하여 문익환의 민중 개념을 살펴볼 때, 농민·노동자 그리고 도시영세민과 소시민을 합해서 4천만을 민중이라고 인식했던 문익환의 민중 개념이 가장 광의적인 해석이라고 볼 수 있다. 학생세력은 오히려 북한의 '인민'보다도 기층세력을 강조함으로써 민중의 범위를 협소하게 보았다.

문익환은 때로는 '국민'이 통일의 주체가 되어야 한다고 하고 또 때로는 '민중'이 주체가 되어 통일을 이룩해내야 한다는 점을 강조함으로써 '국민'이라는 표현과 '민중'이라는 표현을 혼용하고 있었다. 그럼에도 불구하고 문익환은 '인민'이나 '민중'이나 모두 'People'로 같은 개념을 사용하며 "민중이 주권에 참여하는 그런 민주사회를 이룩하는 것이 민중이 소외된 북한을 변화시키는 계기가 된다"고 파악하였다.[161]

---

158) 고려대 총학생회, 『일보 전진』, 80쪽.

159) 백형조 편저, 『민중민주주의와 민중통일론의 정체』, 유신각, 9~10쪽. 7개 계급은 다음과 같다. 1계급: 매판 독점자본가, 2계급: 신흥 중산계급, 3계급: 중소상공업자, 4계급: 부농, 5계급: 노동자, 6계급: 빈농, 7계급: 영세상인 및 도시빈민으로 나눌 수 있다. 급진적 민중론자들이 보는 민중의 계급을 제 1계급인 매판자본가를 뺀 모든 계급으로 보지만, 실천적 의미에서는 매판자본가 이외에도 신중산층, 상층 중소상공업자의 1~3계급을 제외한 계급을 민중으로 보았다. 그러나 상층 기술 근로자를 제외한 노동자, 빈농, 영세상인 및 도시빈민의 세 계급을 기층민중이라 규정하여 진정한 역사의 주체인 혁명적 민중으로 보고 있다(전국학생 총연합, 「민중민주주의 민족혁명운동의 기본개념을 정립하자」, 1985, 21~24쪽).

160) 김갑철, 『민중민주주의 민중통일론』, 문우사, 1992, 100쪽.

161) 문익환, 「북한민주화에 간접적 영향을」, 『전집』 3권, 사계절, 1999, 258~259쪽.

다음으로 문익환이 이 시기에 추구했던 '민중민주주의'에 관해서 살펴보고자 한다. 민중민주주의의 기원은 1970년대 후반 일부 종교인, 문인, 학생, 정치인 등이 주축이 되어 반체제운동의 양상을 보이던 때부터 언급되다가 1980년대 중반인 1985년에 이르러 학생운동권의 유인물에서 사회정치적 사상체계로서 두드러지게 나타났다.[162] 문익환은 민중민주주의에 근거한 '민중통일론'을 주창하였는데, 김갑철은 "민중통일론은 형태면에서 제2공화국시대 혁신 통일운동단체들의 주장 및 노선에서 그 연원을 찾을 수 있고 논리면에서는 제4공화국시대 문익환의 '민주·통일론'에서 그 연원을 찾아야 한다"는 견해를 피력하고 있다.[163] 문익환에 의해 민중통일론이 정연한 논리체계를 갖게 되었다는 분석이다.

민중민주주의는 집권 엘리트를 반민주적, 외세 의존적, 반민족적 세력으로 규정하고, 노동자·농민·도시빈민 등 기층 민중을 진정한 민족적, 민주적 세력으로 보아 기층 민중이 주인이 되는 민주주의를 건설해야 한다는 것이다. 또한 민중민주주의자들은 '민중=민족'이라는 도식에 입각하여 민중통일론 내지 민족해방론적 통일론을 내세웠다. 따라서 민중통일론은 통일의 주체세력을 혁명적 기층 민중으로 보고 혁명적 민중이 주체가 되어 외세를 몰아내는 한편 반독재 투쟁을 전개하는 민족해방투쟁 및 민중민주화운동을 전개한다는 논리에 입각하고 있다.[164]

민중민주주의의 논리가 갖고 있는 관념성과 도덕성, 경직성은 지배층 일부의 통일에 대한 관심을 과장해서 일반화하고 분단 현실에 매몰되어 온 민중들을 각성시켜 통일의식을 갖게 해 주는 측면이 있다. 그러나 잘못하면 극우세력의 흡수통일론에 기여할 수 있다는 지적도 참고할 필요가 있다. 다시 말하면 민중통일론자들은 민중적 변혁 또는 민중민주주의가 보장되

---

162) 백형조, 앞의 책, 14쪽.
163) 김갑철, 『민중통일론의 이상과 현실』, 문우사, 1993, 195쪽.
164) 김갑철, 『민중민주주의 민중통일론』, 문우사, 1992, 77~81쪽.

지 않는 통일은 국가독점자본주의 지배의 연속이므로 이러한 통일은 반대한다고 하지만, 이는 실질적으로 가능한 통일논의와 통일여건의 조성을 봉쇄한다는 점에서 반통일론 또는 통일연기론 위에 서 있는 것으로 볼 수도 있다.[165]

계급모순의 완전한 해결을 전제로 한 민중민주주의적 통일은 세계사적 전환과 남북한 내의 여러 세력구도를 전적으로 무시한 유토피아적인 통일방안으로서 의도치 않게 흡수통합을 지원하는 결과를 가져올 위험성이 높은 것으로서 역사적 가능태가 아닌 이념형적 통일방안이라는 비판도 주목된다.[166] 이 같은 비판에 따르면 "남한에는 중요한 네 가지 모순인 체제모순, 분단모순, 민족모순, 계급모순이 병존한다"는 것인데, "민중민주주의적 통일지향세력의 경우 이들 모순 중 계급모순의 해결을 선차적 해결과제로 제시하고, 그 해결이 다른 모순의 해결을 선도하거나 또는 거의 자동적인 해결을 보장하는 것으로 간주하기 때문에 계급모순의 해결을 통한 통일실현에 전적으로 매진해야 한다는 통일논리를 펴 왔다"는 것이다. 그러나 계급문제의 완전 해결이란 세계사적 전환과 남한의 상황을 고려할 때 불투명한 이념적 유토피아에 가까운 것이기 때문에 계급모순과 체제모순의 동시적 해소나 이완을 기초로 한 통일이 민족모순과 분단모순의 해소 내지 완화를 이끌어 낼 수 있다고 파악하였다.

이와 관련하여 민중민주주의를 주장했던 문익환은 계급모순의 해결만을 통일의 전제조건으로 설정하지 않았을 뿐만 아니라 민족모순의 해결을 통한 분단모순을 극복하고자 노력하였고, 남한의 자본주의와 북한의 사회주의가 융합된 체제를 시도하려고 노력한 점으로 볼 때, 위의 지적과는 다소 다른 측면에서 그의 민중민주주의를 볼 필요가 있다.

---

[165] 서중석, 「분단과 통일」, 『창작과 비평』 1992년 가을호, 31쪽.
[166] 강정구, 「세계사적 전환과 통일운동의 접합」, 『창작과 비평』 1992년 가을호, 10쪽.

반면 민중민주주의를 계급노선의 일환으로 보면서도 정치적으로 보수적 성향을 띤 입장에서는 민중론에 대해 부정적 태도를 보였는데, 그 같은 견해의 대표적인 것 중 하나로서 다음과 같은 지적을 참고할 필요가 있다. 한 헌법학자에 따르면 "통일의 논의와 통일추진의 주체는 남북한 당국자나 특정계급이 아니라 한민족 전체이고, 한 민족의 운명은 자주적 결정에 의해 규정되어야 한다"고 보면서 "통일문제를 궁극적, 최종적으로 해결할 주체는 마땅히 남북한 주민, 즉 '국민'이어야 하고, 정부나 일부단체 또는 계급일 수 없다"[167]라고 하면서 계급 중심의 '민중민주주의'를 부정하였다.

이 시기에 문익환은 민통련 의장으로서 민중민주주의적 통일을 지향한 것이 분명하다. 그러나 이후 전민련의 고문으로 활동할 시기에는 민중민주주의에 대한 언급이 나타나지 않는다. 따라서 문익환 스스로도 민중민주주의적 통일방안의 한계점을 인식하고 이 같은 용어의 사용을 회피한 것으로 판단된다.

2) 민통련에서 문익환의 위상과 통일운동

민통련의 활동은 크게 네 시기로 구분할 수 있는데, 제1시기는 1985년 3월 민통련의 창립부터 개헌투쟁이 본격화되는 9월을 전후한 시점이고, 제2시기는 개헌투쟁을 활발히 벌여 1987년 6월항쟁을 통해 6·29선언을 끌어낸 시기까지, 제3시기는 대선투쟁이 마무리 되는 시점인 1988년 2월까지, 제4시기는 대선과정에서 빚어진 운동의 분열을 극복하고 민통련을 발전적으로 해소한 후 새로운 통일전선으로서의 결집체인 '전국민족민주운동연합'(이하 '전민련'으로 약칭)이 결성된 시점이라고 할 수 있다.[168]

민통련 활동 초기 문익환의 통일론은 1985년 5월 10일 의장 자격으로 문

---

167) 권영성, 「문익환, 임수경은 왜 생겨나는가」, 『신동아』 1989.12, 174쪽.
168) 김지형·김민희, 앞의 책, 159쪽.

익환 등이 쓴 「레이건 미국 대통령에게」라는 공개서한을 통해 살펴볼 수 있다.

　……우리는 귀하와 미국의 관리들이 적극적으로 권장하고 있는 남북대화와 남북 교차 승인에 대해서도 그 진의에 의문을 품지 않을 수 없습니다. 미국이 소련봉쇄 정책을 추진하기 위해 중공과 일본과 한국의 유대를 강화시키고 핵기지에서 가장 가까운 거리에 있는 북한을 무마하고, 이런 정세 속에서 중공과 북한에 경제적으로 진출하기 위해 남북교차 승인을 요구한다면 그것은 민족의 분단을 항구적으로 고착시킬 것입니다. 우리가 분노하는 또 하나의 이유는 미국이 민족적 정통성도 주체성도 갖지 못한 군사독재정권이 추구하는 남북대화와 통일론을 지지하고 있다는 사실입니다.
　우리는 미국이 이곳에 민주정부를 세워주는 것을 원하지 않습니다. 그러나 우리는 미국이 군사독재정권을 비호함으로써 한국의 민중이 스스로 민주정부를 쟁취하는 것을 방해하는데 항의합니다.
　우리는 미국이 남북대화를 지지하는 데 찬성합니다. 그러나 우리는 사심이 없고 민족적 순결성을 가진 민중이 주체가 되는 통일논의를 미국이 이해관계를 고려하지 않고 지지하기를 바랍니다. 우리는 전쟁도 핵무기도 원하지 않습니다. 우리는 민족을 절멸시킬 전쟁이나 핵무기를 퇴치하고 갈라진 동포끼리 만나서 평화롭게 살기를 원합니다.……169)

위의 레이건 미국 대통령에게 보내는 공개서한에서 문익환은 항구적인 분단 고착화를 의도한 남북교차승인을 반대하였고, 군사독재정권을 비호하는 미국이 민주정부수립을 불가능하게 만들고 있다고 우려하였다. 그리고 민중이 주체가 되는 통일논의와 한반도 평화, 남북대화에 대한 미국의 지지를 촉구하는 내용 등을 담았다.

민통련은 1985년 7월 4일 7·4공동성명 13주년을 맞아 '민족통일 논의에 대한 입장'을 발표하였다. 1972년 7·4남북공동성명을 전후로 한 남북대화

---

169) 민통련, 「레이건 미국대통령에게 보내는 공개서한」, 1985.5.10.

　통일의 선각자, 문익환의 삶과 분단극복론

이후 1980년대 중반 이전까지는 남북정권 간의 상호제의만 있었을 뿐 실제로는 대화가 이루어지지 않았다. 그러나 앞에서 서술한 바와 같이 1980년대 중반에 이르러 북측은 내외적 정세변화를 감안하여 남측이 제안한 경제회담(1984.10.12)을 받아들이는가 하면, '남북이산가족 고향방문 및 예술 공연단 교환공연'(1985.9.20~23)을 실행시키는 등 각종 형태의 남북대화와 교류를 다시 제기하고 나섰다.[170]

이에 대해 민통련은 성명서를 통해 "……12년 만에 다시 열리는 남북회담을 진행하는 가운데…… 군사정권이 진정으로 통일을 원하는 것이 아니라 평화적 남북통일을 위해 남북대화를 추진하고 있다는 정부가 노동자들의 생존권투쟁과 민주화운동을 폭력으로 유린한 뒤, 학생과 민주인사를 구속했다. 뿐만 아니라 학원자율화를 강조해 온 정권이 대학에 난입하여 학생들을 대량 체포했다"면서 그들이 강조한 학원자율화를 스스로 어기고 통일의 주역인 학생과 민주인사를 구속한 것은 남북대화가 창조적이고 자발적인 것이 아니라, 불가피한 국제적 역학관계 때문에 추진하는 것으로 보았다.

또한 정부가 남북회담에 임하는 저의를 의심하는 가운데 "남북의 통일은 민족이 외세에 예속되지 않고 자존의 자세를 견지하면서 평화롭게 살게 하기 위한 '최고의 인간화 운동'이다. 따라서 통일운동의 주도세력은 인간의 자유와 평등, 정당한 저항권을 존중해야 한다"[171]며 통일의 민중 주도성을 강조하였다. 민통련은 7월 3일 『민중의 소리』를 통해 군사정부의 한일 군사교류 즉각 중단을 촉구하였다. 민통련은 군사적으로 일본에 더욱 의존하게 되면 한반도의 긴장이 높아지고 이것이 분단의 항구화로 이어질 수 있다는 점에서 우려를 표명하였다.[172] 당시 전두환 정권은 한일 간의 군사적 유착을 시도하였는데, 한국 해군의 연습함대가 일본을 친선방문, 양국 합참의장

---

170) 노중선, 『남북대화백서』, 한울아카데미, 2000, 46쪽.

171) 민통련, 「민족통일 논의에 대한 우리의 입장 성명서」, 1985.7.4.

172) 『민중의 소리』 6호, 1985.7.3.

의 상호방문, 정기적인 정보교환 등 상호간의 인적 교류를 원만히 진행시켜 나아감으로써 정권의 유지 강화에 활용하는 결과를 보였기 때문이다.[173]

1985년 9월 20일 창립 당시 운동 시각의 편차 등으로 민통련에 가입하지 않았던 민청련, 한국기독교농민회총연합회(이하 '기농'으로 약칭), 노동선교협의회(이하 '기노선'으로 약칭), 민중불교운동연합(이하 '민불련'으로 약칭), 전남사회운동협의회(이하 '전사협'으로 약칭), 전북민주화운동협의회(이하 '전북민협'으로 약칭), 부산민주화운동협의회(이하 '부민협'으로 약칭), 충남민주화운동협의회(이하 '충남민협'으로 약칭), 충북민주화운동협의회(이하 '충북민협'으로 약칭), 인천지역사회운동연합(이하 '인사연'으로 약칭), 서울노동운동연합(이하 '서노련'으로 약칭) 등이 운동의 통일적 중심을 건설하고 탄압에 공동대처하기 위해 민통련에 합류하였다.[174] 이에 따라 민통련이 확대 개편되어 운동권의 실질적 통합을 이루어내게 되었다.

민통련의 확대 개편 이후부터 1987년 6월항쟁을 통해 6·29선언에 이르기까지의 시기(1985.9~87.6)에[175] 가장 쟁점이 되었던 문제는 '개헌투쟁'이었다. 이에 따라 민통련은 1985년 11월 20일 '민주헌법쟁취위원회'(이하 '민헌쟁위'로 약칭)를 결성하고 현판식을 거행했다. 이날 결성 선언문에서 "군사독재를 비호하는 외세와 독재권력에 맞서 민주화와 통일을 이루고 이 땅

---

173) 『産經(산케이)신문』, 1985.6.10; 『민중의 소리』 6호, 1985.7.3.

174) 민통련, 「단합된 힘으로 민주화의 전열을 강화하자-민통련 확대개편에 부쳐-」, 1985.9.20.

175) 한국산업사회연구회 정관용은 「1980년대 한국사회의 지배구조변화」에서 이 시기를 다시 네 개의 소 시기로 나누었는데, 첫째 시기는 개헌에 대한 다양한 입장이 분화되면서, 이후의 투쟁을 준비한 개헌운동의 방향모색기(1985년 9월~12월), 두 번째 시기는 개헌서명운동을 시발로 하여 국회헌법특위에 신민당이 참여하기까지의 개헌운동의 대중투쟁기(1986년 초~5월), 셋째 시기는 정권이 개헌논의를 원내로 제한함으로써 여야정치협상이 진행되며 민족민주운동에 대한 탄압이 가해지던 시기(1986년 6월~87년 4·13호헌), 넷째 시기는 반독재연합과 국가권력과의 전면적 투쟁기(4·13호헌~6·29선언)라고 보았다 (정관용, 「1980년대 한국사회의 지배구조변화」, 『80년대 한국사회 지배구조』, 풀빛, 1989, 61쪽).

통일의 선각자, 문익환의 삶과 분단극복론

의 민중의 생존권을 보장할 민주헌법을 쟁취할 것"을 결의하였다. 또한 선언문은 "민주화와 민족통일로 가는 길이 험난해도 그 길만이 우리 민족이, 우리 민중이 인간답게 사는 길이라는 확신을 하고, 또한 우리는 이 길이 궁극적으로 인간해방으로 나아가는 길임을 선언해야 한다. 이를 위해 민주헌법쟁취위원회를 결성하였음을 선언하는 바"라면서 민주화와 민족통일, 인간다운 삶을 위해 '5공화국 헌법'을 거부하고 민주헌법을 쟁취하고자 하는 의지를 밝혔다.176)

민통련 의장이자 '민헌쟁위'의 위원장으로 추대된 문익환은 "새로운 헌법의 틀은 첫째, 인권이 지켜지는 법이어야 하며 둘째, 무엇보다 중요한 것은 민족통일의 문을 여는 헌법이어야 한다"고 주장하였다.177) 1986년 1월 7일 민통련 신년 하례식에서도 연대운동의 틀을 확고히 다져 군사독재 퇴진운동과 민주헌법쟁취투쟁을 전개해 나갈 것을 다짐하였다.178) 한편 대중동원을 위해 보수야당은 군사독재퇴진과 민주헌법쟁취를 위한 범국민적 서명운동에 중요한 지지기반이 되어 준 민중운동진영과의 연대가 필요하였다. 이에 따라 3월 17일 김대중, 김영삼, 이민우 등은 문익환 등 재야인사들을 외교구락부로 초청하여 공동전선을 제의하면서 '민주화를 위한 국민연락기구'(이하 '민국련'으로 약칭)라는 반독재저항연대조직을 결성하게 되었다.179) 그리고 민헌쟁위가 결성된 이후 각 지역의 인사들을 설득함으로써

---

176) 민통련, 「민주헌법쟁취위원회 결성선언문」, 1985.11.20.
177) 『한신대 학보』, 1986.3.24. 참고로 민통련에서 주장하는 '민주헌법'은, 국민의 기본권인 생존권, 신체의 자유, 저항권, 노동 3권(단결권, 단체교섭권, 단체행동권), 언론, 출판, 집회, 결사, 표현의 자유를 절대 보장하고, 최저임금제와 무상의무교육의 실시, 또한 대통령을 국민이 직접 선출하는 직선제, 국회의 국정감사권, 사법부의 독립 등을 골자로 하고 있다(『민중의 소리』 1986.1.7).
178) 『민중의 소리』 13호, 1986.1.18.
179) '민국련'은 결성 당시부터 민통련 내부에서 논란을 빚었으며, 민중운동세력과 보수야당과의 결성과정에서도 민통련 내에서 충분한 논의 없이 의장단과 야당정치인들과의 회동에서 편의적으로 결성된 것이었다. 그런데 야당 정치인들이 반미와 용공 등은 안 된다는 조건을 내세웠지만 민통련이 이를 수용함으

민통련 경북지부 민헌쟁위(1985.12.2)와 충북 민헌쟁위(1986.3.27)가 각각 결성되었다. 그 결과 군사독재퇴진과 민주헌법쟁취를 위한 범국민 서명운동이 각 지역에서 민주화운동단체를 중심으로 확산되었다.[180]

이후 민통련은 1986년 3월 31일 의장단 및 가맹단체 임원 등 90여 명이 참석한 가운데 '창립 1주년 기념식 및 제2차 정기총회'를 개최하여 의장에 문익환, 부의장에 계훈제, 김승훈, 백기완, 송건호, 이소선, 이창복을 선출하였다. 민통련은 1년여 간 노동운동의 통일성을 이루지 못한 점, 상임위원회가 활성화되지 못하여 회원단체들 간의 연대나 시기에 있어서 기동성이 결여되었다는 점을 지적하면서도, 회원단체들이 성실하게 참여하여 연대운동의 수준을 높여간다면 민주화와 민족통일의 선도조직으로 발전할 수 있다는 자신감을 확인하였다.[181]

한편 민통련은 중앙위원회를 열어 수도권의 대규모 공장이 밀집한 인천에서 개헌추진위 결성대회를 열기로 하였다. 그러나 4월 29일 '신한민주당'(이하 '신민당'으로 약칭)의 이민우와 재야 정치인들을 중심으로 결성된 '민주화추진협의회'(이하 '민추협'으로 약칭)의 김대중, 민통련의 문익환 등이 야권 공동기구 회의를 열고 학생들의 반미, 반핵, 해방 등 좌경 과격 주장을 지지하지 못한다고 선언함으로써 사태를 어렵게 만들었다. 이것은 4월 28일 전방입소훈련거부 투쟁 과정에서 분신한 김세진, 이재호의 죽음으로 흥분해 있던 학생들에게 부정적인 영향을 끼쳤다.[182]

로써 내부적으로 큰 반발을 일으켰다. 이에 대한 책임으로 지도부 총사퇴의 빌미를 제공하기도 하였다고 당시 민통련 조직국장 이명식은 증언하였다 (2009년 6월 27일 당산역 커피숍에서 이명식과의 인터뷰 내용).

[180] 『민중의 소리』 16호, 1986.4.15. 이런 성과는 민통련의 문익환 의장, KNCC의 인권위원 박형규, 가톨릭 정의평화위원장 이돈명 변호사 등이 신민당의 이민우 총재와 김영삼, 김대중과 더불어 민주화를 위한 국민연락기구를 구성해 운동권의 투쟁력과 조직력을 개헌서명운동에 투여했기 때문에 가능할 수 있었다.

[181] 민통련, 「민통련 제 1주년기념 및 제2차 정기총회 보고서」, 1986.3.31.

[182] 유시춘 외, 「1970~90년 현대사 재조명 실록 민주화운동 제4부 5・3인천사태」,

민주화투쟁 과정에서 독립성을 유지하면서도 신민당 등 야권과 연대하였던 민통련은 5월 3일 인천에서 개헌추진 결성대회를 열었다. 구체적인 준비를 한 '인사연'은 신민당 개헌추진위원회 인천 및 경기지부 결성대회 현판식이 끝난 후 인천 시민회관 앞 사거리에서 민주헌법제정을 요구하며 무기한 철야 연좌농성을 하였다. 주최 측은 평화적으로 행사를 진행한다는 방침 아래 시위용품을 준비하지 않았지만, 경찰은 이를 폭력적으로 진압하였다.[183] 대회가 진행되는 중에 서노련은 신민당 등 야권을 기회주의 세력으로 규정하고 그들과의 차별성을 강조하면서 민통련 집행부와 갈등을 빚어 공동투쟁의 기회가 무산되었다.[184]

민통련을 중심으로 한 세력은 전국적으로 전개되는 개헌요구투쟁을 단순한 청원운동이 아니라 자주적 민주정부 수립을 위한 정치투쟁으로 발전시키고자 노력을 기울였으나, 5·3투쟁 이후 집요한 탄압과 정부 당국의 야당에 대한 정치공작으로 말미암아 큰 어려움에 직면하게 되었다. 전두환 정권은 문익환, 이창복, 장기표, 장영달, 오대영 등 민통련 핵심간부들을 국가보안법, 소요죄, 집시법 등으로 구속하는 등 민통련을 와해시키려는 대대적인 탄압을 가하였다. 또한 이 시기 정치권력의 보수대연합 구도에 대한 운동진영 내의 경계심리가 확산되면서 반미운동으로 이어지는 현상이 나타나자 민주화운동세력은 더욱 탄압국면으로 몰리게 되었다.[185] 이러한 배경에서 5·3인천투쟁을 계기로 민통련 사무실에 대한 압수수색이 이루어졌고, 이 과정에서 장기표가 작성한 '민주통일 민중운동론'이 발각되는

『경향신문』 2004.9.6.

[183] 경찰은 5·3사태의 시위를 좌경 폭력세력에 의한 난동으로 보았고, 검찰은 소요죄를 적용해 129명을 구속, 60여명을 수배했다. 또한 국군 보안사에 의해 서노련에 대한 대대적인 탄압이 가해졌다.

[184] 「좌담: 5·3인천투쟁의 교훈」, 『전환; 6월 투쟁과 민주화의 진로』, 사계절, 1987, 137~139쪽.

[185] 민통련 정책기획실, 「장기표 운동론에 대한 우리의 입장」, 민주화운동기념사업회, 44쪽.

사건이 발생하였다. 장기표는 메모형식으로 노동의 주체화를 언급하면서 '사적소유 제한'을 주장하였는데 검찰은 이를 생산수단[186]의 '사적소유의 철폐'로 판단하고 이를 문제시하였다. 이 사건으로 인한 재판과정에서 문익환은 법정진술을 통해 장기표의 '생산수단의 사적소유 제한'을 '생산수단의 만인 공유화'라고 환원하면서 이를 기독교 윤리의 기초라고 해석하였다. 즉 자신은 생산수단의 공유화를 신봉하는 사람으로 공산주의는 공유화가 아니라 국유화라고 분명히 선을 그음으로써 그의 인식의 일단을 드러내었다.[187]

결국 5·3인천투쟁에 이르러서 반외세 투쟁과 개헌투쟁의 흐름이 결합하여 1986년 전체 민족민주운동의 한 정점을 이루게 되었다.[188] 5·3인천투쟁은 1980년 이후 최대의 가두투쟁, 한국전쟁 이후 최대의 반외세투쟁으로 평가되었으며, 또한 1980년대 들어 급성장한 민족민주운동이 실체적 정치세력으로 급부상하였다는 점에서 큰 의미를 가진다고 볼 수 있다. 그러나 투쟁방향의 현격한 차이와 혼선이 드러났고, 각 집단의 조직 이기주의가 표출되어 공동투쟁을 이루는 데 실패하였다는 문제점 역시 드러났다.[189]

---

[186] '생산수단'(Means of production)이란 경제학적 용어로 인간의 노동이 가해지는 대상 및 인간이 노동대상에 작용을 가할 때 사용하는 물건, 수단, 방법을 말한다. 생산과정이 시작되기 위해서는 인간의 노동력과 생산수단이 결합되어야 하는데, 생산수단을 열거해 보면, 기계, 설비 등의 형태로 나타나는 기술과 건물, 운송수단, 대지, 원료, 반제품, 지하자원, 하천, 수산물 등의 자원이 있다. 생산수단의 발전에 가장 결정적인 영향을 미치는 것은 노동수단이고, 생산자와 생산수단의 결합방식은 생산수단의 소유형태에 의해 규정되며, 이 소유형태는 곧 사회구성체를 구분 짓는다. 생산수단의 사적소유가 존속하는 모든 사회조직에서 생산수단의 비소유자는 소유자가 허용하는 범위에서만 노동하고 생활할 수 있다. 따라서 생산수단의 소유문제는 모든 사회변혁에서 중심 문제로 등장한다.

[187] 문익환, 『전집』 5권, 사계절, 1999, 69~70쪽.

[188] 1986년 4월 '반전반핵', '전방입소 거부'등의 구호를 외치며 분신한 김세진, 이재호의 분신사건과 더불어 미국의 리비아 폭격 등의 국제정세는 반전반핵투쟁, 전방입소 거부 투쟁의 반외세투쟁의 기폭제가 되었다.

문익환은 민통련이 당국의 집중적인 공격을 당하는 상태에서도 강연활동을 지속하였다. 1986년 5월 20일 서울대 5월제에 참석해 연설을 하던 도중 이동수 학생이 분신 투신한 사건이 발생하였다. 경찰과 언론은 마치 문익환이 분신을 선동한 듯이 왜곡해 그를 수배하였다. 문익환은 이동수 열사의 죽음을 계기로 5월 21일 「한국의 민주화와 민족통일을 염원하고 지지하는 전 국민과 해외의 모든 인사들에게 드리는 말씀」이라는 글을 써서 발표하였다. 그는 "어제 이동수 열사는 장렬하게 산화했고, 자신은 욕스럽게 살아남았다"며 이동수가 죽음으로 주장한 일을 이루는 과업에 자신의 목숨을 불살라 바칠 것이라고 밝혔다.

> 그것은 첫째로 이 땅에서 온갖 형태의 독재를 종식시키고 억압과 착취 아래서 신음하며 죽어 가는 민중을 해방시켜 그들이 주권자로 복권되는 민중, 민주의 시대를 여는 일입니다. 둘째는 독재로 인해서 생긴 민족의 분열, 상극, 적대 관계를 해소하고 전 민족이 정의롭고 평화로운 민주사회를 건설하기 위해서 자주적인 민족으로 되게 하는 화해의 길을 여는 일입니다. 셋째, 한국의 민주화와 민족통일의 길을 가로막는 외세를 배격하고 민족자존의 길을 여는 일입니다. 넷째, 민중민주주의가 곧 민족통일이라는 신념으로 민족분단의 비극을 극복하고 민족통일의 길을 여는 길입니다. 다섯째, 세계 분쟁의 불씨가 되어 있는 우리의 조국을 세계평화의 터전으로 만드는 일입니다. 여섯째, 이렇게 함으로써 이 나라의 민주화와 민족통일을 위해서 생명을 바친 이동수 열사에 이르는 모든 애국 민주 인사들의 희생을 헛되이 하지 않고 그 거룩한 뜻을 이루어 그들의 희생을 길이 빛내는 일입니다. 마지막으로, 어떤 방식의 자결도 더 이상 없기를 간곡히 당부하면서 (…) 나의 마지막 피 한 방울까지 바칠 것도 아울러 다짐합니다.[190]

문익환은 독재를 종식시켜 민중해방을 이루고, 외세를 배격하여 민족자

---

189) 권형택, 「80년대 변혁운동에 있어서 학생운동의 역할과 과제」, 『전환; 6월투쟁과 민주화의 진로』, 사계절, 1987, 280쪽.
190) 문익환, 『전집』 4권, 사계절, 1999, 394쪽.

'민주사회의 건설과 민족분단의 극복'에 대해 열정적으로 강연하는 문익환

존의 길을 열며, 우리 조국이 세계평화의 터전이 될 것을 천명하였다. 이동수의 죽음은 문익환에게 엄청난 충격이었는데 그동안 민통련 의장으로서의 소극적 자세를 돌아보고 자신이 젊은이들의 죽음에 보답하는 길이 무엇인지 진지한 고민을 하게 되는 하나의 계기를 가져다주었다. 이 사건 이후 그는 민주화와 통일을 위해서 죽음도 불사하는 심정으로 적극적, 능동적으로 활동에 참여하게 되었다. 문익환은 서울대, 계명대 등에서 한 강연이 선동죄로 지명수배를 당하자 경찰에 자진 출두하여 '집회와 시위에 관한 법률 위반'(이하 '집시법'으로 약칭)으로 기소되었다. 그는 재판을 거부하였지만, 1심에서 3년형을 선고받고 네 번째로 투옥되고 말았다.[191]

---

[191] "……노동자, 농민, 학생, 지식인, 그리고 민중, 민주운동가들이여, 모두 떨쳐 일어나 군사독재를 타도하고 민주정부를 수립하는 역사적 과업을 성취하자! 우리의 싸움이 강력한 연대 속에서 전개될 때 모든 민중은 우리의 대의를 지지하고 이 싸움을 동참할 것이다.
우리의 주장 1.문익환 의장, 살인적 고문을 당한 노동자와 학생, 그리고 1천 3백여 명의 양심수를 단결된 투쟁으로 구출하자! 2. 이 구출운동을 군사독재

통일의 선각자, 문익환의 삶과 분단극복론

창립 2주년을 맞아 '국민께 드리는 메시지'에서 민통련은 "우리 민족의 분단은 일제로부터 해방된 이 땅에 진주한 미국과 소련 등 외세 때문이라고 규정하고, 외세에 편승하여 정권을 잡은 세력이 분단을 영구화하고, 통일을 가로막는 장애물이다"라고 하였다. 또한 "우리 사회가 민주화되지 않은 원인도 근원적으로 보면 민족의 분단에 기인하고 우리 사회의 민주화와 조국통일은 결코 별개의 것이 아니라 하나"라고 밝혔다. 그리고 "조국을 통일시킬 수 있는 주체는 오직 우리 '국민'들뿐이고, 통일된 조국의 민족 자주적인 정부를 세우는 것이 우리의 과제이며 이를 위해 미국, 일본 등 외세가 더 이상 우리 문제에 관여하지 못하도록 해야 한다"고 선언하였다.[192)]

국민들의 민주화 요구는 거세지고, 대통령 직선제 개헌 논의가 활발하게 이루어지자, 정권 유지에 불안을 느낀 전두환은 4월 13일 모든 개헌 논의를 금지하고 간선제인 현행 헌법을 고수하겠다는 '4·13호헌조치'를 발표하였다. 그러자 민통련은 5월 27일 '민주헌법쟁취 국민운동본부'(이하 '국본'으로 약칭)를 결성하는 데 중심적인 역할을 하였다. 이윽고 국본은 6·10투쟁을 선언하기에 이르렀다.[193)] 이 시기에 민통련과 국본은 별개의 조직이라고 보기 어려웠다. 조직 논리상 사회운동의 연대체인 민통련은 국본의 일부이고, 국본은 민통련을 포함한 거대 전선체로 존재하여 공통의 목표를 추구하였다. 다만 민통련이 재야운동의 중심인 반면, 국본은 '6월항쟁'이라는 반군사독재 국민저항의 구심점으로 기능했다는 점이 다를 뿐이었다. 결과적으로 민통련과 국본은 이러한 공통분모로 인해 1980년대 민주화와 6월항쟁을

타도와 민주정부 수립을 위한 전민중적 투쟁으로 발전시키자!"(민통련, 「문익환 의장과 양심수의 구출을 위한 단식농성을 들어가면서」, 1986.5.22).

192) 민통련, 「국민에게 드리는 메시지-민통련 창립 2주년 제 4차 총회를 맞이하여」 1987.4.6.

193) 이명식, 「민통련 운동의 전개과정과 평가」, 『기억과 전망』 2005년 가을호, 29~30쪽.

애국학생 고 이한열 열사 민주국민장에서 추도사하는 문익환

| 통일의 선각자, 문익환의 삶과 분단극복론

승리로 이끈 가장 중요한 조직이 되었다.[194]

　민통련 활동의 제3시기는 6·29선언 이후부터 대선투쟁이 마무리되는 시점인 1988년 2월까지이다. 민통련은 6·29선언 이후의 대응과정에서 문제점과 한계를 드러내는데, 즉 제도정치권은 6·29선언이 있은 직후 국본을 이탈하여 개헌과 대통령선거에 관심을 집중한 데 비해 민통련 등 민주화운동 진영은 제 역할을 하지 못한 채 상황을 뒤따라가는 형편이 되었다.[195] 그리하여 6월항쟁을 주도했던 민주화운동 진영이 구경꾼으로 전락하는 상황에 제동을 걸지 못한 것은 민주화운동 진영이 가진 인식과 역량의 한계라고밖에 볼 수 없었다.[196]

　1976년 이래 네 차례 투옥과 석방을 거친 문익환은 1987년 7월 8일 형집행정지로 출옥하였다.[197] 이후 연세대 이한열 열사 빈소에서「통일의 문을 열어 나갑시다.」라는 글을 통해 민주의 문을 열고 그 뒤에 더욱 두텁게 도사리고 있는 통일의 문을 힘차게 열어 나가야 한다며, "통일에 이르지 않고는 우리 열사들, 이한열 열사를 비롯한 우리 열사들이 눈을 감을 수가 없어

---

194) 정대화,「민주화과정에서 민통련과 국민운동본부의 역할에 대한 평가」,『민주사회와 정책연구』, 2005년 하반기 통권 8호, 215쪽.

195) 이명식, 앞의 글, 30~31쪽.

196) 최장집은 "정치의 무게 중심이 일거에 거리에서 선거 공간으로 이동하면서 힘의 중심은 운동으로부터 기존 정당으로 이동한다. 민주화를 가져온 일등공신인 운동집단들은 민주화라는 한 가지 대의와 투쟁목표가 일차적으로 성취되면서부터 이제 민주화냐 아니냐가 아니라 어떤 내용의 민주화를 추구할 것인가를 둘러싸고 급속한 분열을 맞게 된 것"이라고 분석하였다(최장집,『민주화 이후의 민주주의』, 후마니타스, 2005, 133쪽).

197) 1976년 민주구국선언으로 구속돼 1977년 말 형집행정지로 풀려났고 다시 1978년 10월 형집행정지 취소로 재수감됐다가 1979년 12월 잔형 면제로 출옥하였다. 1980년 5월 계엄법위반 등의 혐의로 구속 기소된 문익환은 1981년 1월 대법원에서 무기징역이 확정된 뒤 두 차례 감형을 받아 1982년 12월 말 형 집행정지로 다시 풀려났다. 그래서 1976년부터 1982년까지 7년 동안 1년여를 빼고는 줄곧 투옥생활을 해온 셈이었다(신계선,「문익환 5분 인터뷰」,『신동아』 30권 8호 1987.8, 368~369쪽).

요. 이 문익환이도 여러분과 함께, 국민과 함께 통일의 그날, 해방의 그날까지 싸워 나갈 것"이라고 밝혔다.[198] 동시에 문익환은 민주화와 통일의 관문으로 진군하자고 호소하였다.[199] 또한 그는 기자들의 질문에 "민주화가 어느 정도 이루어진 시점에서 민통련의 활동방향도 한 차원 뛰어넘어 통일문제에 역량을 결집시킬 생각"이라고 포부를 밝혔다.[200] 이러한 문익환의 생각이 반영되어 7월 10일 민통련은 기자회견을 통해 군사독재에 의해 강제로 폐쇄 당했던 사무실을 다시 열고, "민족통일운동으로 해방의 시대를 맞이하자"는 제하의 성명을 발표하면서, 공개적 활동을 재개하기에 이르렀다.[201] 이 회견문에서 "80년대 후반기에 90년대의 우리 역사는 민족통일운

---

[198] 문익환, 『전집』 4권, 사계절, 1999, 394쪽. 문익환이 70세였던 1987년에 90세를 넘긴 그의 어머니 김신묵은 아들을 자신의 머리맡에 앉혀 놓고, 다음과 같이 민족교육을 시키셨던 것은 유명한 일화이다. "사랑하는 아들아 하나님께서 너를 이 분단의 땅에 보내신 것은 바로 통일의 사도로 보내신 것이란다. 너는 죽는 그 날까지 민중의 통일을 위해 일하다가 민족의 혼이 되거라"라는 말을 듣고 그는 통일의 사도가 되기로 결심하였다(채희동, 「늦봄 문익환의 삶과 사상」, 『샘』, 2000, 148쪽).

[199] 문익환은 "민주화 이후 더 큰 관문, 민족통일의 관문으로 진군해야 됩니다"라고 하였고, 이어 "이한열 군의 죽음이 헛된 것이 되어서는 안 됩니다. 그 다음은 분단된 우리 민족이 평화롭게 합치는 것이 중요합니다"라고 기자들의 질문에 답변했다(『조선일보』 1987.7.9).

[200] 김형수, 앞의 책, 663쪽. 그러나 민통련 내부에서 이 시기에 통일을 위한 운동을 본격적으로 하는 것에 대해 전혀 갈등이 없는 것은 아니었다. 당시 민통련 정책실장이었던 장기표는 "1987년 6월 항쟁이전에는 민통련 내부에서 물론 선민주 후통일적 측면이 있지만, 거의 갈등 없이 민주화되는 것이 곧 통일이고, 통일이 곧 민주화라고 인식하였다. 그러나 6·29선언으로 인해 민주화가 미흡하지만 일정정도 이루어졌다고 보는 세력과 6·29선언의 기만성을 바탕으로 민주화는 미완성이라는 측면을 강조하는 세력과의 갈등이 초래되었다"고 하면서, 그 시기에 민통련이 통일 쪽으로 나아간 것은 문제가 있는 것이라고 본인의 입장을 밝혔다(2009년 6월 29일 여의도 사무실에서 장기표와의 인터뷰 내용 중 일부). 그리고 민통련 조직국장이었던 이명식도 "6월항쟁 이후 민통련에서는 문익환, 백기완 등이 연사로 전국 통일 강연 등이 있었지만, 강연의 내용이 반드시 통일내용만을 한 것은 아니었다. 민주화의 내용도 있었다"며 통일뿐만이 아니라 민주화의 측면도 강조하였다(2009년 6월 27일 당산역 커피숍에서 이명식과의 인터뷰 내용).

동의 시대이며, 그 주역은 우리의 민중이다. 또한 자주적 민주정부의 수립은 곧 민족통일의 첫걸음이며 88올림픽은 민족통일운동의 일환으로 개최되어야 한다"고 천명하였다.202) 민통련은 6월항쟁을 통해 민주화가 어느 정도 이루어졌다고 자평하고, 앞으로 민족통일운동에 매진할 것을 독려하였다.

그러나 민통련의 이러한 계획은 12월 대선이라는 당면 현안으로 인해 활발히 전개되지는 못한 측면이 있었다. 다만 민통련은 6월항쟁 이후 광범위하게 진행되는 각 지역의 민중운동을 보다 효과적으로 수렴시키기 위하여 지역 가맹단체들의 주관으로 8월 6일부터 14일까지 지역순회강연을 개최하여 통일운동의 지평을 확장시켜 나갔다. '가자! 민족통일을 향하여'라는 공동주제를 배경으로 '민족문제연구소'(이하 '민문연'으로 약칭)의 선전대 공연을 곁들인 지역순회 강연은 민통련이 전국적인 차원으로 벌인 최초의 사업이었다.203)

10월 3일 민통련과 국본은 연세대에서 5만여 명의 학생, 시민이 참석한 가운데 '개천절 기념행사 및 민주정부수립을 위한 시국 대강연회'를 개최하였다. 이날 주제 강연에 나선 의장 문익환은 현 단계 민주화와 민족통일을 위한 우리 국민의 자세에 관해 중점적으로 강연하였다. 이 강연에서 문익환은 분단체제의 종식, 남북한 군사적 경쟁지양, 남북한 올림픽 단일팀 구성제의 등에 관한 주장을 펴며 통일과 민족자주, 민주화를 위한 범국민적 대동단결 투쟁을 촉구하였다.204)

1987년 10월 16일 문익환은 국본 주최 시국토론회에서 "이제 우리는 민중

---

201) 이명식, 앞의 글, 31쪽.

202) 민통련, 「민통련 의장단 공동기자회견문」, 1987.7.10.

203) 『민중의소리』 1987.8.15.

204) 『민중의소리』 1987.10.16. 특별강연의 연사로 나온 통일민주당 고문 김대중은 구속자 석방과 함께 노동, 도시빈민, 농민, 통일문제 등에 관한 자신의 정책을 밝혔으며 공명선거를 보장하는 중립적인 거국내각수립을 10월 투쟁의 최대 과제로 삼을 것을 제안하기도 했다.

의 시대에 돌입하고 있다"는 내용으로 강연을 하였다. 그는 "궁극적으로 우리가 종식시켜야 할 것은 분단을 종식시키는 일입니다. 국민의 생존권과 자유권을 온통 박살하는 구실이 돼 있는 분단, 그 분단의 종식이 없이 민족의 문제는 하나도 풀리지 않습니다"라고 하였다. 그는 분단극복을 독재의 구실을 이 땅에서 제거하는 일, 민족의 양심을 되살리는 길, 민족문제의 해결이라고 보았던 것이다. 이어 그는 민주정부가 나서서 남북한 올림픽 단일팀을 구성할 것을 제안하였다.[205]

6월항쟁을 승리로 이끈 두 주역인 국본과 민통련은 대선후보문제를 놓고 새로운 갈등과 분열을 일으켰고, 문익환도 이러한 갈등과 내부분열의 소용돌이에서 자유로울 수 없었다.

당시 비판적 지지, 후보단일화, 독자후보 등의 세 가지 방법론은 운동권을 분열과 극심한 혼란으로 몰고 갔다. 1987년 6월 민주대투쟁의 결과로 얻어진 대통령 선거전은 변혁운동권 내부에서 크게 김대중을 지지하는 비판적 지지론(이하 '비지론'으로 약칭)과 양 김(김대중 · 김영삼)을 단일화해서 지지하자는 후보단일화론(이하 '후단론'으로 약칭)의 우파와 민족민주운동의 독자성을 강조한 독자후보론(이하 '독후론'으로 약칭)인 좌파로 나뉘어졌다. 먼저 비판적 지지론의 입장에 있었던 세력이나 단체는 학생운동권의 NL(민족해방) 다수파와 민통련, 민청련, '서울지역민주노동운동자연맹준비위원회'(이하 '서준위'로 약칭) 등이었다. 후보단일화를 주장했던 세력은 학생운동의 NL 소수파, '인천지역노동자연합준비위원회'(이하 '인준위'로 약칭), '군정종식단일화쟁취국민협의회'(이하 '국협'으로 약칭), '서울노동조합운동연합'(이하 '서울노련'으로 약칭) 등이었는데, 후보 단일화문제를 최초로 제기한 것은 국본의 8월 제1차 전국총회에서였으며 이때에는 원칙적인 언급 정도의 수준이었다.[206] 이후 국본은 9월 하순경부터는 양 김 역할

---

205) 『민중의소리』 1987.10.16.
206) 민족민주운동연구소 편, 『국민운동본부: 민주쟁취 국민운동본부 평가서(Ⅰ)』,

론에 입각한 후보 단일화를 재차 촉구하였다.[207] 마지막으로 독자후보론은 노동, 학생운동의 CA(제헌의회)노선 계열, '인천민주노동자연합'(이하 '인민노련'으로 약칭) 등이 지지하였다.[208]

1987년 9월 28일 민통련은 '범국민대통령후보 추천을 위한 민통련의 입장'이라는 성명을 통해 자신들의 입장을 공식적으로 밝혔다.[209] 이 성명서에서 선거에 나설 후보는 "민주당의 단일후보가 아니라 범국민적 지지를 받는 민중의 후보가 되어야 한다"고 하였다. 또한 "그러한 인사는 자주적 평화통일, 기층민중의 생존권과 기본권 보장, 재벌경제의 청산, 반외세 민족자주의 문제, 학문사상연구의 자유 등에 대해 분명한 정책을 제시할 수 있는 사람이어야 한다"고 하였다.[210] 그러나 후보단일화를 위한 설득작업이 성과를 거두지 못하자, 민통련 내부에서는 "양 김씨의 정책을 비교 분석하여 누가 더 민주주의 실현에 합당한가를 판단하자"는 주장이 대두되었다. 이에 10월 5일 민통련 회의실에서 '양 김씨 초청 정책 세미나[211]가 열려 중앙위원회의 두 후보에 대한 정책 질의를 거쳐 김대중을 비판적 지지하는 것으로 내부적, 비공식적으로 결정되었다.[212]

1989, 338쪽.

[207] 민족민주운동연구소 편, 『국민운동본부: 민주쟁취 국민운동본부 평가서(Ⅰ)』, 1989, 295쪽.

[208] 권형철, 『한국변혁운동논쟁사』, 일송정, 1990, 160쪽.

[209] 민족민주운동연구소, 『민통련:민주통일민중운동연합 평가서(1)』, 1989, 111~112쪽.

[210] 문익환 외, 「대통령 후보 선정에 대한 우리의 주장」, 1987.9.28.

[211] '양 김씨 초청 정책 세미나'에서 24개 항목에 대해 김영삼은 간결한 답변으로 1시간가량 걸린 데 비해, 김대중은 특유의 논리적 답변으로 2시간 반 정도를 답변하여 민통련 간부들이 상당한 감동을 받았다(이창복, 『세기의 길목에서』, 한울, 2000, 202쪽).

[212] 김대중의 비판적 지지에 대한 결정에 반대한 사람도 있었는데, 특히 이재오는 "민통련은 중립을 지켜야 한다"며 반대의 이유를 밝혔다(이창복, 앞의 책, 202쪽).

제2장_민주화운동기 문익환 통일론의 형성과 전개 |

그러던 중 재야의 김대중 지지 분위기를 강하게 느끼고 있던 김영삼이 10월 10일 기습적으로 공식 출마를 선언하였고, 다음 날 김대중도 성남 집회에서 출마의사를 강력히 시사하게 되어, 이로써 그동안 물밑에서 추진되던 동시출마가 기정사실화되었다.

10월 12일 민통련 중앙위원회는 '선거투쟁에 적극 참여할 것'과 '야권의 범국민단일후보로 김대중을 추천한다'는 비판적 지지입장을 결의, 13일에 이러한 입장을 공식적으로 밝혔다. 민통련의 비판적 지지론의 요지는 6·29 선언 이후 10월 초에 이르기까지 김대중이 김영삼에 비해 진보적 정책을 제시하였고, 군부독재 종식에 동참하는 등의 투쟁성과를 토대로 김대중을 지지하여 자주적 민주정부나 민주연합 정권을 수립해야 한다는 것이었다.[213]

이렇듯 국본의 후보단일화 촉구를 양김이 거부하였고 국본의 취약한 지도력으로 인해 후보단일화는 실현되지 못하고 말았다. 그럼에도 불구하고 내부의 수많은 논란을 거쳐 김대중에 대한 민통련의 비판적 지지로 귀결되었지만 이는 결국 국본과 민통련의 내부적인 분열로 이어졌으며,[214] 나아가 운동세력 전체의 대립과 갈등을 초래하는 원인이 되었다.

1987년 12월 17일 대통령선거의 결과는 전체 유권자 중 36.6%의 저조한 득표에도 불구하고 노태우 후보의 승리와 함께 5공의 군부독재를 연장시키는 결과를 낳았고, 후보단일화의 실패는 6월항쟁을 통해 결집된 민주세력의 정치적 역량을 대선후보의 출신지역을 중심으로 분열시켜 결국 민주화세력이 지역구도에 갇히는 결과를 초래하고 말았다.[215] 더더욱 양 김의 분열은 정치적 분열뿐만 아니라 재야민주세력의 분열이라는 비판으로부터 자유로울 수 없었고, 민통련이 김대중에 대한 비판적 지지를 선택한 것은

---

213) 조현연, 앞의 논문, 206쪽.
214) 대통령 비서실,『한국정치 이대로는 안 된다』, 역사비평사, 2008, 157~158쪽.
215) 위의 책, 158쪽.

│통일의 선각자, 문익환의 삶과 분단극복론

재야운동의 구심점으로서의 역할을 방기하여 분열을 가속화시켰다고 비판하는 견해도 적극 개진되었다.[216]

문익환은 1987년 12월부터 다음해 1월까지 대통령선거 부정 항의단식을 하는데,[217] 단식기도를 끝내면서 "그 속죄의 길은 첫째로, 부정선거 무효화투쟁에 신명을 바치는 일"이며, "둘째는 만인이 주인이 되는 민중민주사회를 세우도록, 반통일적인 모든 세력을 몰아내고 민족통일을 이루도록, 모든 양심적인 민주세력을 이 물줄기에 합류, 용해시키는 일에 신명을 바치는 일"이라고 하였다.[218]

1987년도 대통령선거는 국민들의 엄청난 희생의 결과로 주어진 민간 민주정부 수립의 기회였기 때문에 후보를 단일화했어야 했다. 다시 말하면 6·10항쟁은 재야를 중심으로 학생 및 종교계 인사들을 포함한 국민의 힘으로 이룩한 것이었고, 또한 김대중·김영삼은 1981년 시기에 단일화를 이루지 못한 것에 대해 국민들에게 사과한 적이 있었으므로[219] 1987년 대선에서는 필연적으로 단일화하여 국민의 열망에 부응하고 역사적 책무를 다했어야 했다. 한편 후보단일화를 이루지 못하고 양 김이 분열한 것은 민간정부의 수립으로 이어지지 못하게 하기 위한 군부세력의 분열책에 의한 것으로 규정하는 관점도 고려할 필요가 있다.[220]

결국 민통련 의장인 문익환은 '민주화와 통일은 하나'라는 대전제하에서 민주화와 통일운동을 펼쳐나갔다. 그는 민통련 결성시기부터 민중민주주의에 기초한 민주화운동과 군부독재 청산을 통한 민주정부 수립에 몰두하였다. 그러나 1986년 5·3인천사태와 '이동수의 죽음'을 기화로 1987년 7월

---

216) 정대화, 앞의 글, 236쪽.

217) 민통련, 「민통련 문익환의장 무기한 단식농성에 관한 건」, 1987.12.24.

218) 문익환, 『전집』 4권, 사계절, 1999, 397쪽.

219) 양순직, 『대의는 권력을 이긴다』, 에디터, 2006, 306쪽.

220) 정해구, 『6월 민주항쟁과 한국사회 10년 Ⅱ』, 당대, 2008, 22쪽.

통일 강연하고 있는 문익환의 모습

출옥 이후 본격적인 통일운동에 가세하기 시작하였다. 즉 그는 6월항쟁을 통해 민주화가 어느 정도 이루어졌다고 자평하고, 지역순회 강연을 개최하는 등 통일운동의 지평을 확장시켜나갔다. 아울러 후술할 민통련 '통일위원회'를 통해서도 통일논의와 통일운동을 적극적으로 전개해 나갔다.

3) 세계 교회와 연대를 통한 개신교 통일운동

민주화운동에 민감했던 한국교회는 1980년 군부에 의해 자행된 5월 반인권적, 반민주적 사태들을 전 세계에 알리고자 했는데, 이에 따라 세계 교회와의 연대의 필요성이 요구되었다. 분단구조 속에서 극단적인 반공논리의 지배를 인정할 때 인권이나 민주화, 사회정의가 실현될 수 없다는 것을 자각해 나갔기 때문이었다. 그리고 동시에 남북의 통일은 반드시 필요하다는 당위적 전제 아래 있었지만, 섣불리 통일을 언급하다가는 북한식 적화통일

통일의 선각자, 문익환의 삶과 분단극복론

론자로 낙인찍히는 5공화국 초의 상황에서 오직 외국 교회와의 협의를 통해서만 통일문제에 관한 관심과 의지의 표현이 가능했던 사정이 작용한 탓이었다.[221]

1981년 6월 8~10일 서울아카데미하우스에서 '분단국에서의 그리스도 고백'이라는 주제와 '죄책고백과 새로운 책임'이라는 부제를 달고 제4차 한독교회협의회가 개최되었다. 행사 결과를 담은 공동결의문 4항에서는 "양국의 분단은 역사적으로 각기 다른 세력과 발전과정에 의해 형성되었다. 우리는 자유와 정의가 보장된 평화스러운 통일을 바라는 민중의 열망 속에서 양국교회에 주어진 책임을 느끼며 교회가 이에 참여해야 한다는 데 의견을 모았다"[222]라고 하여 분단된 국가의 통일이 곧 교회의 과제임을 고백하였다. 또 제5항에서는 "우리는 한국기독교 교회협의회가 통일문제를 의논하고 촉진하는 위원회나 기구를 설치할 것을 권장하며 독일교회는 이 기구를 통해 재독 한인들의 평화통일논의를 지원할 것을 건의한다"[223]고 하여 이 협의회의 권고에 따라 한국기독교교회협의회(Korea National Council of Churches, 이하 'KNCC'라고 약칭)[224]는 1982년 2월 26일 통일문제연구원 운영위원회를 특별위원회로 설치하기로 결의하고 9월 16일 운영위원회를 조직하게 되었다. KNCC가 통일문제연구원 운영위원회를 조직하기는 했지만, 통일문제를 연구할 자유가 주어진 것은 아니었다. 즉 통일문제를 둘러싼 연구협의회를 가지려 할 때마다 번번이 당국이 이를 방해하여 모임이 타의로 취소되거나 경찰이 회의장을 봉쇄하여 모일 수조차 없었다.[225]

---

[221] 한국기독교교회협의회 편, 「한국교회 민족통일운동」, 『기독교연감』, 대한기독교서회, 1991, 56쪽.

[222] 통일위원회 편, 『1980-2000 한국교회평화통일운동자료집』, 한국기독교교회협의회, 2000, 24쪽.

[223] 위의 책, 24쪽.

[224] 한국기독교교회협의회는 KNCC라고 통칭하지만 지금은 The National Council of Churches in Korea, 즉 NCCK 라고 부른다. 본 논문에서는 편의상 KNCC라 통일할 것이다.

독일뿐만 아니라 미국 교회도 한국의 분단상황에 대한 자신들의 책임에 관심을 갖기 시작하여 1984년 제3차 한북미교회협의회 공동성명에서 미국이 한국을 분단시킨 나라라는 것과 미국 교회는 한국 교회와 함께 한반도의 통일을 위해 공동책임을 져야 한다는 결의문을 채택하였다.[226] 이것은 미국이 한국을 분단시킨 나라 중 하나라고 밝힌 공적인 결의로서 절대적·무조건적 한미관계를 반성하는 계기가 되었으며 당시까지의 국제관계와 남한의 대중정서에 대한 엄청난 도전이기도 하였다.[227]

이러한 가운데 WCC 국제위원회가 주관하여 1984년 10월 28일부터 11월 2일까지 일본 도잔소(東山莊)에서 '동북아시아 정의와 평화협의회'(일명 '도잔소회의')를 개최하였다. 이 회의는 한반도의 평화와 통일문제를 한국 교회와 해외교회들이 함께 본격적으로 협의한 최초의 회의였다. 아시아, 태평양, 중동, 라틴아메리카, 동서유럽, 북아메리카 지역 등 20여 개국에서 참석한 65명의 지도자들은 이 회의에서 한국의 상황보고와 전문가들의 정세분석, 그리고 교회의 평화적 사명에 관한 협의 끝에 '분쟁의 평화적 해결에 대한 전망-도잔소협의회 보고와 건의안'(일명 '도잔소보고서')을 채택하였다.

---

[225] 한국기독교교회협의회 편, 「한국교회 민족통일운동」, 『기독교연감』, 대한기독교서회, 1991, 56쪽.

[226] 통일위원회 편, 『1980-2000 한국교회평화통일운동자료집』, 한국기독교교회협의회, 2000, 34쪽.

[227] 김상근, 「민족의 통일과 세계평화를 위한 한국교회의 공헌」(한국기독교교회협의회창립 70주년), 1994, 44쪽; 이만열, 『한국기독교와 민족통일운동』, 한국기독교역사연구소, 2001, 383쪽. KNCC의 독일, 미국과의 만남은 후일 북한과의 관계에서 두 가지의 긍정적인 효과를 가져왔는데, 하나는 세계교회협의회의 대표가 1985년 북한을 방문하였고 다음해에 미국교회협의회가 평양에 파송되었다. 이것은 북한 교회지도자들이 한국교회에 관심을 갖고 한반도긴장을 완화하는 데 일정한 역할을 하였다고 할 수 있다. 둘째, 개신교의 세계기구인 세계교회협의회(WCC)의 주선과 중재로 남북교회가 만나게 되는 역사적인 단계를 마련하였다는 점이었다(이만열, 『한국기독교와 민족통일운동』, 한국기독교역사연구소, 2001, 383~384쪽).

이 보고서의 주요 내용은 다음과 같다. 첫째, 한반도에서의 긴장과 전쟁 위협, 독재와 인권유린, 경제손실과 인간적 고통의 원인이 한반도 분단에 있기 때문에, 이러한 분단의 극복이 평화와 정의의 실현에 필수적 요건이다. 둘째, 분단극복을 위해서 군비경쟁을 지양하고 교류와 만남을 이루어야 하는데 이를 위해서는 주변 강대국과 해외교회들이 영향을 주어야 한다. 셋째, 남북 적대관계의 단절 극복을 위해서는 북한에 대한 정확한 정보교류와 접촉이 필요한데 이것이 차단되어 있는 상황에서 해외 교회들이 양측 교회와 대화하며 남북한 기독교인들이 신뢰를 형성할 수 있는 여건을 마련해야 한다. 이 보고서는 이러한 목표들을 해결하기 위해 여섯 가지의 실천 과제도 택하였다.[228]

이 보고서는 한국교회의 통일운동에 대한 새로운 이정표를 마련하여 통일운동에 중요한 전기를 가져다 준 것으로 평가할 수 있다.[229] 또한 도잔소회의 이후 5년간 이 회의의 결의와 건의사항들이 세계교회와 한국교회의 유대 속에서 실천되었다는 점에서 역사적 중요성을 갖는다고 볼 수 있다.[230] 도잔소회의 이후에 세계교회의 많은 대표자들이 북한을 방문하여

---

[228] '평화와 정의를 실현하는 실천과제'의 여섯 가지는 다음과 같다.
첫째, 이산가족의 접촉을 위해 국제기구를 적극 활용한다.
둘째, 통일논의에 대한 국민전체의 주체적 참여권을 확대한다.
셋째, 사회주의국가 교회들이 체험한 바를 참고로 삼을 수 있는 방안을 강구한다.
넷째, 강요된 적대관과 선동적 제국주의론 및 무기화된 반공주의의 장애를 극복한다.
다섯째, 청년층과 여성층의 통일논의 참여를 고취한다.
여섯째, 군비경쟁에 제동을 걸고, 핵무기 철거운동에 앞장선다. 등이다(통일위원회 편, 『1980~2000 한국교회평화통일운동자료집』, 한국기독교교회협의회, 2000, 42~43쪽).

[229] 박성준, 「1980년대 한국 기독교 통일운동에 대한 고찰」, 『희년신학과 통일희년운동』, 한국신학연구소, 1995, 469쪽.

[230] 한국기독교교회협의회 편, 「한국교회 민족통일운동」, 『기독교연감』, 대한기독교서회, 1991, 56쪽; 박성준, 「1980년대 한국 기독교 통일운동에 대한 고찰」, 『신학사상』 71집, 겨울호, 1990, 962쪽. 도잔소협의회에 북한 측이 불참한 것은 아쉬움으로 남았다.

교회와 북한 정부의 지도자들을 만나고 의견을 교환하는 과정 속에서 얻은 북한에 대한 정보와 유대관계는 남한교회에 큰 도움과 자극이 되었으며, 이를 바탕으로 과감히 민간 측 통일운동을 주도해 나갈 수 있었다.[231]

이러한 연장선상에서 남북교회의 역사적인 첫 만남은 1986년 9월 2일부터 5일까지 스위스 글리온에서 WCC국제위원회가 주최한 '평화에 대한 기독교적 관심의 성서적, 신학적 기반'이라는 주제의 세미나에 참석하는 형식으로 이루어졌다. 이른바 '제1차 글리온회의'라고 부르는 이 만남은 조선기독교도연맹의 4인 대표와 WCC회원교회 및 KNCC 대표 6인을 포함한 22명이 참석하여 이루어졌는데, 이는 남북교회가 민족애를 확인하는 것으로 남북교회사의 기념비적 사건이었다.[232] 이 모임은 40년의 절대분단 상황에서 첫 민간교류였다는 점에서 그 의의가 매우 크고 북한에도 교회가 존재한다는 것을 인정하게 된 역사적인 모임이었다.[233] 또한 교회 일치와 인류의 일치를 상징하고 남북의 화해를 의미하는 것으로 남과 북이 악수와 포옹을 나눈 감격적인 만남의 장이었다.[234] 남북 교회의 만남은 이후에도 2, 3차 글리온회의 등을 통해 계속적으로 이어지게 되었다.

통일문제 논의에 대한 연구협의가 가능하게 된 것은 1985년에 이르러서였다. 이해 3월 27~28일에 KNCC 제34차 총회가 '이 땅에 평화를'이라는 주제 아래 충남 온양시(현 아산시)에서 개최되어 평화와 통일에 대해 논의하였

---

[231] 한국기독교교회협의회 편, 위의 책, 56쪽.

[232] 이 회의에 참석한 대표들은 남측에서 YMCA총무 강문규, 기감 감독 김봉록, 한국기독교교회협의회 총무 김소영 등 6인과 북측의 조선기독교연맹 서기장 고기준, 조선기독교연맹 중앙위원 김남혁, 조선기독교연맹 평양위원회 위원장 김운봉, 통역관 김혜숙 등이었다(에리히 바인개르트너, 「남북교회상봉기-제1차 글리온회의참관기」, 『남북교회의 만남과 평화통일신학』, 한국기독교교회협의회, 1990, 34~35쪽).

[233] 이삼열, 『평화의 복음과 통일의 사명』, 햇빛출판사, 1991, 299쪽; 조현철, 「한국과 독일의 통일운동에 관한 역사적 고찰-한국교회와 독일교회의 비교, 분석을 통해」, 감리교신학대학교 신학대학원 석사논문, 1997, 95쪽.

[234] 에리히 바인개르트너, 위의 글, 36~37쪽.

으며 '한국교회 평화통일 선언'을 발표하였다. 이 선언은 "민족분단의 책임이 우리에게도 있었음을 고백하고 회개함과 동시에 분단극복에 주체적 참여가 곧 하나님 나라의 평화에로 나아가라는 명령임을 고백하고 이 분단의 극복과 평화운동을 위하여 우리는 한국교회가 공개토론의 장이 되도록 할 것"을 결의하였다.[235] 이 선언에서는 "민중주체의 통일과 평화통일이 곧 분단극복과 통일운동의 주류가 되어야 할 것이다"고 하여 민중주체의 통일과 평화통일을 강조하였고, "평화를 지향하는 통일운동은 민주적이고 정의로워야 한다"며 민주, 정의, 통일, 평화를 핵심적인 좌표로 설정하였다.[236] 이 선언은 통일에 관한 종합적 연구결과로 나온 것은 아니지만, 형식상으로는 한국교회에서 통일에 관한 첫 번째 공식 입장표명으로 평가된다. 따라서 이 선언은 'KNCC 통일선언'에 앞서서 한국교회의 '평화통일' 의지를 천명했다는 점에서 중요한 의의를 가진다.[237] 이후 통일문제연구원은 이 협의회를 계속하여 1988년 제5차까지 개최되어 역사적인 '민족의 통일과 평화에 대한 한국기독교회 선언'(일명 '88년 통일선언')을 발표하게 된다.

한편 1980년대 초에 KNCC의 통일논의가 활성화되었듯이 보수진영의 통일논의도 1980년대가 하나의 전환점이 되었다고 볼 수 있다. 1989년에 등장한 '한국기독교총연합회'(이하 '한기총'으로 약칭)는 진보적 기독교계열의 사회구원을 좌파적 운동이라고 매도하였으며 개인의 영혼구원만이 복음이라고 설파하면서 기독교계의 양대 축으로 급성장해 나갔다.[238] 물론 보수진영도 통일운동에 관심을 가졌지만, 선교적 과제로서의 통일이었을 뿐 아

---

235) 이만열, 「한국기독교 통일운동의 전개과정」, 『신학정론』 제26집, 1996, 56쪽.

236) 통일위원회 편, 『1980~2000 한국교회평화통일운동자료집』, 한국기독교교회협의회, 2000, 50~51쪽.

237) 박종화, 「해설, 한반도 통일을 위한 남북교회의 실천-자료모음-」, 『남북교회의 만남과 평화통일신학』, 한국기독교교회협의회 통일위원회 편, 1990, 3쪽.

238) 김경재, 「분단시대 한국 교회의 보수적 반공주의와 진보적 민족주의 간의 대립에 대한 비판적 성찰」, 『한국 개신교가 한국 근현대의 사회, 문화적 변동에 끼친 영향 연구』, 한국신학연구소, 2005, 326쪽.

니라, 반공적 입장에 근거한 반공통일론을 주장하였다. 따라서 한기총은 산하에 남북통일특별위원회를 구성하고 통일을 위한 교계지도자 간담회 및 세미나를 개최하였으며, 북한 선교전략 및 기구 마련, 전 신자 구국기도 운동 전개, 북한 지하교회 신앙을 위한 북한 선교방송 등을 정교분리의 원칙 아래 신앙적 차원에서 추진하였다.[239] 진보진영의 경우 KNCC를 중심으로 통일논의가 모아진 반면, 보수진영의 경우는 하나의 구심점이 형성되어 있지 못하여 기도운동이나 선교전략 구상도 각 단체마다 다른 형태로 나타나고 있었으며, 산발적으로 전개될 뿐 연합적인 운동력은 약한 실정이었다.[240]

문익환이 포함된 기독교장로회, 대한예수교장로회(통합), 기독교대한감리회, 구세군대한본영, 기독교대한복음교회, 대한성공회 등이 소속된 KNCC는 남북화해와 평화통일을 위한 민간 통일운동의 선봉에 서게 되었다. 그러나 KNCC가 도잔소회의나 글리온회의 등을 통해 북한교회와 포용하고 교류하는 수준의 점진적인 신뢰구축을 하려는 목표하에 남북 교회와의 접촉을 추진하였던 데 비해, 문익환은 민중주체 통일론적 사고에 근거하여 강연회와 민통련에서 통일위원회의 활동 등을 통해 대중적 통일운동을 전개하였다.[241] 이처럼 문익환은 김재준 신학의 영향을 받은 자유주의적 신학에 근

239) 한국기독교총연합회, 『북한선교전략세미나 자료집』, 1991; 『복음신문』 1991. 6.30.
240) 조현철, 「한국과 독일의 통일운동에 관한 역사적 고찰- 한국교회와 독일교회의 비교, 분석을 통해」, 감리교신학대학교 신학대학원 석사논문, 1997, 99~100쪽.
241) 당시 기독교장로회 총무였던 김상근은 1980년대 문익환의 통일문제에 대한 사고는 교회 일반이나 KNCC보다 훨씬 앞서나갔고, 활동무대도 교회틀 안에 수용할 수 없는 더 넓은 세계를 지향하고 있었다고 증언하였다(2009년 5월 20일 서울 목동에서 김상근과의 인터뷰). KNCC에서 인권운동을 하였던 박형규도 증언을 통해 문익환은 교회안의 틀에 묶이는 것을 거부하고 더 큰 통일운동을 위해서 KNCC에 합류하지 않았다고 하였다(2009년 5월 21일 서울 시청 앞 '프라자 커피숍'에서 인터뷰) 반면 김경재는 KNCC에는 기장이 포함되어 있으므로 기장 소속인 문익환도 직간접적으로 KNCC와 관련성이 있고 서로 영향

거하여 일반교회의 틀 안에 갇히는 것을 거부하고 민통련 등 재야활동을 주로 하였지만, 그의 활동에 대해 KNCC는 정신적 연대감으로 동조하였고, 문익환 역시 KNCC의 통일운동에 대해 직간접적인 영향과 자극을 받았다고 보아야 할 것이다. 다시 말해 문익환과 KNCC는 공식적·단체적 교류는 하지 않았지만 KNCC 통일위원회 구성원과의 정신적·개인적 교류는 빈번히 있었기 때문에 후술하겠지만 KNCC선언(88선언)이 문익환의 통일방안과 통일운동에 일정 정도의 자극제로 작용했을 것이다.[242]

요컨대 문익환과 KNCC는 서로 활동무대와 통일에 대한 방법 및 인식은 달랐지만, 통일에 대한 교감 내지는 정신적 유대감은 배제할 수 없었다. 이에 대한 근거는 후술하겠지만 문익환의 방북과정 시 일본NCC의 지원과 방북 이후 그에 대한 KNCC의 일련의 지지와 옹호에서 찾아볼 수 있다.

을 주고받은 측면을 배제할 수 없다고 증언하였다(2009년 5월 19일 서울 수유동에서 김경재와의 인터뷰).

[242] 이 문제와 관련해서는 다음과 같은 박종화의 증언이 참고된다. "문익환은 KNCC의 통일위원은 아니었지만, 나를 비롯해 KNCC 통일위원회 위원들과 개인적 친분으로 거의 매일 만났다. 또 문 목사님은 나에게 KNCC선언(88선언)이 원칙만을 선언한 한계가 있지만, 대단히 의미 있는 선언이라고 여러 차례 극찬하였다"(2009년 6월 1일 서울 경동교회에서 박종화와의 인터뷰).

민주화 이후 통일운동의 활성화와 문익환의 방북

1_
민주화 이후 개신교·학생들의
통일운동과 연방제 3단계 통일론

1) KNCC선언, 6·10학생회담과 문익환의 입장

노태우 정부는 6공화국 출범에 따른 경제의 지속적 성장으로 민족의 장래에 대한 확고한 자신감을 갖게 되었는데, 그에 따라 통일정책 추진에 있어서도 새로운 인식과 발상의 전환이 필요하였다. 또한 고르바초프 등장 이후 꾸준히 추진되어온 미소 접근이 구체적 결실로 나타나면서 전반적인 신 데탕트시대의 개막이 예견되었다.[1]

노태우 정부는 북한을 외교적으로 고립시키고 무력화시켜 남한의 외교적 승리를 확보하기 위한 목적에서 한·소 수교와 한·중 관계개선 등의

---

[1] 통일원 편, 『통일백서』, 통일원, 1992, 57쪽.

북방정책을 추진시켰다.[2] 그 일환으로 노태우 정부는 소련과의 관계개선을 위해 그동안 한국에 대해 부정적 인상을 지니고 있던 소련 당국의 태도를 변화시키는 데 '서울올림픽'을 이용하고자 하였다.[3] 또한 기존 사회주의 체제 위기에 근거를 두고 있는 개혁, 개방정책을 남한 체제의 정당성과 정권안보를 선전하기 위한 도구로 사용하기도 하였다. 노태우 정부의 이러한 북방정책에 대해 기능적·경제적 효과성을 강조함으로써 국민의 정치적 관심과 진보세력의 통일논의를 희석시키려는 의도를 담고 있었다고 보는 견해도 있다.[4] 결국 북방정책은 외교적으로 중국, 소련과 교류 내지는 수교함으로써 북한을 고립시키고, 민간통일운동세력보다 먼저 통일운동에 있어서 주도권을 확보하기 위한 일환으로 추진되었다고 볼 수 있다. 반면 북한은 유럽 사회주의국가들이 체제를 자본주의식으로 변화시키고 남한과 외교관계를 수립하는 데 대해 초기에는 강도 높게 비난했으나, 점차 현실을 인정하는 방향으로 나아갔다.[5]

이처럼 1988년은 노태우 정부의 북방정책이 추진되는 과정 속에서도

---

[2] '북방정책'이라는 용어는 독일의 사회민주당 빌리브란트 수상이 적극 추진했던 동방정책을 모방하여 만든 용어로 6·23선언의 10주년을 맞은 1983년 6월 당시 이범석 외무부장관이 처음으로 사용했다. 이 시기의 북방정책이라는 것은 대공산권 정책이라는 측면이 강하였다. 독일의 동방정책이 주로 동서독 관계의 개선을 주요 정책 목표로 삼았음에 비하여, 6·23선언 이래 노태우 정부가 추구했던 북방정책의 목표는 한소, 한중 관계의 개선에 있었다는 데 큰 차이가 있다. 즉 남한의 북방정책은 독일의 동방정책과 달리 민족통일 정책이라기보다는 대 공산권 견제정책이었다고 할 수 있다(김낙중, 「북방정책의 본질과 민족적 과제」, 『민중의 소리』 1988.10.20).

[3] 국내적으로 '6·10 남북학생회담' 및 '8·15 남북학생회담' 시도 등 남북공동올림픽개최운동을 계기로 증폭된 민간통일운동의 분위기도 노태우정부의 북방정책을 추진하는 자극제가 되었다(정해구, 『탈냉전 10년(1988-1997)의 남북관계』, 세종연구소, 1999, 16쪽).

[4] 김성주, 「북방정책의 민민운동 희석론과 북방정책 당위론」, 『90년대 한국사회의 쟁점』, 한길사, 1990, 130~131쪽.

[5] 강만길 외, 『한국사 20-자주 민주 통일을 향하여 2』, 한길사, 1994, 201~202쪽.

| 통일의 선각자, 문익환의 삶과 분단극복론

1987년 6월 민주화운동을 거치면서 성장한 민민운동 세력에 의해 과거 어느 때보다 국내 통일운동이 활발히 일어난 시기였다. 특히 일부 개신교와 학생 세력을 중심으로 통일논의와 통일운동이 거세게 일어났다.

그러면 먼저 1988년 개신교에서는 어떠한 통일논의가 있었고, 또 통일을 위해 어떠한 노력을 하였는지 살펴보기로 하자. 1985년 2월 KNCC총회에서 '한국교회 평화통일 선언'을 공식 채택했고, 연이어 1986년과 1987년 9월의 총회 때마다 '평화, 통일에 대한 우리의 입장'을 총회선언으로 채택했다.[6] 그 연장선에서 1988년 2월 29일 KNCC는 총회에서 '민족의 통일과 평화에 대한 한국기독교회 선언'(이하 'KNCC선언'으로 약칭)을 채택하고 민족통일을 위한 5원칙을 발표하였다.[7] 이 선언은 '도잔소보고서'를 심화하여 신앙고백과 평화통일의 신앙적 근거를 제시한 것으로 통일에의 원칙과 정책을 건의하였던 것이었다.[8] 4월 25일부터 29일까지 인천 송도에서 '한반도의 정의와 평화를 위한 세계 기독교 협의회'가 주최한 모임에 17개국에서 320명의 대표가 참석하여 KNCC선언을 전폭적으로 지지하고 후속사업을 전개하여 돕기로 하였다.[9]

---

[6] 통일위원회 편, 『1980-2000 한국교회평화통일운동자료집』, 한국기독교교회협의회, 2000, 48~97쪽.

[7] KNCC선언이 발표되기까지의 준비과정은 다음과 같다. 1985년 5월 24일 제1차 KNCC 통일문제협의회가 개최되었고, 이어 1986년 8월 25~26일에 제2차, 1987년 8월 24~26일에 제3차, 1987년 11월 23~25일 제4차 협의회가 계속되어, 1988년 1월 21~23일에 5차까지 개최하였다. 이에 KNCC가 5차까지 2년여 간의 준비기간을 거쳐 KNCC선언이 완성되었던 것이다(이만열, 「한국 기독교 통일운동의 전개과정」, 『민족통일을 준비하는 그리스도인』, 두란노, 1994, 54쪽). 당시 KNCC선언작성에 주도적으로 참여했던 박종화는 "KNCC선언(88선언)은 1986년부터 김형태를 위원장으로 하여 서광선, 김용복, 김창락, 민영진, 노정선, 박종화, 이삼열, 오재식, 강문규를 위원으로 하는 '9인위원회'를 구성하였다. 이 위원회는 분야별로 나누어 분과작업을 시작해 여러차례의 검토를 거쳐 KNCC선언이 2년여 동안 준비되었다"고 증언하였다(2009년 6월 1일 서울 경동교회에서 박종화와의 인터뷰 내용 중 일부).

[8] 서중석, 「한국전쟁 후 통일론의 전개와 민족공동체의 모색」, 『분단 50년과 통일시대의 과제』, 역사비평사, 1995, 347쪽.

KNCC선언의 주요 내용은 다음과 같다. KNCC는 '7·4남북공동성명서'의 자주, 평화, 민족대단결의 원칙에 '인도주의'와 '통일논의의 민주화'를 추가하여 통일 5원칙을 천명하였다.[10] 또 남북한 정부에 분단 상처의 치유, 분단 극복에 국민들의 참여 보장, 민족대단결 실현, 평화 증진, 민족 자주성 실현을 건의하고 1995년을 '평화와 통일의 희년'으로 선포하였다.

KNCC선언은 남북한 긴장완화와 평화증진을 위하여 이루어져야 할 과제로서 첫째, 남북한 당국과 미국, 중공 등 참전국들이 휴전협정을 평화협정으로 전환시키고, 불가침조약을 여기에 포함시키는 협상을 조속히 열어야 한다고 하였다. 둘째, 평화협정이 체결되고, 남북한 상호 간에 신뢰회복이 확인되며 한반도 전역에 걸친 평화와 안정이 국제적으로 보장되었을 때 주한미군은 철수해야 하며, 주한 유엔군 사령부도 해체되어야 한다고 하였다. 셋째, 남북한은 상호 간의 협상에 따라 군사력을 감축해야 하며 군비를 줄여서 평화산업으로 전환시켜야 한다는 것이다. 넷째, 핵무기는 어떠한 경우에도 사용되어서는 안 되며, 남북한 양측은 한반도에서 핵무기의 사용가능성 자체를 원칙적으로 막아야 한다는 것이다. 따라서 한반도에 배치되었거나 한반도를 겨냥하고 있는 모든 핵무기는 철거되어야 한다고 하였다.[11]

요컨대 KNCC는 평화협정의 체결과 국제적으로 한반도의 평화가 보장된 시기에 주한미군의 철수, 평화를 위해 핵무기의 사용 금지 등을 주장하였던 것이다. 이 선언은 한국 사회와 교회에 많은 논쟁을 불러 일으켰다.[12]

---

9) 노정선, 『통일신학을 향하여』, 한울, 1988, 40~41쪽.
10) 민족통일을 위한 한국교회의 기본원칙으로는 ① 통일은 민족이나 국가의 공동선과 이익을 실현하는 것일 뿐 아니라 인간의 자유와 존엄성을 최대한 보장하는 것이어야 한다. ② 통일을 위한 방안을 만드는 모든 논의과정에는 민족구성원 전체의 민주적인 참여가 보장돼야 한다(『각계통일논의 자료집』 3, 국토통일원, 1988, 92쪽).
11) 한국기독교회협의회 편, 「민족의 통일과 평화에 대한 한국기독교회선언(전문)」, 1988.2.29.
12) KNCC에 대한 반박성명서를 발표한 단체는 다음과 같다. 한국기독실업인회, KNCC선언범교단평신도단체대책위원회(한국장로협의회, 한국교회평신도단체

통일의 선각자, 문익환의 삶과 분단극복론

비KNCC교단과 KNCC의 선언문 발표 후 반대 입장을 표명해온 기독교단체 및 지도자들은 3월 4일과 5일 이틀 동안 서울 앰배서더 호텔에서 한국기독교 남·북문제대책협의회(대표회장 박종렬)를 열었다. 여기에서 협의회는 "KNCC가 한국교회 전체를 대표할 수 없고, 이념을 초월한 대화는 좋지만 공산주의와 공존은 불가능하며, 미국과의 조약폐기나 미군철수는 시기상조"라는 의견을 제시하고 곧 반대 입장을 표명하는 선언문을 밝혔다.[13] 특히 1988년 3월 23일 '한국개신교교단협의회'는 KNCC의 선언에 대한 자신들의 견해를 피력하면서 먼저 "미군철수 문제에 대해서는 제2의 월남사태를 초래할 위험성이 있다. 이 땅이 공산주의자들의 손에 넘어갈 수 있다"며 반대 입장을 분명히 했다. 또한 "민중 주도의 통일론에 대해서는 KNCC가 항상 주장해오는 민중 주도의 통일론은 인정할 수 없다"는 입장이었다. 핵무기 철수 문제 역시 "북한의 침략군이 엄존하고 있는 현실이므로 핵무기의 철수는 인정할 수 없다"며 절대 안 된다고 주장하였다.[14]

협의회, 한국기독교국민화합운동협의회 등), 한국개신교교단협의회, 한국복음주의협의회, 한국기독교교역자협의회, 대한예수교장로회전국장로회연합회, 한국기독교남북문제대책협의회 등이다. 한국기독교교회협의회(KNCC)는 불과 6개 교단만이 회원으로 가입하고 있는데, 그 회원가입교단안에서도 KNCC선언에 대해 이의를 제기하는 교회들이 많았다. 특히 주요회원교단인 대한예수교장로회(예장) 통합측 총회의 '북한전도대책위원회'였고, 반박성명을 발표한 단체들 중 많은 수가 예장 통합측 인사, 교회 및 노회로 이들은 가장 강력한 반KNCC 세력이었다(정성한, 『한국기독교통일운동사』, 그리심출판사, 2006, 227~228쪽).
이에 대해 찬성, 지지한 단체도 있었는데, 한국기독교학생회총연맹, 한국여신학자협의회, 세계기독교한반도평화를위한여성협의회, 전북노회 103회 정기노회와 한국기독교장로회 여신도회 전국연합회 등이었다. 특히 한국기독교장로회 여신도회 전국연합회는 KNCC선언을 지지하면서 이산가족의 재회를 추진, 휴전협정이 불가침조약에 기반한 평화협정으로의 전환, 각계의 상호교류로 민족의 동질성 촉구, 반핵평화운동, 올림픽에의 북한의 참여 촉구 등의 성명을 발표하였다(정성한, 『한국기독교통일운동사』, 그리심출판사, 2006, 280쪽).

13) 『조선일보』, 1988.4.9.
14) 한국개신교 교단 협의회, 「KNCC선언에 대한 개신교 교단들의 입장」, 1988. 3.23.

이어 3월 26일 기독교계의 '한국교회장로협의회'가 KNCC의 선언에 대한 자신들의 견해를 성명서로 발표했다. 이 단체는 '통일논의가 정부에서 안 된다면, 민간 차원에서 추진해야 한다'는 KNCC의 입장에 대해 "무정부 상태를 초래할 위험한 발상"이라고 우려하였다. 또한 7 · 4남북공동성명서의 사상, 이념 제도의 초월에 대해서도 "KNCC는 사상, 이념, 제도를 초월한 통일 정부 수립을 구상하는 듯 보인다"며, 7 · 4공동선언을 악용하는 것과 다름없다는 인식을 보였다.[15]

이에 대해 1988년 4월 11일 한국기독교교회협의회는 그간의 'KNCC선언'에 대한 논란을 해명하는 자신들의 입장을 밝혔다. 그중에서 주목할 부분은 "평화협정이 체결되고, 남북한 상호 간에 신뢰회복이 확인되며, 한반도 평화가 국제적으로 보장되었을 때, 주한 미군을 철수해야 된다는 우리 측의 입장에 대해 한국개신교교단협의회가 마치 지금 당장 조건 없이 미군철수를 주장한 것처럼 왜곡하고 매도하는 것은 옳지 못한 것이다"고 해명한 점이다.[16] 그러나 이러한 해명에도 불구하고 북한의 호의적 반응[17], 핵무기 철수는 북한의 주장과 동일하다는 점, 민중 주도의 통일론, 자유주의와 공산주의를 동등하게 평가한 점 등은 여전히 반박성명의 주요 내용이 되었다.

오히려 한국교계에서 크게 논란이 될 수도 있었던 '분단과 증오에 대한 죄책고백' 부분은 크게 부각되지 못하였는데, 반박 단체들은 남북분단에 적극 대처하지 않고 오히려 반공이데올로기로 우리의 한 민족인 북한을 적대시했던 과오에 대한 철저한 반성과 성찰을 회피하였다.[18] 또한 KNCC의 선

---

15) 한국교회 장로 협의회, 「KNCC의 통일과 평화에 대한 선언에 대한 소견 성명서」, 1988.3.26.

16) 한국기독교 교회 협의회, 「민족의 통일과 평화에 대한 한국 기독교교회선언에 대한 논란에 관하여」, 1988.4.11.

17) 북한의 조선기독교연맹(위원장 김성률)은 1988년 3월 7일 담화를 발표하여 KNCC선언에 대해 전폭적인 지지의사를 밝혔다(『로동신문』 1988.3.8).

18) 죄책고백의 주요 내용은 "한민족의 분단이 동서냉전체제의 결과로 전쟁을 가져오게 했고, 북한을 한 겨레, 한 민족으로 인식하지 못하고, 적으로 규정하여

언을 비판한 한국교회의 보수진영은 한국의 통일문제를 선교적 차원에서 논의하는 전통적인 방식에 따라 "진정한 평화는 상극적인 이데올로기 또는 종교와의 공존에 있는 것이 아니라 복음의 능력에 의한 인간과 이데올로기의 변화, 즉 선교에 의해 이루어진다"고 보았다.[19]

이 선언은 분단 반세기 동안 남한 사회에서 민간 부분에 의해 제출된 최초의 본격적인 통일선언이라는 점에서 큰 의미를 지닌다. 이 선언의 가장 큰 장점으로 생각되는 것은 한반도의 전쟁방지와 평화실현을 위해 평화협정체결, 주한미군 철수, 군사력 감축, 핵무기 철거 등을 촉구한 점이었다. 또한 노태우 군사정권 때 미군철수와 군비 축소 문제를 들고 나선 것은 시대를 앞서가는 것이기도 했다.[20] 그러나 이 선언은 민족의 화해와 평화라는 측면을 부각시켜 통일에 대한 원칙을 제시했을 뿐 구체적으로 어떠한 방식으로 통일을 이룩할 것인지에 대한 구체적인 방안과 통일된 국가의 사회적 성격을 제시하지 못한 한계점을 가지고 있었다.

그러면 'KNCC선언'에 대한 문익환의 입장은 과연 어떠하였을까. 그는 평화협정 체결 문제에 대해서 "평화협정체결은 35년 끌어온 준전시 상태를 종결시키는 일로서 통일에 앞서 반드시 거치지 않으면 안 되는 일이다. 그리고 불가침조약이나 점진적인 군축도 이에 포함시킬 수 있다"고 보면서

증오와 적대시한 점, 군사, 정치경제 등 각 분야에서 외세에 의존해 민족의 자존심을 포기하고 냉전체제에 편입하고 예속하여 자주적 민족정기의 흐름을 외면했던 점" 등이다(국토통일원 편, 『각계통일논의 자료집』3, 국토통일원, 1988, 89~90쪽).

19) 김명혁, 「크리스챤 논단-평화통일에 대한 복음주의 입장」, 『크리스챤 신문』, 1988.3.19.

20) 박성준, 「1980년대 한국 기독교 통일운동에 대한 고찰」, 『희년신학과 통일희년운동』, 한국신학연구소, 1995, 473~474쪽. 다만 이만열은 'KNCC선언'이 노태우 정권의 '7·7선언'을 도출해 내거나, 혹은 그 정책선언을 앞당기는 데 큰 역할을 하였으며, 1991년 기본합의서 및 한반도 비핵화공동선언에도 KNCC선언의 내용을 담아냈다고 평가하였다(이만열, 「한국 기독교 통일운동의 전개과정」, 『민족통일을 준비하는 그리스도인』, 두란노, 1994, 63쪽).

KNCC의 입장에 동조하였다.[21]

평화협정에 관한 일련의 과정을 살펴보면 한반도 평화체제문제는 한국 전쟁 이래 시기별로 변화를 보였다.[22] 북한은 1960년대부터 1970년대 초까지 남북 간의 평화협정체결을 주장하였다. 김일성은 1962년 10월 최고인민회의 제3기 1차 회의에서 주한미군 철수를 조건으로 '북남평화협정체결'을 제의하였고, 남북한 군을 각각 10만 이하로 축소할 것을 제의하기도 하였다.[23] 또한 '닉슨독트린'으로 주한미군 철수 가능성이 대두되고 베트남전쟁의 종결에 따른 '파리협정'에 고무된 북한은 1974년 이후부터 1980년대 중반까지 '북남평화협정체결'이라는 기존입장에서 일보 진전하여 '미·북 평화협정체결'을 주장하였다. 북한은 1974년 3월 20일부터 25일까지 개최된 최고인민회의 제5기 3차 회의에서 최초로 '미·북 평화협정체결'을 제의하였다.[24]

이후 북한은 1975년 9월 제30차 유엔총회에 제출한 문건에서 "휴전협정

---

[21] 문익환, 「민족통일에 관한 구체적 제안」, 연세대 국민 대토론회, 1988.4.16.

[22] 남북한 중 평화협정체결을 먼저 제의한 것은 북한이며, 이는 1960년 초에서부터 시작된다. 1962년 6월 20일 최고인민의회 제2기 제11차 회의에서 북한은 미군철수와 남북평화협정의 체결을 제의했으며, 1962년 10월 23일 최고인민의회 제3기 제1차 회의에서 김일성은 연설을 통해 "미국군대를 철수시키고 남북이 서로 상대방을 공격하지 않는 데 대한 평화협정을 체결하며……"라고 제의한 바 있다. 북한의 평화협정체결 제의는 1970년대에도 지속되었는데, 이에 남측이 거부하고 1974년 1월 18일 '남북상호불가침협정'의 체결을 제의하자, 1974년부터는 대미평화협정체결을 제의해왔다(국가안전기획부, 「북괴의 대남군사제의에 관한 연구」, 안기부, 1981, 42쪽).
한편, 남측은 북측의 1962년 이래 꾸준히 제의해온 평화협정체결 제의에 대해 1974년 1월 13일 박정희는 기자회견을 통해 상호불가침, 상호내정불간섭, 휴전협정효력존속을 내용으로 하는 남북불가침협정을 체결하자고 제의했다. 이어 1980년대에도 지속적으로 남측은 불가침조약체결을 북측에 제안했다(김명기, 「남북한평화협정과 불가침협정 비교」,『북방정책과 국제법』, 국제문제연구소, 1989, 270~272쪽).

[23] 노중선,『남북한 통일정책과 통일운동 50년』, 사계절, 1996, 113~114쪽.

[24]『로동신문』1974.3.26; 심지연,『남북한 통일방안의 전개와 수렴』, 돌베개, 2001, 341~352쪽 재인용.

의 실질적 당사자는 북한과 미국이며 양자 간 평화협정이 체결되어야 한다"고 주장하였다.[25] 북한이 남과 북 사이에 평화협정체결을 주장해 오다가 대상을 미국으로 전환시켰던 이유는 당시의 국내외적 상황으로 볼 때 미·북 간의 평화협정이 주한미군을 철수시키는 데 유리하다고 판단했기 때문이었을 것이다.[26] 1984년 1월 10일 북한은 남한당국과 미 정부 및 의회에 보내는 편지를 통해 이른바 '3자회담'을 제안하였다. 그 서한은 북한과 미국 사이에 평화협정을 체결하고, 미군을 남조선에서 철거시키며, 북과 남 사이에 불가침선언을 채택하는 것을 기본내용으로 하였다. 이것은 한국을 철저히 배제하던 기본입장을 수정하여 한국과도 불가침선언을 논의하고자 했다는 점에서 주목되었다.[27]

위에서 살펴보았듯이 평화협정체결문제의 핵심적인 쟁점은 '당사자 문제'였다. 즉 북한은 남한을 배제한 채 미국과 평화협정을 체결하고 남한과는 불가침조약을 하겠다는 입장이었던 반면, 남한은 평화협정의 당사자는 남과 북이어야 한다고 보았던 것이다.[28] 그런데 문익환은 당사자문제는 언

---

25) 윤덕민, 『한반도 평화협정에 관한 연구』, 외교안보연구원, 2000, 6쪽; 북한이 남한을 배제하고 미국과 평화협정을 체결을 논의한 이유는 정전협정 체결 시 이승만의 반대로 남한이 협정에 서명하지 않은 채, 유엔을 대표한 미군사령관과 중국사령관, 인민군사령관만이 서명당사자가 되었기 때문이며, 그 결과 남한은 북한과의 평화협정논의를 위한 우선적 당사국임에도 불구하고 북한은 남한을 기피하고 미국과 평화협정을 통해 이 문제를 해결하려고 하였던 것이다(김정기, 『국제정세변화와 한반도통일』, 원광대학교출판국, 1999, 219쪽).

26) 강석승, 「휴전협정의 평화협정으로의 전환문제」, 『한국전쟁과 휴전체제』, 집문당, 243쪽.

27) 윤덕민, 앞의 책, 7쪽; 정해구, 「남북한 통일정책의 비교」, 『민족통일과 민중운동』, 한백사, 1991, 296쪽.

28) 북한은 남북한 불가침조약과 북미평화협정이라는 소위 3자회담 논리를 주장해 왔지만, 특히 남북한 기본합의서 채택 이후 남북 간의 불가침문제가 해결된 이상 북미평화협정이 체결되어야 한다는 논리를 주장한 반면, 남한은 1992년 기본합의서에서 남북한이 합의한 대로 평화체제의 당사자는 남북한이어야 하며, 남북평화체제가 되어야 한다는 입장이었다(윤덕민, 앞의 책, 17쪽).

급하지 않고, 평화협정체결은 반드시 해야 한다는 원론적인 주장을 하였다. 다만 불가침조약이나 점진적 군축 제의를 하여 북한의 입장과 다소 유사한 태도를 보였다.

또한 'KNCC선언' 중 '미군철수 문제'에 대한 문익환의 입장을 상세히 후술하겠지만, 그는 미군철수는 "첫째, 미소 군사대결의 시대가 끝나려 하고 있기 때문에 미군의 한국 주둔은 사실상 그 명분을 잃어가고 있다. 둘째, 미군의 한국주둔이 공산군의 남침을 막는 데 그 목적이 전혀 없는 것은 아니기 때문에 이에 대한 대처 또한 필요하다"고 하면서, 미군철수의 전제조건으로 이 두 가지 측면을 고려해야 한다고 보았다. 문익환은 미군철수 문제에 대해서 분명하게 입장을 피력하지는 않았다. 그러나 분명한 점은 즉각적인 미군철수를 주장하지는 않았다는 점이다. 다만 외세에 의존하지 않고 국민의 지지 기반 위에 선 민주정부의 수립, 남북한 불가침조약의 체결, 미·소·일·중 4대국 또는 UN의 한반도 평화 보장 등을 주장하였다. 요컨대 문익환은 주한미군 철수에 대해서는 워낙 중대하고 미묘한 문제이기 때문에 즉각적인 철수를 주장하지 않는 등 불분명한 견해를 보인 반면 불가침조약의 체결과 국제적인 한반도의 평화 보장을 강조하였다. 그러나 그도 점진적인 군축 정도는 생각하고 있었을 것이다.[29]

다음으로 1988년 상반기에 통일운동을 선도적으로 이끌었던 청년학생들의 통일운동과 통일논의를 살펴보면서 문익환 등의 재야세력들의 통일운동을 검토해 보고자 한다. 학생운동의 주체들은 1987년 6월항쟁 직후 '전국

---

[29] 문익환의 통일구상이 구체적으로 제시된 1988년 4월 16일의 「민족통일에 관한 구체적 제안」에서 "평화협정 체결 문제를 다룰 때, 그는 불가침조약이나, 점진적인 군축도 이에 포함시킬 수 있겠습니다"라고 하였다. 이에 비해 서총련은 "우리는 한국에 주둔하고 있는 미군의 즉각적 철수와 한반도의 비핵지대화가 조국의 자주적 평화 통일을 이루기 위한 전제조건임을 느끼지 않을 수 없다"며 주한미군 철수 문제에 있어서도 단호히 즉각적 철수를 주장하였다(서총련, 「민족 통일의 새 날을 열자-한반도 평화와 조국의 자주적 통일을 위한 국민대토론회 공동 결의문」, 1988.4.16).

대학생협의회'(이하 '전대협'으로 약칭)를 결성함으로써 학생운동의 전국적 통일, 단결을 한 차원 더 끌어 올렸다. 1980년대 중반의 '전국학생총연합'(이하 '전학련'으로 약칭) 결성 등이 주로 서울 지역 학생운동, 그것도 상층 지도부 일부에 의한 것이었음에 반해 전대협은 6월항쟁 과정에서 전국적으로 더욱 폭넓게 성장한 학생운동의 역량을 아래로부터 결집시킨 성과였다.[30]

한편 1988년 3월 29일 서울대 총학생회장에 출마한 김중기 후보가 유세 중 '김일성대학 청년학생에게 드리는 공개서한'을 발표하면서 청년학생들의 통일운동이 본격화되었다. 김중기 후보는 공개서한을 통해 '남북한 청년학생 체육대회와 국토종단 순례대행진을 위한 남북청년학생회담'(이하 '6 · 10남북학생회담'으로 약칭) 개최를 제안하였다.[31] 이에 대해 '서울지역 총학생회연합'(이하 '서총련'으로 약칭) 건설준비위원회는 즉각 지지성명을 발표하였고, 전대협도 이 문제를 전대협의 주요사업으로 추진하였다.[32] 반면에 '서울지역대학생총연합 건설추진위원회'(이하 '서건추'로 약칭함)는 "당면투쟁의 목표는 광주민중항쟁의 진상규명과 5공 비리의 주범인 전두

---

30) 1988년 7월 입장의 차이로 분열되어 있던 '서울지역총학생회연합'(서총련)과 '서울지역대학생총연합 건설추진위원회'(서건추)가 통합한 데서도 보여지듯이 당면의 대중투쟁을 통해 학생운동내의 분파 투쟁적 요소를 척결해 나간 것도 전대협으로의 총결집을 가능케 한 요인이 되었다(한국역사연구회 현대사연구반, 『한국현대사』 4, 풀빛, 1991, 218~219쪽).

31) 공개서한의 내용은 다음과 같다. ① 민족화해를 위한 남북한 청년학생 국토종단 순례대행진을 1988년 8월 1일부터 14일까지 북한 청년학생은 백두에서 판문점까지, 남한 청년학생은 한라에서 판문점까지 순례대행진을 하고, 8월 15일 판문점에서 서로 만나 한판 대동제를 할 것을 제안한다. ② 민족대단결을 위한 남북한 청년학생 체육대회를 1988년 9월 15일에서 17일 사이에 서울대와 김일성대 중 한 곳에서 개최할 것을 제안한다. ③ 실무회담은 6월 10일 민주화투쟁 1주년 기념일에 판문점이나 제3국(제네바)에서 서울대 대표와 김일성 대학 대표가 만나서 추진하기를 제안한다(『각계통일논의자료집』, 국토통일원 조사연구실, 167~168쪽).

32) 서총련, 「민족화해를 위한 남북 청년학생 국토종단순례대행진과 민족대단결을 위한 남북 청년학생체육대회에 대한 서울지역 40만 청년학도의 결의」, 1988. 4.16.

환·노태우 일당의 퇴진투쟁"이라고 주장하였다. 이들은 "대중들은 민주변혁을 요구하고 있으며 광주민중항쟁의 진실규명을 바라고 있다. 또한 5공 청산을 당면의 과제로 제기하고 있다"고 입장을 정리하면서, 통일운동에 대한 대중적 준비가 갖추어지지 않았음을 강조하였다.[33]

그러나 서총련은 대중적 요구인 '광주학살진상규명과 5공 청산'을 부정하지는 않지만 통일운동의 전개가 보다 중요하다고 보았다. 이와 같은 서총련과 서건추의 우선순위 논쟁은 1988년 7월 서건추가 해산을 선언하고 서총련과의 통합을 결의하면서 자연스럽게 정리되었다. 한편 '남북한 청년학생 체육대회와 국토종단 순례대행진을 위한 남북청년학생회담' 제안에 대해 북한의 김일성대학 학생위원회가 이 제의를 수락하는 답신을 4월 4일 보내오면서 학생대중을 중심으로 남북교류와 통일문제가 논의되었다.[34] 서총련은 1988년 4월 16일 연세대에서 개최된 '한반도 평화와 조국의 자주적 통일을 위한 국민대토론회'에서 「청년학생 조국통일 투쟁선언문」을 발표하면서 자신들의 견해를 다음과 같이 표명하였다.

첫째, 이미 제기한 남북학생체육대회와 국토종단순례대행진을 성사시키기 위해 모든 노력을 다할 것이며, 이를 방해하려는 어떠한 반통일 세력의 책동도 능히 물리칠 것이다. 둘째, 민족적 대단결을 조성하기 위해 북한에서 제기한 남북 제정당 사회단체 연석회담에 대한 사회민주당의 수락을 지지하며, 이의 실현을 위해 청년학생은 힘차게 나설 것이다. 셋째, 민족의 분열을 기정사실화하려는 온갖 음모에 맞서 싸우며 미 제국주의와 그 앞잡이, 내외분열주의자들의 두 개의 한국정책을 위한 간교한 책동으로서 남북교차승인, 유엔동시가입 제안을 저지, 파탄시키

33) 서건추, 「서건추의 강령과 규약」, 1988.3.29; 서건추, 「5월투쟁제안서-광주학살 부정비리 진상규명 및 책임자 처벌을 위한 서울민주투쟁연합」, 1988.5.11.
34) 북한 김일성 종합대학 학생위원회는 서울대 총학생회 앞으로 보낸 편지에서 "실무회담을 전적으로 찬동하며 회담장소는 판문점으로 하는 것이 좋겠다"라고 하면서, 공개서한 내용 전부를 동의했다(류청하 외, 『민족이여 통일이여』, 풀빛, 1988, 206쪽; 노중선, 앞의 책, 288~289쪽).

는 데 온 힘을 경주할 것이다.35)

이와 같이 서총련은 남북학생체육대회와 국토종단순례대행진을 성사시켜 민족대단결을 조성하고자 하였으며 남한정부의 남북교차승인과 유엔동시가입을 절대 반대한다는 입장을 보였다. 또한 서총련은 공동 올림픽 쟁취투쟁을 벌여 나가고, 평화와 통일은 6천만 민중 전체의 것이어야 한다는 민중주도의 통일을 주장 하였다.36)

그러면 문익환은 이에 대해 어떤 입장을 보였을까. 그는 먼저, 자신의 「민족통일에 관한 구체적 제안」에서 밝혔듯이 "유엔 동시 가입은 반드시 필요한 절차는 아니나, 그렇다고 부정적으로만 볼 필요도 없다"며 유엔동시가입문제에 대해 무조건 부정하지는 않았다.37) 그는 북측이나 남측 어느 한 쪽을 이롭게 하기 위함이 아니라, 남측과 북측의 입장을 잘 조율하고 절충해서 실제적인 통일을 앞당기기 위해 고심하였던 것이다.38)

다음으로는 문익환이 올림픽개최문제에 대해서는 어떤 입장을 보였는지

---

35) 서총련, 「청년학생 조국통일 투쟁선언」, 1988.4.16.

36) 서총련, 「청년학생 조국통일 투쟁선언」, 1988.4.16.

37) 문익환, 「민족통일에 관한 구체적 제안」, 1988.4.16.

38) 물론 민통련 의장을 맡으면서, 이 시기는 다른 시기에 비해 좀 더 북의 노선에 가까운 점이 있는 것은 사실이기는 하지만, 북측에 완전히 경도된 적은 없었다. 민통련 시기 문익환은 북의 인민민주주의와 많은 관련성을 지니는 민중민주주의를 주장하면서 "인민이나 민중이나 다 피플(People)인데 'Peoples Republic Of Korea'가 조선민주주의인민공화국이고 그때의 인민은 해방된 민중이겠지요"라고 하였다(동아일보사 주최 남북한 통일방안 심포지엄(88.7.29~30)에서 문익환의 발언). 또한 문익환은 강연할 때 "왜 북쪽 애기는 안 합니까?" 라는 질문에 대해 "우리는 다만 남쪽에서 민중의 해방을 이룩함으로써, 그러나 프롤레타리아 독재가 아니라 민중이 주권에 참여하는 그런 민주사회를 이룩함으로써 북쪽의 민주화에 간접적으로 영향을 미친다. 그게 제 일관된 입장입니다"라고 하였다(같은 심포지엄에서 문익환의 발언). 그는 북한도 김일성, 김정일 외에는 다 민중이며, 북측도 엄청난 주종관계, 즉 소외민중이 있으므로, 남한에서 민중의 해방, 민주 사회의 건설을 통해 북한의 민주화에 간접적 영향을 미쳐야 한다고 주장한 것이다.

제3장_민주화 이후 통일운동의 활성화와 문익환의 방북

살펴보고자 한다. 그는 남북공동올림픽 쟁취 투쟁도 주장하였지만, 남북한 올림픽 단일팀이 구성되어야 한다고 인식하고 이를 제안하였다. 이러한 그의 제안은 1987년 10월 16일의 시점에서도 이미 주장되었고, 1988년 4월 16일의 「민족통일에 관한 구체적 제안」에서도 나타났다. 그는 "특히 1988년에 성취해야 할 일은 남북한 올림픽 단일팀을 구성하는 일입니다. 또 남북 청년학생 국토종단순례대행진과 남북 청년학생 체육대회를 기어코 이룩하도록 노력해야 한다고 생각합니다"라고 하여 청년학생들이 주장한 남북 청년학생 체육대회와 국토종단순례대행진에 대해서는 찬성하는 입장을 보였지만, 올림픽 공동개최 보다는 남북한 올림픽 단일팀 구성에 무게중심을 두었다고 볼 수 있다.[39]

이러한 올림픽 단일팀 구성 문제는 1985년 5월 29일 국제올림픽 위원회(International Olympic Committee, 이하 'IOC'로 약칭) 위원장인 사마란치가 "9월이나 10월 스위스 로잔에서 IOC 주재 아래 남북한 체육회담 개최를 위해 남북한 올림픽위원회에 이를 제의했다"고 발표하며, 이 회담의 주제가 1988년 올림픽에 남북한이 단일팀을 구성하는 문제가 될 것이고, 이 회담이 열릴 경우 IOC, 남북한 올림픽위원회 등 '3자 회담'이 될 것이라고 설명하면서부터 시작되었다. 이 발표가 있고 얼마 지나지 않아 7월 30일 북측의 정준기 부총리가 "우리는 제24회 올림픽대회를 '조선올림픽대회' 또는 '조선 서울, 평양 올림픽 대회'라는 명칭으로 경기의 절반을 평양에서, 나머지 절반을 서울에서 치르고 남북 유일팀을 결성하여 대회에 참여하는 것이 좋다고 생각한다"며 남북공동올림픽 개최 및 유일팀, 즉 단일팀을 주장했던 것이다.[40]

문익환은 1988년 6월 "88올림픽 공동주최와 단일팀 구성에 반대하는 것은 현 정권의 한계를 드러내는 일"이라면서, "정부의 말인즉, '북쪽이 주장하

---

39) 『민중의 소리』 1987.10.16.
40) 『로동신문』 1985.7.30.

는 공동주최는 교류를 여는 길이 아니'라는 것이다. 그것이 사실이라면 교류를 조건으로 하는 공동주최를 왜 이쪽에서 제안하지 못하는가? 그냥 교류만이 아니라 단일팀 구성까지 왜 제안하지 못하는가?'라며 남북공동올림픽 개최와 단일팀 구성을 강력히 주장하였다. 또한 "남북한이 단일팀으로 참가하게 되면 남북한 7천만 겨레가 한 목소리로 '우리'팀을 응원하게 될 것이고, 그리 되면 44년에 걸쳐 쌓이고 쌓인 불신, 대립, 적대감을 쓸어낼 수 있을 텐데, 이것을 한사코 마다하는 까닭이 무엇인가? 이것은 역사를 1972년 7월 4일 이전으로 후퇴시키려는 의도로 보아야 옳을 것이다"라고 하였다. 그는 단일팀 구성이 남북 간의 불신, 대립을 극복하고, 하나의 겨레로 화합하는 계기가 될 것이라고 보았던 것이다.[41]

그러나 정부는 표면적으로 올림픽 공동개최가 '올림픽은 단일국에 한한다'는 IOC 헌장에 위배되고 시간이 없다는 이유를 들어 공동개최가 불가능하다고 주장하였다. 그런데 IOC 베르디에 대변인은 1985년 북한이 공동개최안을 들고 나왔을 때 공동개최를 논의하기 위해서는 IOC회원국의 서면투표를 통해 3분의 2 이상의 지지를 얻어야 한다고 밝힌 바 있다.[42] 즉 3분의 2 이상이 찬성하면 IOC헌장을 개정할 수 있었음에도 불구하고 정부는 공동개최를 하기 위한 노력을 전혀 하지 않았고, 오히려 학생, 지식인, 재야의 공동올림픽 주장을 철저히 억누름으로써 공동올림픽 개최를 통한 통일에의 물꼬를 트는 데 소홀히 하였다.

정부는 중국, 소련을 대하듯 북한에도 유연한 자세를 취하고, 학생들의 주장도 합리적으로 수용하여 공동올림픽 개최와 단일팀 구성에 합의했어야 했다. 또한 북한도 대회명칭이야 어떻든 참가했어야 함에도 불구하고 북한의 허담이 "공동개최가 되어도 서울에 선수단을 파견하지 않겠다"는 성명을 냄으로써 사실상 불가능한 일을 계속 주장해 서울 올림픽을 방해하

---

41) 『한겨레신문』 1988.6.18.
42) 『한겨레신문』 1988.6.7.

려는 저의를 드러냈다.[43]

1988년 최대의 관심사는 '6·10남북학생회담'과 '올림픽공동개최'였다. 그래서 학생 운동권세력과 재야는 이 두 가지를 성취하기 위해 공동보조를 맞추어 나갔다. 문익환을 비롯한 재야의 통일에 대한 합의된 수준의 입장 발표는 학생들의 통일운동이 그 파고를 높여가던 5월 중순에 이르러서야 비로소 본격화되었다.[44] 학생들이 남북한의 자주적 교류를 주장하며 남북학생회담 추진준비를 본격화하고 있던 5월 11일, 함석헌·문익환·계훈제 등 재야 원로인사 35명은 노태우 대통령과 김일성 주석에게 드리는 편지를 발표하였다. 이들은 그 서한을 통해 "제24회 올림픽은 남북의 동족이 정치적 부담 없이 만날 수 있는 좋은 기회이므로 남과 북의 정부가 이 일을 놓고

---

43) 『조선일보』 1988.6.21

44) 올림픽공동개최에 대한 정치권의 입장과 일련의 과정을 살펴보면 다음과 같다. 5월 14일 전대협은 고대에서 '6·10 남북한 청년학생 실무회담 성사 및 공동올림픽 개최를 위한 범시민 학생 결의대회'를 개최했다(『한겨레신문』 1988.5.5). 5월 20일 국회에서 열린 평민당 의원총회에서 김대중 총재는 "사실상의 올림픽 공동개최를 위해 필요하다면 판문점에서 남북한 정당회담을 여는 방안도 생각해 볼 수 있다"며 남북한 정당회담을 고려했다. 김 총재는 "북한이 참여하면, 올림픽의 안전개최가 보장되고 선수단과 기자교류 등 엄청난 인적 교류가 이루어진다"면서 "남북한의 긴장 완화와 평화, 화해 무드가 지속되면 북한의 개방도 촉진할 수 있어 남북한 평화통일에 큰 실익이 있을 것"이라고 강조했다. 이에 대해 민정당의 대변인은 "통일논의는 개방하되 대북 대화창구는 정부로 일원화하는 것이 정상임에도 불구하고, 단일창구만을 가지고 있는 북한과의 관계에서 남북 간의 정당회담을 주장하는 것은 책임 있는 정치지도자로서는 너무도 무책임한 주장"이라고 했다(『한겨레신문』 1988.5.21). 그런데 결국 5월 24일 북한의 김일성은 "북한은 두 개의 조선 정책을 인정하기를 바라지 않기 때문에 올림픽 대회에 참가하지 않을 것"이라고 했다. 이 같은 사실은 3일간 북한을 방문한 뒤 일본에 도착한 조하킴 시사노 모잠비크의 기자회견을 통해 밝혀졌다(『한겨레신문』 1988.5.25). 그러다가 이후 북한 '최고인민회의 상설회의'의 의장이 26일 남측의 국회의장에게 보낸 2차 서한에서 불가침선언과 올림픽을 연계시켜 남북한 국회가 공동으로 불가침선언을 채택하게 되면 올림픽에 참가할 수도 있다고 하기도 했다. 그러나 이것은 올림픽에 참가보다는 불가침쪽에 더 관심이 있음을 보여주는 것이었다(『한겨레신문』 1988.7.27). 이후 북한은 올림픽 참가신청 최종 마감시한을 하루 넘긴 3일 서울올림픽경기에 참가하지 않을 것이라고 발표했다(『한겨레신문』 1988.9.4).

| 통일의 선각자, 문익환의 삶과 분단극복론

시급히 협상을 재개해 줄 것"을 촉구하며[45] 남북공동올림픽의 개최와 단일 팀 구성을 위한 노력을 보였다. 이들은 제24회 올림픽 대회에 남북 선수가 함께 참여하면 남북의 대화와 교류를 활성화시켜 통일을 한층 앞당길 것으로 보았던 것이다. 이를 계기로 남북학생회담을 강행하려는 학생들과 원천 봉쇄하려는 노태우 정부 사이에 갈등이 빚어지자, 재야민주운동진영은 학생들의 요구의 정당성을 주장하며 '올림픽 공동개최'를 지지하는 입장을 밝혔다.

5월 28일 재야민주인사와 68개 사회단체는 '조국통일의 대업을 앞당기기 위한 시국선언'을 발표하여, 남북공동올림픽과 6·10남북학생회담의 성사를 촉구하는 입장을 밝혔다.[46] 이 선언은 "각계각층 국민의 주도적 참여가 보장되지 않고 정부당국이 통일에 관한 논의와 실천을 독점해서는 조국통일이 성사될 수 없다는 것이 한국현대사의 가르침이다. 이제 각계각층의 국민대중 모두가 민족의 최대과제인 조국통일을 앞당기기 위해 통일운동의 주인으로 나서야만 한다"고 밝혀 정부의 '창구단일화'원칙을 반대하고 청년학생들의 자주적 교류운동을 지지하였다. 6월 7일 박형규, 안병무, 송건호 등 재야인사 21명은 학생회담에 대한 긴급성명을 발표하였다. 그들은 긴급성명을 통해 "정부가 오히려 이를 주선하고 인도해야 할 것"이라며 학생회담에 대한 적극지지의 입장을 재차 표명했다.

또한 문익환, 성내운, 지선 등 재야인사들과 민통련, 민주쟁취국민운동 서울본부, 민청련, 한국기독청년협의회, 한국대학생불교연합회 등 사회단체는 200여 명의 시민이 참석한 가운데 6월 8일 기독교회관에서 '6·10남북학생회담 성사를 위한 시민지지대회'를 열고 정부당국과 한미연합사에 보내는 공개서한을 채택했다. 이 보다 앞서 6월 7일 문익환, 함석헌 등 재야원로대표 31명은 6·10판문점 남북학생회담을 지지하는 긴급성명을 발표했

---

45) 국토통일원 편, 『각계통일논의자료집』 3, 국토통일원, 1988, 160쪽.

46) 노중선, 앞의 책, 298쪽.

다.[47] KNCC는 9일 긴급임시실행위원회를 열고 성명을 통해 "우리 학생들이 남북한 학생들 간의 접촉과 대화를 제안한 것은 통일을 갈망하는 염원에서 나온 순수한 것으로 생각한다"면서 "정부당국은 이를 적극 수용하여 조속히 실현되도록 추진해야 할 것"이라고 주장했다.[48]

국민대중의 지지와 성원 속에서 6월 9일 오후 5시 연세대에서는 '6·10회담 성사를 위한 백만 학도 총궐기대회'가 열릴 예정이었다. 그러나 군사독재정권은 각 지방 및 서울의 대학과 대회장인 연세대를 원천봉쇄하였다. 그러자 학생들은 전남대·서강대·이화여대·고려대로 분산 결집했으며, 그날 밤 10시 연세대에서 2만여 명의 학생들이 참가한 가운데 총궐기대회를 열었다[49]

이에 대해 통일원장관 이홍구는 9일 '6·10남북학생회담에 관한 성명'을 발표하였다. 그는 "정부는 북한당국이 남북 학생 교류에 원칙적으로 동의하고 있는 점에 유의하고 있다"면서 "남북 고위당국자회담을 열어 남북학생 교류의 내용, 방법, 남북 왕래절차, 신변안전보장 문제 등을 우선적으로 협의할 용의가 있다"고 밝혔다. 정부는 학생들의 뜻이 실현되도록 힘쓰고 있다면서, 학생들의 판문점 방문 중단을 촉구했다.[50] 이날 이홍구의 성명은 '6·10남북학생회담'을 하루 앞두고 나온 것으로 학생 회담에 대한 정부의 거부의사를 분명히 한 것이나, 남북학생 교류문제를 정부가 수용하겠다는

---

47) "우리의 청년 학도들이 6월 10일 판문점에서 북한의 청년학도들과 만나 남북한 학도들의 체육대회를 비롯하여 민간차원에서의 접촉과 교류에 관한 예비회담을 하자고 제안한 것은 순결한 마음에서 우러나온 당연한 발상으로 받아들여지며 장하고 갸륵한 애국충정으로 이해된다. (중략) 우리는 더 이상 우리 청년학생들의 목숨이 희생되어서는 안 된다고 생각하며, 이를 막기 위하여 온 국민의 뜻과 지혜를 모을 것을 호소한다. 또한 정부당국은 보다 적극적인 자세로 학생들의 제의를 수용할 것을 촉구한다"(문익환 외, 「6·10판문점 남북학생회담에 관한 긴급성명」, 1988.6.7).

48) 『조선일보』 1988.6.10.

49) 『민중의 소리』 1988.6.18.

50) 『한겨레신문』 1988.6.10.

표명을 하여 주목되기도 했다.

10일 오전 민통련 의장 문익환, 불교대표 지선·진관 등 각계인사들과 2만여 명의 학생들이 참가한 가운데 오전 10시부터 남북학생회담 출정식이 열렸다. "조국통일 가로막는 미국 놈들 몰아내자", "이 땅이 뉘 땅인데 오도 가도 못하느냐" 등의 구호를 외치며 김중기 단장과 통일선봉대를 앞세운 행렬이 연세대 교문을 통과하려 하자 경찰은 최루탄을 발사하며 행렬을 저지했다.[51] 이는 정부가 통일논의에 있어서 민간통일운동 단체의 참여를 배제한 채 오직 정부만이 대북협상의 주체가 되어야 한다는 '창구단일화의 원칙'을 고수하고 있음을 보여준 증거였다. 결국 6월 10일 남북학생회담이 경찰의 저지로 무산되자 밤 10시 연세대에서 학생 3천여 명이 참여한 '6·10 회담투쟁 중간보고 및 규탄대회'가 열렸다.[52] 민통련은 6월 15일 통일논의를 압살하는 노태우 독재정권을 규탄하며 이율배반적인 제6공화국의 통일 논의 개방정책에 대한 민통련의 입장을 밝혔다.[53]

---

[51] 『민중의 소리』 1988.6.18.

[52] 『조선일보』 1988.6.11. 이 시기 남북학생회담과 학생들의 통일논의 및 통일운동은 어느 정도의 보편적 지지를 받고 있었을까. 전대협이 전국대학생 1만 2천여 명을 대상으로 1988년 3월 설문조사한 결과에 따르면 실제로 '통일'이 옳다고 생각하는 학생이 71.5%로 압도적이고 '반공'은 26.8%로 나타나 기존의 반공 이데올로기가 크게 쇠퇴하고 있음을 나타냈다. 학생들의 통일에 대한 노력을 부정적으로 인식하기보다는 긍정적 인식이 훨씬 많음을 알 수 있다(『동아일보』 1988.6.24).

[53] 이 얼마나 이율배반적인 제6공화국의 작태인가? 민중을 착취, 억압하기 위한 도구로서만 이용되어 온 분단을 극복하고 민족이 하나가 되어 살아가는 통일조국을 건설하고자 하는 염원이 각계각층에서 드높아지고 있는 마당에 대통령은 통일논의만을 개방하겠다고 하고, 경찰서는 통일논의의 내용을 담은 도서를 제작, 발간한 출판사 직원을 연행, 구속하고 있다. 이러한 노태우 군사 독재 정권의 반민족적 반민주적 만행에 대해 민통련은 다음과 같이 주장한다.
- 통일논의를 개방하고 인사교류를 주선하겠다면, 무엇보다도 이를 가로막는 국가보안법을 철폐하라.
- 인간의 기본권리인 출판의 자유를 보장하라.
- 불법적으로 연행, 구속한 반병찬 씨를 즉각 석방하라.
- 압수수색 불법연행을 중단하고, 압수해 간 서적을 즉각 반환하라.

6·10남북학생회담은 통일문제에 관한 국민대중의 관심을 고조시켰으며, 분단 이후 독재정권이 자신들만의 전유물로 이용한 '통일논의 및 운동'에 대한 벽을 허물고 이를 전 국민에게 확산시켰다는 데 큰 의미를 가진다. 또한 6·10남북학생회담은 4·19 이후 처음 민간주도로 조국통일 문제를 제기하여 온 국민의 관심을 집중시키고 통일의식을 높인 점, 각계각층의 자주적 교류제안의 물꼬를 트는 데 결정적 역할을 한 점, 그리고 통일문제를 관념적 차원이 아닌 대중운동으로 끌어올렸다는 점에서 통일운동사에서 그 역사적 의의가 크다.[54]

그러나 민통련을 비롯한 재야 통일운동세력들은 청년학생들과 보조를 맞추거나 뒤따라가는 모양새를 보이는 한계점을 드러냈다.[55] 즉 이 시기에 통일운동을 주도한 세력이 주로 학생층이었는데, 이들은 사회구성체의 성격을 '식민지반자본주의'로 규정하고 반미통일운동에 역점을 두었던 NL(민족해방 민중민주주의)계열이 다수를 차지하였다. 그런데 민통련은 통일운동을 선도해 나갔다기보다는 6·10남북학생회담을 통해 통일운동의 주도권을 쥐었던 학생들과 교류하면서 그들을 후원하는 입장이었다고 할 수 있다. 다만 문익환은 학생운동의 주류였던 NL계열의 주체사상파(일명 '주사파')의 노선에 편향되지 않고 남과 북의 입장을 항상 융합하려고 노력하였다.[56]

---

54) 신주백, 홍석률, 정창현, 「통일운동의 역사」, 『역사와 현실』 1995년 16호, 58쪽.

55) 민통련 정책실장이었던 장기표는 "민통련 내에서 문화운동세력들은 학생들의 영향을 많이 받아 '주사'적 입장도 수용하였다"고 하였다(2009년 6월 29일 여의도 신문명정책연구원 사무실에서 장기표와의 인터뷰 내용).

56) 문익환과 늘 곁에서 의견을 나누었던 당시 민통련 조직국장이었던 이명식은 "문익환은 친남이며, 친북이었기 때문에 북한의 주체사상을 수용한 것도 아니었고, 그렇다고 무시한 것도 아니었다"며 문익환은 이념을 초월하여 남과 북을 한 민족으로 인식하였다고 하였고 아울러 문익환은 기독교적인 입장에서 공산주의나 사회주의도 수용할 수 있다는 생각을 가지고 있었다"고 하였다(2009년 6월 27일 서울 당산역 카페에서 이명식과 인터뷰 내용 중 일부). 당시 민통련 통일위원회 간사였던 김선택 역시 "문익환은 주사에 절대 편향되지 않았고,

그러나 문익환은 민주와 통일은 하나라고 말하면서도 1987년 출옥 이후 민주화보다는 통일운동에 더욱 적극적이었다. 따라서 그가 반독재민주화투쟁이나 계급모순을 타파하고 노동자, 농민들의 생존권 투쟁에 앞장서는 PD(반제반독점 민중민주주의)계열을 끌어안고 가는 데 소홀히 한 측면도 있었다. 즉 반외세자주화운동 및 반독재민주화운동과 전체적인 통일성을 갖지 못하고 대중의 삶과 연결시켜 지속적으로 이끌어 갈 투쟁주체가 미흡하여, 확대된 통일운동의 공간 속으로 노동자, 농민, 빈민 등 대중을 끌어들이지 못했다는 점은 아쉬움으로 남았다.

문익환은 1988년 6월 18일 오후 고려대 민주광장에서 열린 '조국통일을 위한 범민족 대토론회'에서 "통일논의 창구단일화론은 2가지 의미가 있다. '관주도론'과 '다원적 만남의 단일화'가 그것이다. 현 정권의 논리는 전자의 의미가 짙다"며, "그러나 분단 44년 동안의 관주도 통일논의는 분단의 벽만 높이 쌓았다. 이제 민족문제는 관주도로는 결코 풀 수 없다고 결론이 나 있다. 민간 주도로 하지 않으면 안 된다. 다각도의 교류가 이뤄진 뒤 그 결과를 관이 나서서 인정하고 협정을 맺는 것이 바람직하다"고 주장하였다. 그는 관주도론에 해당하는 통일논의 창구단일화론에 반대하며, 민주도로 이뤄져야 함을 강조했던 것이다.[57] 또한 그는 1988년 7월 1일 「1988년을 그냥 넘길 수 없습니다」라는 글에서, 이제는 민주도의 통일운동이 일어나고 있으며, 이제는 관이 물러나고, 민주도의 통일운동이 일어나야 함을 역설했다.[58]

남과 북의 입장을 언제나 융합하는 입장이었다"고 증언하였다(2009년 5월 31일 천안시 커피숍에서 김선택과의 인터뷰의 내용 중 일부).

[57] 『한겨레신문』 1988.6.18.

[58] "이제 관은 물러나야 합니다. 민 주도로 밖에는 통일의 문이 열리지 않겠기 때문입니다. (중략) 분단의 피해자 민중은 눈을 뜨기 시작했습니다. 44년에 걸친 분단의 한을 더 이상 참고 있을 수 없어 가슴들이 뜨겁게 타오르고 있습니다. 이렇게 해서 통일은 우리 모두의 관심사요, 우리 모두의 과제가 되어 가고 있습니다. 이것이 우리의 확신이 되어 가면서 민통련은 이 해가 가기 전에 통

그리고 그는 1988년 7월 4일 「7·4남북공동성명 발표 16주기를 맞이하는 성명서」를 발표하면서 "이제 우리는 이 통일의 열기를 구체적인 민주운동에 쏟아야 하며 이렇게 통일과 민주를 민족자주로 통일해 낼 때에라야 억눌렸던 민중의 힘이 뜨거운 불길로 치솟을 것 아닌가? 이렇게 치솟는 힘만이 외세를 물리치고 군사독재를 무너뜨리고 7천만 겨레가 대동단결하여 분단된 조국 분열된 민족을 자주적으로 평화롭게 통일할 것이 아닌가?"라고 하여 자주, 민주, 통일이라는 민족적 3대과제를 강조하였다.[59] 또한 문익환을 중심으로 한 민통련은 이날 '남북 사회단체 회담'을 갖자고 제안하였다. 그 구체적 내용은 "남북한 내의 민주사회단체협의회를 구성해 자주적인 남북교류와 88올림픽 공동개최, 단일팀 구성하고, 사회단체회담 이전이라도 남북학생회담, 남북작가회담, 남북음악합동대제전 등의 민간차원에서의 자주적 남북교류가 성사되도록 노력한다"는 것이었다.[60]

이보다 앞서 7월 2일 '민족문학 작가회의'도 회장단의 입장을 밝히는 성명을 통해 '남북작가회담' 개최를 제안했다. 민족문학 작가회의 김정한 회장, 고은·백낙청 부의장은 이 성명에서 민족정서의 동질성 보존을 위한 공동작업, 국문학연구를 위한 현지답사반의 교환 등 인적교류, 정기적인 남북문학인대회 및 축제 개최 등을 주장하였다.[61]

이런 일련의 통일논의가 진행되고 있던 가운데 노태우는 1988년 7월 7일 '민족자존과 통일 번영을 위한 특별선언'(이하 '7·7선언'으로 약칭)을 발표하였다.[62] 노태우 정부는 7·7선언을 통해 우리 민족이 분단현실을 극복하

일을 향해서 결정적인 한 걸음을 내디딜 것입니다. 민중과 함께 민중의 일원으로……"(문익환, 『전집』 4권, 사계절, 1999, 399쪽).

[59] 『민중의 소리』 1988.7.7.

[60] 국토통일원 편, 『각계통일논의자료집』 3, 국토통일원, 161쪽.

[61] 『민중의 소리』 1988.7.7.

[62] 북한은 11일 노태우 대통령의 7·7특별선언을 '두 개 한국을 조작하려는 분열주의 안'으로 매도하고 이 같은 문제들을 남북한 연석회의를 통해 해결해야

통일의 선각자, 문익환의 삶과 분단극복론

지 못하고 있는 이유는 남과 북이 민족공동체라는 의식을 등친 채 적대관계를 격화시켜온 데 있다고 지적하였다. 그리고 노태우 정부는 민족공동체로서의 관계발전이 통일조국을 실현하는 지름길이며, 국제 사회에서 남북은 서로의 위치를 인정, 민족 전체의 이익을 위해 협력해야 한다고 강조했다.[63]

남한 정부가 7·7선언을 통해 남북관계를 민족공동체 관계로 설정하는 한편 미·일과 북한의 관계개선 협조 및 남한과 사회주의권의 관계개선의 의지를 밝힌 점[64] 등은 긍정적으로 평가할 수 있다. 그러나 북측이 주장하는 정치, 군사회담에 대한 언급은 전혀 하지 않았다는 점, 즉 한반도의 진정한 민족적 화합과 평화는 군사적인 문제의 해결 없이는 불가능한데, 7·7선

한다는 종래 주장을 되풀이했다(『동아일보』 1988.7.12).
7·7선언의 주요 내용은 다음과 같다.
첫째, 정치인, 종교인, 언론인, 종교인, 문화예술인, 체육인, 학자 및 학생 등 남북동포 간의 상호교류를 적극 추진하며 해외동포들이 자유로이 남북을 왕래하도록 문호를 개방한다.
둘째, 남북적십자회담이 타결되기 이전이라도 인도주의적 견지에서 가능한 모든 방법을 통해 이산가족들 간에 생사, 주소확인, 서신왕래, 상호 방문 등이 이루어질 수 있도록 적극 주선, 지원한다.
셋째, 남북간 교역의 문호를 개방하고 남북간 교역을 민족내부교역으로 간주한다.
넷째, 남북 모든 동포의 삶의 질을 향상시킬 수 있도록 민족경제의 균형적 발전이 이루어지기를 희망하며, 비군사적 물자에 대해 우리우방들이 북한과 교역을 하는 데 반대하지 않는다.
다섯째, 남북 간의 소모적인 경쟁, 대결외교를 종결하고 북한이 국제사회에 발전적 기여를 할 수 있도록 협력하며, 또한 남북대표가 국제무대에서 자유롭게 만나 민족의 공동이익을 위하여 서로 협력할 것을 희망한다.
여섯째, 한반도의 평화를 정착시킬 여건을 조성하기 위하여 북한이 미국, 일본 등 우리 우방과의 관계를 개선하는 데 협조할 용의가 있으며 또한 우리는 소련, 중국을 비롯한 사회주의국가들과의 관계 개선을 추구한다(노태우 대통령, 「민족자존과 통일번영을 위한 특별선언」(1988.7.7 전문), 『노태우 대통령 통일대화분야 연설집』, 27~31쪽 참고).
63) 『한국일보』 1988.7.8.
64) 정해구, 「대화와 갈등의 남북관계」, 『분단 50년과 통일시대의 과제』, 역사비평사, 1995, 294쪽.

언에 군사대결을 제거하자는 제안이 없다는 것은 한계점이라고 볼 수 있다.

한편 민통련은 학생들을 중심으로 벌어진 6·10남북학생회담 성사를 위한 투쟁과 공동올림픽 쟁취 투쟁으로 일어나기 시작한 국민들의 통일에의 염원을 대중적으로 확산시키고 구체적 통일방안을 제시하기 위해 '제2차 통일문제 전국 순회강연회'를 가졌다. 강연회는 '분단을 뛰어넘어 자주화로! 통일로!'라는 주제로 민통련 본부가 주최하고 지역 가맹단체가 주관하여 1부에서는 강연, 2부에서는 '통일맞이 대동극' 순으로 진행됐다. 통일 강연회는 7월 1일부터 31일까지 전국 15개 도시에서 1만여 명의 시민, 노동자, 학생이 참여한 가운데 이루어졌다.[65]

광주, 울산, 거제, 원주 등 12개 지역에서 문익환은 강연을 통해 "민족의 염원인 통일을 가로막고 있는 자들은 자국의 이익을 위해서는 한민족의 이해와 상관없이 한반도에서 핵을 사용해 소련을 선제공격하겠다고 떠들어대는 미국과, 전두환과 공범자인 노태우정권이다"라고 하였으며, 이어 "통일은 이 같은 반민족적 세력을 척결하는 과정임과 동시에 노동자, 농민, 도시서민 등이 주인이 되는 민중민주주의의 실현 과정이다"라고 하여 통일은 한반도와 동북아시아의 평화를 위해 반드시 필요하며, 통일을 위해서는 미국을 포함한 반민족적 세력을 척결해야 한다는 것을 분명히 했다.[66] 문익환 등 재야세력은 8월 11일 "정부 당국의 학생에 대한 구속, 탄압은 7·7선

---

65) 통일 강연회는 민통련 문익환 의장, 지선 부의장, 민통련 대의원회 강희남 의장, 이영희, 장명국 등이 지역을 나누어 이루어졌다(『민중의 소리』, 1988.8.1). 민통련 조직국장이었던 이명식은 통일강연회의 강사는 주로 문익환과 백기완이 담당하였고, 지역적 차이는 있었지만, 강의 내용도 통일문제에 국한하지 않았다고 하였다. 즉 통일강연회는 통일강연 뿐만 아니라 지역여건에 맞게 마산, 창원 등 공단지역에서는 노동문제를, 원주 등 농촌지역은 농민문제에 대한 강의도 하여 내용을 다양화하였다고 증언하였다. 또한 그는 참가자수도 공단지역에서는 노동자 등이 약 1만여 명 정도 참여했고, 농촌지역에서는 천여 명 정도 참여한 경우도 있었다고 증언하였다(2009년 6월 27일 서울 당산역 커피숍에서 이명식과의 인터뷰 내용).
66) 『민중의 소리』, 1988.8.1.

언과도 위배되고, 전 국민의 통일 열망에도 위배되는 행위"라고 하며 정부에 7·7선언에 대한 실천의지를 주문하면서, 학생들의 순수한 통일에 대한 열망을 보장해주어야 한다고 요구하였다.[67]

이후의 통일운동은 '8·15남북학생회담' 성사투쟁을 전후해 민족자주와 반핵평화 등 정치 군사적 문제를 강력하게 제기하면서 반미 반독재 투쟁과 결합하는 방향으로 나아갔다. 전대협은 7월 18일 8·15남북학생회담 실현을 위한 세부적 투쟁일정을 발표, 8월 9일부터 14일까지 예정대로 '민족화해를 위한 남북한 청년학생 국토종단순례대행진'(이하 '국토순례대행진'으로 약칭)을 강행하고 8월 15일에는 연세대에서 출정식을 가진 뒤 판문점으로 출발할 것이라고 밝히는 한편, 남북학생회담의 의제로 남북 학생 체육대회, 공동올림픽 개최, 남북 이산가족 찾기, 민간차원의 자주적 교류 등 네 가지 문제를 제시했다.[68]

이러한 움직임에 대해 정부당국은 8월 초 내무부, 안기부 등 관계기관 대책회의를 통해 '원천봉쇄'방침을 결정해 발표하고 강력한 탄압을 벌이는 한편, 8월 4일 이홍구 통일원장관의 발표를 통해 학생들이 의제를 교류문제나 체육대회로 국한하면 회담을 주선할 용의가 있음을 내비치기도 했다. 전대협은 8월 6일 이홍구의 발표에 대한 기자회견을 열고, "남북한 국회연석회의가 범국민적 의사수렴의 과정을 거치고 각계각층의 참여를 보장한다면, 학생회담의 의제를 축소할 뜻이 있다"고 밝혔다. 그러나 이날 열린 통일선봉대 발대식에서부터 경찰의 원천봉쇄에 밀리기 시작했고, 이어 국토순례대행진도 각지에서 무산되거나 투석시위로 발전했다. 15일에 열렸던 연세대 출정식도 마찬가지였다.[69] 결국 정부당국과 학생들은 서로를 불신하게 되었고 이는 6·10남북학생회담에 이어 8·15남북학생회담마저도

---

67) 문익환 외,「학생운동 관련서한」1988.8.11.

68) 『한겨레신문』1988.12.29.

69) 『한겨레신문』1988.12.29.

무산되는 결과를 초래하였다.

한편 민통련, 민청련 등 재야 11개 단체의 통일운동세력은 공동 올림픽 성사를 위한 투쟁을 전개하였고, 통일운동의 범국민적 확산을 위해 7월 20일 '조국의 자주적 평화통일을 위한 민주단체협의회'(이하 '조통협'으로 약칭)를 구성하기에 이르렀다.[70] 이들은 이전의 학생운동이나 계급, 계층의 부문운동 역량의 분산으로 인한 투쟁력 약화를 극복하고 통일운동의 범국민적 확산을 꾀하기 위해 민통련을 비롯한 사회운동단체들과 함께 '조통협'을 구성했던 것이다. 이로써 대통령선거 패배 이후 민주진영 내부에 발생한 조직적 균열을 극복할 수 있는 토대를 마련한 셈이었다.[71]

조통협은 통일은 단순한 영토의 통합만을 의미하는 것이 아니라, 민족의 분열을 조장하는 외세를 배격하고 민족 전체의 자주권을 실현하여 한반도에 전쟁과 군사대결이 없는 것을 뜻한다고 정의하였다. 이에 대한 실천과제로 민족의 자주권 회복, 한반도평화와 긴장완화를 위한 투쟁, 남북공동올림픽 성사로 분열의식의 극복과 민족대단결의식 고취, 각계각층의 자주적인 교류, 민중의 의식화·조직화 등을 내세워 반 통일세력에 대한 대중적 인식과 투쟁을 위해 경주하였다.[72]

조통협의 발족 선언문을 분석해 보면, 공동대표인 문익환의 인식이 상당 부분 반영되었음을 알 수 있다. 조통협은 외세와 독재정권에 의해 억눌려오던 통일염원과 통일열기가 1988년에 이르러 크게 확산되자, 통일운동세력을 결집하고 범국민적으로 통일운동을 추진하기 위해 결성되었다. 조통협은 발족선언문에서 첫째, 통일운동의 투쟁대상을 외세와 독재정권으로 보았고, 둘째, 통일운동을 민중해방투쟁으로 보았으며, 셋째, 통일을 단순한

---

[70] 노중선, 앞의 책, 315~316쪽.

[71] 윤석인, 「88년 여름의 조국통일운동」, 『사회와 사상』, 132~133쪽.

[72] 조통협, 「조국의 자주적 평화통일을 위한 민주단체 협의회 발족선언문」, 1988.7.20.

영토의 통합이 아니라 민족과 조국의 통일로 보았다. 바로 이러한 점이 민중 중심적 사상, 국토통일이 아닌 민족통일이라는 문익환의 인식과 일맥상통한다고 볼 수 있다.

7월 27일 조통협은 선언문을 통해 공동올림픽 개최와 휴전협정을 폐기하고 평화협정을 체결할 것을 촉구했다. '조국의 자주적 평화통일을 위한 민주단체 협의회 발족대회 및 공동올림픽 쟁취와 평화협정체결을 위한 범국민 결의대회'가 7월 27일 오후 5시 고려대 민주광장에서 조통협 산하 11개 단체 회원과 2천여 명의 시민, 학생들이 참석한 가운데 열렸다.[73] 1부 발족대회에서 문익환 조통협 공동대표는 개회사를 통해 "지난 44년간 버텨온 분단장벽이 지난 6·10투쟁으로 금이 가기 시작했다"고 하고 "학생들의 통일열망이 내부적으로는 서총련과 서건추의 통합으로 결실돼 학생운동이 단결된 모습으로 선 것을 반갑게 생각한다"고 하면서 "나아가 조통협의 결성과 투쟁으로 조국통일의 대로를 열 것"을 약속했다. 이어 2부 결의대회에서는 남측 대표단장 김중기가 북한 청년·학생에게 보내는 공개서한을 발표해, 이미 제시한 4개항 외에 추가로 남북한 군사대치 해소를 위한 학생들의 노력, 회담 후 '8·15민족해방기념제' 개최 등을 포함시킬 것을 제의했다. 주최 측은 공동결의문에서 "작금의 현실은 평화보다는 전쟁의 위험이 우리에게 다가오고 있다"고 하면서 "휴전협정이 평화협정으로 바꿔지기 위해서는 핵무기반입과 무력증강이 중지되고 핵무기 철수와 군비축소가 이루어져야 한다"고 주장했다. 또 단독 올림픽을 강행하려는 미국과 노태우 정권의 의도를 분쇄하고 전 민족이 공동올림픽을 기치로 내걸고 일치단결하여 투쟁하는 데 총 매진할 것을 선언했다.[74]

조통협은 8·15남북학생회담을 앞두고 통일운동을 범국민적으로 확산시키기 위한 투쟁을 전개할 것을 결의하고 8월 7일부터 16일까지를 통일염원

---

73) 『한겨레신문』 1988.7.28.
74) 「민중의 소리」 1988.8.1.

범국민 실천기간으로 선포했다. 조통협은 이 기간 중 공동올림픽 쟁취 가두 서명운동, 통일염원 서울시민 걷기대회, 8·15민족해방 43주년 기념식 등의 실천을 전개했다. 공동올림픽 쟁취 서명운동은 "민족의 분단을 고착화하려는 반통일적인 분단올림픽을 극복하고 민족화해와 협력의 기운을 드높일 수 있는 공동올림픽을 이뤄내 그 성과를 바탕으로 남북의 군사적 긴장을 완화하고 통일을 앞당기자"는 목적하에 국민의 통일의지를 모으기 위해 조통협 발족식 날인 7월 27일부터 시작됐다.[75]

조통협의 8·15실천대회의 성과는 먼저 정권의 탄압과 언론의 여론 조작 등의 어려움에도 불구하고 8·15학생회담의 정당성에 대한 국민적 관심을 확산시킴으로써 '조국의 자주적 평화통일'(이하 '조통'으로 약칭)운동의 대중적 기반을 확보하였다는 점이다. 둘째는 조통협은 학생운동 내부의 조직적 결속을 강화시켜 전대협으로 하여금 그간의 형식적 결속을 넘어 부문·계열별 조직화를 이루고 8·15투쟁을 통해 학생들의 의식화 정도를 심화시키고 역량을 강화시켜 나가도록 하였다. 셋째는 시민·학생들의 통일학교, 시민·농민·노동자 순례단, 도시빈민과의 결합 등 미약하지만 각계각층의 기본 대중의 조통운동으로의 결집을 이루는 단초를 만들었다는 점이다. 그러나 이러한 노력에도 불구하고 광범위한 국민전선으로 나아가는 데는 실패하였다. 그 원인은 대중과의 결합을 차단시키려는 노태우 정부의 물리적 탄압에 적절히 대처하지 못했고, 보수 야당들과의 교섭을 통한 통일전선사업의 추진이 미약하였던 점도 지적될 수 있다.[76] 그럼에도 불구하고 학생운동을 중심으로 6·10남북학생회담과 8·15남북학생회담이 추진되고, 여러 사회운동세력들이 조통협을 결성하면서 조국통일운동은 학생운동뿐 아니라 민족민주운동세력 전체로 폭을 넓히게 되었다. 또한 이 밖에도 '북한 바

---

75) 「민중의 소리」 1988.8.20.

76) 조통협, 「조국의 자주적 평화통일을 위한 민주단체협의회 실행위원회 보고서」, 1988.8.25.

통일의 선각자, 문익환의 삶과 분단극복론

로알기운동' 등을 통하여 더욱 대중적으로 전개되기에 이르렀다.[77]

그 연장선에서 대중적 통일운동의 분위기가 고조되었고, 민간통일운동은 8월 23~28일의 '세계평화대회'를 계기로 반핵 평화투쟁으로 이어졌다.[78] 전대협은 8월 16일 '공동올림픽 개최와 평화협정 체결'을 다시 강조하였고, 국회연석회의와 남북한 범민족대회 성취, 세계평화대회에 즈음한 반전반핵투쟁을 결의했다. 이에 앞서 8월 3일 재야원로를 포함한 각계인사, 시민, 학생 등 1천 명은 '한반도 평화와 통일을 위한 세계평화대회'를 위한 추진본부를 구성하였다. 추진본부는 그간의 성과를 모아 9월 17일부터 10월 2일까지 올림픽이 열리는 시기에 맞춰 세계평화대회가 전국순회 '범민족대회'로 이어지도록 계획하였다.[79]

국민들의 통일운동을 탄압하던 노태우 정부는 7·7선언에 이어 10월 14일 국회시정연설, 그리고 10월 19일 유엔연설에서 잇따라 통일정책을 발표했다.[80] 이에 대응하여 10월 24일 조통협은 의구심을 갖고 성명서를 발표했다. 조통협의 공동대표인 문익환, 이우정, 지선, 이재오, 오영식은 1988년 10월 24일 「현정권의 기만적인 통일정책을 규탄한다—10월 19일 노태우 씨의 유엔연설에 대한 우리의 입장」을 발표했다. 그 내용의 일부를 보면 다음과 같다.

---

77) 한국역사연구회 한국현대사연구반, 앞의 책, 209쪽.

78) 정해구, 「대화와 갈등의 남북관계」, 『분단 50년과 통일시대의 과제』, 역사비평사, 2008, 297~298쪽,

79) 『한겨레신문』 1988.12.29.

80) 노태우는 1988년 10월 19일 제 43차 유엔총회에서 '동북아평화협의회' 창설을 제안하였다. 즉 노태우는 남북한, 미국, 러시아, 일본, 중국 6개국이 군사적 신뢰구축을 통한 안보증진 및 번영을 목적으로 동북아평화협의회를 만들 것을 제안하였던 것이다(신정현, 『선진국방의 비전과 과제』, 나남, 2006, 86~ 87쪽). 또한 노태우는 이 연설에서 남북정상회담의 실현과 4강에 의한 남북한 교차승인 등을 발표하였다(허문영, 『김정일시대의 북한』, 삼성경제연구소, 2006, 497쪽).

우선 우리는 현 정권의 이 같은 통일정책의 구체적 내용을 검토하기 전에 현 정권의 주장대로 남과 북이 화해하기 위해서 그 전제조건으로서 화해를 제의하는 노태우정권이 국내적으로 얼마나 실질적 조치들을 수행하고 있는가에 대해 묻지 않을수 없다. (중략) 다음으로 현 정권이 주장하는 한반도의 긴장해소를 위한 제안을살펴보면, 한반도 평화문제의 핵심적 사항인 미국과 북한 간의 평화협정체결, 미국의 핵무기 및 군사기지의 철거문제에 대해 전혀 언급되고 있지 않은 점에 우리는 분노하지 않을 수 없다. (중략) 마지막으로 이번 연설에서 가장 주요한 내용을이루고 있는 동북아 6개국 평화협의회 제안 역시 결코 통일을 위한 것이 아니라고우리는 주장한다.

우리의 주장

1. 미국과 노태우정권은 4개국 교차승인을 통한 분단고착 음모를 즉각 중단하라!

1. 미국은 평화협정 체결하고, 핵 군사기지를 즉각 철거하라!

1. 민족화해와 통일논의 가로막는 반공국시, 국가보안법을 철폐하고 통일국시를확립하라!81)

이와 같이 조통협은 노태우 정부가 7·7선언에 이어 유엔연설 등을 통해잇따른 통일정책을 발표하였음에도 불구하고 6·10 및 8·15남북학생회담을 저지하는 것은 남과 북의 화해를 위한 실질적이 조치를 행하지 않는 것이라고 보았다. 이를 근거로 통일에 대한 진정성이 없는 기만적인 통일정책이라고 판단하였던 것이다. 또한 조통협은 교차승인을 반대하고, 미국과의평화협정을 체결하며, 국가보안법을 철폐할 것 등을 주장하였다.

여기서 조통협의 대표이자 민통련 의장으로 활동했던 문익환은 어떠한운동노선의 입장에서 통일운동을 이끌어 나갔는지를 검토해 볼 필요가 있다. 문익환은 1988년 11월 서울 민통련 주최 '민주통일시민학교'에서 강연을했다. 그는 민주와 민족통일은 서로 다른 둘이 아니라, 하나임을 강조했고, 국민과 일체된 정부, 국민을 기반으로 한 정부만이 외국의 압력을 거절하는

---

81) 조통협, 「현정권의 기만적인 통일정책을 규탄한다─10월 19일 노태우 씨의 유엔연설에 대한 우리의 입장」, 1988.10.24.

| 통일의 선각자, 문익환의 삶과 분단극복론

자주적 입장을 견지할 수 있다고 하였다. 따라서 민주화와 민족자주는 하나이며, 민족자주를 하면 통일을 실현할 수 있다고 보았다. 또한 통일운동이 곧 자주운동이요, 자주운동이 곧 민주화운동이라고 하면서 자주운동을 강조했다. 그는 자주, 민주, 통일을 당시 한국사회의 정치적 과제로 보고, 이를 실현해야 한다고 보았던 것이다. 그리고 민주주의의 기본은 인권이며, 인권의 기본은 생명이라고 하면서 인권의 중요성과 생명의 중요성을 언급하기도 했다. 그는 민중민주주의자들만이 진짜 민주주의자라고 하면서 민중민주주의의 입장에 서 있었다.[82] 이처럼 문익환은 인권, 생명의 중요성을 강조하면서 민주화된 사회를 추구하였으며, 이를 위해 통일이 필요하다고 인식하여 큰 틀에서 민주, 자주, 통일을 하나의 범주로 규정하였던 것이다.

그러나 문익환은 민주, 통일, 자주가 하나라고 강조하긴 했지만, 내면적으로는 통일에 더욱 무게중심을 두고 행동했던 것으로 판단된다. 이에 대해서 백낙청은 자주, 민주, 통일이라는 나열식 구호에 대한 재검토가 필요함을 주장하면서, "두 개 또는 그 이상의 과제가 어떤 내적 연관으로 결합되어 있으며, 어떻게 세분되어 어떤 우선순위가 매겨지는가가 밝혀지지 않은 상태에서 복수의 과제들을 동시에 수행하라고 하면, 튼튼한 실천조직으로 결합될 수 없다"면서 자주, 민주, 통일의 결합 내지는 우선순위 논쟁의 불가피성을 역설하였다.[83] 이와 관련해 박현채는 민주화를 선행시켜 민주화 속에서 민중들의 통일에 대한 요구가 제대로 제기될 수 있을 때 바로 민중 민족적인 요구의 표면화, 또는 표출을 통해서 통일문제와 연관될 수 있다고 보

---

82) 1989년 1월의 민통련 주최 민주통일시민학교에서 한 강연에서도 문익환은 민주주의라고 말할 수 있는 것은 민중민주주의밖에 없음을 강조했다. "민주주의라고 말할 수 있는 것은 민중민주주의밖에 없습니다. 사람답게 살아갈 방법은 민중민주주의입니다. 그래야 가진 2백만도 사람답게 살 수 있습니다. 가진 2백만의 자유는 자유가 아닌 죄악입니다"(문익환, 「전집」 3권, 사계절, 1999, 287~311·318쪽).

83) 백낙청, 『분단체제변혁의 공부길』, 창작과비평사, 1994, 28쪽.

았다. 즉, 민주화를 통해 전체 민족, 민중적인 요구를 하나로 수렴할 수 있는 계기를 잡기 위해서는 일단 통일논의를 통해서 민주화와 또는 민중, 민족적인 요구를 표면화하고, 표출시키려는 노력 속에서 통일을 제기하는 것이 순서라고 보았다. [84]

한편 1987년 말 대선이 끝난 이후, 대선패배와 관련하여 민족민주운동(이하 '민민운동'으로 약칭) 세력 내에서 김대중 후보에 대한 비판적 지지를 공개적으로 표방했다는 이유로 민통련에 대한 비판이 강하게 제기되고 있었다. 이에 민통련 내의 민민운동 세력들은 전국적 연합체로서의 위상과 역할이 약화되어, 새로운 활로를 찾고자 모색하였다. 그러던 중 1988년 2월경 문익환의 강력한 제안과 상임위원회의 결정으로 민통련 산하에 문익환을 중심으로 김병걸이 위원장을 맡고, 박현채, 김낙중, 노중선, 곽태영 등이 위원이 된 '통일위원회'가 구성되었다.[85] 이를 통해 통일운동에 더 비중을 두고 운동을 이끌려 했던 문익환의 노력을 확인할 수 있다. 민통련의 통일위원회는 88올림픽을 계기로 통일논의가 확산되자, '통일문제 금요강좌'를 열어 척박한 시기에 '민민운동' 세력 내에서 통일논의를 본격적으로 정리하고, 각계의 통일방안을 수렴하여 그 결과물을 기초로 향후 통일운동의 방향 정립에 기초가 될 통일방안을 작성하고자 하였다.

민통련 통일위원회 주최로 1988년 10월 7일부터 11월 4일까지 총 5회에 걸쳐 종로 3가 성당 강당에서 '통일문제 금요강좌'가 개최되었다. 이 강좌에서는 통일위원회 위원들뿐만 아니라, 강만길 · 송건호 · 김근태 · 이재오 등 각계 전문가들이 일반인을 상대로 공개강좌를 열어 통일논의를 대중화함으로써 통일운동의 방향을 재정립하는 계기로 삼고자 하였다.[86] 아울러 민

---

84) 박현채, 「좌담-민족통일운동과 민주화운동」, 『창작과 비평』, 제16권 3호, 1988년 가을호, 7~8쪽.

85) 김선택, 「통일문제 금요강좌-시작과 아쉬움」, 『민통련 20주년』, 민통련 창립 20주년 기념행사위원회, 126~127쪽.

86) 공개강좌는 1회부터 4회까지는 분단의 원인, 분단의 고착화 과정, 남북한 통일

'통일문제 금요강좌'를 진행하는 문익환

통련 통일위원회 위원들은 1988년 2월부터 12월까지 매월 격주로 모여 통일
문제를 논의하고 열띤 토론을 펼치기도 하였다.[87] 문익환은 이러한 통일위
원회의 모임을 통해 자신의 통일방안을 구체화시켜나갔고 4월 16일 '문익환
의 연방제 3단계 통일방안'을 발표하기에 이르렀던 것이다.[88] 1988년 12월

방안의 비교 등 '통일문제의 본질'에 관한 것과 올림픽 이후 통일문제를 둘러싼
시사적인 문제를 다루었고, 5회에는 그동안의 통일운동을 평가하고 과제를 제
시하였다(김선택, 위의 책, 128~132쪽).

[87] 김낙중의 회고에 의하면, 매월 정기모임은 아니었고 필요에 따라 자주 모여
친분관계를 돈독히 하였고 통일문제에 있어서 박현채와 열띤 논쟁을 벌였다고
하였다(2009년 5월 27일 경기도 파주 자택에서 김낙중과의 인터뷰).

[88] 김선택은 "문익환이 김낙중이나 박현채 등의 토론 내용을 주의 깊게 경청하였
고 이것이 자신의 통일방안을 정립하는 데 직간접적인 영향을 주었을 것"이라
고 회고하였다(2009년 5월 31일 천안시 커피숍에서에서 김선택과의 인터뷰).
노중선도 "문익환은 활동가이고 김선택, 권영택 등 젊은이들과의 잦은 교류를
통하여 자신의 통일방안을 이론적으로 정리하였을 것"이라고 하였다(2009년 6
월 1일 서울 '4월혁명연구소' 사무실에서 노중선과의 인터뷰).

21일 민통련 통일위원회는 문익환, 김낙중, 박현채, 노중선, 김선택 등 민통련 통일위원들의 1박 2일 동안의 토론을 토대로 실무간사 김선택이 작성한 시안을 마련하였다. 이 시안에서 주목해야 할 몇 가지를 정리해 보면, 통일방안으로는 과도적 방안으로 1민족 2국가 연방제를 제시하였다.[89] 그리고 경제적으로는 민족경제론의 입장에 선 민족경제 상호 간의 통합을 위한 조치와, 혼합경제체제에서 국가계획경제체제로의 점진적 이행, 농업의 협동화, 공장기업의 협동조합적 운영 등을 제시하였다. 또한 사회문화적 교류가 반드시 선행되어야 할 조건이 아니라, 군사정치면에서부터 교류가 시작되어야 한다는 점 등은 획기적인 것이었다.[90] 그러나 이 시안은 광범위한 공개토론을 거쳐 완성하려 했으나 당시 전민련 출범문제와 관련해 민통련 내부사정으로 결국 완성되지는 못했다.[91] 그럼에도 민통련 통일위원회의에서 이 시안을 통해 통일을 위한 남북 간의 합일점을 찾으려했던 노력은 긍정적으로 평가할 만하다.

결과적으로 민통련 통일위원회가 세웠던 계획들은 민통련의 발전적 해소와 새로운 전국단위 조직인 전민련의 출범으로 계속되지 못했다. 또한 민통련의 활동도 그대로 전민련에 계승되지 못했지만, 전민련 내부에 조국통일위원회(이하 '조통위'로 약칭)를 별도로 두어 통일운동의 맥은 이어 나갔다.

---

[89] 당시 시안 마련에 참석했던 노중선은 증언을 통해 "'1민족 2국가 연방제안'이 원칙은 '1민족 1국가 연방제'이지만, 당시의 시대상황하에서는 연방제를 언급하기도 어려웠기 때문에 의도적으로 '2국가 연방제'라고 작성하였다"고 밝혔다 (2009년 6월 1일 서울 '4월혁명연구소' 사무실에서 노중선과의 인터뷰).

[90] 노중선은 경제, 사회, 문화 측면보다 정치, 군사적 측면을 요구하는 것은 원칙적으로 정당하고 핵심적인 사안이라고 밝혔다. 다만 시대 상황에 고려하여 미군철수, 팀스피리트 중단 등 구체적인 정치, 군사적 요구를 주장하는 대신, 포괄적 의미의 정치, 군사적 교류가 선행되어야 함이 강조되었다고 회고하였다 (2009년 6월 1일 서울 '4월혁명연구소' 사무실에서 노중선과의 인터뷰).

[91] 노중선, 앞의 책, 346~349쪽; 2007년 9월 10일 4월혁명연구소에서 노중선과의 인터뷰.

| 통일의 선각자, 문익환의 삶과 분단극복론

민통련은 통합논의과정에서 체계적인 운동방향의 정립과 운동의 주체에 대한 서로 간의 이해라는 긍정적인 측면도 있었다. 그러나 운동내부의 소모적인 논쟁과 갈등으로 인해 정부의 탄압과 분열음모에 효과적으로 대처하지 못하고 각 단체의 분열에 유리한 상황을 형성해 준 부정적 측면도 있었다.[92] 그리고 통합과정에서 드러나듯이 국민회의 입장이 주로 반영되어 결성된 민통련은 이후 활동과정에서 성장하는 각 부문별 기층 민중운동과 긴밀히 협력하지 못하면서 민중운동의 구심점으로 자리 잡기보다는 사실상 재야운동의 통합조직 정도로 역사적 지위가 한정될 수밖에 없었다. 즉 민통련은 통일전선체로서의 자신의 위상과 역할에 대한 명확한 인식이 부족하였다.[93]

또한 재야명망가 중심의 국민운동방식을 극복하지 못한 점, 조직이 상층의 명망가나 사무처 중심으로 운영되고 이들에게 과도한 의결권이 부과되어 민중의 정치적 요구를 수용하기 어려웠다는 점, 소속된 많은 단체들이 대부분 민중운동과의 연대 속에서 계급적으로 단련되지 못하여 그 명칭이 민중운동연합임에도 불구하고 재야민주화운동의 틀을 벗어나지 못했다는 점도 한계라고 할 수 있다. 이에 따라 민통련은 기층 민중운동의 성장에 대한 새로운 조직건설과 함께 발전적으로 해체되어야 할 과도적 연합운동조직일 수밖에 없었다.

그러나 이러한 한계에도 불구하고 민통련의 결성은 그 자체만으로도 민중운동 발전과정에서 중요한 역사적 의미를 가진다. 1989년 1월 전민련의 결성과 함께 해체되기까지 약 3년 6개월 동안 군부독재의 탄압 속에서도 중요한 역할을 수행하여 최초로 전국적 연대에 기초해 각 지역, 부문에 고립·분산적으로 이루어지던 활동문제를 극복하고 운동의 통일성과 조직력을 키워 나갔다. 뿐만 아니라 보수야당과 구별되는 진보세력의 대변자로서

___

92) 민청련, 『민주화의 길』 제15호, 45~46쪽.
93) 조희연, 『한국사회운동사』, 죽산, 1990, 380쪽.

〈표 1〉 KNCC 통일위원회와 민통련 통일위원회 비교

	KNCC 통일위원회	민통련 통일위원회
결성시기	1982.2.26. '통일문제연구원 운영위원회' 설치 결의 후 1982.9.16. 설치	1988.2~1988.12.
제안자, 조직	1981.6.8.~10. 제4차한독기독교교회협의회의 권고에 따라 조직	문익환의 강력한 제안과 상임위원회 결정으로 민통련 산하에 둠
구성원	서광선, 김용복, 김창락, 민영진, 노정선, 박종화, 이삼열, 오재식, 김형태, 강문규 등	문익환, 김병걸, 김낙중, 박현채, 노중선, 김선택, 권영택 등
활동 및 선언	〈국내적〉 1985.2 '한국교회평화통일' 발표 1988.2. '민족의 통일과 평화에 대한 한국기독교회 선언' 발표 〈국외적〉 1984.10. '도잔소보고서' 채택 1986.9. '제1차글리온회의'에서 남북교회 상봉 1988.11. '제2차글리온회의'	－ 시민들을 대상으로 1988.10.7~11.4. 총 5회에 걸쳐 '통일문제 금요강좌'를 개최 － 통일위원들이 매월 격주모임을 통해서 통일문제를 논의 － 1988.12.21. '남북한 통일안의 기본틀' 시안 마련
주장 내용	〈1985년 선언〉 － 민중주체통일과 평화통일 〈1988년 선언〉 － 분단과 증오에 대한 죄책 고백 － '7·4남북공동성명' 원칙 수용 － 인도주의적 원칙, 민족구성원 전체의 민주적 참여원칙 강조 － 이산가족의 동거, 방문 자유 － 평화협정, 불가침조약체결 － 주한미군의 궁극적철수와 군축 및 비핵화 등	－ 과도적 방안으로 1민족2국가 연방제 － 통일의회 설치, 혼합경제체제 － 민중적 통일방안수립 － 남북한 불가침선언, 평화협정체결 － 군비축소 및 감군 － 반민주, 반통일적 악법, 기구 철폐 － 정치·군사적 요구 충족 － 체육·문화행사 공동개최 등
의미 및 평가	〈국내적〉 － 한국교회의 평화통일 의지를 천명했다는 점 (1985선언)	－ 민족민주운동 세력 내에서 최초로 '통일위원회'를 두어 통일문제에 대한 본격적인 연구를 하게 되었다는 점

통일의 선각자, 문익환의 삶과 분단극복론

	- 민간차원에서 공포한 최초의 통일 선언, 반공주의와의결별(1988선언) 〈국외적〉 - 세계교회(WCC)와 한국교회 유대를 통해 한반도의 통일문제를 국제화시켜 한국교회의 통일운동에 중요한 전기 마련	- 일반시민을 상대로 한 통일문제강좌를 통해 통일에 대한 일반인의 관심을 고조시켰다는 점 - 통일위원들 뿐만 아니라 그 외 전문가들의 공개강좌로 통일운동의 방향 재정립
한계	- 구체적인 통일방안이 없이 통일에 대한 원칙만을 주장하였다는 점 - 통일문제 전문가 그룹이 부재 하여 정부자료에 의존한 점 (다만 독일통일방안 참고)	- 활동기간이 짧았으며 '시안'을 가지고 광범한 공개토론을 거쳐 통일방안을 완성하려 했으나 민통련의 발전적 해소와 전민련의 출범으로 활동이 중단되었고, 결국 통일방안을 미완성한 점 - 전민련의 '조국통일위원회'가 민통련 '통일위원회'의 활동을 완전히 승계하지 못한 점

의 역할을 수행함으로써 민중운동의 독자성을 지닌 운동세력임을 대중적으로 각인시키는 데 일정한 기여를 하였다.[94] 즉 민통련의 활동은 1960~1970년대 운동단체들의 개별적·산별적 활동을 극복하고, 전국적 연대의 경험을 축적하여 통일운동의 제고에 계기가 되었다.[95]

1980년대 활동했던 통일위원회는 전술하였듯이 KNCC '통일위원회'와 민통련 '통일위원회' 두 단체에서 조직되었고 이들이 주장한 것들과 내용을 비교 검토하면 〈표 1〉과 같다.

다음으로 1988년 시기의 통일운동을 둘러싼 쟁점을 살펴보면서 정리해 보고자 한다.

첫째, '민주화'와 '통일'의 우선순위 논쟁을 들 수 있다. 1988년 KNCC는 '민족의 통일과 평화에 대한 한국기독교회선언'(KNCC선언)을 발표하였다. 전술하였듯이 KNCC는 'KNCC선언'에서 민주화와 통일을 '병행'하여 추진해

---

[94] 조현연, 앞의 논문, 95~96쪽.
[95] 조희연, 앞의 책, 380쪽.

야 한다는 입장이었다.

한편 3월 30일 서울대 총학생회장 후보 김중기가 제안한 '남북청년학생간의 국토종단행진과 체육대회'를 통일운동을 중시한 서총련은 지지한 반면, 민주화운동을 바탕으로 한 서건추는 반대하였다. 그러나 1988년 7월 서건추가 해산하고 서총련과 통합하는 과정에서 이러한 논쟁은 일단락되었다. 따라서 청년학생운동 세력들은 민주화를 우선하는 서건추가 통일을 우선하는 서총련에 통합됨으로써 자연스럽게 '통일 우선'으로 귀결되었다. 그 일환으로 청년학생들은 6·10과 8·15 두 차례에 걸쳐 '남북학생회담'을 시도했지만 정부에 의해 실패하였다.

문익환은 늘 주장해 오던 것처럼 민주화와 통일은 하나이며, 병행해 추진해 나가야 한다는 입장을 보였다.[96] 그러나 이 시기에 문익환은 표면적으로는 민주화와 통일은 하나라고 하면서도 내면적으로는 통일 쪽으로 기울어진 듯한 행보를 보였다.

둘째, '자주적 교류'와 '창구단일화' 논쟁을 들 수 있다. 선언적 차원을 넘어 청년학생들은 남북 간의 자주적 교류를 주장하였고, 이는 재야의 폭넓은 지지를 받았다. 또한 조통협도 1988년 8월 25일 "자주적 교류운동은 동족 간 대결의식을 민족대결의식으로 전변시켜나가는 가장 유력한 투쟁이며, 아울러 각계각층의 요구를 민주적으로 담아 민족문제를 해결하는 남북정

---

[96] 문익환은 서총련과 서건추의 통합에 대해 다음과 같이 말하였다. "사실 서건추하고 서총련이 둘로 갈라졌는데 서총련은 민족통일이고 서건추는 분단극복이었습니다. 말하자면 분단모순의 극복, 이것이 서건추 쪽의 강조점이었어요. 그러니까 그 둘이 하나로 통합됐어요. 그래서 이 둘은 한정된 운동으로 전개돼 나가는 거죠. 지난번 7월 4일 행한 맨 마지막 강연회 때 대학로에서 제가 그런 얘기를 했어요. 6월 10일부터 7월 4일까지 치솟아 오른 뜨거운 통일이 열기를 살려 양심수 석방, 5공 비리 규명, 광주사태 규명, 그 다음에 노동자, 농민, 기층 민중의 생존권 투쟁이라는 문제에다가 전 역량을 쏟아야 된다는 것이죠. 분단극복, 말하자면 분단모순의 극복과 함께 민족통일을 해야 한다는 운동으로서 이것이 통합돼 나가고 있습니다"(동아일보사주최 「남북한 통일방안 심포지엄」에서의 토론내용. 1988.7.29~30).

당, 사회단체 연석회담의 기초를 쌓아 나가는 투쟁이다"[97]라고 하면서 자주적 교류운동의 필요성을 역설하였다.

한편 정부는 통일문제 등 남북한에 관한 문제는 "정부로 창구를 단일화해야 한다"는 입장을 강조하였다. "일정 정도의 통일논의는 보장하지만 대북 접촉과 교류는 남북 간의 미묘한 문제와 관련되므로 국론의 분열을 막기 위해 정부가 주도해야 한다"고 주장하였다. 그럼에도 불구하고 이홍구 통일원 장관은 연수원 기공식의 한 연설에서 "통일논의는 자율화되고 개방되어야 한다"는 표현을 쓰기도 했다.[98] 따라서 사회각계의 바람직한 통일논의에 대해서는 이를 수렴할 수도 있음을 내비쳤지만 정부와 민정당은 5월 14일 "남북한 대화창구는 정부로 일원화해야 한다"고 발표했다. 그러나 5월 18일 야3당 총재 회담에서 김대중은 "통일논의와 관련, 창구를 정부로 일원화하는 것은 문제가 있다. 통일정책의 집행은 정부가 할 수 있지만 논의만은 창구를 일원화하는 데 반대한다"고 발언했다.[99] 문익환도 통일논의는 관주도가 아닌 민간주도로 이루어져야 하고, 이러한 측면에서 다각적인 교류가 이루어진 뒤 관이 협정을 맺는 것이 옳다고 보았다. 즉 관은 통일논의를 주도하는 것이 아니라 민의 통일논의의 결과물을 반영하여 수행하는 역할을 해야 한다고 보았다.

이처럼 정부는 남북대화창구를 정부로 일원화해야 함을 천명한 반면, 민통련과 종교계 진보적 단체들은 자주적 교류를 주장하는 청년학생들을 지지하며 정부의 통일논의 독점화를 경계하는 시국선언문을 발표하였다. 그

---

97) 조통협, 「조통협 실행위원회 보고서」, 1988.8.25, 10~11쪽.

98) 『한겨레신문』 1988.5.15.

99) 『한겨레신문』 1988.5.19. 당시 국회의원들의 견해는 어떠했을까. 1988년 5월 30일 13대 국회 개원을 맞아 실시한 조사에서 야당의 초선의원 67명(민정 25 평민 18 민주 15 공화 9)을 대상으로 실시한 전화 설문조사에 의하면 대다수 초선의원들(56명)은 통일협상에 있어 정부 단일창구를 희망하고 있으며 8명의 의원만이 복수창구를 주장했다. 또한 북한의 태도변화가 없는 한 북한의 올림픽 참가는 불가능하다고 보는 의원은 50명에 달했다(『한겨레신문』 1988.5.31).

리고 조통협은 자주적 교류를 원칙으로 '제 정당·사회단체 연석회담'의 필요성을 역설하였으며, 문익환도 관주도의 통일논의로 창구단일화를 반대하며 민주도로 통일논의의 다각화를 이루어야 한다고 주장하였다.

셋째, 1988년에 활발히 전개되었던 통일논의와 통일운동의 성과와 한계를 지적해 보고자 한다. 우선 성과는 4·19 이후 정부가 아닌 민간주도에 의한 통일문제를 국민적 관심사로 부각시켰다는 점과, 통일운동세력의 인식과 실천 활동이 이전과 달리 공개적이고 각계각층이 폭넓게 참여하는 양상을 보였으며 통일논의의 수준을 넘어서 대중적 통일운동으로 발전하였다는 점이다. 결과적으로 통일논의의 공간을 전 국민적으로 확대시키고 관념성을 탈피하여 구체적 방안을 제시해 나감으로써 통일운동 자체를 한 단계 높이는 성과를 이루어냈다고 할 수 있다. 그러나 이렇게 고조된 통일에 대한 열기를 노동자, 농민, 도시빈민 등 기층민중의 불참으로 인해 청년학생이나 진보적 개신교, 재야통일운동세력을 제외한 민중들과는 결합해내지 못한 한계는 간과할 수 없다.

아울러 남북 학생회담 성사투쟁이 자주적 교류에만 한정되고 공동올림픽 쟁취투쟁 등 지속적인 통일운동의 발전으로 이어지지 못함으로써 공동올림픽 쟁취투쟁에 무기력한 결과를 낳았다는 점을 한계로 볼 수 있고,[100] 남북 학생회담 성사투쟁이 각계각층의 자주 교류 움직임을 급속히 진전시켰음에도 불구하고, 남북한 정당 사회단체 연석회의 촉구 등으로 이어지지 못한 점이 한계점으로 드러났다.

2) 문익환의 연방제 3단계 통일론

1988년 4월 16일 연세대 국민 대토론회에서의 문익환의 발언들을 통해 그의 전반적인 통일론을 살펴볼 수 있다. 먼저 "평화협정 체결 문제는 35년

---

100) 한국역사연구회 현대사 연구반, 앞의 책, 296~297쪽.

통일의 선각자, 문익환의 삶과 분단극복론

끌어온 준전시 상태를 종결시키는 일로서 통일에 앞서 반드시 거치지 않으면 안 되는 일로, 불가침조약이나 점진적인 군축도 이에 포함시킬 수 있다"고 보았다. 둘째, "주한미군은 미소냉전시대의 종결로 사실상 명분을 잃었지만, 한반도에서 미·소·중·일 4대국의 힘의 균형과 한반도의 평화를 보장하기 위한 측면에서 긍정적으로 볼 수도 있다"고 주장했다. 셋째, 유엔동시가입문제는 "한시적으로 연방제 통일에 이르는 과도기적 단계로 동시가입을 하는 것도 무방하다"고 보았다. 넷째, "연방제 통일 1단계는 당분간 군사와 외교를 남과 북이 독립적으로 운영하는 대영제국의 연방제도와 같은 것으로서 김대중이 제안하고 주장한 것인데, 이 단계에서 유엔 외교만을 단일화하는 것"으로 보았다. 다섯째, "영세중립화선언으로 연방제 통일과 함께 한반도의 영세중립화를 선언해서 열강의 각축장이 되고 있는 한반도에 평화를 정착시켜 세계평화의 초석이 되어야 한다"고 보았다. 여섯째, 연방제 통일 2단계는 군사, 외교까지 통합하는 단계로 보았는데, 이는 김일성이 제안하는 연방제 안과 비슷하였다. 그는 이 단계는 "남북한의 현 사회경제 체제를 그대로 유지하는 단계로 한국이 남과 북 두 단위로 각각 지방자치제를 실시하는 것"으로 보았다. 끝으로, 연방제 통일 3단계는 "남과 북이 두 단위로 실시하던 지방자치제를 도 단위로 세분화하는 단계"라고 하여 도마다 실험을 거쳐 실정에 맞는 제도를 창출함으로써 서로 경쟁, 협력하는 창조적인 단계로 보았다.101)

문익환의 연방제 3단계 통일안을 요약 정리하면, 1단계는 남북이 군사와 외교까지 독점적으로 운영하는 단계, 2단계는 군사와 외교까지 통합하는 통일의 단계, 3단계는 남북 두 단위의 지방자치제를 도 단위로 세분화하는 단계라고 할 수 있다. 문익환의 통일안의 특징은 반외세 민족자주를 지향하고 있다는 점,102) 영세중립국통일을 지향한다는 점, 남의 통일방안과 북에

---

101) 문익환, 연세대 국민 대토론회, 1988.4.16.
102) 문익환은 "민중민주주의 통일운동은 가는 곳곳에서 절벽에 부딪쳐 왔다. 그

서 제기된 연방제통일방식을 적극적으로 결합하였다는 점, 민간주도의 다방면에 걸친 남북교류를 추진했다는 점이라고 볼 수 있겠다.

그러면, 이러한 문익환의 통일론과 당시 노태우 정부의 통일론이 어떻게 달랐는지 비교해 보자. 노태우는 1989년 9월 11일 제147회 정기국회 본회의에서 '민족공동체 회복으로 통일 앞당기자'라는 제목의 연설 중 '한민족공동체통일방안'을 발표하였다.[103] 한민족공동체통일방안의 기본 골격은 남북대화의 추진으로 신뢰회복을 해나가는 가운데 남북정상회담을 통해 민족공동체헌장을 채택하고, 남북의 공존공영과 민족사회의 동질화, 민족 공동생활권의 형성 등을 추구하는 과도적 통일체제인 '남북연합'을 거쳐, 통일헌법이 정하는 바에 따라 총선거를 실시하여 통일국회와 통일정부를 구성함으로써 완전한 통일국가인 '통일민주공화국'을 수립하는 것으로 되어 있다.[104] 그리고 남북연합 단계에서는 민족공동체헌장에서의 합의에 따라 남북정상회의와 남북이 동등한 자격으로 참여하는 각료회의, 평의회, 공동사무처 등의 기구를 두고, 비무장지대 내에 평화구역과 통일평화 시(市)를 설치하며, 통일헌법은 남북평의회에서 안을 마련해 민주적인 방법과 절차를 거쳐 확정하는 것으로 되어 있다.[105]

이것을 문익환의 통일론과 비교해 보면, 첫째, 정부는 통일의 주체를 정부로 일원화하여 통일정책에서 국가독점을 강조한 반면, 문익환은 민중이

절벽이 무엇인가? 그것은 외세다. 분단을 고정시키고 자국의 권익만을 지키려는 미, 일의 국가 이익은 원칙적으로 한국 민중의 권익과 상충한다.(중략) 민주화는 오로지 우리 민중의 힘으로 이루어져야 하고 민족통일도 오로지 우리 민중의 힘으로 이루어질 뿐이라는 것이 지난 44년 분단의 역사가 가르쳐 주는 교훈이다. 이러한 까닭에 민주세력이 추구해야 하는 민족통일운동은 민족자주운동이 될 수밖에 없었다. 물론 민주화운동은 민족자주운동이어야 한다"라고 하여 반외세 민족자주를 지향하고 있었음을 알 수 있다(문익환, 「연방제통일의 3단계 과정」, 『사회와 사상』, 1988년 9월호).

103) 대통령 비서실, 『노태우 대통령 연설문집』 제2권, 1990, 255~263쪽.
104) 통일부 정책자료실, 『통일백서』, 통일부, 1992, 77쪽.
105) 김병오, 『민족통일과 남북연합』, 여강출판사, 2001, 127쪽.

주체가 되는 민중통일론에 입각하고 있다고 할 수 있다. 둘째, 정부는 '자유민주주의'를 통일국가가 추구해야 할 기본이념으로 상정하여 남한의 체제의 우월성을 기본전제로 제시한 반면,[106] 문익환의 통일론은 '반외세 민족자주'와 자유와 평등의 조화를 강조하였다. 셋째, 정부는 통일의 전제조건을 특별히 제시하지는 않았지만, 남북한 유엔동시가입과 교차승인이 되어야 한다는 분단의 고착을 전제로 한 반면, 문익환은 분단해소를 위한 통일환경의 조성을 강조하였다.

다음으로 북한의 고려연방제통일론과 문익환의 통일론의 차이점과 유사점을 고찰해 보자. 1980년 10월 10일에 열린 조선노동당 제6차 대회에서 '고려민주연방공화국 통일방안'이 제시되면서 완결적 형태의 '연방제' 통일방안을 중심으로 하는 공개 노선이 전면화되었다. 이른바 '고려민주연방제'(1980~1990, 이하 '고민연'으로 약칭)라 불리는 이 통일방안의 주요내용은 다음과 같다. 남한사회의 민주화, 남한 내 모든 정당·사회단체 및 개별인사들의 연공활동의 합법화, 남한정권이 민주주의적 정권 즉 인민정권으로 교체, 평화협정체결과 미군철수, 미국의 내정간섭 중지 등을 전제조건으로 제시하였다. 그리고 연방정부의 임무는 전 민족의 단결, 합작, 통일의 염원에 맞게 공정한 원칙에서 정치문제, 조국방위 문제, 대외관계 문제를 비롯하여 나라와 민족의 전반적 이익과 관계되는 공동의 문제들을 토의, 결정하고 국가의 통일적 발전을 위한 사업을 추진하는 것이라고 하였다. 한편 지역정부의 임무는 연방정부의 지도하에 전 민족의 근본 이익과 요구에 맞는 범위에서 독자적인 정책을 실시하며 모든 분야에서 남과 북의 차이를 줄이고 민족의 통일적 발전을 이룩하기 위해 노력하는 것이라고 하였다.[107] 다

---

106) 신정현, 「한국통일방안 평가」, 동아일보 심포지엄 발표논문, 1988, 2~7쪽 참조.
107) 『로동신문』 1989.3.30. 북한은 고려민주연방공화국에서 '고려'는 우리나라의 첫 통일국가이고, '민주'는 남북이 공감하는 공통된 정치이념이고, '연방공화국'은 통일국가로서 연방국가의 특성을 살리는 것이므로 통일국가의 명칭을 '고려민주연방공화국'이라고 칭하였다.

음으로 연방의 조직과 기능은 ① 남북의 동수 대표들과 적당한 수의 해외 동포들로 '최고민족연방회의' 구성, 그 상설기구로서 '연방상설위원회'를 조직하고 ② 최고민족연방회의[108]와 연방상설위원회[109]는 남북이 공동의장과 공동위원장을 각각 선출, 윤번제로 운영되어야 하며 ③ 잠정적으로 연방공화국의 지역적 자치정부에 더 많은 권한을 부여하고 장차 중앙정부의 기능을 높여나감으로써 연방제통일을 완성시켜나간다는 것이다. 그리고 이상과 같은 기구를 통해 북한은 민족의 통일적 발전을 위한 사안을 추진하고 모든 분야에서 단결과 합작을 실현해야 할 것이라며 '10대시정방침'[110]을 밝혔다.[111]

이것을 문익환의 '3단계 연방제 통일론'과 비교해 보면, 첫째, 문익환이 주장한 통일론은 '민중'이 주체가 되는 단계적인 방식인 데 비해 북한의 '고민연'은 '정당'과 '인민'이 주체가 되고 단계적인 통일론이 아니라, 한꺼번에 이루어내야 하는 통일로서, 통합의 부작용인 '통일충격'을 시간적으로나 공간적으로 줄이는 데 문제가 있다고 할 수 있다.[112]

---

108) 최고민족연방회의는 남과북의 지역정부를 지도하고, 정치, 방위, 교역문제를 포함한 국가의 전반적 이익과 관계되는 공동의 문제를 토의 · 결정하며, 남과북의 단결, 합작을 실현한다는 것이다.

109) '연방상설위원회'는 남과북의 지역정부는 지역자치제로서 연방정부지도 아래 독자적 정책을 실시한다는 것이다(김성관, 「연방주의에 기초한 남북한 통일방안에 관한 연구」, 서울대학교 석사학위논문, 2000, 44쪽).

110) '10대 시정 방침'은 ① 완전한 자주독립 국가로 블록 불가담 국가(중립국가),자주적인 정책실시 ② 전 지역과 사회 모든 분야의 민주화, 즉 정당, 사회단체조직 활동의 자유, 신앙, 언론, 출판, 시위의 자유, 통행의 자유 등 ③ 경제적 합작과 교류 실시, 자연 부원 공동개발, 사적소유 인정 ④ 과학, 민족문화예술, 민족교육, 교류 협조 ⑤ 교통, 체신 연결, 전신, 전화, 우편물 일원화 ⑥ 노동자, 농민, 근로대중과 인민 전체의 생활 안정 도모 ⑦ 연방정부의 지휘를 받는 민족연합군 창설 ⑧ 조선 동포들의 민족적 권리, 이익 옹호 ⑨ 과거 대회 관계의 처리 및 대회 활동의 통일 ⑩ 평화 애호적 대외정책 실시, 조선반도의 비핵지대, 평화지대 등으로 요약할 수 있다.

111) 유석렬, 『남북한통일론』, 법문사, 1995, 198~201쪽.

112) 강정구, 「늦봄 문익환 목사의 통일사적 의의」, 『늦봄 문익환 목사 10주기』,

통일의 선각자, 문익환의 삶과 분단극복론

둘째, 통일에 이르는 과정상의 차이점은 북한은 통일정부를 상정해서 구체화시킨 반면, 문익환은 연방제의 방식과 단계만 언급하였을 뿐 구체성이 부족하다는 것이다. 즉, 북한의 '고민연'은 남과 북의 사상과 제도를 인정하고, 최고민족연방회의와 연방상설위원회로 조직된 통일정부[113]를 두고 그 밑에 남과 북 각각 지역자치제를 실시하는 연방제 방식인 반면에 문익환의 통일과정은 연방제를 3단계로 나누었는데, '군사, 외교를 통합하는 단계'인 제2단계의 구체성이 떨어진다. 곧 누가, 어떻게 통합할 것인지에 대한 언급이 없다.

셋째, 목적가치 면에서의 차이점은 북한은 반외세, 자주적 공산주의를 중시한 반면, 문익환은 "북은 자유를 향해서 남은 평등을 향해서 과감하게 궤도수정 해야 한다"[114]며 '자유와 평등의 조화'를 주장하였다는 것이다. 이러한 점은 문익환도 과거의 장준하, 조봉암 등 진보적 통일운동가들이 추구했던 길인 제3세계, 이스라엘의 사회체제에서 교훈을 얻은 제3의 길을 지향했다는 것을 보여준다.[115]

넷째, 통일국가의 성격과 형태에 대해서 북한은 '사회주의'를 지향한 반면, 문익환은 '민주사회주의'를 지향[116]하였다는 점이다. 우선 기본적으로 사회민주주의(Social Democracy)와 민주사회주의(Democratic Socialism)의 차이점을 간략히 설명하면 민주사회주의는 정치적 자유보다는 사회적 평

자주평화통일민족회의, 2004, 17쪽.

[113] 통일정부가 해야 할 일로는 "정치문제와 조국방위문제, 대외관계 문제를 비롯하여 나라와 민족의 전반적인 이익과 관계되는 공동의 문제를 토의 결정하며, 나라와 민족의 통일적 발전을 위한 사업을 추진하고, 모든 분야에서 북과 남 사이에 단결과 합작을 실현해야 할 것이다"(김일성, 「조선로동당 제6차대회 사업총화보고」, 1980.10.10).

[114] 문익환, 『전집』 3권, 사계절, 1999, 238쪽.

[115] 서중석, 「남과 북의 체제위기와 한국 민족주의의 진로」, 『인문과학연구』 제3호, 42쪽.

[116] 동아일보사 조사연구실, 『통일 어떻게 할 것인가-남북한 통일방안 심포지엄』, 동아일보사, 1988, 204~206쪽.

등에, 반면에 사회민주주의는 사회적 평등보다는 오히려 정치적 자유에 우선적인 강조점을 둔다는 데 차이가 있다.[117] 즉 북한은 자본주의 시장원리를 반대하고 생산수단을 공유화함으로써 사회주의 내지 공산주의 사회건설을 목표로 한 반면, 문익환은 자본주의의 자유와 사회주의의 평등이 조화를 이루는 '사회 민주주의' 사회가 가장 바람직한 것으로 보았다. 그는 남한의 경제적 평등 없이 경쟁의 자유만을 중시하는 사회적 분위기에 반대하고, 북한의 정치적 자유 없이 빈곤의 평등으로만 치닫는 사회도 문제가 있다고 보았기 때문에 개인의 자유와 권리를 중시하면서 사회적 평등과 조화 또한 강조하였던 것이다.

북한의 '고민연'과 문익환의 통일론의 유사점은 '연방제'방식이었다는 점과, 국제적으로는 세계열강의 어느 쪽에도 포함되지 않는 '중립'의 입장을 견지하였다는 점, 전제조건으로 내세운 평화협정과 미군철수 등을 들 수 있다.

다음으로 문익환과 김대중의 통일론을 비교해 보자. 1988년 9월『사회와 사상』창간호에서 김대중은 「공화국연방제 통일의 길」이란 논문으로 새로운 내용의 3단계 통일안을 내놓았다. 즉 그는 평화공존이 된 뒤 평화교류를 거쳐 1민족 2체제의 원칙에 의한 공화연방을 제시하였다.[118] 김대중의 '공화국연방제'는 초기에는 남북이 각기 독립정부로서 기능하면서 중앙에 약간은 상징적인 통일기구를 수립하여 통일에의 제1보를 내딛는 것을 기본으로 하고 있다. 다만 양 정부는 반드시 통일을 이루고야 말겠다는 민족적 의지와 실천목표에 따라 양측에서 파견한 동수의 공동대표에 의해서 통일기구, 즉 연방을 설립하며, 이 통일기구에는 통일의회와 통일행정 기구를

---

117) 박호성, 『사회민주주의와 민주사회주의, 그 역사와 본질』, 한국사회민주주의 연구회, 1~2쪽.

118) 공화국연방은 북한의 고려연방공화국 제안과 같은 것으로 매도해서는 안 된다는 점을 분명히 하고 있다.

두어서 양측 독립정부가 합의하여 그 권한을 부여한 사항을 논의하고 집행하는 것으로 되어 있다. 또한 상호 신뢰 속에 양측 정부는 자기들이 합의한 만큼의 권한을 점차적으로 중앙의 통일기구에 이양할 수 있으며 마침내는 완전한 단일정부를 형성한다는 것이다. 그리고 이 공화국 연방은 7천만 한민족을 대표하여 단일 회원국으로 유엔에 가입한다는 것이다.[119]

이것을 문익환의 통일방안과 비교해 보면, 먼저 문익환의 통일방안 중 1단계는 문익환 자신이 늘 주장해왔던 것처럼, 김대중 통일방안의 제1단계인 남북연합단계와 유사하다고 볼 수 있다. 문익환의 통일방안 1단계는 국가연합단계로[120] 남과 북의 두 공화국은 각기 군사·외교권을 가지고, 단지 유엔외교권만을 단일화 하자는 것이다. 그런데 김대중 통일방안의 제1단계인 남북연합단계도 상징적 연방기구 아래 외교, 군사, 내정의 독자성을 유지한다는 점이 유사하다고 볼 수 있다.

또한 문익환과 김대중 통일방안의 공통점은 통일을 이룩하기 위한 적극적 자세로서 바로 연합단계를 설정하였다는 점이다.[121] 그러나 이와 관련해 도진순은 연방제와 연합제의 공통성은 '나라의 통일'을 위한 전제조건과 통일을 지향한다는 목표점 사이에 존재하지만, 한반도의 경우 국가연합에서 연방국가로 전환하는 것은 미국과 달리 어려움이 있다고 보았다. 즉 미국의 경우는 사상이념이 거의 같고 주정부를 기본으로 하는 국가연합에서 남북전쟁이라는 내전을 통해 연방국가로 변화했지만, 한반도에서 남과 북은 지역적 차이 이외에 자본주의와 사회주의라는 제도의 차이가 있다는 것이다. 나아가 남측에 미군이 주둔해 있는 특수성이 있고 더욱이 미군은 북

---

119) 김대중, 『후광 김대중 전집 3: 통일론』, 중심서원, 1993, 169쪽.

120) 박종화도 김대중의 통일론 제1단계를 전문용어로 표현하면 일종의 '국가연합' 단계로 볼 수 있다고 보았다(박종화, 「김대중 통일론 연구」, 『후광 김대중 전집 3: 통일론』, 중심서원, 1993, 385쪽).

121) 이에 비해 김낙중의 '3차 7개년 4단계 방안'은 연합과 연방단계 이전에 평화공존단계가 선행 돼야 한다고 인식하고 있었다.

한과 국제법적으로 적대관계에 놓여 있다. 이러한 상태에서 국가연합이 되면 북한이 주한미군에 대해 언급하는 것은 국제법적으로 내정간섭에 해당되기 때문에 문익환, 김대중의 1단계인 연합제에서 2단계인 연방제로의 이행은 본질적으로 어려운 측면이 있다고 보았다.[122]

차이점은 첫째, 문익환은 통일방안에 있어서, 물론 1단계는 김대중의 통일론과 유사한 점이 있지만, 2단계와 3단계에서 연방제의 필요성을 강조하여 '연방제' 통일론의 입장인 반면, 김대중은 용어상에서는 '공화국연방제'라 하여 연방제가 아닌가라는 오해의 소지가 있지만, 내용상 분석해 보면 '국가연합'이라고 볼 수 있다는 점이다. 둘째, 통일국가상에 있어서, 문익환은 3단계에서 "도마다 실험을 거쳐 실정에 맞는 체제와 제도를 창출"[123]한다고 하여 다양한 체제를 구상하였던 반면, 김대중은 뚜렷한 견해를 제시하지 않았다.[124] 셋째, 문익환은 '중립화' 노선을 지향한 데 반해, 김대중은 이와는 다른 입장을 견지하고 있었다.[125] 김대중의 통일론은 시기별로 다른데, 김대중도 중립화, 영세중립화의 주장을 했었으나 나중에 바뀌었다. 넷째, 김대중의 통일방안은 합리적인 통일방안이라는 평가에도 불구하고 남북한 상호불가침협정체결, 휴전협정의 평화협정으로의 전환, 미군철수 등 외세의 부분에 대한 실질적 대안을 제시하지 못했다.[126] 그러나 문익환

---

[122] 도진순, 「2000년 6월 평양회담과 남북공동선언」, 『역사비평』 2000년 가을호, 81쪽.

[123] 문익환, 연세대 국민 대토론회, 1988.4.16.

[124] 다만 김대중은 1990년대에 '3단계통일론'을 발표하여 민주적 시장경제와 복지를 지향한 자본주의를 상정하게 된다(아태평화재단, 『김대중의 3단계 통일론-남북연합을 중심으로』, 아태평화재단, 1995, 291쪽).

[125] 1989년 6월 20일 김대중과 김학민 (당시 서대문구 갑지구당 위원장)과의 대담에서, 김학민이 중립화에 대한 견해를 질문하자, 즉각적인 답변은 회피하고, "통일이나 남북문제는 자주적인 협력과 주변국과의 협력이 병행되었을 때 가능하리라 본다" 정도로 답변하였다(김대중, 평화통일로 가는 길, 289쪽).

[126] 『민중의 소리』 1988.6.18. 함운경은 "김대중의 공화국연방안은 최근에 많이 발전해서 평화협정문제 등이 제안되고 또 일부 의원들에 의해 주한미군, 핵기지

통일의 선각자, 문익환의 삶과 분단극복론

은 이러한 통일에의 전제조건을 언급했다는 점이 차이점이라고 할 수 있다.

김대중과 문익환의 통일방안을 이해하기 위해서는, 이들의 민주화와 통일의 상호관계도 살펴볼 필요가 있다. 문익환은 민통련 시기 민주화와 통일의 관계를 불가분의 관계로 보고 병행해 추진해야 한다고 인식하다가 1987년 6월항쟁 이후 통일우선주의로 기울게 되었다. 한편 김대중은 "민주화 없는 통일이 있을 수 없고, 민주화 없이 통일추진도 없습니다"[127]라고 하여 '선민주 후통일'의 입장을 분명히 하였다. 그는 "선통일 후민주화론은 위험한 환상"이라면서 "통일은 빨리 가는 게 중요한 것이 아니라 안전하게 가는 것이 중요하다"고 말했다.[128] 김낙중의 견해에 의하면 김대중은 "문익환이 '선통일 후민주'이거나 '민주통일동시론'의 입장이어서 자신의 '선민주 후통일'과 입장과 다르다"고 하였다. 김낙중은 김대중이 자신의 '선민주 후통일론'이 '선건설 후통일론'과 같이 다분히 분단지향적이라는 비난을 받을 소지가 있기 때문에 남북 간 접촉교류를 증진하고 적대적 긴장상태를 해소하려는 평화운동이 선행되어야 한다고 보아, '선평화 후민주통일론'을 주장했다고 하여 문익환의 견해에 다소 동조하는 듯한 인상을 보였다.[129]

철수문제 등이 중요한 문제로 고려되고 있으나 아직도 평화의 문제에 대한 보장조치가 구체화되어 있지 못하고, 현실적 조건을 인정하긴 하되 두 개의 국가로 인정하고 있다는 점에서 민주당 정책토의에서 나왔던 국가연합방식과 똑같습니다. 즉 두 개의 실체를 인정하는 것은 좋으나 그것을 두 개의 국가로 인정하고 국가연합의 기능을 연합기구를 통해서 해결하려고 하는데 이것은 과거의 남북조절위원회를 약간 격상시킨 것 이상의 의미가 없습니다"며 오히려 북한 측의 고려민주연방제안을 충분히 검토해야한다고 하였다. 그러나 이것은 지나친 평가라 보여진다(함운경, 「통일운동의 과제와 전망」, 『한겨레』 통권 2호, 1988년 2월, 27~28쪽).

127) 김대중, 「평화통일로 가는 길」, 『공화국연합제: 평화공존, 평화교류, 평화통일의 길』, 학민사, 1991, 279쪽.

128) 김대중, 「나의 통일정책을 말한다」, 『공화국연합제: 평화공존, 평화교류, 평화통일의 길』, 학민사, 1991, 293쪽; 월간조선 1991년 7월호 인터뷰의 내용이기도 함.

129) 김낙중, 「'선민주후통일론'의 문제점」, 『사회와 사상』 1989.6 통권 제10호, 84~87쪽.

〈표 2〉 1980년대 후반 남·북 양 정부와 문익환과 김대중의 통일논의

	통일방안 명칭	과정	수단 및 목적가치	주체	방법	통일국가의 성격과 형태
문익환	연방제 3단계 통일론	평화협정-미군철수-유엔동시가입-연방제 1단계-영세중립선언-연방제2, 3단계	자유와 평등의 조화	민중	통일환경조성(분단 의식 해소), 평화협정, 미군철수, 중립화	민주사회주의, 연방제공화국
김대중	공화국 연방제	3단계(평화공존-평화교류-평화통일)	평화	국민대표 기관 (대표성 중시)	남북한 상호독립정부 인정, 연방기구 설치, 민족동질성 회복	민주공화국 연방제
노태우	한민족 공동체 통일방안	남북연합-통일민주공화국건설(남북정상회의 및 남북각료회의, 남북평의회 설치)	자주 평화 민주	정부	남북평의회에서 마련한 통일헌법 초안의 확정과정을 거쳐 총선거에 의해 통일국회와 통일정부 구성	민주공화국 단일국가
북한	고려민주연 방공화국	남, 북한의 사상과 제도 상호 인정-최고민족연방회의-고려민주연방공화국-중립국가	반외세 자주 공산주의	정당 사회단체	평화협정, 군비감축 (미군철수), 최고민족연방회의구성, 보안법폐기, 한국 내의 모든 단체(정치, 사회) 및 개별인사들의 활동의 자유보장, 미국의 내정간섭 중지	사회주의 연방제 중립국

※출전: 김인걸, 「1990년대 남한 통일논의의 지형 변화」, 『한국사론』 41·42, 1999, 937~938쪽; 김호진, 「재야 학생들의 통일논의와 통일정책 정향」, 『통일 어떻게 할 것인가』, 동아일보사, 1988, 174쪽; 이정식 외, 『반전반핵 평화통일론』, 형상사, 1989, 207~307쪽 참조.

| 통일의 선각자, 문익환의 삶과 분단극복론

2_
문익환의 방북과 4·2공동성명 합의

1) 문익환의 방북과정

문익환이 방북하기 이전 시기의 국내외적 상황과 방북에 참여했던 정경모, 유원호, 문익환의 방북 배경에 대해 살펴보기로 한다. 노태우 정부의 통일정책은 국제적으로는 1980년대 중반 이후 소련의 평화전략과 미소 간의 긴장완화에 따라 신 데탕트 국면으로 전환되는 국제정세의 영향하에 추진되었다. 또한 국내적으로는 6공화국의 취약한 정통성을 극복하고 '6월항쟁' 이후 광범위하게 확산된 민간에서의 통일운동에 대응하기 위한 측면에서 이루어졌다.[130]

당시 국제적인 상황은 동·서 양대 진영 간에 1950년대 이후 계속되어 온 이념적 대결과 체제경쟁이 크게 감소되면서, 화해와 협력 등 새로운 데탕트의 분위기가 형성되고 있었다. 또한 동구 및 중·소를 비롯한 공산권 내부에 개혁, 개방, 자유화, 민주화 및 다원화의 물결이 크게 확대되는 등 세계정세와 국제정치의 기본질서가 근본적으로 변해가는 움직임이 나타났다. 그들은 실리추구를 목적으로 한 서방과의 협력강화 등 동·서 화해 분위기 확산에 크게 기여하였다.[131]

소련은 1985년 3월 고르바초프의 집권 이래 대내적인 개혁과 '새로운 사고'에 의한 대외개방정책을 추구하였다.[132] 고르바초프는 1986년 7월 27일

---

130) 정대화, 「현 단계 남북관계와 통일운동의 총 점검」, 『사회와 사상』 1990.3, 53쪽.

131) 외무부 편, 『한국의 북방외교』, 외무부, 1990, 3쪽.

132) 1985년 고르바초프가 당 서기장에 취임한 이후, 글라스노스트(개방), 페레스트로이카(개혁), 우스코레니에(가속화) 등의 주요개념으로 진행되는 고르바초프의 새로운 사회주의 건설을 위한 정책에 부합하는 새로운 외교 전략은 상호

의 블라디보스토크 연설을 비롯하여 아시아 중심정책을 추구하는 한편 미소 정상회담을 통해 미국과도 화해를 모색했다. 또 1986년 9월 16일 크라스노야르스크 연설에서 일, 중, 소, 남북한 인접 연안에서의 해, 공군력 동결 및 감축을 위한 다자간회담을 제의하고 한반도 정세가 여전히 복잡하다고 지적한 가운데 사태의 전반적인 개선을 전제로 한국과의 경제관계 개선 가능성을 언급하는 등 한국에 대한 적극적인 접근의사를 표명하였다. 소련의 최고 지도자가 공식 연설에서 한·소경제교류 가능성에 대해 언급한 것은 처음 있는 일이었다. 한편 소련의 고르바초프는 평화공존론에 입각해서 대미데탕트를 발전시키고 1987년 12월 미국과 모든 중거리 미사일(INF)을 없애기로 합의했다. 그리고 곧이어 전략핵무기 감축협상(START)에 따라 미국과 소련은 그들이 가지고 있는 핵무기를 50% 줄일 것에 대해서도 의견을 같이 했다.[133]

이와 같이 미소가 군비경쟁을 늦추고 INF 폐기협정을 체결한 것은 당시 미소 양국의 국내사정으로 볼 때 단순한 평화 공세가 아닌 전략적 변화로 풀이된다. 미·소간 신 데탕트 체제를 가능케 한 주 요인은 미·소가 당면하고 있던 서로 다른 차원에서 장기적으로 구조화된 국내 경제적 난관을 타개해 보려는 절실한 필요성에 기인한 것이었다.[134]

한편 노태우는 1989년 1월 1일 아침 "새해에는 남북한을 차단하는 대결의 장벽을 허물고 평화통일의 전기를 이룩하는 결정적인 시기가 될 것이라고 본다"고 전망하였다.[135] 또한 통일원 장관 이홍구는 1월 16일 노태우에게 새해 업무를 보고 하는 자리에서 "남북교류에 대한 특별법을 제정할 방침이

협력적이고 강화된 평화공존론이었다(김경민, 「현 시기 동북아정세와 한반도」, 『한겨레』 1988.5, 65~66쪽).

133) 위의 책, 66쪽.
134) 신정현, 『북한의 통일정책』, 을유문화사, 1989, 367쪽.
135) 『한겨레신문』 1989.1.1.

통일의 선각자, 문익환의 삶과 분단극복론

며, 민간단체 중심의 분야별 '교류협력협의회'136)가 구성되도록 장려하겠다"고 밝혔다.137) 이어 1월 17일 노태우는 국정운영방향을 밝히는 연두기자회견을 통해 남북정상회담 문제에 대해서 "멀지않은 장래에 꼭 성사시키고 말겠다는 의지와 희망이 있으면 북한도 표면적으로 나타내고 있지는 않지만 정상회담의 필요성을 느끼고 있다"고 하여 '남북정상회담의 가능성'을 시사했다.138)

또한 정부는 새로운 통일방안과 관련하여 연방정부에 대해 남북 쌍방이 합의한 만큼, 국가 공권력을 행사하는 '체제연합성격의 연방제'를 1월 6일부터 추진하였다.139) 이에 따라 새 통일방안의 명칭을 '민족공동체통일방

---

136) 반독재민주화와 평화통일을 주도적으로 이끌어오던 정치인, 학자, 문인, 교수, 법조인 등 여러 계층의 양심적 인사들이 민족의 운명과 직결되는 통일문제에 행동으로 직접 참여하여 통일을 앞당겨 나가야 한다는 취지에서 1989년 3월 25일 '남북문화교류협의회'를 발족하고, 1993년 8월 이를 사단법인화 하여 '남북민간협의회'로 개편하였다. 창립 취지문에서 "민족적 이해 추구는 정치, 군사적 영역에 국한되지 않고, 경제, 사회, 문화, 예술, 교육 등 광범위한 영역에 걸쳐 있어, 어떤 부분은 당국 차원에서 접근해야 하지만, 많은 부분은 민간차원의 접촉과 교류에 의해 이루어져야 한다. 통일을 향한 민간부분의 노력이 당국 간의 접촉과 협력을 추동하고 남북문제 진전에 기여해온 경험에 비추어 민간교류 활성화는 통일기반을 조성하는 소임을 감당하게 될 것이다"라고 창립취지를 밝혔다(「남북문화교류협의회 창립 선언문」, 1989년 3월 25일).

137) 『한겨레신문』 1989.1.17.

138) 『한겨레신문』 1989.1.18.

139) 『조선일보』 1989.1.6; 『조선일보』 1989.7.5. 국가연합과 체제연합은 다음과 같은 차이가 있다. 국가연합은 두개 이상의 국가가 존재하고 있음을 전제로 한다. 이는 새로운 중앙정부를 만들지 않고 국가협의체를 형성하는 것으로, 외교와 국방을 국가가 담당하는 반면, 체제연합은 1민족 2체제가 1민족 1체제로 가기 위한 과도기적 연합체를 뜻한다. 체제연합은 국가연합이 분단고착화란 인상을 준다는 이유로 기피하고 두 개의 체제가 새로운 국가로 창설해 가는 과정의 중간단계로서, 남북한이 서로 다른 체제위에서 인적, 물적 교류를 통한 경제사회공동체와 궁극적으로 외교·국방권을 독점 행사하는 정치적 통합으로 나아간다는 국가창설 개념이다. 또한 체제연합 하에서는 외교와 국방을 연합정부가 담당한다는 점에서 국가연합과 차이가 있다(『한겨레신문』 1989.1.7 참조).

안'140)으로 정하였다. 구체적인 방법으로 남북동수의 연방의회를 구성하여 '통일헌법'을 제정하고, 남북정상이 주도하는 연방정부에서는 남북이 합의한 범위 내에서 국가 공권력을 이양 받아 행정기구, 남북한지역정부의 권한과 한계, 군비축소 등을 논의한다는 구상을 하였다. 이와 관련해 이홍구는 북한이 주장하는 고려연방제는 연방제와 몇 가지 논리적 모순141)을 안고 있으므로 '체제연합'으로 가는 것이 바람직하다고 지적하였다.142)

그리고 3월 20일 노태우 대통령이 '중간평가 연기' 발표를 하였는데, 이것이 문익환 등이 방북을 결심하게 되는 중요한 계기가 되었다. 즉 연초부터 정국은 중간평가와 5공 청산이라는 부담을 안고 출발하여 국내적으로 5공청산에 대한 사안은 국회에서 진행되었지만, 중간평가에 대한 시기는 대통령의 결심에 따라 변동될 수 있는 사안이었다. 따라서 정치상황뿐만 아니라

---

140) 1989년 9월 11일 노태우는 제 147회 정기국회에서 제 6공화국의 통일방안인 '한민족공동체통일방안'을 발표하였다. 이 방안의 골자는 남북이 하나의 민족공동체라는 기본전제아래 상호적대하고, 대결하는 구조를 청산하여 공동체 의식을 회복하고, 평화적 통일을 이룩하자는 것이었다. 특히 통일을 추구하는 과정의 중간단계로 '남북연합'이라는 개념을 도입한 것이 특색인데, 이 남북연합의 과정, 즉 통일국가를 지향하면서 평화를 정착시키고, 민족 동질성을 회복해 민족 공동 생활권을 형성하는 과정을 거쳐 사회, 문화, 경제적 공동체를 이룩하고 나아가 정치적 통합을 이뤄 단일민족국가로 통일하자는 것이 주요내용이었다(노태우,『노태우 대통령 연설문집』제2권, 대통령 비서실, 1990, 255~263쪽).

141) 이홍구가 주장하는 고려연방제의 문제점은 첫째 북한이 고려연방제 영문표기를 'Federal Republic'이 아닌 'Con Federal Republic'으로 함으로써 개념상 연방제와 국가연합을 혼동하고 있으며 둘째는 북한이 현존하는 사상과 제도를 그대로 두고 연방공화국을 이룩하자는 것은 세계적으로 그 유례가 없을 뿐 아니라 미국, 서독, 소련의 경우 내부적으로 상당한 동질성을 공유하고 있기 때문에 외교, 국방권 등 주권을 중앙정부가 독점하는 연방제가 가능하지만 남북한의 경우는 이와 상황이 다르다는 것이다. 셋째는 양쪽 체제를 놔두고 합친다면 불간섭을 원칙으로 해야 하는데 북한은 '불가침'을 내세우면서도 한국 내부와 정치제제의 변형을 통일의 전제조건으로 달고 있어 북한이 주장하는 고려연방제는 결과적으로 연방제와 국가연합을 혼용하고 있다고 비판하였다.

142) 김학준,「민족공동체와 남북한 체제연합 연구: 제 6공화국 한민족통일방안의 배경」,『통일문제연구』제1권 3호, 국토통일원, 1989, 30쪽.

군사, 안보, 치안 등에서 긴장감과 불안감이 상존해 있었다. 그런데 중간평가 연기 발표가 이를 해소하는 계기가 되어 문익환 등이 방북을 결심하게 된 것이다. 즉 재야와 민민운동세력들이 중간평가의 결과에 따라 정부보다 유리한 입장에 처할 수 있는 상황이 될 수도 있는데, 이러한 시기에 문익환의 방북이 보수층을 결집할 수 있는 빌미를 제공함으로써 역공을 당할 수 있는 여지가 있기 때문에 정부의 중간평가 연기가 문익환이 방북을 결심하게 하는 하나의 배경으로 작용하였던 것이다.

한편 북한의 김일성은 1989년 1월 1일 신년사를 통해 "우리는 연방제 통일방안이 민족적 합의에 기초로 될 수 있다. 또한 이를 진지하게 협의하기 위하여 가까운 시일 안에 평양에서 북과 남의 각 당, 각파, 각계각층의 인사들로 '북남정치협상회의'를 가질 것을 정중히 제의한다"고 밝혔다. 그는 이를 위해 "민주정의당, 평화민주당, 통일민주당, 신민주공화당 총재들과 김수환 추기경, 문익환 목사, 백기완 선생을 평양에 초청한다"고 하였다.[143] 김일성은 이어 지난날의 대결관념에서 벗어나 상대방을 자극하고 정세를 긴장시키는 일은 하지 말아야 하며, 남조선 당국이 이러한 노력에 호응하여 새로운 정책전환을 할 용의가 있다면 최소한 올해에는 팀스피리트 합동군사연습을 하지 않는다는 태도를 명백히 표시해야 한다고 하였다.[144] 그리고 1월 16일 북한 연형묵 정무원총리가 남한의 강영훈 총리에게 보낸 서신에서 남북고위 당국자 회담에 대한 조건부 수락을 하였다.[145] 그는 이 서신에서 남북 사이의 당면한 정치군사적 대결상태 해소문제를 토의하기 위해

---

143) 이에 대해 원내의석을 갖고 있는 여야 4당은 대체로 부정적 반응을 보였고, 진보정치연합은 진지한 검토를 촉구했으며 문익환, 백기완 등 재야쪽은 신년사를 충분히 검토한 후 구체적 입장을 밝히겠다면서 일단은 대화를 갖는다는 의미에서 적극적으로 환영한다는 태도를 보였다.

144) 『한겨레신문』 1989.1.5.

145) 북한이 1988년 11월 16일 남북고위정치군사회담을 제의하고 이어서 강영훈 총리가 1988년 12월 28일 군사정치문제를 의제로 포함하고 남북 간의 다방면적 교류실현을 토의하기 위한 남북 총리회담을 역 제의한 것에 대한 답신이다.

쌍방 총리를 단장으로 하고 군 실권자를 포함한 7명으로 구성되는 남북고위급정치군사회담을 서울과 평양을 왕래하면서 가질 것을 제의한다고 밝혔다.[146]

북한은 1988년 12월 20일 기왕에 제의한 남북정치군사회담과 남북한, 미국이 참가하는 3자회담을 동시에 별도로 진행시키자는 제안을 하였다. 이러한 쌍무, 3자회담[147]을 통해 북한이 추구하려 했던 것은 '주한미국의 단계적 철수 및 핵무기 철거', '현재의 정전협정을 평화협정으로 바꾸는 문제', '남북한의 급진적인 군비축소'였다. 이러한 북한의 대남정책은 북한의 기존 태도의 연장선에서 나온 것이었다. 사실 정당과 민간단체 등의 협의회를 갖자는 주장은 이미 1948년 김구, 김규식의 남북협상 당시에도 있었고, 그 이후에도 북측이 지속적으로 주장했던 내용들이었다. 또한 3자회담 제안 역시 1984년에도 주목되었던 북측의 제안이었다.[148] 남측의 '사회문화 회담' 주장과는 달리 북측은 '정치군사회담'을 과거부터 계속해서 강조했던 것이다. 북한은 정치, 군사적 문제 해결을 우선시 하면서 남한의 당국자와 더불어 민간단체들과의 협의를 일관되게 주장하였다. 이처럼 북한이 표면적으로는 '북남정치협상회의'의 개최를 위해 정당 총재뿐 아니라 문익환 자

---

146) 『한겨레신문』 1989.1.17.

147) 그동안 북한이 남북대화의 재개나 교류협력에는 관심을 보이지 않으면서 '3자회담' 논리에 입각한 군사문제 해결방식을 주장한 것을 살펴보면 1984년 1월 '3자회담을 제기한 이래 조선반도의 비핵평화지대 창설(1986.6.23), 미군철수 및 군사회담 개최촉구(1986.8.14), 남북한 고위급정치군사회담 개최실현 (1986.12.30), 단계별 군축실현을 위한 다각적 군축협상 제의(1987.7.23) 등이다.

148) 북한은 1984년 1월의 3자회담 제안과 동시에 미국정부와 의회에 보내는 편지에서 정전협정을 대신해서 평화협정을 체결할 것을 촉구하는 한편 다음해인 1984년 4월에는 남한에 대해서 남북 국회회담에서 남북불가침선언을 체결할 것을 촉구했다. 이어 1986년에는 팀스피리트 훈련의 중지, 한반도의 비핵평화지대화 및 이를 위한 3자 군사당국자회담이나 3자회담의 개최를 강력히 요구했다. 그러나 남한과 미국은 이에 대해 일관된 침묵으로 북한의 제의를 거부해왔다(정대화, 앞의 책, 54쪽).

신도 초청하는 등, 즉 남북의 통일문제에 관한 진지한 협의를 하려는 북측의 태도가 문익환의 방북에 일정한 영향을 주었다고 볼 수 있다.

그리고 재일반한단체들,[149] 친북일본지식인 그룹[150]의 노선이 국내 상황과 발맞추어 민주에서 통일로 선회하면서 문익환 등의 방북에 힘을 실어주었다.[151] 이들 단체들은 범민족대회의 성사를 위해 전력으로 유럽, 북미지역본부와 긴밀히 연대하고 일본 대표단 구성을 결의했다. 1988년 8월 28일 일부 학생들이 올림픽 공동개최를 요구하며 한반도의 평화와 통일을 위한 범민족대회를 북한 측에 제의한 것으로부터 기인하여 북한 측은 조국평화통일위원회(이하 '조평통'으로 약칭)의 이름을 내세워 1988년 12월 9일 수락성명을 발표했다. 이처럼 일부 학생, 재야, 민중 대표와 사실상 북한의 정부기관이었던 조평통이 합작해 추진해 왔던 범민족대회 사업은 1989년 1월 21일 전민련의 결성을 계기로 한국 측 창구를 전민련으로 단일화 했다. 이처럼 당시는 1970년대의 재일반한단체들이 국내의 통일문제 논의의 붐을 타고 민주에서 통일 쪽으로 노선을 선회하고 있었다.[152]

문익환은 1989년 4월 4일 베이징에서 국제클럽 기자회견을 갖고 그가 방북한 배경 및 이유를 밝혔다. 그는 "이번 북한 방북은 오랜 염원이었으며

---

[149] 범민족대회 추진일본본부(의장 배동호), 한국 민주통일연합(약칭 한통련, 의장 곽동의), 한국청년동맹(위원장 신귀성), 한국학생동맹(위원장 고재인) 등이 있다. 한국민주통일연합(이하 '한통련'으로 약칭)은 한민통이 민주 대신 통일로 기치를 바꾸면서 명칭을 바꾼 것일 뿐 동일한 조직이고 한국청년 동맹 역시 한민통의 중심인물들이 과거 민단에서 떨어져 나오면서 이끌고 나온 단체라 할 수 있었다.

[150] 한국문제그리스도교신자 긴급회의(대표 中島正昭), 황석영의 방북성명을 대신 배포한 평론가 이토(伊藤成彦) 등 문인 단체, 잡지『世界』를 중심으로 활약하는 진보적 지식인 그룹 등이 있다. 특히 야스에 료스케는 네 차례에 걸쳐 입북하여 김일성과 면담하였으며, 극진한 대우를 받은 바 있다(『한겨레신문』1989. 5.3. 문익환 등에 대한 안기부 수사 발표문).

[151]『조선일보』1989.3.28.

[152]『조선일보』1989.4.6.

민족통일 실현에 누구라도 참여할 수 있음을 보여주기 위한 것"이라며 "남북교류는 정부뿐만 아니라 민간차원에서도 이루어져야 한다"라고 강조했다.153) 이를 바탕으로 문익환의 방북 배경에 대해 살펴보면 다음과 같다.

첫째, 그의 방북은 통일운동과정에서 이미 오래전부터 계획된 것이었다. 이에 대한 근거로 백기완은 인터뷰에서 "사실 문 목사가 북쪽을 방문하게 된 경위나 시기는 전혀 몰랐지만, 10년여 전부터 '고향에 갈 거야. 꼭 가고 말 거야' 하는 말씀을 주문 외듯이 했습니다"라고 밝혔다.154)

둘째, 남북교류가 정부의 전유물이 아님을 보여서 민간차원에서도 실현될 수 있음을 보여주고자 하였던 것이다. 문익환은 노태우 정부가 올림픽 개최를 앞두고 대북 유화책으로 7·7선언을 발표하고 북방정책을 추진하면서 남북 교섭창구를 정부로 단일화하는 등 통일문제를 제도권 내로 한정시키려는 데 대해 민간통일운동의 대응책이 미약하다고 생각하고 있었다.155) 그는 '정부와는 상호 보완하면서 민간인만이 할 수 있는 민간차원의 기여를 한다.'는 심정으로 방북을 결심하였던 것이다. 그러나 정부의 허형구 법무부 장관은 "통일정책의 추진주체는 대통령과 대통령을 수반으로 하는 정부로 규정되어 있다"고 하면서 "앞으로 정부를 거치지 않고 북한과 연락을 취할 경우에는 모두 법에 따라 처벌하겠다"고 밝혔다.156)

셋째, 그는 정치인들이 남북문제를 푸는 데 있어서 자신의 방북이 견인차 역할을 할 수 있을 것이라는 기대감을 가지고 있었다. 그는 "나 자신은 정치인이 아니지만, 정치협상을 통해 정치인들이 문제를 푸는 데 돌파구를 마련해 주고 대화의 바탕을 제공하기 위함이었다"고 하였다.157) 정부의 7·7선

---

153) 『한겨레신문』 1989.4.5.
154) 정동익, 「백기완 인터뷰-백기완 전민련고문이 말하는 문익환 방북의 의미」, 『말』 1989년 5월호, 17쪽.
155) 강만길, 『강만길 선생과 함께 생각하는 통일』, 지영사, 2000, 172쪽.
156) 『서울신문』 1989.4.5; 『한겨레신문』 1989.4.5.
157) 문익환, 『전집』 5권, 사계절, 1999, 116쪽.

언 이후 이 선언에 대한 실질적인 이행이 없었고, 이렇다 할 정부의 통일방안이 나오지 않은 시점에서 문익환은 "북쪽의 김 주석 이하 지도자들이 통일을 어떻게 생각하는가에 대해 지금까지는 간접적으로만 들었기 때문에 그쪽 지도자들을 직접 만나 허심탄회하게 얘기하고 싶었다"158)고 했다. 그는 민족통일에 실질적인 단초를 제공하고 싶어 했다.159)

넷째, 문익환의 방북에 직접적, 결정적 동기가 된 것은 '학생들의 수난'이었다.160) 그중 가장 충격적인 영향을 준 것은 1986년 5월 20일 그가 서울대에서 강연하고 있을 때 투신자살한 '이동수의 죽음'이었다.161) 또한 1988년 5월 15일 명동성당 구내 문화관 옥상에서 조성만이 "한반도 통일은 어느 누구도 막아서는 안 되고, 한반도에서 미국은 축출되어야 하며, 올림픽은 공동개최 되어야 한다"는 유서를 남기고 투신한 사건이 발생하였다. 문익환은 늘 이 장면들을 머릿속에서 지울 수가 없었고, 통일만이 젊은이들의 죽음 행렬을 막는 유일한 방법이라고 여겼다. 그는 우리 사회의 모든 모순과 비극의 원인이 민족의 분단에 있다고 생각했다.162) 문익환은 '남북학생회담'과 '평양축전'을 요구하는 젊은 학생들의 투쟁과 좌절을 보면서 '내가 나서야겠다.'는 생각을 가지고 방북을 결심하게 되었던 것이다.163)

---

158) 『한겨레신문』 1989.3.28.

159) 사실은 문익환이 자신의 고향 북간도 방문을 계획했으나, 여권 기한이 4월 14일이었기 때문에 모든 일정을 최대한 시일 내에 수행하도록 짜야만 했기 때문에 이를 포기했다.

160) 1988년 5월 15일 조성만은 명동성당에서 자유로운 통일논의 등을 정부측에 요구하며 투신자살하였다. 투신, 할복, 분신 등을 한 학생들은 이외에도 박선영(1985년), 표정두(1987년), 이한열(1987년), 박태영(1987년), 최덕수(1988년), 양영진(1988년) 등이 있다.

161) 강연 전날 문익환의 어머니 김신묵은 "이 얘기는 꼭 해라, 제 몸에 불을 사르고 죽는 일은 제발 중단해 달라고 간곡히 부탁해라"라고 아들에게 부탁했으나, 이를 막지 못한 문익환은 심한 죄책감을 느꼈고, 자신이 '통일을 위해서 무슨 일이든 하겠다'고 결심했다(문익환, 『전집』 3권, 사계절, 1999, 434쪽).

162) 김지형·김민희, 앞의 책, 28~29쪽.

그렇다면 방북 당시 문익환과 동행했던 정경모, 유원호와의 교류 및 그들 사이의 관계는 어떻게 형성되었고, 또 어떠한 영향을 주고받았으며, 이들이 방북을 결심하게 된 동기는 무엇이었을까?

먼저 문익환과 정경모의 관계를 살펴보면, 그들이 처음 만난 것은 1950년 한국전쟁 중이었다. 즉 문익환이 맥아더 사령부 G-2에서 일하고 있을 때 유엔군에 지원한 정경모와 만나게 되었다.[164] 그러다 문익환이 정경모와 일본인 여인의 극적인 결혼에 주례를 하게 되면서 문익환은 정경모의 평생의 은인이 되었다.[165] 또한 정경모는 문익환의 뒤를 이어 미군을 상대로 하는 한국어 학교의 총책임을 맡기도 했다. 문익환이 정경모를 신뢰하게 된 결정적인 계기는 조국을 훨씬 더 넓고, 객관적인 시각에서 바라본 정경모의 대표작『찢겨진 산하』를 읽고부터였다.[166] 이와 관련해 정경모 자신도 민족주의자였던 문익환이 세 명의 민족주의적 사상에 공감을 느껴서 쓴 이 책을 통해 자신의 사상에 동감하게 되어 아무런 주저 없이 자신과의 평양행을 결심하게 되었을 것이라고 밝혔다.[167] 정경모가 문익환이 존경하는 김구의 시를 여러 차례 인용한 것도 문익환이 정경모의 사상이나 노선에 대해 전혀 의심을 갖지 않게 하는 작용을 했다.[168]

---

163) 역사비평사 편집부 엮음,『빼앗긴 변론』, 역사비평사, 1990, 25쪽.

164) 문익환은 이때 정경모를 친미, 반공, 민주주의자로 생각했다(문익환,『전집』 5권, 사계절, 1999, 214쪽).

165) 이때 처음으로, 일본인에 대한 반감을 가지고 있던 정경모가 문익환의 편협한 민족주의가 아니라 열린 민족주의를 받아들이게 되었다.

166) 문익환,『전집』5권, 사계절, 1999, 217쪽. 정경모는『찢겨진 산하』를 통해 분단을 막기 위해 좌우합작운동을 하다가 민족분열주의자의 흉탄을 맞고 쓰러진 여운형, 남과 북의 단독정부가 서는 것을 막아보고자 남북협상을 주장하다 분열주의자의 흉탄에 쓰러진 김구, 민족통일의 자유를 외치다 깊은 산골에서 의문의 죽음을 당한 장준하에 대해 평가하면서 민족주의 선상에서 민족통일을 강조했다.

167) 정경모,『이제 미국이 대답할 차례다』, 한겨레신문사, 2001, 241~242쪽.

168) 1989년 1월 정경모가 평양에 들어가면서 문익환에게 보낸 편지와, 동경출발성

| 통일의 선각자, 문익환의 삶과 분단극복론

정경모는 해외에서 통일운동에 힘쓴 진보적 민족주의자로서 문익환과 의기투합하여 북과 국내 통일세력을 매개, 연결시켜 주는 중요한 역할을 수행했다.[169] 방북을 동행했던 정경모는 인터뷰를 통해 "방북을 계획하고 결심하게 된 동기는 1987년 6월항쟁 때 들끓었던 민주화에 대한 열기가 1988년 올림픽을 계기로 식어지는 것을 보고서 민주화와 통일을 재점화시키려는 구상을 하게 되었고, 그 일환으로 방북을 계획했던 것이었다"라고 여러 차례 강조하였다.[170] 정경모는 남한의 민주화열기를 통일로 이어가려는 의도를 가지고 방북을 결심했던 것이다. 정경모는 자신들의 방북이 '통일의 촉진제' 역할을 할 것을 기대하였던 것으로 볼 수 있다. 한편 1987년 대선 패배에 대한 책임을 지고 단식 중이었던 문익환에게 무언가 새로운 돌파구를 마련해 주기 위한 의도도 있었음을 배제할 수 없다.[171]

문익환이 방북할 때 함께 동행 했던 유원호는 12대 고 김녹영 국회부의장의 비서실장을 지냈고, 13대 때 통일민주당에 공천신청(서울 서대문 을)을 냈다가 낙천한 뒤 정치일선에서 물러나 사업을 해왔다.[172] 유원호는 인도네시아에서 사업을 하면서 일본을 왕래 하던 중 지인의 소개로 정경모를

명, 평양도착성명에서 김구의 시를 인용했다.
踏雪野中去(답설야중거) 不須胡亂行(불수호난행) 今日我行跡(금일아행적) 遂作後人程(수작후인정)
눈이 하얗게 내린 들판을 가더라도
발걸음을 흐트러지게 하지 말거라
내가 가는 이 발자취는
뒤에 따라오는 사람들의 길잡이가 되느니.

[169] 김지형·김민희, 앞의 책, 38쪽.

[170] 2009년 4월 5일 일본 YMCA에서 정경모와의 인터뷰; 정경모, 「정경모-한강도 흐르고 다마가와도 흐르고」, 『한겨레신문』 2009.7.9.

[171] 2009년 4월 4일 일본 YMCA에서 정경모와의 인터뷰. 정경모는 김일성주석과 몇 차례 면담을 가졌던 일본의 『세카이』 편집장 야스에 료스케가 자신이 김주석을 만나는 데 일조한 면도 있다고 증언하였다(2009년 4월 4일 일본 YMCA에서 정경모와의 인터뷰).

[172] 『조선일보』 1989.3.29.

방북 5년 전부터 알고 지내왔다.[173]

　문익환과 유원호의 첫 만남은 유원호가 김녹영의 비서실장으로 있을 때, 동경에서 치료하고 있는 김녹영을 위해 기도를 부탁한다는 말을 문익환에게 전하면서 이루어졌다.[174] 1988년 9월 중순경 유원호가 정경모의 편지를 문익환에게 건네주면서 "문 목사님, 평양에 다녀오실 수 있다면 좋을 텐데, 갔다 오실 의사가 있습니까?"라고 물어 보았다. 편지 내용은 문익환이 갔다 올 수만 있다면, '정경모가 주선해 볼 수 있다'는 간단한 내용이었다.[175] 또한 유원호는『중국의 조선인』이라는 책과 여연구(몽양 여운형의 딸)가 정경모에게 보낸 '동경에서 여운형의 추모회를 열어 준 일이 고맙다.'라는 감사 전문 복사본을 문익환에게 주었다.[176]

　유원호는 문익환의 방북을 주선하였을 뿐만 아니라, 문익환의 수행원 역할도 하였다. 유원호는 정경모와 함께 민주화의 열기를 이어서 조국의 통일을 앞당기기 위한 목적에서 정경모와 문익환의 방북을 계획하였고, "교인(집사)이 목사 수행하는 것은 당연하다"[177]고 말한 것으로 보아 문익환의

---

173) 2009년 6월 27일 일산 자택에서 유원호와의 인터뷰.

174) 방북을 동행했던 유원호는 증언을 통해 "문익환이 김녹영과 같이 수감생활을 하였고 친분관계가 있어서 김녹영의 비서실장인 유원호를 신뢰하였다"고 말하였다(2009년 6월 27일 일산 자택에서 유원호와의 인터뷰).

175) 문익환,『전집』5권, 사계절, 1999, 96~97쪽. 그러나 정경모는 한겨레신문 기자와의 인터뷰에서 그런 내용의 편지를 보낸 적은 없다고 부인한다(『한겨레신문』1989.5.18). 그러나 방북주선에 대한 의사가 편지 내용에 담겨 있는 듯하다. 왜냐하면 문익환은 답장에서 "나도 오래전부터 평양에 한번 다녀올 생각을 하고 있었네"라는 구절이 있다. 여기서 "나도"라고 한 것은 정경모가 평양 방문을 권유했기 때문에 그런 표현을 쓴 것이라고 보여 진다(『한겨레신문』1989.5.18).

176) 정경모는『한겨레신문』(1989.5.18) 기자와의 인터뷰에서 문익환에게 감사전문을 보낸 이유가 '여연구로부터 감사전문을 받은 것을 은근히 자랑하고 싶었기 때문이다'고 했지만, 내심은 자신의 신분이나 지위 등을 과시하면서 자신이 방북을 성사시킬 수 있는 위치에 있다는 것을 알리고 싶었던 듯하다.

177) 김일동,「문 목사 방북 의혹, 유원호는 누구인가」,『신동아』1989.5, 169쪽.

'충실한 동역자'로서의 역할을 했던 것으로 볼 수 있다.[178]

유원호는 이 당시 일본인과의 합작 회사인 중원 엔지니어링을 설립해 경영하면서 일본을 자주 드나들었다.[179] 그러던 중 후술하겠지만 정경모와 조국의 통일을 이야기하다가 북한을 방문할 적임자로 문익환을 지목하게 되었고, 유원호는 문익환을 설득하고 정경모는 김일성을 설득시키겠다는 약속을 하여 방북이 이루어지게 된 것이었다.[180] 그리고 그 자신이 실향민으로서 고향에 가보고 싶은 생각도 가지고 있었을 것이다.[181] 결국 유원호는 통일에 대한 열망과, 종교적인 사명의식 및 고향에 대한 그리움이 동기가 되어 방북을 결심했던 것으로 볼 수 있다.[182]

이상에서 살펴본 것처럼 문익환이 방북하게 된 1989년 초반의 국내외적 정치 상황은 국제적으로 동구 및 미·소의 화해분위기인 신 데탕트의 분위기가 조성되었고, 국내적으로 남한은 북방정책의 일환으로 '대북포위·개방화압력'의 성격을 가지고 북한과 대화하였으며 북한은 남한당국과 정당 및 민간단체와 교류하려는 시도를 하고 있었다. 이러한 상황 속에서 이루어

---

178) 방북시 문익환과 동행했던 유원호는 문익환을 오래전부터 존경해 왔고, 문익환이야말로 가난하고 억눌린 자를 위해 이 땅에 오신 예수님 같은 성자이며 지도자라고 생각했고 자신은 예수님의 충실한 제자인 시몬 베드로와 같은 역할을 하는 것이 자신의 기독교적 소명이라고 판단했던 것이다(2009년 4월 28일 일산 잎새에서 유원호와의 인터뷰).

179) 『조선일보』 1989.3.29.

180) 2009년 4월 28일 일산 '잎새'에서 유원호와의 인터뷰 내용 중 일부. 유원호는 인터뷰에서 자신과 정경모가 문익환이 방북에 적합하다고 지목한 이유는 김영삼, 김대중, 김종필은 현실정치인이고, 백기완은 비기독교인이면서 대중적 지지도가 문익환보다는 다소 약하다고 판단했기 때문이었다고 증언하였다.

181) 유원호, 「문익환목사 방북사건 재판 법정유감」, 『민주사회를 위한 변론』, 1993년 제2호, 249쪽.

182) 일부에서는 재일동포 사업가 도상태와의 연류에 대해서도 언급하거나, 일본의 한 언론인은 "실력자가 따로 있을 것이다. 오사까의 상공인일 가능성도 있다"라고 말했다고 했으나 이와 관련 있을 가능성은 매우 적어보인다(김일동, 「문 목사 방북 의혹, 유원호는 누구인가」, 『신동아』 1989.5, 171쪽).

진 문익환, 정경모, 유원호의 방북은 각각 다음과 같은 목적에 따른 것이었다. 먼저 정경모는 여연구의 감사편지가 촉매제가 되어[183] 1987년 6월항쟁의 불꽃이 살아나 통일로 연결되어지기를 바라는 마음과, 문익환의 통일에 대한 열망을 실현시키기 위한 목적이 있었다. 그리고 기독교인이자 실향민이었던 유원호는 자신이 늘 존경해 왔던 문익환과 함께 방북을 하여 민족통일에 일조하기 위함이었으며, 민족의 통일을 위해 지속적으로 노력했던 문익환으로서는 순수한 통일에 대한 기대와 열망 때문이었던 것이다.

다음으로 문익환이 방북을 결심하게 된 과정과 서울에서 평양 도착 전까지의 방북경위에 대해 살펴보도록 하겠다.[184] 문익환이 방북을 결심하게 된 시기는 1988년 6월 10일이었다.[185] 그는 남북 학생 예비회담장인 판문점으로 가려는 학생들의 행진이 저지 되는 것을 지켜보면서 방북을 결심하게 된다. 그러나 얼마 지나지 않아 발표된 '7·7선언'으로 잠시 필요성을 느끼

---

[183] 여연구의 감사편지에 대한 부분은 뒤에 후술할 것임.

[184] 문익환이 서울을 출발하여 귀국까지의 일정을 간략히 정리하면 아래와 같다.
　89.3.20-서울출발, 동경도착
　3.24-동경출발, 북경도착,
　3.25-평양도착, 성명발표,
　3.27-김일성 주석과 오찬 겸 1차 회담,
　3.28-조선기독교연맹 방문,
　3.29-허담과 회담,
　3.30-묘향산 회담,
　4.1-김일성 주석과 2차 회담,
　4.2-조평통 간부들과 2차 회담, 9개항의 공동성명발표, 내외신기자회견,
　4.3-평양출발, 북경도착,
　4.4-북경에서 기자회견
　4.6-노태우 대통령, 김대중, 김영삼 총재 등과 4자회담 제의,
　4.12-대국민 귀국 성명,
　4.13-귀국, 김포공항에서 안기부로 연행

[185] 백기완이 방북하기 5~6년 전부터 문익환에게 방북을 권유했고, 박형규 역시 거의 같은 시기에 같은 제안을 한 일이 있었다. 그래서 문익환은 이미 기회가 된다면 한 번 방북을 해야겠다는 생각을 가지고 있어왔다(문익환, 『전집』 5권, 사계절, 1999, 94쪽).

│통일의 선각자, 문익환의 삶과 분단극복론

지 못하다가, 8월 15일 학생들의 판문점행이 또다시 좌절되는 것을 보면서 가기로 결심을 굳혔다.[186] 그러나 유원호의 증언에 의하면 7·7선언이 발표된 후 정경모와의 대화에서 "통일이 한층 가까워진 시점에 이제 필요한 것은 누군가 통일을 위해 김일성 주석과 만나는 것이고, 우리 둘의 대화 중 통일에 물꼬를 틀 사람은 문익환밖에 없다고 말이 모아졌다"고 하였다. 그의 말에 따르면 "당시 야권 지도자인 김영삼 씨나 김대중 씨, 심지어는 김종필 씨라도 북한을 가야 한다고 생각했지만, 이들은 정치인이기 때문에 현실적으로 불가능한 사람이었다"고 판단되었다고 하였다.[187]

　1988년 9월 중순쯤 문익환은 유원호로부터 연락을 받고 만난 자리에서 정경모가 쓴 편지를 건네받게 된다. 그 내용은 방북의사가 있으면, 자신이 주선할 수도 있다는 내용이었다.[188] 편지를 다 읽고 나자 유원호는 『중국의 조선인』이라는 책과 여연구(여운형의 딸)가 정경모에게 보낸 전문 복사본을 문익환에게 주었다.[189] 이에 문익환은 갈 의사가 있다는 내용의 편지를 써 유원호에게 전하였다.[190] 유원호는 그 편지를 3개월이나 전하지 않고 가지고 있다가 12월이 되어서야 사업차 동경에 갔을 때 정경모에게 전하고는 회신을 가져왔다. 그 회신의 내용은 정경모 자신이 먼저 평양에 갔다 오는 것이 좋지 않겠냐는 것이었다. 이에 문익환은 "한 번 갔다 오는 것이 좋겠다. 또한 내가 가는 목적은 김 주석을 만나 통일문제를 논하려는 것이니까 김주석을 만날 수 있을지 확인해 오라"고 하였다.[191] 이에 따라 정경모

186) 문익환, 『전집』 5권, 사계절, 1999, 94~95쪽.
187) 2009년 6월 27일 일산 자택에서 유원호와의 인터뷰 내용.
188) 유원호의 증언에 의하면 "정경모와 나는 평양 방문을 할 사람은 문익환 밖에 없다는 데 의견이 모아졌고, 정경모는 북측의 김일성을, 나는 남측의 문익환을 설득시키자고 하였다"며 정경모와 유원호가 역할분담을 하였다고 하였다 (2009년 6월 27일 일산 자택에서 유원호와의 인터뷰 내용).
189) 전문은 정경모가 동경에서 여운형 추모회를 열어 준 일이 고마워서 친 전문이었다.
190) 문익환, 『전집』 5권, 사계절, 1999, 96쪽.

는 당시 재일본조선인총연합회(이하 '총련'으로 약칭)에서 좌천당해 지방인 지바현 본부위원장으로 있던 전호언의 도움으로 평양과의 연락을 취할 수 있었다. 정경모가 전호언에게 문익환이 방북을 해야 하는 목적 등을 설명해 주자 북측은 '문익환의 방북을 쌍수를 들고 환영하며 그 준비절차의 진행을 위해 정경모가 먼저 평양을 방문해달라'는 회신을 1주일도 안 되어 보냈다.[192] 따라서 도쿄에서 서울로의 연락은 유원호가 담당하였고, 도쿄에서 평양으로는 전호언이 역할을 담당하였다. 전호언의 도움으로 정경모는 12월 17일 평양에 도착하였고, 숙소에서 김일성의 특별 비서관인 강주일을 만났다.[193] 추측컨대 그들은 문익환의 구체적인 방북일정과 절차 등을 상의했을 것으로 보인다. 그 후 문익환은 1988년 12월 31일 밤 11시에 '나는 올해 안에 평양으로 갈 거야'라는 시를 쓰기 시작해 1월 1일 0시 30분 그 시를 완성했다. 그런데 바로 그날 김일성 주석이 문익환을 초청하였다.[194] 즉 김일성은 1989년 1월 1일 신년사를 통해 평양에서 '북남정치협상회의'를 가질 것을 제의하며, 민주정의당 · 평화민주당 · 통일민주당 · 신민주공화당 총재들과 김수환 추기경, 문익환, 백기완을 평양에 초청하였던 것이다.[195] 사실상 북한은 이미 정경모를 통해 문익환의 방북이 기정사실화된 상태였음에도 불구하고 김일성 신년사에서 문익환의 실명을 거론한 것은 전민련 고문으로서 문익환에 의한 방북이라기보다는 김일성의 초청에 따른 방북

---

[191] 문익환, 『전집』 5권, 사계절, 1999, 97~98쪽,

[192] 정경모, 「배짱으로 밀어붙인 문 목사 방북 준비」, 『한겨레신문』 2009.9.16.

[193] 정경모, 「교감과 탐색: 평양의 첫날밤」, 『한겨레신문』 2009.9.20.
이보다 앞서 노태우 정부는 1988년 11월 3일부터 12월 2일까지 박철언을 통해 평양을 방문해 남북정상회담을 제의했지만 북측으로부터 거절당하였다(박철언, 『바른 역사를 위한 증언』 1, 랜덤하우스 중앙, 2005, 243쪽).

[194] 문익환, 『전집』 3권, 사계절, 1999, 351쪽. 유원호, 「문 목사 꿈을 안고 통일언덕 오른 '시몬'」, 『한겨레 21』 1994년 3월, 62쪽.

[195] 문익환은 유원호가 1989년 신년에 세배를 갔을 때 손을 잡으며 김주석이 자신을 북한에 초청한 것을 수용하면서 기대감을 표시하였다고 유원호는 증언하였다(2009년 6월 27일 일산 자택에서 유원호와의 인터뷰 내용).

임을 강조하기 위한 전술적 측면도 있었다. 그러나 분명한 점은 문익환과 정경모의 주도하에 방북이 이루어졌다는 점이다.

이후 2월 9일 문익환은 김일성의 개인초청장을 정경모로부터 받게 된다.[196] 그러나 이 시기에 정주영의 방북이 알려지면서 문익환은 다시 머뭇거리게 되는데, 앞서 언급한 대로 전대협·전민련·민족작가회의 대표들이 북측 대표들을 만나기 위해 판문점으로 갔다가 모두 저지 되는 것을 보면서 또다시 결심을 굳히게 된다.

안기부 수사 발표 요지에 의하면, 문익환은 3월 11일 동생인 문동환 평민당 부총재를 자택으로 불러 입북계획을 알리면서 김일성과 접촉 시 의전절차 및 김일성과 회담에 참가하기 위하여 남한 정치권의 통일논의 방향 등에 대해 의견과 자문을 얻고자 김대중과의 면담을 요청했다.[197] 그리고 3월 12일 김대중, 문동환, 문익환은 올림피아 호텔에서 만났다. 이 자리에서 김대중은 문익환에게 "평양방문은 문 목사 자신의 결심사항이지만, 가능하면 당국의 승인이나, 양해를 얻는 것이 좋겠다"고 했다.[198] 또한 김대중은 문동환에게 "문부총재가 통일원 장관에게 절충해 보는 것이 좋을 것이다"라고 하였다.[199] 이어 3월 19일 전민련 공동의장 이부영, 통일분과위원장 이재오,

---

[196] 김일성 주석이 남측의 4당 총재와 김수환 추기경과 백기완과 문익환을 초청했으나 4당 총재가 초청을 거부하였다. 그러나 정경모가 문익환의 요청으로 평양에 가서 2월 9일 초청장을 받아 왔다(문익환, 『전집』 5권, 사계절, 1999, 100쪽).

[197] 『조선일보』 1989.5.3.

[198] 문익환이 김대중에게 "방북해서 김일성을 만나 꼭 얘기하고 싶은 것은, 하나는 유엔에 남북이 단일회원으로 가입하는 문제이고, 또 하나는 팀스피리트를 이유로 북한이 대화를 중단하니 군사회담과 아울러 일반교류도 병행하자고 제의하겠다"고 말했음을 안기부요원들에게 진술했다(안기부 1문 1답, 문익환, 「황석영 씨 입북은 북한의 정치공작」, 『얼굴』 1989.5, 29쪽).

[199] 김대중은 여비에 보태 쓰라고 하면서 300만 원을 주었고, 문익환은 이중 240만 원을 입북 관련 경비로 사용했다(『한겨레신문』 1989.5.3, 안기부 수사 발표 요지문).

고문 백기완, 계훈제 등과 회동해 입북 계획을 고지하였다.[200]

문익환의 방북은 한 개인으로서가 아닌, 전민련의 고문 자격으로 자주, 민주 통일운동을 이끌어 오던 전민련의 대표로 방북한 것으로 보아야 한다.[201] 즉 정부는 문익환의 방북 의미를 축소시키고자 개인적 방북임을 강조하였으나, 사실은 전민련의 내부적인 묵인하에 방북이 이루어진 것으로 보아 전민련의 대표자격으로 방북한 것으로 보아야 할 것이다.[202] 3월 20일 통일민주당원인 유원호는 통일민주당 김영삼에게 문익환과 자신 등의 방북계획을 알리고 정경모에게는 문익환이 출국하였음을 보고하였다.[203] 그날 아침 문익환과 유원호는 '중간평가 무기연기'라는 노대통령의 방송을 듣고 김포 공항으로 출발하여 당일 일본 나리타공항에 도착하였다.[204] 문익환이 동경에 도착했을 때 한겨레창간 1주년 기념 특별사업으로 북한 취재단 방북 구상 차 일본에 와 있던 리영희는 정경모와 만나 여러 가지 논의를

---

200) 백기완은 문익환의 방북을 이해하고 찬성했지만, 나머지 이재오, 계훈제, 이부영은 중간평가를 앞두고 있으므로, 이를 정부에서 알면 탄압이 있을 것이라는 예상 때문에 방북을 만류하였다. 그래서 문익환은 방북을 포기하려고도 생각했다(문익환, 『전집』 5권, 사계절, 1999, 108쪽).

201) 정목인(전민련 조국통일위원회), 「한반도의 통일전망과 91년 통일운동의 과제」, 『경대문화』 25, 1991.3, 20쪽.

202) 김지형·김민희, 앞의 책, 21쪽; 2009년 4월 8일 민화협 사무실에서 이승환과의 인터뷰 내용 중 일부.

203) 김영삼은 유원호의 보고에 당혹스러운 태도로 "지금 정부승인도 받지 않고 가면 어찌하겠다는 건가. 하기야 각계각층 사람이 가서 대화를 나눌 수만 있다면 좋겠지"라고 하였고, 유원호가 미리 준비해둔 탈당계를 제출하려 하자, "개인자격으로 가는데 별 문제가 있느냐. 잘 다녀오라"고 하면서, 탈당계를 받지 않았다(『한겨레신문』 1989.5.3).

204) 문익환 일행은 3월 22일 일본 사회당 위원장 도이 다카코를 만나 의전문제를 상의하였다. 그는 북에서 준비할 것이니 별도로 준비할 것이 없다고 하였다. 이외에 일행은 야스에 료스케와 아사히신문 여기자 등을 만났다(2009년 6월 27일 일산 자택에서 유원호와의 인터뷰 내용). 그리고 문익환 일행은 3월 24일 베이징에 도착했다가 다음날 북한 특별기편으로 평양 인근 순안 비행장에 도착해 부총리 정준기 등의 영접을 받으며 입북하였다(문익환, 『전집』 5권, 사계절, 1999, 110~120쪽).

하였지만, 방북에 대한 언급은 전혀 듣지 못했다. 이것이 빌미가 되어 안기부에서는 리영희가 문익환, 정경모 등의 방북을 사전에 알고 있었다고 보아 첫 연행자로 구속하였다.[205] 그러나 정경모도 밝혔듯이 3월 23일 리영희와 정경모가 일본에서 만났을 때는 두 사람 모두 자신들의 방북계획을 전혀 노출시키지 않았던 것으로 보아 리영희가 문익환 등의 방북계획을 사전에 알았다고 보기 어렵다.[206]

2) 문익환·김일성 회담과 4·2공동성명

문익환과 조평통과의 1차 회담이 3월 26일 오후 3시 만수대 의사당 소회의실에서 개최되었다. 해외교포를 대신해서 정경모, 전민련 고문 문익환, 북측을 대표해서 조평통의 세 부위원장 정준기 · 윤기복 · 여연구가 참석하고, 실무자로서 안병수가 배석했다. 조평통과의 1차 회담은 정준기 부위원장이 통일에 관한 북한의 공식문건을 읽어나가는 식이었다.[207]

> 조국평화통일위원회쪽은 우리 민족의 평화통일을 위한 노력에서 무엇보다도 북과 남 사이에 긴장을 완화하고 평화스러운 환경을 마련하는 것이 긴급한 과제라는 것을 지적하면서 팀스피리트 합동 군사연습의 도발성과 위험성을 강조했으며, 이와 같은 상황 아래에서 전쟁의 위험을 제거하자면 북남고위급 정치군사회담을 실현하여 정치, 군사적 대결부터 해소하여야 할 것이며, 조미남조선 사이의 3자회담

---

[205] 리영희는 동경에서 『세카이』잡지 야스에 료스케를 만나 북쪽 주요 인사에게 소개장을 써 달라고 부탁했고, 그 소개장에는 한겨레가 북한 취재를 해야 할 시대적 당위성 등을 포함하고 있었는데, 그는 이 소개장을 자신의 집 캐비닛에 보관해 두고 있었다. 그런데 나중에 안기부에서 가택수사를 하던 중 그 소개장이 발각되어 문익환 등이 북한에 도착한 2일 후에 연행되었다. 그러나 그의 연행은 한겨레 취재기자단 방북계획과 관련된 것으로 문익환 등의 방북과는 전혀 무관한 것이었다(리영희, 『대화』, 한길사, 2006, 666~667쪽).

[206] 2009년 4월 5일 일본 YMCA에서 정경모와의 인터뷰.

[207] 문익환, 『전집』5권, 사계절, 1999, 131쪽.

김일성 주석과 문익환 고문의 만남

| 통일의 선각자, 문익환의 삶과 분단극복론

을 열어 조미 사이의 현 정전협정을 보다 영구적인 평화협정으로 대체하며 아울러
북남 사이에 불가침선언을 채택하는 것이 긴요하다는 점을 천명하였다. 조평통은
민족의 통일은 북과 남의 현제도를 그대로 두고 쌍방이 서로 상대방의 제도를 용
인하고 자치제에 근거해 두 지역 정부가 하나의 연방공화국을 창립하는 방법으로
이루어져야 하며 연방제 통일방안에 대한 민족적 합의를 위해 지도급 인사들의
정치협상이 활발하게 이루어져야 한다는 것을 강조하였다. 조평통은 민족의 통일
을 촉진시키기 위해서는 쌍방이 대화를 당국자가 독점하는 일이 없이 각계각층의
민간급 대화가 활발히 전개되어야 한다는 것을 강조하고 남조선 당국이 주장하는
대화창구 일원화를 배격하였다. 조평통은 우리나라를 영구히 둘로 분열시키려는
두 개 조선조작책동과 두 개 조선을 추구하는 교차접촉, 교차승인, 유엔 동시가입
을 격렬히 반대, 배격하였다. 조평통은 현시점에서 북남 사이에 민족적 대단결을
도모해야 할 필요성을 강조하고 북과 남의 통일을 지향하는 모든 세력이 순수한
민족적 입장에서 굳게 단결하여 나갈 데 대한 의지를 피력했다.[208]

위의 내용을 분석해보면 김일성의 의견이 사전에 반영된 것임을 알 수
있다. 다시 말해 이것은 북한이 그동안 주장해 온 것을 재확인하는 것에
지나지 않았다. 구체적으로 팀스피리트 훈련의 중단을 포함한 정치, 군사적
대결 해소와 불가침선언을 통한 평화협정 체결을 주장하였다. 그리고 연방
제 방식의 통일방안과 정부의 대화창구일원화를 반대하고 민간급 대화를
주장하였으며, 교차접촉, 교차승인, 유엔동시가입 등의 '두 개의 조선'을 강
력히 반대하였던 것이다.

문익환은 북측의 정준기가 문건을 읽어 나가는 동안 제대로 청취하지
못해 정준기가 문건을 다 읽은 후 이어진 회담에서 "남쪽 국민들이 얼마나
통일을 바라고 있는지, 각 지방의 순회강연에서 또 여론조사에서 나타나는
지, 통일을 위해서 어떻게 준비되어 가고 있는지, 얼마나 남쪽 국민들의
통일열기가 한껏 무르익었는지" 등 기층 민중들의 통일에 대한 열망을 확인

---

[208] 그러나 문익환은 자신이 할 이야기를 생각하느라 제대로 귀담아 듣지 못했다
고 진술했다(위의 책, 131쪽).

하였다고 하여 다소 문건과 관련이 없는 발언을 하였다. 그러나 이후 검찰은 공소장에서 정준기가 읽었던 문건을 토대로 국가보안법 철폐, 주한미군 철수, 남한 내 정당 사회단체 개별인사의 용공활동의 합법화, 군사정권의 민주정권으로의 교체 등을 조평통 정준기가 제안해서 문익환이 이를 수락하였다고 하여 공소를 제기했다.[209] 그러나 문익환은 그 문건에 대해 자신의 입장을 명확히 하지 않고 북한의 통일의지를 타진하기 위해 자신이 방북한 것이라고 방북을 하게 된 이유만을 설명하였다.

김주석과의 1차 회담은 3월 27일 주석궁에서 이루어졌다. 그곳에서 문익환과 김일성의 단독 첫 회담이 시작되었다.[210] 김일성 주석은 "민주주의와 통일, 통일과 민주주의는 매우 좋은 이념이고, 민주주의와 통일, 통일과 민주주의는 서로 뗄 수 없는 하나의 통일체"라고 하였다.[211] 이어 "문익환의 통일론은 민주이자 통일이며, 통일이자 민주이지 않느냐"고 물었다. 문익환은 그것은 자신의 70년대 통일론이고, 80년대의 통일론은 민주, 자주, 통일을 하나로 보는 것이라고 답했다.

문익환이 김주석에게 가장 먼저 제기한 의제는 '교차승인' 문제였다. 사실 교차승인 문제는 이미 1970년대 전반기에 제시되었고, 1974년 11월에 미국정부는 한반도와 4대강국 간의 관계에 대한 새로운 정책을 제안하는 가운데 교차승인방안을 제시했다. 이것은 소련과 중국이 남한을 승인하는 것을 대가로 미국이 북한을 승인하는 것을 뜻했다. 이후 1975년 9월 제30차 유엔총회에서 미 국무장관 헨리 키신저의 연설을 통해 '교차승인'안이 더욱 구체화되었다.[212] 헨리 키신저가 내세운 세 가지 주요사항은 첫째는 남북

---

209) 법무부, 「문익환목사 방북사건 공소장」, 75~76쪽.
210) 문익환은 김일성 주석과 회담이 시작되자마자, 꺼낸 첫마디가 "분단 50년을 넘기지 맙시다. 50년을 넘기는 것은 민족적인 수치입니다"라는 것이었다. 김일성은 문익환의 손을 덥석 잡으면서 "좋습니다. 해봅시다. 잘 하면 될지도 모르지요"라고 하였다(문익환, 『전집』 5권, 사계절, 1999, 140쪽).
211) 『조선신보』 1989.3.29.

통일의 선각자, 문익환의 삶과 분단극복론

한의 유엔동시가입안을 지지하는 것이고, 둘째는 교차승인방안으로 북한과 그 동맹국들이 대한민국과 관계개선의 움직임을 보일 때 미국도 그에 상응하는 유사한 조치를 취할 용의가 있다는 것이고, 셋째는 한반도 휴전협정의 준수 등 한반도 문제를 논의하기 위한 한국, 미국, 중국 및 북한이 참가하는 4자회담 개최 주장이었다.[213)]

문익환은 교차승인[214)] 문제에 대해 원칙적으로는 반대하는 입장이지만 이를 꼭 부정적으로만 볼 필요가 없다고 하면서, 김주석을 설득시키고자 했다. 그러나 김주석의 교차승인에 대한 반대입장은 매우 단호했다. 교차승인과 교차접촉은 '두 개의 조선'을 획책하는 것으로 절대 불허한다는 강한 입장이었다.[215)] 즉 북한은 독일의 1민족 2국가식 평화공존에 단호하게 반대하는 입장이었다. 북한이 주변강대국들의 강한 교차승인 압력에도 절대 굴하지 않는 태도를 견지하고 있었던 것은 바로 이러한 이유 때문이었다.[216)] 이와 관련해 문익환은 남측 정부가 먼저 유엔에 가입하여 결국에는 교차승인을 기정사실화하고, 이것을 토대로 독일식 1민족 2국가 체제를 정착시키려는 의도를 파악하고 있었지만, 남북의 입장을 절충시키고자 노력하였다. 문익환의 이러한 설득은 당시로서는 아무런 성과가 없는 것처럼

---

212) 『서울신문』 1975.9.23 참조.

213) 신정현, 「남북한교차승인과 유엔동시가입방안의 재조명」, 『통일논의의 제문제』, 대왕사, 1988, 231~232쪽.

214) 남북 교차승인이란, 남북한의 어느 한쪽만 승인하던 나라들이 다른 한 쪽도 정식으로 승인하는 일로 미국과 일본이 북한을, 러시아와 중국이 한국을, 각각 승인하여 국제정세와 한반도의 긴장완화를 도모하자는 것이다. 1969년 일본의 가미타니가 처음 제창하였으나, 반향이 없었고, 그 후 1974년 미국무차관보 하비브가 제창하였다. 이에 대해 한국과 일본은 긍정적 반응을 보였으나, 북한은 두개의 조선을 고착화하려는 것이라 하여 강력히 반대하였고 중국과 소련은 부정적 입장을 취하였다. 1988년 노태우 대통령의 7·7선언과 일련의 북방정책, 동구개혁 분위기속에서 1990년 9월 30일 한국은 소련과 수교에 합의하였고, 1992년 9월에는 중국과 수교하게 되었다.

215) 『조선신보』 1989.3.29.

216) 정경모, 『이제 미국이 대답할 차례다』, 한겨레신문사, 2001, 257~258쪽.

보였으나, 김일성은 1991년 신년사에서 "우리는 유엔에 들어가는 문제도 (중략) 하나의 의석으로 가입하는 조건에서라면 그전에라도 북과 남이 유엔에 들어가는 것을 반대하지 않을 것입니다"라며 사실상 남북 동시가입을 처음으로 인정하는 입장을 밝혔다. 결국 북한은 이러한 입장변화를 반영하여 1991년 9월 유엔남북동시가입을 결행하였다. 이것은 북한 스스로 남한 정부의 실체를 인정하고 법적 분단의 공식화를 수용한 것이었다. 또한 이는 남북의 '공존'과 국제무대에서의 교차승인 추진이라는 방향으로 북한의 정책이 변화하였음을 의미하는 것으로, 문익환의 노력의 성과가 뒤늦게 나타난 것으로 볼 수 있다.[217]

문익환이 다음으로 제기한 문제는 연방제에 관한 것이었다.[218] 문익환은 연방제를 3단계로 분류하여 1단계는 남과 북이 군사, 외교까지 독립적으로 운영하는 단계로 보았다.[219] 그는 "단지 외교권과 군사권을 남북 자치정부에 남겨둔 채 유엔에 등록만 한 국가로 해야 5년 안에 통일국가가 될 수 있을 것이다"라면서 '유엔외교만 단일화'하자고 주장했다. 다음으로 2단계는 군사와 외교까지 통합하는 단계로 보았다. 이는 1980년 10월 노동당 6차 대회에서 마련된 북한의 고려연방제와 유사한 것이다.[220] 3단계는 남북 두

---

217) 이승환, 「문익환, 김주석을 설득하다」, 『창작과 비평』 2009년 봄호, 266쪽.

218) 정경모와의 증언을 통해 그는 "김주석과 문익환의 회담의 주도권은 문익환이 쥐고 있었다. 1차 회담에서 큰 고비는 바로 연방제 문제였어"라고 하면서, "연방제는 사실 김주석이 먼저 꺼냈어, 그런데 문익환이 장시간에 걸쳐 김주석을 설득한 결과 비로소 문익환의 입장인 한꺼번에 할 수도 있고 단계적으로 할 수도 있다는 합의에 도달하게 되었다. 이는 김주석이 문에게 설득당한 것이다"며 문익환의 노력을 대단히 강조하였다(2009년 4월 5일 일본 도쿄 YMCA에서 정경모와의 인터뷰 내용).

219) 문익환의 통일론의 1단계는 정부의 체제연합이나 김대중의 공화국연방제와 유사하다. 그래서 군사, 외교를 독립적으로 운영하는 국가는 대영제국이나 소련의 연방제와 같은데, 다른 점은 유엔 외교만을 문익환이 단일화 하자는 점이었다(문익환, 『문익환 전집 통일 3』, 사계절, 1999, 144쪽).

220) 단 북한의 연방제 통일의 전제조건으로 첫째, 남한의 민주화와 민주정권의 수립, 둘째, 긴장상태의 완화와 전쟁위험의 제거, 셋째, 미국의 내정간섭 종식,

단위의 지방자치제를 도 단위로 세분화하는 단계로 진정한 민주적인 단계로 보았다. 그는 마지막 3단계를 거치고 나면, 1국가 2체제에서 1국가 1체제로 발전하게 된다고 보았고, 그것을 통일의 완결단계로 인식하였다. 이 문제와 관련해 김일성과 문익환은 결국 한꺼번에 할 수도 있고 협상을 통해 단계적으로도 할 수 있다고 합의를 보았다. 여기서 전자가 김일성의 견해이고, 후자가 문익환의 견해라 할 수 있겠다.[221]

또한 문익환이 정치·군사 회담뿐 아니라, 경제·문화 교류 등도 이루어져야 한다는 점을 제기하자, 김일성은 처음에는 강한 거부감을 보이다가 결국 동시에 추진하자고 답했다.[222] 후에 이홍구 통일원 장관도 이에 대해 "정치·군사 회담만이 아니라 경제·문화 등 다방면에 걸친 교류를 김주석으로부터 약속받은 것 하나만으로 남북고위당국자 회담의 전망이 밝아졌다"고 긍정적으로 평가했다.[223] 김일성은 남북한의 긴장상태 해소를 위해서는 정치·군사 회담과 남북교류의 병행추진, 팀스피리트 훈련의 반대가 전제되어야 한다는 입장이었다. 그는 "남한당국이 대화를 요구하면서 팀스피리트 훈련을 하는 것은 양립할 수 없다"고 하여 팀스피리트 합동군사훈련에 대해 상당한 불쾌감을 나타냈다.

문익환과 김주석의 2차 회담은 4월 1일 모란봉 초대소 임시 회담장에서 이루어졌다. 문익환은 김일성에게 "북쪽에서는 미군의 단계적 철수제안에

넷째 이들 조건이 선행된 다음 남북합작 형식의 연방제 국가 형성 등을 들고 있다(『한겨레신문』 1989.4.4).

[221] 북한의 중앙방송은 문익환의 연방제를 3단계로 구분하지 않고, 문익환이 "연방제 통일방안만이 서로 다른 두 체제가 한 나라를 만드는 데 유리한 길, 가장 현실적인 길"이므로 북한의 연방제를 문익환이 지지하는 듯 보도하고, 또한 한국 정부가 구체적인 통일방안을 제시하지 않았다는 데 초점을 맞추어 반복 보도함으로써 선전 도구로 이용하였다(월간 『흐름』 1989.5, 258쪽).

[222] 『조선신보』 1989.3.29.

[223] 김대중, 「이홍구 통일원장관-문익환 목사 방북성과에 대한 김대중 의원과의 일문일답 중에서-」, 국회 외무 통일상임위원회 속기록 요약(1989.5.23).

변동이 없습니까?'라고 미군철수문제와 관련해 단도직입적으로 물었다. 이에 대해 김일성은 변동이 없음을 확인해 주었다.[224) 군사문제에 대한 북한의 현실적인 대응은 남한에서 6월항쟁으로 5공화국이 붕괴되고 선거를 통한 민주정부의 수립이 어느 정도 기대되었던 시기인 1987년 7월 말에 '다국적 군축협상'제의에서 처음으로 표현되었다. 이 제의에서 북한은 남북한 쌍방의 군축과 주한미군 및 핵무기의 철수를 단계적으로 실시할 것을 제안하면서, 미군의 단계적 철수를 제안하였다. 한반도의 군사적 긴장을 쌍방이 납득할 수 있는 수준의 신뢰구축을 선행시키면서 단계적으로 해결할 의사가 있음을 공개적으로 표명한 이러한 북측의 조치는 북한의 분단문제인식과 대남정책에 있어서의 커다란 변화로 평가되었다.[225)

문익환이 두 번째로 제기한 문제는 주체사상에 관한 것이었는데, 이에 대해 김일성은 "주체사상은 어느 나라에나 있는 겁니다. 소련에도 있고 중국에도 있습니다. 그러나 우리가 강조하는 까닭은 우리가 약소국가이기 때문입니다"라고 말했다.[226) 문익환은 김일성과의 1차회담에서도 이 문제를 제기해 김일성으로부터 "주체사상의 강조점을 인민에게로 옮겨야 한다"는 답변을 받아냈다. 그런데 2차회담에서 이 문제를 다시 제기한 까닭은 문익환이 평소 김일성의 주체사상에 대해 강한 비판의식을 가지고 있었기 때문

---

224) 문익환과 함께 방북한 유원호의 증언에 의하면, 문익환과 김주석과의 대화 중 통일을 하는 데 있어서 남북한 군부 모두의 반발이 심할 것이라고 예상하면서 이에 대한 대책으로 통일의 원칙을 세운 후 비무장지대에 육해공군의 삼군사관학교를 세우고 남북한 동수의 생도를 모집하자고 제안하였다. 그리하여 남한은 북한의 군대에 북한은 남한의 군대에 교환배치하여 서로 간의 동질성을 회복하는 것이 통일의 길이라고 생각하였고 이것은 단시일에 할 수는 없어도 언젠가는 통일이 이루어질 것이라고 의견을 모았다(2009년 4월 28일 일산 잎새에서 문익환 방북시 동행한 유원호와의 인터뷰).

225) 정대화, 앞의 글, 55쪽.

226) 문익환이 김일성과의 1차회담 시기에 그는 "주체사상도 그 강조점을 인민에게로 옮겨야 한다"고 문제를 제기하자, 김일성으로부터 긍정적인 답변을 얻어낸 바 있다(문익환, 『전집』 5권, 사계절, 1999, 168쪽).

방북 당시 김일성 주석과 이야기를 나누는 문익환

에 다시 한 번 확답을 얻어내고자 한 것이라고 하겠다. 그 후 1992년 4월 9일 북한의 헌법 개정시 주체사상과 관련된 부분도 수정되었다. 이에 대해 문익환은 "방북 때 수령중심의 주체사상을 인민중심의 주체사상으로 바꿔 달라고 했어요. 그 후 북한 헌법이 그렇게 바뀌었지요"라고 말하며 자신의 주장을 북한이 수용한 것이라고 생각하였다.[227] 사실상 북한은 1972년 구헌 법 제4조 '맑스레닌주의를 우리 현실에 창조적으로 적용한 조선로동당의 주체사상'에서 1992년 헌법 제3조 '사람중심의 세계관이며 인민대중의 자주 성을 실현하기 위한 혁명사상인 주체사상'으로 헌법을 개정하였다.[228] 이것 은 인민대중의 주체사상을 강조하고, 권력구조를 완화하는 내용이 포함된

227) 「문익환 인터뷰- 민족운동과 민중운동도 하나이지요」, 『사회평론』 1993년 4월 호; 문익환, 『전집』 5권, 사계절, 1999, 455쪽; 이승환, 앞의 글, 268쪽.
228) 이찬행, 『북한 사회주의의 현실과 변화』, 두리, 1993, 525쪽; 김일성, 『김일성 저작집』 43, 조선로동당출판사, 1992, 312쪽.

조평통과의 2차회담에 참여한 문익환과 정경모

헌법으로, 김주석에 대한 문익환의 설득이 수용된 것으로 해석될 여지도 배제할 수 없다.

　김일성이 "남한은 정말 통일을 원하는 겁니까?"라고 묻자, 이에 대해 문익환은 "대한민국 정부는 통일을 원치 않는다고 부정적으로만 볼 것이 아닙니다. 지금 대한민국 정부가 구상하고 있는 체제연합은 실질적으로 북이 제안하고 있는 연방제 통일방안에 매우 가까이 접근되어 있습니다"라고 하였다. 문익환이 이 말을 하자마자, 김일성은 비서를 부르며 "오늘 밤 당장 방송하라"면서 "그렇다면 노태우 대통령도 만나지. 김대중 총재, 김영삼 총재, 김종필 총재도 개인적으로 만날 수 있고 집단적으로 만나지"[229]라고 하였다. 김일성이 이전과는 달리 처음으로 대통령 호칭을 붙여준 것으로 보아, 문익환의 방북과 김주석과의 회담으로 정상회담의 가능성이 열리게 되었다고 평가할 수도 있다.[230] 김일성은 이 자리에서 "조국을 평화적으로 통일하기

---

229) 문익환, 『전집』 5권, 사계절, 1999, 171쪽.

｜통일의 선각자, 문익환의 삶과 분단극복론

위해서는 정전협정을 평화협정으로 바꾸며, 불가침선언을 채택하고 군대와 군비를 대폭 축소해야 한다"고 말하고, "조국통일은 연방제 방식에 의해 실현되어야 하며, 연방국가는 철저히 자주와 중립화, 블록 불가담화되어야 한다"고 하였다. 또한 "신년사에서 정치협상회의에 참가하도록 노태우 대통령 등 7인을 평양에 초청하는 것은 지금도 유효하다"고 밝혔다.[231] 이외에 문익환은 북경 아시아 경기대회에 단일팀으로 참가할 때 부를 노래를 남과 북이 가사나 곡을 같이 만들어서 부르자는 제안과 남북 공동 국어사전 편찬 작업을 제안했고, 이에 대해 김일성은 찬성한다고 했다.

조평통과의 2차회담은 3월 29일 이루어졌다. 북쪽에서는 허담, 정준기, 윤기복, 여연구, 안병수, 남측에서는 정경모와 문익환이 참여하였다. 먼저 주요안건은 문익환과 김주석 사이에서 합의한 사항들을 공동성명으로 발표할 것이냐 하는 것이었다. 이와 관련해 훗날 문익환은 김주석과의 합의사항을 얻어냈어도, 개인적으로 그의 의사를 타진해서 확인한 데 지나지 않다고 생각했는데, 북측이 그것을 공식화해서 공동성명서까지 발표하겠다는 의지를 보여 적잖이 놀랐다고 하였다. 회의 끝에 공동성명서를 발표하기로 결정하고, 성명서 기초는 안병수와 정경모에게 맡기기로 합의했다.[232]

다음 의제는 전민련이 제의한 범민족대회에 관한 것이었다. 1988년 8월

---

230) 유원호는 인터뷰를 통해 김주석이 처음부터 노태우 대통령이라는 호칭을 쓴 것은 아니었다고 증언하였다. 문익환이 김주석에게 "그러면 주석께서 노태우 대통령에게 만나자고 하십시오"라고 하자, 김주석은 "노태우가 무슨 대통령이 야"라고 대답하였다. 그러자 문익환은 "그런 식으로 하시면 통일이 안 됩니다. 북한도 생각이 바뀌어야 되고, 대통령이라는 호칭도 붙이셔야 합니다. 그래야만 통일이 이루어집니다"라고 김주석을 설득시켰다. 그러자, 김주석은 "그래, 노태우를 지금 이 순간부터 대통령이라고 할께"라고 답하였다(2009년 4월 28일 일산 잎새에서 유원호와의 인터뷰).

231) 『한겨레신문』 1989.4.4.

232) 김일성 주석과 문익환이 합의한 내용을 기초로 작성한 4·2공동성명서의 최종 문안은 정경모와 평양 측 안병수가 철야작업으로 만들어 낸 것이었다(정경모, 『이제 미국이 대답할 차례다』, 한겨레신문사, 2001, 271쪽).

서울에서 열렸던 "한반도의 평화와 통일을 위한 세계대회" 마지막 날(28일) 폐회식에서 이 제안이 발표되었는데, 그 발표문을 문익환 자신이 낭독했고, 조평통과의 2차 회담에서 제의한 것도 문익환 자신이었다. 허담 위원장은 제안에 동의하면서도, 북에서 가는 사람들의 신변이 보장되어야 한다는 점을 강조했다.[233)]

문익환은 조평통의 평양방문 초청과 따뜻한 환대에 감사의 뜻을 표하고, 자신의 평양방문이 북의 통일의지를 직접 확인하며 남북의 화해와 교류 및 접촉의 길을 트는 계기가 될 것이라고 하였다. 그리고 그는 "나라의 분열을 더 이상 끌어서는 안 되며 가까운 시일 안에 민족이 하나가 되는 역사의 전환점을 맞이해야 한다"고 강조했다. 문익환은 "민주는 민중의 부활이고, 통일은 민족의 부활이며 민중과 민족의 부활은 자주 없이는 성취될 수 없다"고 하면서 자주, 민주, 통일이 일체임을 천명하였다. 또한 그는 남북 사이의 긴장상태를 완화하고 대결을 해소하기 위해서는 정치, 군사문제와 함께 교류문제도 병행해 해결해야 한다고 하며 남북교류가 민족의 단합을 도모하는 데 있어서 그 의의가 크다는 것을 강조하였다. 즉 그는 "이산가족문제와 경제교류문제 등 여러 부문에 걸쳐 회담과 교류가 활발하게 추진되어야 한다"고 거듭 주장 하였다.[234)]

문익환은 대화창구 일원화를 반대하는 한편, 민간차원의 대화가 활발히 진행되어야 남북 당국과 양쪽 국회 사이의 대화도 성과적으로 추진될 수 있다는 견해를 표명하였다. 이에 발맞추어 북한은 3월 27일 24개 정당 사회단체들이 모여 연합회의를 갖고 '북남대화를 다방면적으로 발전시킬 데 대하여' 토의하고 연합성명을 발표하였다.[235)] 남북이 연방제로 나아가는 것이

---

233) 문익환, 『전집』 5권, 사계절, 1999, 158쪽.

234) 위의 책, 164~165쪽.

235) 연합성명은 북과 남의 각계각층 인민들 사이에 민간급 대화를 다방면적으로 발전시키기 위해 첫째, 나라의 통일은 반드시 대화와 협상을 통하여 평화적으로 실현되어야 하고, 둘째, 북남대화는 나라의 평화와 통일과 민족공동의 이

두 지역 간의 현실적 차이와 민족통일의 절박성에 비추어 필연적인 역사의 요청임을 지적하면서, 연방국가의 단계적 창설방안을 모색하는 것이 긴급한 과제라는 의견을 제기하였다.[236)]

정경모와 안병수가 김일성과 문익환의 의견을 반영하여 작성했던 4·2공동성명의 내용은 다음과 같다.[237)]

1. 쌍방과 상치되는 이유와 주장을 넘어 7·4남북공동성명에서 확인된 자주, 평화통일, 민족대단결에 3대 원칙에 기초하여 통일문제를 해결하여야 한다는 것을 재확인한다.

2. 쌍방은 어떠한 경우에도 분열의 지속을 목적으로 하는 두 개의 한국정책을 반대하고 끊임없이 하나의 민족, 그리고 통일된 나라를 지향해야 한다는 것을 확인한다.

3. 쌍방은 정치, 군사 회담을 추진시켜 남북 사이에 정치, 군사적 대결상태를 해소하는 동시에 이산가족문제와 다방면에 걸친 교류와 접촉을 실현하도록 적극 노력한다.

4. 쌍방은 누가 누구를 먹거나, 누가 누구에게 먹히우지 않고, 일방이 타방을 압도하거나 타방에게 압도당하지 않는 공존의 원칙에서 연방제 방식으로 통일하는 것이 우리민족이 선택해야 할 필연적이고, 합리적인 통일방도가 되며, 그 구체적인 실현 방도로서는 한꺼번에 할 수도 있고, 점차적으로 할 수도 있다는 점에

익에 이바지되어야 하며, 셋째 조선인민 모두가 통일문제를 놓고 서로 접촉, 대화할 권리를 가지며 넷째 남조선과 해외의 인사들이 민족공동의 관심사에 대한 협의를 위해 공화국 방문하는 것을 허용, 환영하며, 다섯째 민간급 대화를 원만히 보장하기 위한 대책을 강구한다는 공동의 입장을 내외에 천명하였다(『조선신보』 1989.4.1).

236) 김삼웅, 『통일론 수난사』, 한겨레신문사, 1994, 212~213쪽.

237) 정경모는 증언을 통해, "전체 회담을 셋으로 구분지어 본다면, 먼저 김주석과 문익환 사이의 회담이 있었고, 다음으로 그것을 토대로 하여 문 목사와 정경모가, 또 김일성과 조평통이 의견을 상의하고, 마지막으로 안병수와 정경모가 초안을 완성 했다"고 하였으며, 또한 "4.2공동성명에서 '먹거나 먹히거나'라는 표현은 원래 안병수의 문안이었다"며 북측 입장을 설명하였다(2009년 4월 5일 일본 도쿄 YMCA에서 정경모와의 인터뷰 내용).

서 견해의 일치를 보았다.

5. 쌍방은 팀스피리트 합동 군사 연습은 남북대화와 평화 및 통일의 성취와는 양립할 수 없다는 것을 확인한다. 조국 평화 통일 위원회 측은 팀스피리트 합동군사 연습 기간에는 대화가 장애를 받지 않을 수 없다는 점을 강조하였으며, 문익환 목사는 올해 팀스피리트 합동 군사 연습 기간 북에서 취한 유연한 대화자세를 평가하였다.

6. 문익환 목사는 교차승인, 교차접촉에 대한 북의 거부적 입장과 통일의지를 확인하고, 조국 평화 통일 위원회 측은 문익환 목사가 주장하는 남북교류와 점진적 연방제 통일제안이 두 개 한국을 지향하는 것이 아님을 확인하고 이를 긍정적으로 평가하였다.

7. 쌍방은 우리 민족이 굳게 단결해야 할 필요성과 그 절박성을 통감하면서 돈 있는 사람은 돈을 내고, 힘 있는 사람은 힘을 내며, 지식 있는 사람은 지식을 내어, 나라의 통일 위업 실현에 적극 이바지할 데 대한 공동의 염원을 표시하였다.

8. 조국 평화 통일 위원회 측은 전민련의 범민족대회소집 제안을 지지하고 문익환 목사는 제13차 세계청년학생 평양축전에 참가하려는 남한 청년 학생들을 지지하며 쌍방은 그 실현을 위하여 계속 인내성 있게 노력한다.

9. 쌍방은 이상 여러 가지 문제에 대한 합의가 금후 남북 사이의 다각적인 공식대화에서 협의의 기초가 될 수 있고 가교역할을 할 수 있다고 인정하고 그 실천대책을 남북당국과 제정당, 단체들에게 건의한다.

1989년 4월 2일 평양 전국민족민주운동연합 고문 문익환, 조국평화통일위원회 위원장 허담.238)

이에 대해 남한 정부는 "북한이 일고의 가치도 없는 공동성명을 빌어 남북간 현안문제 해결의 실질적인 책임과 권한을 가진 우리정부 당국을 배제하고, 우리 사회 내 일부 동조 세력을 부추겨 국론 분열과 사회혼란을 기도하고 있음을 명백히 한 것으로 온 국민과 더불어 분노와 개탄을 금치 못한다"239)고 비난하면서 "우리 정부만이 통일논의의 주체임을 명백히 하고,

---

238) 『한겨레신문』 1989.4.4; 『로동신문』 1989.4.4.

통일의 선각자, 문익환의 삶과 분단극복론

김일성 주석과 문익환을 비롯한 방북단 일행

4·2공동성명서의 내용에 대해 일고의 가치가 없다"고 평가절하하였다. 통일원도 "공동성명 내용은 북한의 일관된 통일 전략 노선을 되풀이 한 것으로 우리 정부의 입장과 명백히 배치될 뿐 아니라, 우리 재야인사를 대남정치공작에 이용한 또 하나의 무례한 망동이라고 하지 않을 수 없다"고 비난했다.[240]

4·2공동성명 내용에 대한 각 정당의 반응은 다음과 같았다. 먼저 평민당은 "아무리 목적이 좋아도 정부와 협의하지 않은 것은 실정법 위반 등 절차상의 문제가 있다"며 비판하는 부류와 "문익환의 연방제는 우리 당의 당론과 배치되지 않는 것 같다"고 말하며 긍정적으로 평가하는 부류로 의견이

239) 『서울신문』 1989.4.4.
240) 여당인 민정당도 "북한은 지금 진정한 민족통일을 바라는게 아니라, 대남분열을 통한 적화통일에 결정적 분위기 조성을 위해 정치공작을 펼치고 있다"며 4·2공동성명서 발표에 대해 정부의 입장에 가세했다(『한겨레신문』 1989.4.4).

엇갈렸다. 민주당은 방북활동의 결과를 분석하면서 문익환과 허담위원장이 합의한 연방제 통일방안이 정부의 체제연합방안과 김대중의 공화국연방제와 비슷한 접근을 이루고 있다는 데 주목한다고 밝혔다. 한편 공화당은 의미부여조차 거부하며 별다른 관심을 표명하지 않았다.[241]

다음으로 4·2공동성명에 대한 평가와 의의를 살펴보자. 먼저 4·2공동성명은 1항에서 7·4공동성명이 천명한 통일 3대원칙인 자주, 평화통일, 민족대단결을 재확인하였다. 7·4공동성명은 북쪽의 인민이나 남쪽 국민의 의사와는 무관하게 남북의 두 집권층의 합의만으로 서명되어 공식화된 것이었다. 그러나 4·2공동성명은 조평통을 대표해서 허담위원장이 서명하고 전민련을 대표해서 문익환이 서명함으로써 국민적 기반을 갖게 되었다. 따라서 4.2공동성명에 포함된 7·4공동성명도 국민적 기반을 얻게 되었다는 점은 평가할 만하다. [242]

또한 북한은 그동안 일관되게 정치군사회담만을 선결조건으로 내세우던 입장에서 벗어나 제3항에서는 정치군사적 대결해소와 동시에 이산가족문제와 다방면에 걸친 교류 및 접촉을 강조했다. 이는 그동안 남북 사이의 정치협상에서 정치군사적 문제의 우선적 해결을 강조하는 북측의 입장과 정치군사적 문제를 배제하고 교류와 협력으로 국한하려는 남측의 입장 사이의 간극이 대화의 진전에 장애가 되어왔다는 점에서 획기적인 것이었다. 3항은 이후 남북관계에 큰 영향을 미치게 된다는 점에서 의의가 있다. 그 예로 김일성이 문익환과의 2차회담 시 정치군사문제의 해결을 전제로 남북철도 연결, 금강산 공동개발, 경제문화교류를 주장한 것도 이와 같은 맥락이었다.[243] 4·2공동성명에 담긴 '다방면의 교류 병행추진'은 2000년 6·15

---

241) 『한겨레신문』 1989.4.4.

242) 문익환, 『전집』 5권, 사계절, 1999, 180쪽; 이승환, 앞의 글, 271쪽.

243) 정동채, 「문익환 조평통의 공동성명의 의미」, 『한겨레신문』 1989.4.4. 김일성은 통일을 위해서는 정치, 군사적 대결 해소와 긴장상태 완화를 주문하면서 이산가족 래왕, 남북사이의 철도연결, 금강산 공동개발 등 경제문화 및 인도적 문

통일의 선각자, 문익환의 삶과 분단극복론

공동선언에도 그대로 반영되었으며 6·15공동선언 제3항 '흩어진 가족 친척 방문'과 제4항 '제반분야의 협력과 교류 활성화'는 4·2공동성명의 제3항을 분할하여 기술한 것에 다름 아니었다.[244]

다음으로 제4항에서 연방제안에 대해 한꺼번에, 또는 점차적으로 할 수 있다는 내용은 김일성이 고려연방제에 한발 물러나서 문익환의 3단계 통일 방안을 일부 수용한 것으로 볼 수 있다. 한꺼번에는 북한의 고려연방제를, 점차적으로는 문익환의 3단계 통일방안을 의미한다는 점에서 양측의 견해를 모두 수용했다고 볼 수 있다.

그러나 정부는 '공존의 원칙'인 제4항을 해석하면서 "문익환 스스로도 '김일성이 나의 통일방안에 긍정적으로 평가했다'고 말하고 있지만 제1단계까지 긍정했는지에 대한 설명은 없었다"라고 하여 정부의 통일방안인 체제연합에 대해 북의 반응이 애매함을 지적하였다. 아울러 정부는 "문익환의 연방제 2단계는 군사와 외교까지를 통합하는 통일의 단계로서 이것은 김일성이 제안한 연방제안과 같다"고 하며 문익환의 3단계 통일론 중 제1단계에 대한 언급을 생략한 채 2단계와 3단계를 김일성의 주장과 대동소이한 것으로 보았다.[245] 이에 대해 전민련을 비롯한 재야 운동권은 문익환과 김일성의 두 연방제안이 세부적 차이가 분명함에도 불구하고 정부가 문익환이 고려연방제안을 수용한 것으로 해석하는 데 대해 "정부 나름의 구체적인 통일 방안을 내놓지도 않은 상태에서 논의자체를 독점하려는 음모이고 정부가 문익환의 3단계 연방제주장을 북한의 고려연방제와 동일시하려는 데 대해 한마디로 아전인수격"이라고 반박하였다.[246] 이 문제와 관련해서는 김일성이 문익환의 통일방안 제1단계를 이해하고 수용하면서 한꺼번에 또는 점차

제도 풀어야 한다고 주장하였다(『조선신보』 1989.4.5).

[244] 이승환, 앞의 글, 271쪽.

[245] 『동아일보』 1989.4.5.

[246] 『한겨레신문』 1989.4.5; 『민중의 소리』 제50호 특집.

적으로라는 표현을 성명서에 담은 것으로 보아야 할 것이다. 즉 김일성이 문익환의 제1단계를 구체적으로 언급하지는 않았지만 일정 정도는 남북연합의 단계를 설정하였던 것으로 보아야 한다. 문익환과 김일성의 연방제안은 분명한 차이가 있다. 즉 북한은 연방제에 대한 단계 구분이 없다. 단지 문익환의 연방제 제2단계가 북한의 연방제와 같을 뿐이다. 그리고 문익환의 제3단계는 북한에 없는 내용이다. 이러한 사실에도 불구하고 정부가 문익환이 북한의 고려연방제를 수용하였다고 본 것은 문익환의 3단계 연방제를 오해한 측면이 있었다. 그러므로 제4항은 4·2공동성명의 핵심적인 내용 중에 하나라고 보아도 무방할 정도의 의미가 있는 조항이라고 할 수 있다.

다음으로 제6항은 남한의 인적, 물적 교류를 통한 단계적이고 기능적인 접근 방식의 통일방안인 정부의 체제연합이 분단 고착적이며, 두 개의 조선을 획책하는 것이라고 북한이 비난해온 점에 비추어 볼 때, 민간차원의 교류와 대화가 남북한에 대한 불신을 해소시킬 수 있는 길을 확인했다는 데 주목할 만한 조항이었다.

제6항과 관련해 정부는 남북교류와 점진적 통일이 궁극적으로 1민족 1국가를 지향한다는 점에서 표현상 정부의 목표와 다르지 않다고 보았다.[247] 다만 "두 개의 조선을 지향하는 것이 아님을 확인한다"는 것도 결국은 1단계를 건너뛰어 2단계의 고려연방제에 동의한다는 뜻으로 볼 수밖에 없다고 평가절하 하였다.[248] 그러나 정부에 대해서는 창구단일화를 배제하게 하고 북한으로 하여금 통일에 대한 유연한 자세로 나오게 한 것은 가시적인 성과라고 평가할 수 있다.

또한 4·2공동성명은 제7항에서 "돈 있는 사람은 돈을 내고 힘 있는 사람

---

[247] 제6항 중 "남북교류와 연방제 통일방안이 두 개의 조선을 지향하는 것이 아님을 확인하고"라는 대목에서 정부는 문익환이 자신의 주장을 완전히 후퇴시킨 것이라고 분석했다(『동아일보』 1989.4.5).

[248] 『조선일보』 1989.4.5.

은 힘을 내며, 지식 있는 사람은 지식을 내며"에서 보듯이, 남북교류와 협력 및 통일논의에서 정부의 창구단일화를 무너뜨려 통일과 남북관계 개선의 주체를 다변화시켰다.

결론적으로 4·2 공동성명은 분단극복과 통일문제 해결의 기본 원칙으로서 자주, 평화, 민족대단결이라는 7·4남북공동성명의 합의사항을 민간차원에서도 재차 확인했다는 점에서 의미가 있는 것이었다. 이렇게 볼 때 4·2공동성명은 재야 통일운동사에서 남북 간의 첫 합의라는 역사적 의미를 지닌다. 그리고 4·2공동성명이 합의 발표되고 나서부터 11년 만인 2000년 6월 15일 마침내 분단 이래 처음으로 남과 북의 최고지도자가 평양에서 만나 '6·15공동선언'을 합의 발표함으로써 북측의 '낮은 단계 연방제'와 남측의 '남북연합'이 공통성이 있음을 선언한 것 역시 4·2공동성명의 영향을 받은 것이라고 할 수 있다.

문익환과 김주석이 합의한 내용을 성명서로 발표한 4·2공동성명과 김대중과 김정일이 합의한 6·15공동선언은 다음과 같은 점에서 유사하다. 첫째, 6·15공동선언의 핵심내용인 1항 "남과 북은 나라의 통일문제를 그 주인인 우리 민족끼리 서로 힘을 합쳐 자주적으로 해결해 나가기로 하였다"와 4·2공동성명의 1항 "7·4남북공동성명의 3대원칙에 기초하여 통일문제를 해결해야 한다"는 모두 민족문제를 자주적으로 해결하자는 것이다.[249]

둘째, 6·15공동성명의 2항인 "남과 북은 나라의 통일을 위한 남측의 연합 제안과 북측의 낮은 단계의 연방제안이 서로 공통성이 있다고 인정하고 앞으로 이 방향에서 통일을 지향시켜 나가기로 하였다"는 4·2공동성명 제4항의 "공존의 원칙에서 연방제 방식으로 통일하는 것이 민족이 선택해야 할 필연적이고 합리적인 통일방도가 되고, 구체적인 실현방도로서 한꺼번

---

[249] 정대연, 「4·2공동성명의 정신, 늦봄의 통일철학을 어떻게 계승할 것인가」, 『늦봄의 통일론과 민족통일의 과제』, 늦봄 문익환 목사 방북 12주년 기념토론회, 통일맞이 늦봄 문익환 목사 기념사업, 2001, 34쪽.

에 할 수도 있고, 점차적으로 할 수도 있다"는 내용과 일치한다. 따라서 6·15공동선언은 4·2공동성명의 영향 하에 이루어졌다고 할 수 있다.[250] 즉 문익환이 방북하여 남측의 남북연합안과 북측의 고려민주연방제안을 절충해 1991년 신년사에서 점진적인 연방제인 김일성 주석의 '느슨한 연방제'를 이끌어 냈다. 그리고 이를 기반으로 하여 6·15공동선언에서 '낮은 단계연방제'(a loose form of federation)와 연합제(a confederation)의 접목에 대한 합의를 가능하게 하였다. 결국 문익환의 방북은 북측의 대남 통일정책과 노선을 수정하는 데 큰 영향을 미쳤다고 볼 수 있다.

셋째, 4·2공동성명의 제3항과 6·15공동선언의 제4항이 유사하다. 4·2 공동성명은 남측의 교류협력 우선의 입장과 북측의 정치, 군사해결 우선입장을 절충하여 병행추진을 이끌어 냄으로써 남북기본합의서와 6·15공동선언에 영향을 주었다. 즉 4·2공동성명 제3항인 "쌍방은 정치, 군사 회담을 추진시켜 남북 사이에 정치, 군사적 대결상태를 해소하는 동시에 이산가족 문제와 다방면에 걸친 교류와 접촉을 실현하도록 적극 노력한다"는 합의는 6·15공동선언의 제4항 "남과 북은 경제협력을 통하여 민족경제를 균형적으로 발전시키고 사회·문화·체육·보건·환경 등 제반 분야의 협력과 교류를 활성화하여 서로의 신뢰를 다져 나가기로 하였다"에 영향을 주었다고 할 수 있다. 이는 북측이 정치군사 문제 우선 해결원칙에서 경제·사회 등의 제반 분야의 교류협력강화도 병행추진한다는 입장으로 양보한 것으로 해석할 수 있을 것이다.

3) 방북의 결과와 영향

문익환의 방북에 대해 각계에서는 비판과 지지 등 다양한 반응을 보였다.

---

250) 노중선, 「6·15 통일시대는 4·2공동성명에서 열리기 시작」, 『남북이 함께 하는 민족 21』, 2004, 59쪽.

먼저 정부는 문익환의 평양방문을 국가보안법 제6조 '탈출·잠입죄' 등을 적용해 처리하겠다며 '사법적 대응'을 천명했다.[251] 당시는 문익환의 행위와 정주영 현대그룹회장의 지난번 북한 방문, 그리고 4월 20일경으로 잡힌 정주영의 2차 방북을 놓고 의견대립이 고조되고 있었다.[252] 정부는 이러한 분위기를 조기에 잡기 위해 강경책을 펼치며, 대북관계에서 창구단일화의 입장을 확고히 하였다. 민정당도 문익환을 '신들린 사람', '정신이상자'라는 식의 원색적인 표현으로 비난하였다. 민정당 사무총장은 "앞으로 정부가 추진하는 북방정책과 통일정책에 엄청난 부담을 안겨줄 것이고, 극우와 극좌세력 사이의 균형을 잡아주는 게 정치행위인데 정치권의 균형 잡기 위한 노력이 힘들게 됐다"고 평가했다.[253]

반면 한승주는 정부나 정부 측 인사인 정주영은 자유로이 북한을 왕래하면서도 민간인은 안 된다는 것은 이해할 수 없다는 반응이었다. 그는 노태우 정부가 북한을 포함한 사회주의 인접국들과의 화해 및 교류를 추구하면서도 아직 적절한 준비조차 시작하지 못했다고 지적하였다. 그는 "정부가 이번 일을 계기로 정부의 통일정책에 대한 재고와 함께 문익환을 가혹하게 대하기보다는 정부의 지원이나 방해 없이 그에게 합당한 심판을 내릴 수 있는 기회가 국민에게 주어져야 한다"고 보았다.[254]

---

251) 북한은 문익환이 방북해 있는 동안 남한정부가 문익환을 사법처리 할 것이라고 경고한 것에 대해 다음과 같은 이유를 들어 문익환의 사법처리를 반대하였다. 첫째, 형평주의 조건에 맞지 않는다고 하면서, 남측은 북한을 방문한 내무부 장관부터 처벌하라고 하였고, 둘째, 정부의 사전승인이나 협의를 받지 않는 것에 대해서도 문익환은 개인의 명예나 이익을 추구하기 위한 것이 아니었음을 강조하였다. 셋째, 문익환의 처벌은 노태우의 7·7선언에도 위배된다고 보았고, 넷째, 국가보안법에 사전승인은 처벌되지 않고, 승인이 없으면 처벌된다는 조항이 없음을 들어 문익환의 사법처리를 강하게 비난하였다(『조선신보』1989.4.4).

252) 『한겨레신문』1989.3.28.
정부의 문익환 신병처리에 대한 이 같은 대응은 전민련. 전대협 그리고 야권 일부의 강력한 반발을 일으켜 정국이 보혁 대결의 소용돌이에 빠지게 되었다.

253) 『한겨레신문』1989.3.28.

평민당 김대중 총재 역시 3월 27일 오후 외신기자와의 간담회에서 "각 분야에서 가능하면 많이 왕래하는 것이 도움이 되고, 문 목사 문제는 그런 시각에서 보고 싶다"고 하였다.[255] 문익환이 민간교류의 물꼬를 트는 시작이며 가능한 한 다양한 분야에서도 교류와 협력이 이루어져야 한다고 보았던 것이다. 그러나 평민당 내부에서는 문익환의 방북에 대한 평가를 두고 재래파와 평민연(평화민주통일연구회[256])이 심한 의견갈등을 빚기도 했다. 재래파 가운데는 문익환의 행동에는 1%도 찬성할 수 없다는 사람도 있었다. 반면 평민연 측은 문익환의 입장을 강력히 두둔하였다.[257]

한편 전민련의 박계동 대변인은 공식기자회견에서 "문익환은 이미 지난 1월 북한측의 초청제의 때 방북의사를 밝힌 바 있으며 지난 19일 한양대집회에 앞선 모임에서도 평양방문의사를 표명했었다"며 문익환의 방북을 전민련 공식입장으로 추인하였다.[258] 전민련은 "문고문의 이번 방문은 전민련의 범민족대회, 민족문학작가회의, 청년학생축전에의 참여운동, 윤이상 음악제 개최, 농민들에 의한 남북농산물교류, 문익환·백기완 고문의 정치협상화의 수락 등 민중 속에서 힘차게 솟구치는 통일운동을 더욱 발전시키는 계기가 될 것"이라며, "전민련은 문익환 고문의 평양방문을 지지하고 동의하며 큰 성과를 갖고 돌아오길 기대한다"고 논평했다.[259] 이는 전민련이

---

254) Han sung joo, 「Opinion, -A Grave Disservice」, 『Newsweek』 1989.4.10.

255) 『한겨레신문』 1989.3.28.

256) 김대중 총재와 반독재민주화투쟁의 길을 같이 걸었던 문익환은 1987년 대선에서 김대중을 지지하였고, 이로 인해 문익환의 동생 문동환은 평민당 부총재로 영입되었고 박영숙, 이상수, 박상천, 이철용, 김영진, 서경원, 이해찬 등은 김대중계의 평민연 소속의원이었다.

257) 이일주, 「김대중 평민당 총재와 문익환목사의 접점」, 『진상과 내막』 1989.5, 55쪽.

258) 『조선일보』 1989.3.28.

259) 전민련은 다음과 같이 정리된 견해를 밝혔다. 1. 문익환의 평양방문은 1월 북한쪽에 의해 제의된 남북정치협상회의의 실현을 위한 일환으로 본다. 2. 이번 방문이 공개적으로 판문점을 경유하지 않고 이루어진 것은 통일논의를 금압

문익환이 귀국한 후 발생하게 될 후폭풍에 대한 사전방어를 한 것임과 동시에, 정부와 여당이 이를 계기로 민주화와 통일을 후퇴시키고 5공청산과 중간평가, 지자체 실시 등에 대해 미온적으로 대처할 것에 대한 우려를 표명한 것이었다.

종교계의 반응을 살펴보면, 먼저 한국기독교장로회는 "문익환의 평양방문이 한반도의 평화와 우리 민족의 화해와 통일을 앞당기는 큰 계기가 되리라 확신하며 정부의 사법조치에 단호히 반대한다"고 전했다.[260] 기독교계는 진보와 보수 두 진영에서 찬반견해가 나뉘었지만, 전반적으로 찬성보다는 반대쪽이 더 많았다.[261] 이러한 분위기 속에서 문익환의 방북에 대한 한신대교수단의 지지성명서가 발표되었다. 한신대교수단은 성명서를 통해 "특정 개인의 사사로운 우발적인 사건이 아니고 분단 반세기가 가까워 오는 동안 면면이 이어져온 한민족의 자주, 자존, 주체정신의 분출이었다"고 논평하였다.[262] 이 성명서는 또한 "정부의 창구 일원화정책을 반대하고 대북

하는 현 정권의 반통일적 제반 제도적. 법적장치로 불가피했다. 3. 문익환의 평양방문은 남북 자유왕래와 자주적 교류의 역사적 계기가 돼야한다. 4. 이번 방문은 통일이 더 이상 권력의 전유물로서 독재정권의 안보용으로 이용될 수 없다는 민족 자각의 발로이며 7·7선언 등 화해와 개방의 대북정책과 어긋난 것이 아니다(『한겨레신문』 1989.3.28).

[260] 조선신보도 "민족적 화해와 단합을 위해 평화통일에 기여한 문익환의 방북을 환영한다"고 논평하면서 문익환이 분열과 혼란을 조장했다는 남측 정부의 주장을 비판하였다. 그리고 이어 북한은 남측이 평화를 얘기하면서 대화를 독점하는 것은 결국 두 개의 조선을 이용하려는 노정권의 음모라고 비난하였다(『조선신보』 1989.3.31; 「한국기독교장로회보」, 1989.4.1 발행.

[261] 방북을 비난하는 단체들은 한국기독교 나라와 교회를 위한 연합대책협의회, 한국 개신교 교단협의회, 세계복음화운동 중앙협의회. 한국기독교 보수교단협의회, 대한예수교장로회, 한국장로협의회 등 20여개 단체가 있고, 이에 반해 문익환의 방북이 통일선교에 물꼬는 트는 역사적인 일이라고 찬성하는 단체는 한국기독교장로회, 한신대학교수, 한국기독청년협의회, 한국기독교사회운동연합, 기독교대한복음교회, 한국기독청년협의회,전국신학대학원학생대표자협의회 등 10여개 단체가 있었다.

[262] 조순, 「1980~1990년대 기독교통일운동과 그 이론적 기반 및 쟁점들」,『한국개신교가 한국근현대의 사회. 문화적변동에 끼친영향연구』, 한국신학연구소,

교류의 창구의 다원화를 추진해야하고, 국가보안법을 비롯한 반통일적 제반 법 폐지하고, 국회, 정부, 민간단체가 참여하는 가칭 '민족통일범국민협의회'를 구성할 것"을 요구하였다. 이것은 개신교가 문익환의 방북을 비난하고 비판하던 시기에 나온 대담한 지지성명으로써 역사적 의미를 갖는다고 평가할 수 있다.[263]

문익환에 대해 일부언론은 "문익환은 결과적으로 적화를 감춘 북한의 통일방안과 책략에 동조하고 또 들러리 역을 한 셈이 됐다"고 비판하였다.[264] 이와 유사한 견해로 유석렬은 문익환의 방북이 통일에 아무런 도움이 되지 못했다는 부정적인 시각에서, 문익환이 주장하는 통일논의가 북한의 통일논의와 흡사하며 결국은 김일성의 연방제 통일논의에 동조하는 듯한 느낌을 지울 수 없다고 하였다. 또한 연방제 통일의 전제조건으로 비현실적인 평화협정체결, 주한미군 철수, 유엔 동시가입 등을 내세우고 있는 것은 그가 북한의 실체를 제대로 이해하지 못했기 때문이라고 지적하였다.[265]

국민들의 대부분은 문익환의 방북을 부정적 시각에서 보고, 대북접촉창구는 정부로 일원화돼야 한다고 보았다. 또 문익환의 사법처리를 주장하는 의견이 많은 가운데 상대적으로 신중한 법적 대응을 요청하는 의견도 많았다.[266] 이 같은 반응은 정주영의 방북과의 형평성문제와 문익환에 대한 사

2005, 227쪽.

[263] 김경재, 『아레오바고법정에서 들려오는 저 소리』, 삼인, 2005, 437쪽; 김경재, 「분단시대 한국교회의 보수적 반공주의와 진보적 민족주의 간의 대립에 대한 비판적 성찰」, 『한국개신교가 한국근현대의 사회, 문화적변동에 끼친 영향 연구』, 한국신학연구소, 2005, 328쪽. 이 성명서는 1989년 3월 31일 기독교장로회 총회 사무실에서 신문기자회견 형식으로 발표되었고, 4월 1일 『한겨레신문』에 보도되었다.

[264] 『한국일보』1989.4.4.

[265] 유석렬(외교안보 연구원 연구실장), 「어떤 통일도 최고의 선인가」, 『경향신문』 1989.3.30, 시론

[266] 이 같은 사실은 한국일보가 서강대 김학주 교수(언론학)에 의뢰하여 지난 3월 31일, 4월 1일 이틀간 전국 1천 1백 99명을 대상으로 실시한 전화여론조사 결

법처리가 가져올 정치적 파장 때문이었던 것으로 볼 수 있다.[267] 당시 조사
에 따르면, 문익환의 방북을 잘못이라고 지적한 응답자들의 81%가 정부와
사전협의 결여를 이유로 들어, 민간부문의 남북교류도 나쁘진 않지만 그보
다는 남북정책의 일관성을 중시하는 것으로 나타났다. 반면 잘했다는 응답
의 87.8%는 통일에 크게 도움이 되었다는 것을 이유로 들어 대조를 이뤘다.
대북접촉창구의 정부일원화에 대해서 69.6%가 적극찬성을, 22%가 반대를
표시해 문익환의 방북에 대한 찬반 비율과 비슷한 분포를 보였다. 한편 문
익환의 방북 동기에 관한 설문에는 35.4%가 순수한 통일열망을, 33.7%가
통일에 기여한다는 환상 때문이라고 응답했으며, 정부 통일정책의 혼선 탓
을 지적한 응답은 6.4%에 머물러 정치권의 해석과는 다소 다른 반응을 나타
냈다.[268] 이렇듯 대다수 국민들은 통일은 정부가 주도적으로 해야 한다는
생각을 가지고 있었으므로 문익환의 방북이 통일에 그다지 긍정적인 영향
을 주지 못했다고 보았다. 다만 사법처리는 다소 신중하게 바라보는 듯하였
다.

문익환의 사법처리에 대한 반응과 재판과정에서 드러난 실체적 진실은

_____

과 밝혀졌다. 조사에 의하여 문익환의 방북에 전반적으로 어떤 느낌을 받았나
는 물음에 응답자의 66.8%가 잘못이라고 답한 반면 20%는 잘된 것이라고, 또
13.2%가 판단유보입장을 보였다. 반면 문익환의 법적처리여부를 묻는 설문에
는 57.9%가 반드시 사법처리를 28%가 사법처리반대라는 반응을 보였는데, 이
는 문익환 방북에 대한 입장에 비해 볼 때 상대적으로 사법처리에는 반대하는
응답이 많은 것이다(『한국일보』 1989.4.4).

267) 정부는 정주영의 방북을 '통치행위'라고 해석하여 사법처리 대상이 아니라고
보았는데 이는 문익환의 경우와 차별성을 강조하였다. 그러나 이것은 정부의
'통일논의 독점주의' 반응에 불과하다.

268) 『한국일보』 1989.4.4. 또 다른 신문에서 나타나는 국민들의 반응은 먼저 문익
환의 방북이 통일에 도움이 되는가? 라는 질문에 많은 도움이 되었다-7.3%,
약간도움이 되었다-17.9%로, 25.2%가 긍정적인 평가를 보이는 데 반해 그다지
도움이 되지 않는다-26.6%, 전혀 도움이 안 된다-33.8%로, 60.5%가 부정적인
평가를 보였다. 아울러 문익환의 구속에 대해서는 찬성이56.2%로 반대28.1%
보다는 2배 이상 높게 나타났으며 15.7%가 모르겠다는 반응을 보였다(『한겨
레신문』 1989.5.16일자 여론조사).

무엇인가? 남북통일을 명분으로 평양방문을 감행한 문익환, 유원호에 대해 서울 형사지법 합의부는 1심에서 1989년 10월 5일 이들에게 징역 10년과 자격정지 10년이라는 중형을 각각 선고했다.[269] 1심 선고공판에서 재판부는 국가보안법상의 잠입탈출(제6조),[270] 회합통신(제8조), 금품수수(제5조), 기밀누설(제4조), 찬양고무죄(제7조) 등 검찰의 공소사실을 대부분 인정해 이같이 판결했다.[271]

1심판결에서 주목[272]되는 것은 첫째, 재판부가 통일정책 수행 시 '정부의 대북창구 일원화'를 인정했다는 점이다. 변호인 측에서는 "대통령의 사전양해, 정부고위인사, 정부의 사전승인을 받고 방북한 재계인사 등에 대해 문제 삼지 않는 것은 헌법 11조 평등의 원칙에 위반한 것"이라고 주장하였다. 그러나 재판부는 "대통령, 또는 대북한관계를 관장하는 정부기구의 승인을 받아 북한을 방문하거나, 북한 측 인사와 접촉하는 행위는 반국가활동이라고 할 수 없다"고 밝혀, '정부의 창구일원화 정책'에 동조했다.[273]

---

[269] 구속 기소 280일 만에 9차례 공판을 거쳐 일단락되었다. 그러나 변호인 측은 재판절차상의 위법성을 들어, 또 검찰 측도 일부 공소사실이 받아들여지지 않는 데 불복, 양자 모두 항소할 뜻을 비쳤다(『조선일보』 1989.10.6).

[270] 북한은 문익환 등이 평양방문 이틀 전 일본 도쿄에서 한겨레신문과의 회견에서 방북의 동기, 경위, 목적을 밝혔고 평양에 오는 것도 공개적이었고, 활동도 공개적이었으므로 잠입탈출죄는 성립할 수 없다고 주장하였다(『로동신문』 1989.4.4).

[271] 재판부는 그러나 문 피고인이 북간도에서, 유 피고인이 신의주에서 출생, 성장했고, 고향에 대한 그리움과 민족통일의 염원, 민족을 사랑하는 마음이 밀입북 동기가 된 점, 문 피고인이 고령인 점을 참작해 형량을 낮춰 선고한다고 밝혔다. 또한 존경하는 김일성 주석 등은 의례적이고 의전적 절차에 따랐을 뿐이라고 무죄를 선고했다. 또 유원호가 북한의 직접 지령을 받았다는 증거가 없어 간첩죄는 적용할 수 없고 대신 자진지원 국가기밀누설죄로 바꿔 선고했다. 한편, 재판부는 피고인들이 감상적 통일론에 사로잡혀 밀입북한 뒤 연방제 통일안, 국가보안법폐지, 주한미군 철수, 팀스피리트훈련 중단 등 북한주장에 동조한 행위는 결코 정당화 될 수 없다고 유죄이유를 밝혔다(판결문요지).

[272] 문익환 등의 재판이 주목받는 이유는 1989년부터 방북열기가 고조되어 문익환 이후 임수경, 문규현, 서경원 등의 재판에 기준과 잣대가 되어 역사적 의미를 갖는다.

재판부는 "통일논의를 논하는 사람은 누구나 자유롭게 참여할 수 있도록 제도적으로 보장되어야 하며, 논의에 필요한 자료와 정보도 제공받음으로써 민주적으로 국민적 합의를 창출해야 하지만, 그것을 정부가 정책화하여 추진할 때에는 국민으로부터 대표성을 위임받은 정부가 주도하는 것이 바람직하다"고 밝혔다. 그러나 이에 대해 헌법 학자 권영성은 "정부의 승인을 얻어 통치권자의 심부름으로 북한에 간 정주영 씨도 사법처리 대상이 되어야 한다"라고 하면서 마치 "대통령이 정치적 행위를 했을 경우에는 모든 것이 통치행위이고, 언제나 사법처리 대상이 되지 않는다는 식으로 정부는 통치행위를 주장하고 있지만, 헌법학에서는 '대통령의 정치적 행위라도 사법적 심사의 대상이 된다.'고 보고 있다. 단지 사법심사를 할 경우 법원의 정치적 중립성을 위협받을 가능성이 있기 때문에 이에 대한 판단을 꺼려왔을 뿐이다. 따라서 문익환 등을 처벌하려면 정주영이 정부의 사전승인을 받았다 하더라도 동일하게 처벌대상이 되어야 한다"고 주장했다.[274]

이러한 의미에서 정해구는 남북 간의 민간교류는 사회 각 부문이 주체가 되어 자율적으로 이루고, 정부 당국은 이를 주선하고 협조하는 수준에 머물러 민간 교류의 정도와 폭이 정부의 이해에 따라 자의적으로 결정되어서는

---

273) 문익환이 방북하기에 앞서 정부로부터의 사전승인을 받는다는 것은 사실상 불가능하고 어불성설이었다. 왜냐하면 정부는 이미 대화창구일원화를 주장하였기 때문이었다(『로동신문』 1989.4.4). 또한 변호인 측도 '정부의 창구일원화'가 통일의 열기를 막고 남북대화를 독점하는 데 악용되는 한 찬성할 수 없다고 주장했다. 헌법 학자 권영성은 남북한 주민의 접촉과 교류를 '정부 창구단일화'를 전제로 정부의 승인을 얻게 하고 있는 것은 부당하다고 보면서 정부에 의한 '승인제' 대신에 '신고제'로 완화하는 것이 바람직하다는 견해를 보였다. 이에 그 일환으로 그는 남북한 자유왕래를 강조하였는데, "자유왕래야말로 남북한 화해 분위기 조성을 위해 불가결한 조치이며, 통일을 실현하기 위한 최우선 실천과제가 아닐 수 없다"라며 독일통일도 자유로운 통신과 교통을 전제한 자유왕래가 동서분단의 상징이었던 '베를린 장벽'을 허문 계기가 된 예를 들었다(권영성, 「문익환, 임수경은 왜 생겨나는가」, 『신동아』 1989.12, 174~176쪽).
274) 권영성, 「문익환목사 방북 좌우대결 구실 안 된다」, 『신동아』 1989.5, 138쪽.

안 된다고 하였다. 그러한 측면에서 탄압의 대상이 되었던 재야의 자주적 민간교류는 허용되었어야 한다고 주장했다.[275]

둘째, 국가보안법이 '합헌'이라는 것이 재판부에 의해 인정되었다는 점이다. 즉 "국가보안법은 헌법이 지향하는 조국의 평화적 통일과 자유민주적 기본질서를 부인하면서 공산계열인 북한공산집단 등 불법집단이 우리나라를 적화 변란하려는 활동을 봉쇄하고, 국가의 안전과 국민전체의 자유를 확보하기 위해 국민의 기본권을 최소한도에서 제한한 것"이라고 변호인 측이 낸 국가보안법 등에 대한 위헌여부 심판 재청신청을 기각[276]하여 국가보안법이 헌법에 위배되지 않는다고 보았다.

국가보안법과 관련해 권영성은 "국가보안법은 남북한 주민의 자유로운 왕래를 원천 봉쇄하고, 양심의 자유 등을 침해하는 반통일적, 인권유린적 법률이므로 폐지되어야 마땅하고 그 경우 필요하다면 자유민주주의를 수호하기 위한 대체입법을 제정할 수도 있다"[277]고 하여 국가보안법이 헌법에 위배되는 '반민주악법'임을 천명한 바 있다. 그리고 이를 반영하듯 통일원장관 이홍구는 1988년 10월 12일 국회증언에서 "통일정책을 추진하기 위해서는 북한인사들과의 접촉을 규제하고 있는 법체계를 변화시켜야 한다는 것이 현 정부의 확고한 방침이다"라고 하였다.[278] 또한 그 후 일주일 뒤인 10월 20일 『워싱턴포스트』지와의 단독인터뷰에서 노태우는 "현행의 국가보안법이 남북대화추진의 장애가 된다면 이를 개정해 나가도록 하겠다"라고 천명한 바 있다.[279]

위의 사실을 토대로 볼 때 국가보안법은 실정법으로서의 효력을 상실한

275) 정해구, 「통일물길 여는 남북 민간 교류를」, 『한겨레신문』 1989.10.3.
276) 『조선일보』 1989.10.6.
277) 권영성, 앞의 글, 139쪽.
278) 『국회속기록』 1988.10.12, 국회 외무 통일 상임 위원회.
279) 「노태우 인터뷰」, 『워싱턴포스트』 1988.10.20.

측면이 다분히 있었다. 문익환이 서울을 떠나기 한 달 전인 2월 20일, 여당을 포함한 4당 합의에 따라 국가보안법의 개정안이 국회에 상정된 것도 이를 뒷받침해 주고 있다.[280] 따라서 비록 문익환 등이 국가보안법이라는 분단유지의 수단인 실정법을 위반하기는 했어도 그것이 개정될 소지가 있는 법이었다는 점, 민족의 화해와 통일지향이라는 시대적 소명을 다하였다는 점은 고려되어야 할 것이다. 아울러 노태우의 7·7선언과 유엔연설로 남북한 교류와 자유로운 왕래가 6공화국의 새로운 가치와 규범으로 선포된 상황에서 민족공동체를 위해 한 그의 방북은 애국애족의 행위였다고 평가할 수도 있을 것이다.[281]

1심에 항소한 문익환, 유원호 피고는 2심에서 징역 7년과 자격정지 7년을 선고받았다.[282] 법원은 항소심선고공판에서 "1심재판부가 필요적 변호사건에서 변호인들이 모두 퇴장한 가운데 국선변호인도 없이 재판을 진행한 것은 헌법 및 형사소송법 규정을 위반한 것"이라며 원심을 파기, 1심보다 형량을 3년씩 줄였다. 또 재판부는 문익환이 평양 만수대 의사당에서 열린 북한 측과의 1차회담에서 북한의 통일정책에 동조했다는 부분과 유원호가 반국가단체의 지령을 받고 입북했다는 데에 "증거 없다"며 일부 무죄를 선고했다. 그러나 나머지 공소사실에 대해서는 모두 유죄를 인정해 이들에게 국가보안법상의 특수잠입, 탈출, 찬양, 고무, 동조죄 등을 적용했다.[283]

대법원 형사 3부(3심)는 1990년 6월 8일, 정부당국의 허가 없이 북한을 다녀와 국가보안법 위반혐의로 구속 기소된 문익환, 유원호 피고인에 대한 상고심선고공판에서 문피고인 등과 검찰의 상고를 모두 기각하고 징역 7년과 자격정지 7년씩을 선고한 원심을 확정했다. "북한에 들어가서 허담으로

---

280) 정경모, 「정경모의 양심선언 "무엇이 죈가"」, 『말』 1989.8, 55쪽.
281) 이삼열, 「문 목사 수사 발표문을 읽고」, 『한겨레신문』 1989.5.5.
282) 두 피고인의 1, 2심 구형량은 모두 '무기징역'이었다.
283) 『조선일보』 1990.2.11.

부터 범민족대회 예비회담 추진방법과 귀국방법, 귀국시의 조치 등에 관한 구체적인 지시를 받고 귀국하였고, 북한에 머물면서 김일성 등을 만나 북한 측 주의, 주장에 동조하고 금품까지 받은 점 등 공소사실이 모두 인정된다"[284]고 하였다.

그렇다면 정경모, 유원호, 문익환 등의 방북은 정부당국이나 언론에서 주장한 것처럼 북한의 지령에 의한 것이거나, 북한의 입장에 동조한 측면이 있다고 보아야 할 것인가?

정경모에 대해서 사법부의 재판과정 중 원심은 "정경모가 '반국가단체의 공작원'이거나 반국가단체나 그 구성원으로부터 지령을 받은 자이고 일본에 거주하면서 한 때 반국가단체인 재일한국민주회복통일촉진국민회의(이하 '한민통'으로 약칭)구성원으로 활약하다가"라고 하면서 그가 한민통 구성원으로 장기간 활약한 것처럼 표현하고 있으나, 정경모는 한민통 창설 직후 바로 그 단체에서 제명되었으므로 '그 구성원으로 장기간 활약했다'라는 표현은 오인이라 할 수 있다.

또한 원심은 "……계속하여 반한 문필활동을 벌여오다가……" 하는 사례를 들며 마치 그가 문필활동을 통해 대한민국의 국체를 부인하거나 비방하는 듯한 '반한국적 문필활동'을 해온 양 판시하고 있으나, 이도 사실과 다르다고 볼 수 있다. 그의 문필활동에 나타난 글은 박정희, 전두환 정권의 이른바 유신, 군사 독재체제를 비판하고 조국의 민주화를 촉진시키는 것이 대부분일 뿐, 이른바 국체를 부인하거나 비방하는 '반한국적 문필활동'이라 할 수는 없다.

안기부 제1차장 안응모는 "정경모의 자필 입북계획서, 유원호에 대한 지시내용과 유원호의 진술 등을 종합해 볼 때 정경모가 일본에 반한지식인을 앞세운 공작원임이 분명하다"라고 단정지었다.[285] 또한 수사결과 발표문을

---

284) 『조선일보』 1990.6.9.
285) 『조선일보』 1989.5.3.

통해 "정경모는 지난 1970년 9월 일본에 건너간 뒤 입북간첩 곽동의와 접촉하면서 '북한의 하수인'이 된 뒤 고려연방제를 찬양하는 등 북한의 선전, 전위 역할을 수행했고 금년 1월에 입북해 문익환 등에 밀입북 공작에 대한 지령을 받고 돌아왔다"고 밝혔으나 그의 방북전력이나 저술내용을 제시한 것 이외에 북한공작원이라는 납득할 만한 근거는 전혀 내놓지 않았다.[286]

그러나 재야 법조계에서는 정경모와 유원호에게 확실한 증거 제시도 없이 간첩혐의를 적용한 것을 문제 삼으면서 수사결과 내용자체에 의문을 나타냈다. 예컨대, 한 변호사는 "정경모에 대한 구체적인 사실 확인이나 납득할 만한 근거제시도 없이 방북전력이나 저술활동, 유원호와의 오간 몇 마디 말만으로 간첩죄를 적용하는 것은 문제가 있다"고 말했다.[287] 또 다른 변호사는 "적국에 통지할 목적으로 국가기밀 등을 탐지 수집해야 간첩죄(형법 제98조 제1항 이하)[288]가 성립하는데, 안기부 발표내용에는 이런 혐의가 구체적으로 제시되지 못하고 있다"[289]라고 하였다. 따라서 이러한 모든 정황을 고려해 볼 때 안기부가 주장하는 것처럼 정경모가 북한의 공작원이라고 보는 것은 지나치게 자의적인 견해이고, 문제를 확대해석하는 것이었다. 단지 정경모가 여연구와의 친분, 사전 방북 등으로 미루어 보아 북한의 영향을 전혀 받지 않았다고 단정하기는 어렵다고 볼 수도 있다.

또 원심은, 정경모가 "1986년경부터 여운형의 추모식을 거행하면서 북한

---

[286] 『한겨레신문』 1989.5.3.

[287] 안영도 변호사, 『한겨레신문』 1989.5.3.

[288] 안기부는 간첩죄의 구성요건을 "반국가단체의 이익을 주기 위해 우리나라의 기밀을 제공하는 행위"라고 하면서 유원호가 정경모에게 전민련 계보와 야당 계보를 파악해 보고했고, 『한겨레신문』을 구독하게 한 혐의로 유원호에게도 간첩죄를 적용했다(『조선일보』 1989.5.3). 그러나 "이미 일간신문에 보도된 전민련 조직체계나 일간신문 구독신청행위가 간첩죄의 구성요건에 해당된다고 보기 어려우므로 객관적인 근거 없이 간첩죄를 적용하는 것은 지나친 확대해석이다"라고 지적했다(안명기 변호사, 『한겨레신문』 1989.5.3).

[289] 안동일 변호사, 『한겨레신문』 1989.5.3.

의 조국통일민주전선 의장 여연구와 연계되어 활동하여오던 중……"이라
고 하면서 마치 1986년 이래 여연구와 연계된 것처럼 표현[290]하고 있는데,
이는 일정정도 사실인 측면도 있으나, 북한의 공작에 의한 의도적인 방북이
라고 보는 것은 지나친 시각이다. 변호사 한승헌은 정경모가 1986년부터
계속해 매년 일본에서 여운형의 추모식, 강연회 개최해왔는데, 1988년 9월
여연구로부터 감사전문을 받기 전까지는 여연구와 연계된 사실이 없었다
고 변론하였다.[291] 그러나 정경모는 1985년 7월 19일 여운형의 39주기를
맞아 첫 번째 추도강연회가 도쿄에서 열렸고,[292] 1987년 나이로비에서 유엔
이 주최한 '국제 여성문제회의' (일명 '세계부인대회')에 참석한 여연구를 처
음으로 만나게 되었으며, [293] 이후 오누이 같은 정을 맺게 되었다.[294]

　문익환의 통일론과 그의 사상이 장준하-김구로 연결되듯이, 정경모는
민족주의자 여운형의 정신적 추종자로서 정경모가 문익환과 동반하여 평
양을 방문한 것은 여운형이 '보이지 않는 길잡이' 역할을 했기 때문이었다
고 해도 결코 과언이 아니다[295] 다시 말해 정경모와 여연구의 공통분모는

---

290) 표면적으로 보면 이 사건은 김일성-여연구-정경모-문익환으로 이어지는데 그
　　러나 이처럼 단순화하는 데는 무리가 있다는 시각도 있다. 왜냐하면, 정경모
　　가 여연구로부터 단지 추모식 감사편지만 받았고, 정경모가 북한에 이 사건이
　　있기 이전에는 가지 않았으며, 일본에서도 조총련계 단체 활동을 거의 하지
　　않았던 점으로 보아, 그가 북한의 지령을 받았다고 보기에는 무리가 있다는
　　시각이 있다(김일동, 앞의 글, 167쪽).
291) 한승헌, 『한승헌 변호사 변론사건실록』 6, 64~65쪽.
292) 『한겨레신문』 2009.6.2. 정경모는 1985년 여운형 추도회가 1989년 문익환과 평
　　양행의 직접적인 계기가 되었다고 회고하였다.
293) 2009년 4월 4일 일본 YMCA에서 정경모와의 인터뷰의 내용 중 일부. 정경모는
　　인터뷰에서 나이로비에 참석한 여연구가 자신의 아버지 추모식 소식에 대한
　　이야기를 듣고, 감정이 복받쳐서 목을 놓아 울었다고 증언하였다.
294) 정경모, 「봄을 기다리는 망명기」, 『말』, 1992.1, 164쪽.
295) 정경모는 "내 경우에 있어 그 또 하나의 나는 여운형 선생이다"고 했고 "여운형
　　선생의 발자취를 늘 따르고자 하는 마음이 있다"고 했다. 정경모, 「무엇이 죄
　　인가-평양방문비망록 문익환목사북한방문기」, 『걸어서라도 갈 테야』, 실천문
　　학사, 1990, 287~288쪽.

｜통일의 선각자, 문익환의 삶과 분단극복론

바로 여운형이었다. 정경모가 여운형의 추모식을 해마다 거행하면서, 그의 딸인 여연구와 친분이 쌓이게 되었고, 이를 통해 김주석과의 만남이 쉽게 성사될 수 있었던 계기가 되었던 것은 부정할 수 없는 사실이지만, 북한의 지령이 있었다고 보는 것은 무리가 있다.296) 또한 마침 정경모도 침체된 민주화의 열기를 이어 민족통일을 앞당기려는 의도를 가지고 있었던 것이다.

또 하나 확인해야 될 사항은 과연 문익환이 방북을 마치고 돌아오는 과정에서 일본NCC는 어떠한 역할을 하였으며 KNCC는 문익환에게 어떠한 도움을 주었는가? 한국의 기독교장로회에서는 인명진, 이우정을 일본에 보내기로 하였지만 결국 이우정 혼자서 문익환을 배웅하였다.297) 또한 KNCC총무였던 김관석은 어떻게든 '조총련'에게 포섭당하지 않도록 일본NCC총무였던 나카지마에게 여러차례 전화를 하여 신변을 안전을 부탁하였다. 그리고 실제 나카지마 등 일본NCC는 방북 초기부터 한국에 입국하기 전까지 많은 도움을 주었다.298)

문익환은 북한이 주장해온 '고려민주연방공화국안'을 지지, 찬동하였는가? 문익환과 허담의 공동성명은 고려민주연방공화국안에서 제시되었던 군사통치 청산, 미군철수, 미국의 한반도 내정불간섭 등의 전제조건에 관해서 전혀 언급하지 않았다. 또한 공동성명에서는 그러한 조건 없이도 남북

---

296) 정경모는 여연구로부터 받은 감사전문을 읽고 이는 여연구 명의로 보낸 편지이지만, 실제로는 김일성이 관련이 되어 있다는 것을 육감적으로 짐작할 수 있었다고 증언하였다(2009년 4월 5일 일본 YMCA에서 정경모와의 인터뷰의 내용 중 일부). 그러나 김일성이 직접 쓴 편지는 아니었고 내용도 여운형의 추모식에 대한 감사내용이 전부였지, 북한을 방문하라는 지시는 전혀 없었다(문익환, 『전집』 5권, 사계절, 1999, 97쪽).

297) 2009년 5월 20일 서울 목동 '카페'에서 당시 기독교장로회 총무였던 김상근과의 인터뷰.

298) 2009년 5월 21일 서울 시청 앞 '프라자 커피숍'에서 당시 KNCC의 인권위원장이자, 기독교 장로회 총회장이었던 박형규와 인터뷰 일부.

간의 통일방안에 합의할 수 있다는 것을 보여주었기 때문에 북측의 연방제 안을 지지, 찬동한 것이라고 볼 수 없다.[299] 또한 종래 북한이 주장해온 연방제는 남북한이 일시에 연방국가를 이루고 이 연방국가가 군사, 외교권을 전부 가지는 1국가, 1체제를 지향하는 것으로 해석되어 왔다. 그런데 이러한 북한의 고려민주연방공화국안의 내용을 문익환이 남북 각 정부가 군사, 외교권을 당분간 독립적으로 운영하자는 것으로 수정시켰던 것이었 다. 이것은 노태우가 밝힌 한민족공동체통일방안에서 과도적 단계인 남북 연합을 두자는 안과 문익환의 1단계 연방제안이 상당부분 일치하기 때문에 이를 두고 북한의 고려민주연방공화국안을 지지, 찬동한 것이라고 볼 수 없다. 즉 문익환이 허담과 합의한 사항인 일단계 연방제안도 사실상 남과 북이 각각 군사외교권을 가지고 있어서 2국가 2체제를 내용으로 하고 있기 때문이다.

그리고 이른바 체제연합 성격의 넓은 의미의 연방제안[300]이나 김대중의 공화국연방제 등도 국가연합식 연방제 방식에 기초하고 있다. 따라서 이미 고착되어 있는 두 체제의 차이를 조정하고 극복하기 위해서는 연방제 방식 이 합리적일 수밖에 없다는 점에 합의한 것을 가지고 북한의 고려민주연방 공화국안에 동의했다고 보는 것은 논리의 비약이다.[301] 사실상 노태우의 한민족공동체통일방안은 통일을 위한 중간단계로 남북연합의 단계를 주창 했는데, 이를 국토통일원은 'The Korean Commonwealth'라고 번역하고 있다.

299) 김낙중, 「문익환 목사 방북의 역사적 의의-지상증언」, 『빼앗긴 변론』, 역사비 평사, 1990, 117쪽.

300) 연방제는 넓은 의미와 좁은 의미가 있는데 넓은 의미의 연방제는 Commonwealth, Union, Confederation, Federation 등을 모두 포함하는 개념이다. 여기서 British Commonwealth를 '영연방'이라고 하고 Soviet Union을 '소연방'이라고 하며 스 위스, 서독, 미국을 모두 연방국가라고 말한다. 그리고 좁은 의미의 연방제는 미국이나 서독같이 군사, 외교권이 모두 연방정부에 귀속되고 있는 연방국가 인 'Federation'만을 연방제라고 볼 수 있다(김낙중, 앞의 글, 110~111쪽).

301) 역사비평사 편집부, 『빼앗긴 변론』, 역사비평사, 1990, 82쪽.

이것은 영국의 연방제(영연방)인 'British Commonwealth'와 같은 의미를 따르고 있던 것이다.

문익환의 방북으로 인해 남북한은 어떠한 변화를 겪게 되며 그의 방북으로 인한 득실은 무엇이었나? 문익환의 방북 이후 남측의 변화로는 통일논의가 더욱 확산되었고 이후 노태우 정부도 통일방안을 내놓지 않을 수 없게 되었다. 그리고 문익환의 방북은 임수경(1989.6.30), 문규현, 서경원(1989.6.27) 등이 방북대열에 가세하게 되는 단초를 제공하였다. 반면에 공안정국이 도래하여 민주화운동과 통일운동세력에 대한 탄압이 거세어졌다. 그리고 문익환에 대한 사법처리가 북한을 자극해 남북관계가 더욱 경색되어 대북한과의 대화를 결과적으로 더욱 어렵게 만들었다는 부정적인 견해도 있다.[302]

또한 문익환의 방북 이후 정부는 민주통일운동세력을 더욱 탄압하여 통일운동의 위축과 민주화의 역행으로 나타났다. 즉 민주통일운동의 선봉에 선 재야인사들이 대거 구속되었고 재야의 대표단체인 전민련을 비롯한 재야의 민주화운동조직들은 이전에 비해 크게 위축되었다. 또한 남북한 정부 간 접촉마저도 교착상태에 빠져 악영향을 미쳤다.[303] 이에 1989년에 들어서서 국가보안법 구속자가 전년도의 두 배로 늘어나게 되는 이유는 문익환 등의 방북사건 이후 벌어진 이른바 '공안정국' 때문이었다.[304] 정부는 문익환 등의 방북사건을 '재야단체의 조직적인 체제도전행위'로 간주하여 강경 대응 한다는 방침을 세우고 1989년 4월 3일 공안합수부를 설치해 방북사건 뿐만 아니라 전민련, 서총련 등 통일운동과 관련된 모든 재야단체의 국가보안법 등 실정법 위반 혐의에 대한 사실상의 일제 수사에 착수하였던 것이다.[305] 이에 따라 문익환의 방북 이후 공안합수부의 권한과 기능이 확대되

---

302) 연정열, 「문명사적 측면에서 본 문익환 목사 방북이 갖는 의미」, 『통일로』 1989.5, 48쪽.
303) 김영명, 「국내정세와 통일여건의 변화」, 『국제정치논총』 1989.9, 209쪽.
304) 박원순, 『국가보안법연구』 2, 역사비평사, 2008, 45쪽.

어 문익환의 방북 사건을 계기로 전민련 조국통일위원장 이재오와 전민련 공동의장 이부영 등 수십 명을 구속하였다. 그리고 임수경의 방북을 빌미로 학생운동 지도부 63명을 검거하고 19명을 구속하였다.[306]

정부가 공안정국을 통해 얻고자 하였던 것은 단기적으로는 5공 청산의 소멸이라는 목표와 더불어 장기적으로는 4·26 총선 이후 입지가 좁아진 여권의 정치구도를 개편하기 위한 교두보를 마련하기 위한 것이었다.[307] 이에 노태우 정권은 문익환과 임수경 등의 방북을 빌미로 통일운동세력을 탄압하는 것과 동시에 평양축전 이후 예정되었던 남북회담일정을 무기한 연기시키고 서경원의 밀입북 사건을 계기로 보수대연합을 통해 평민당의 정치적 입지를 약화시키려고 하였던 것이다.[308] 그러나 남한의 민간통일운 동단체와 일정한 연계를 맺음으로써 남북대화의 유리한 지위를 확보하고 자 했던 북한당국의 입장에서 볼 때 공안정국은 남북대화 분위기를 해치는 일이었다.[309]

요컨대 공안정국을 통하여 노태우 정권은 여소야대 정국의 무력화를 시도하였고 방북사건을 이용하여 전민련에 대한 가장 극심한 탄압을 하여 출범당시 기대했던 역할을 거의 수행하지 못하였고 이에 따라 재야운동권 내

---

305) 『동아일보』 1989.4.3 석간. 공안정국을 주도했던 기관은 검찰기구를 중심으로 편제되었던 공안합수부와 안기부였다. 공안합수부는 검찰기구를 중심으로 편제되어 임수경, 서경원 등의 방북을 수사한 반면, 안기부는 문익환 등의 방북을 수사하면서 국내 좌경 실상 자료집을 펴내 국내의 126개 단체 일만여 명의 좌경 용공 세력이 있다고 규정하여 공안정국에 가세하였다(박인제, 「5공안기부는 부활해선 안 된다」, 『신동아』, 1989.9, 174쪽).

306) 정해구 외, 『6월항쟁과 한국의 민주주의』, 민주화운동기념사업회, 2004, 164쪽.

307) 노태우 정부가 결국 공안정국을 통해 얻고자 했던 것은 보수대연합을 통한 정계개편, 즉 3당합당을 위한 정계개편의 공작이었다고 볼 수 있다(신준영, 「공안정국 노림수 정계개편 공작」, 『말』 1989.8, 17~18쪽).

308) 편집자, 「공안정국과 9월 위기설」, 『의정평론』, 1989.9, 34쪽; 박실, 「명예로운 6공을 권호한다. 공안정국 진단과 전망」, 『헌정』 1989.9, 59쪽.

309) 정해구, 『탈냉전 10년(1988~1997)의 남북관계』, 세종연구소, 1999, 17쪽.

부가 조직 위상과 운동방식에 따라 다양하게 분열되는 요인이 되었다.

그리고 방북 당시 울산에서 현대노동자들의 투쟁이 한참 진행되던 와중의 문익환의 방북은 노동자들의 투쟁에 찬물을 끼얹고 냉전 반공 이데올로기에 편승해 있던 노태우정권은 상승하던 노동운동을 억누르고 탄압하는 데 문익환의 방북을 구실로 삼았다.[310] 결과적으로 노동 민주화운동에는 부정적 영향을 끼친 것은 사실이었다.[311] 그럼에도 불구하고 민간통일운동에 획기적인 전환점이 되었다는 것은 실보다는 득이 많았다고 긍정적으로 평가해야 할 것이다.

다음으로 북측의 변화로 북한은 남한정부와 회담채널보다는 민간급 대화교류라는 명분을 내세워 각계각층을 대상으로 한 동시다발적 대남대화 제의를 더욱 가열하게 진행하였다.[312] 이러한 전략은 1972년 7·4남북공동성명 이후 지속적으로 전개해왔던 양면적인 대화전략의 일환이었다. 또한 1980년 10월 10일 노동당 제6차대회에서 밝힌 고려민주연방공화국 창설방안이 1991년 김일성 신년사에서 "우리는 고려민주연방공화국 창립방안에 대한 민족적 합의를 보다 쉽게 이루기 위하여 잠정적으로는 연방공화국에 지역차지정부에 더 많은 권한을 부여하며 장차로는 중앙정부의 기능을 더욱 높여나가는 방향에서 연방제 통일을 점차적으로 완성하는 문제도 협의할 용의가 있습니다"라고 하여[313] 기존의 연방제 통일방안이 4·2공동성명

---

310) 이승환, 「탐방-통일맞이 늦봄 문익환 목사 기념사업」, 『통일시론』 99년 봄호, 213쪽.

311) 1989년 문익환 등이 방북했을 때 현대 중공업 노동자들은 무려 석 달간 파업을 단행했는데, 전민련은 현대중공업 노동자들을 돕기 위한 방법으로 기금모금을 위한 캠페인을 벌여 파업투쟁으로 지쳐있던 노조원들에게 힘을 보태 주었다. 이는 전민련이 노동자들과의 연대도 소홀히 하지 않았다는 단적인 증거이기도 하였다(이창복, 『세기의 길목에서』, 한울, 1999, 224쪽).

312) 1989년 3월 27일 북한 천도교 청우당, 조국평화통일위원회, 문학예술총동맹 등 24개 정당사회단체들이 문익환 목사 방북에 즈음하여 연합회의를 개최하고, 민간접촉의 확대를 촉구하는 5개항 결의안을 채택하였다(노중선, 『남북한 통일정책과 통일운동 50년』, 1996, 360쪽).

	내 용	특 징
1989년 3월 (방북 당시)	1. 자주, 평화, 민족대단결의 원칙에서 통일 2. 정전협정을 평화협정으로 교체 3. 불가침 선언 채택 4. 군대, 군비 대폭 축소 5. 연방제방식으로 통일 6. 정치군사와 함께 경제, 문화, 인도적 문제 접근 7. 전민련(문익환 등)의 방북이 1948년 김구, 김규식의 　행동 상기시켜줌.	
1994년 1월 (문익환 사망 당시)	1. 연방제 통일 2. 북남간의 정치, 군사 대결의 해소 3. 정전협정을 평화협정으로 교체 4. 불가침 선언 채택	
1994년 4월 (방북 5주년)	1. 연방제 방식으로 통일 2. 전 민족 대단결 10대강령 발표 1돐 기념(조선반도의 　평화와 평화통일을 위한 민족 단합의 대헌장) 3. 동족끼리 적대시 하지 말고 민족(북, 남, 해외) 힘 합쳐 　외세 간섭·침략에 공동대처 4. 1948년 연석회의 강조, 민족 자주적 입장	전 민족 대단결10대강 령 강조
1999년 1월 (문익환 사망 5주년)	1. 문익환에 대한 언급은 없음 2. 강성대국 건설	
1999년 3월 (방북 10주년)	1. 문익환의 방북에 대한 평가를 '조국통일 위업 완성의 　길을 명시한 불멸의 기치'라고 호평 2. 연방제 방식으로 통일, 자주적·평화·민족 대단결의 　원칙에서의 통일 강조 3. 정전협정에서 평화협정으로 전환 4. 불가침 선언 채택 5. 군대, 군비축소 문제 6. 정치, 군사 대결해소 문제 7. 문익환의 방북은 김구 이후 남조선의 재야 세력 중 　처음으로 북의 정치인과 대면한 것으로 통일운동사에서 　중대한 의미가 있다고 평가	연방제와 민족 대단결을 강조
2004년 1·3·4월	문익환 관련 서술 없음. 선군정치·주체사상·민족공조 강조	2000년대 이 후에는 문익환 의 방북에 대

313) 김일성, 『조국통일을 위하여』, 조선로동당출판사, 1991, 172쪽.

		한 언급이 사 라짐
2009년 3·4월	문익환 관련 서술 나타나지 않음. 1970년대 자주 평화 민족대단결의 3대원칙, 전민족대단결 10대강령과 범민 족대회, 범민련의 결성과 6·15 공동선언, 10·4 선언 기 치 강조	
2014년 1월	문익환에 대한 언급은 사라짐. 우리 민족끼리의 기치 밑 에 단합해 자주통일 이룩. 7·4남북공동성명, 6·15공동 선언, 10·4선언 강조	

서의 영향을 받아 느슨해지는 이른바 '느슨한 연방제'로 바뀌게 되었다.

『로동신문』을 통해 드러난 문익환의 방북과 관련한 북한의 입장은 방북과 문익환의 사망 주기에 따라 큰 틀에서 차이점은 발견되지 않지만, 미묘한 차이를 보였다. 즉 북한은 시기별로 공통적으로 통일방안으로서 '연방제' 통일방안을 강조하였다. 그런데 1994년 4월에는 특히 '전 민족 대단결 10대강령'을 '조선반도의 평화와 평화통일을 위한 민족 단합의 대헌장'으로 치켜세우면서 '전 민족 대단결'을 대단히 강조하기도 하였다.

북한은 4·2공동성명서 발표 이후 '4·2성명'에 대해서는 전혀 언급조차하지 않아 큰 의미를 부여하지 않은 반면, 방북 10주년인 1999년 3월 27일자의 『로동신문』에서는 김일성이 문익환과 만나, 문익환과 연방제 방식으로 통일을 논한 것을 특히 강조하였다. 북한은 문익환의 방북을 그들의 정치선동, 선전에 이용하고자 하였으며, 마치 김일성이 문익환에게 연방제를 설명해준 것처럼 호도하는 아전인수식 편협함을 보였다. 또한 문익환의 방북을 1948년 남북연석회담을 위해 방북한 김구, 김규식과 견주었고 '조국통일 위업 완성의 길을 명시한 불멸의 기치'라고 평가하였다.

그러나 『로동신문』에서 2000년대 이후에는 더 이상 문익환의 방북에 대한 언급은 나타나지 않으며, 남북문제, 통일문제에 관련해 전민족대단결 10대강령과 우리 민족끼리의 기치 밑에 단합해 자주통일을 이룩할 것과 7·4남북공동성명, 6·15공동선언, 10·4선언을 강조하고 있다.

다음으로 문익환의 방북은 어떠한 역사적 의미를 지니며, 어떻게 평가할 수 있을까? 문익환의 평양방문은 그 위법성을 떠나서 통일논의 노정에서 하나의 획을 그을 역사적인 사건이었다고 볼 수 있을 것이다. 그리고 그것을 계기로 정부주도의 통일논의와 다변화된 민간차원에서의 통일논의가 자연스럽게 조화를 이루어 나갈 수 있는 방법을 모색하여 보는 기회가 주어졌다고 불 수 있을 것이다. 이렇게 볼 때 문익환의 방북이 남북대화와 민간차원의 통일논의에 큰 계기를 가져왔다. 이에 그의 방북은 정부수립 이후 민간인으로서는 최초로 북한당국의 초청을 받아 김주석과 통일에 대해 폭넓은 의견을 나누었다는 점에서 의미가 깊다.[315]

1989년 5월 23일 국회외무·통일상임위원회(이하 '외통위'로 약칭)에서 김대중은 통일원장관 이홍구에게 문익환의 방북과 관련하여 "김일성이 처음으로 노태우를 대통령이라고 호칭하면서 남북정상회담의 가능성을 시사했다"고 지적하였다.[316] 남측정부가 정상회담에 대해 북측정부에 비해 더 적극적이었던 것에 견주어 보면 정부가 하지 못한 일을 문익환 개인이 북한 정부로부터 정상회담의 가능성을 도출하였다는 것은 큰 성과라고 아니 할 수 없다. 이홍구도 "정상회담의 가능성이 생긴 것을 절대 가볍게 생각하지 않는다"라고 하면서 문익환의 방북의 의미를 부여하였다.[317]

계속해서 김대중은 방북의 성과로 북한이 고려연방제만을 고집하지 않겠다는 것과 정치, 군사문제 외에 모든 교류, 협력의 문제를 같이 논의하겠다는 등의 북한의 정책적 변화를 이끌어 낸 점을 정부는 간과하고 있다고 지적하였다. 이에 대해 이홍구는 "북한이 고려연방제를 고집하지 않는다는

---

314) 『로동신문』 1989~2009년까지의 내용을 바탕으로 작성.
315) 한겨레사회연구소 민족분과, 「문익환 목사 방북 이렇게 생각한다」, 『한겨레』 1989.5, 42쪽.
316) 『국회속기록』 1989.5.23. 국회 외무 통일 상임 위원회.
317) 『국회속기록』 1989.5.23. 국회 외무 통일 상임 위원회.

것은 신빙성 있게 들리지 않는다"고 부정적인 반응을 보인 반면, "북한이 정치, 군사를 비롯한 교류협력에 대한 모든 문제를 논의할 용의가 있다는 것만으로도 남북 고위 당국자 회담의 전망이 밝아질 수 있다"고 본 점은 문익환의 방북의 성과를 인정하는 측면도 있었다. 다만 이홍구는 "문익환의 사법처리가 끝난 후에 남북 회담이 속개될 것"으로 보아 문익환의 사법처리 의 가능성을 내비쳤다.[318] 문익환의 방북으로 교류협력과 정치군사의 병행 추진의 합의를 보았고, 이것이 후일 남한 정부당국이 제1차 고위급회담 시 남북한의 입장을 절충, 양보케 하여 양자를 병행하여 다루게 하는 데 기여 하였던 것이다.

그런데 정부나 문익환의 방북을 비난했던 보수단체들은 문익환 등의 방 북이 북한의 지령에 따라 이루어졌다고 보는 입장이었다. 이들의 견해에 의하면, 북한이 문익환 등의 방북을 그들의 정치선전, 선동에 이용하여 통 일문제에 대해 그들의 대외적인 이미지를 부각시키고자 하였다고 주장했 다. 또한 그들은 북한이 남한 내에 재야단체, 운동권 학생들과의 개별적 남북회담을 적극 추진함으로써 통일문제에 대한 한국정부당국의 주도권을 무력화시키려 했다고 보았다.

그러나 문익환의 방북은 북한에 이용당했으며 동조한 것이라는 그들의 입장은 지나치게 보수적인 측면이 없지 않다.[319] 왜냐하면 문익환의 방북 이 북한의 통일논의에 무조건 동조하려는 목적이 아니라 허담과의 공동성 명 첫 문장에도 있듯이 국회와 국회, 당국과 당국사이의 논의를 활성화시켜 보겠다는 것이 그의 방북 목적이었고 실제로 그러한 논의를 위한 초석을 놓았다고 보아야 하기 때문이다.[320] 또한 그는 3월 25일 평양 도착 성명서

---

318) 『국회속기록』 1989.5.23. 국회 외무 통일 상임 위원회.

319) 「최근의 북한동향-북한의 남북대화 전개양상 분석」, 『통일로』 1989.5, 108쪽.

320) 문성근, 「문 목사의 방북은 이미 역사다」, 『마드모아젤』 1989.7, 177쪽. 문익환은 방북성과를 묻는 기자들의 질문에 첫째, 민간급 회담의 길을 열었고, 둘째, 당국이나 국회의 대화교류에 앞서 민간차원의 대화가 선행되었다는 점에 의미를 부여하였고,

연세대학교에서 개최된 '문익환 평양방문 보고 및 환영대회'에 참가한 수많은 인파

에서 "하늘을 우러러 한 점 부끄러움이 없기를 바랐던 윤동주의 말, 모든 통일은 선이라고 외쳤던 장준하의 마음으로 김 주석을 만나고자 합니다"라고 밝혔듯이[321] 윤동주와 장준하의 민족주의적 입장에서 스스로 방북을 결심한 것으로 봐야 할 것이다.

그렇다면 그는 '소영웅주의적'[322] 입장에서 방북을 결심한 것일까? 그렇지 않다. 문익환은 민주화와 통일운동의 선각자이기에 앞서, 그는 목사이자, 신학자이며, 철저한 기독교신앙으로 무장된 가정환경에서 자라났다. 따라서 그리스도교를 믿는 신앙인으로서 분단에 안주해 온 과거를 참회하면서, 동족 간의 불화와 갈등으로 남북이 적대적인 불행한 분단사에 종지부를 찍으려는 정치적 결단과 선교적 사명[323]을 지고 방북을 결심했던 것이

셋째, 일가친척을 만난 것을 방북의 성과라고 대답하였다(『조선신보』 1989.4.5).

[321] 장준하, 『민족주의자의 길』, 세계사, 1992.

[322] 동아일보는 사설에서 "분단 40여 년 동안 남북의 대결은 실로 유혈의 역사였으며, 고통과 시련의 연속이었는데, 이 같은 지난한 민족적 과제가 한 개인이나 한 두 단체의 노력으로 해결될 수 있다고 믿는 사람이 있다면, 그는 환상을 좇는 몽상가이거나 자기도취에 빠진 '소영웅주의자'라는 지적을 면키 어렵다"고 하였다(『동아일보』 1989.3.27, 사설).

[323] 그리스도적 사랑으로 '모든 이가 하나가 되기를 바라는'(요한복음 17장 21절) 구절을 문익환은 남북의 통일을 이루라는 하나님의 소명(calling)으로 받아들

다.324)즉 문익환의 일생을 관통했던 실체는 그리스도적 가치의 실현이었다. 그에게 그리스도적 가치의 구현은 삶의 목표였으며, 인류보편적이고 우주적인 가치를 한 민족의 역사 속에서 실현하려고 했던 것이 방북을 결행하게 된 간접적인 동기였다.325) 문성근 역시 "아버님을 이해하는 데 있어 가장 중요한 요소는 그가 기독교인이라는 점이다. 기독교인은 봉사와 희생을 본분으로 한다"고 하여 기독교적 가치관을 최우선으로 꼽았다.326)

1988년 1월 1일 김일성 주석이 신년사에서 '남북 제정당 사회단체대표자 연석회의'의 소집을 제안했다.327) 이는 1948년 '남북연석회의'를 상기케 하였고, 이어서 통일문제가 국내외에서 해방 이후 최대의 관심으로 부각되었던 1988년 이후 1989년 신년사를 통해 구체적인 '남북정치협상회의'를 공식적으로 제기함으로써 문익환의 방북을 이루어지게 되었음을 볼 때 역사적 공통성을 갖고 있다고 보는 시각도 있다.328) 한편 북한은 문익환의 방북을 분단국가로 받아들일 수 없었던 김구, 김규식 등의 민족정기를 부활시키는 획기적인 거사로 인식하였고, 40여 년간의 장벽을 허물고 민족의 혈맥을 하나로 잇는 애국충정의 발로였다고 평가하였다.329)

문익환의 방북은 단순히 개인적 차원의 모험적 행동이라기보다는 각계각층의 통일운동의 역량의 성숙을 바탕으로 하여 통일문제가 정권유지차원의 희생물이 되는 것을 더 이상 용납할 수 없다는 민중의 통일의지가 결집된 결과로 봐야 할 것이다.330) 또한 그의 방북은 신앙적 지표와 이동수의

여 예수그리스도의 십자가 고난에 동참하였다.

324) 한승헌, 『한승헌 변호사 변론사건 실록: 분단시대의 법정』 6, 범우사, 2006, 68쪽.

325) 김형수, 『문익환 평전』, 실천문학사, 2004, 806쪽; 『문화일보』 2004.3.29.

326) 문성근, 앞의 글, 176쪽.

327) 노중선, 앞의 글, 284쪽.

328) 김지형·김민희, 앞의 책, 20쪽.

329) 『로동신문』 1989.4.4.

죽음에 대한 자책과 함께 학생들의 통일에 대한 열망에 고무된 개인적인 방북뿐만 아니라, 전민련의 고문 등 재야 통일운동 세력의 대표자격으로 북한의 조통협 대표인 허담과의 만남이었다. 이는 사실상 통일에의 의지가 박약했던 남한 정부와 북한당국의 가교역할을 하여 남과 북의 민간통일운동의 연계에 노력하였다는 점에서 큰 의미를 지닌다.

───────────────

330) 『한겨레신문』 1989.4.1.

제4장

조국통일범민족연합 결성과 문익환의 활동

1_
남북관계의 급진전과
남북기본합의서 합의

노태우정부의 구체적인 대북정책 즉 북방정책은 신 데탕트 및 탈냉전의 변화된 상황에 맞추어 전개되었는데, 크게 두 가지 측면에서 추진되었다. 하나는 동구 및 소련, 중국 등 '사회주의권과의 관계개선'을 모색하는 것으로 나타났고, 또 다른 측면은 남북고위급회담 등 본격적인 남북대화를 통한 '남북관계개선'이었다. 소련에서의 정치변혁, 폴란드에서의 비공산당 연정의 수립, 헝가리의 정치개혁, 베를린 장벽의 붕괴, 루마니아에서의 민중봉기와 차우체스쿠의 처형 등 1989년 하반기부터 소련 및 동구사회주의체제가 급속히 변화하고 붕괴하는 사태가 발생했다. 물론 동구에서의 이 같은 사태 전개는 남한정부가 1989년 2월에 헝가리와, 11월에 폴란드와, 12월에 유고슬라비아와, 1990년 3월에는 체고, 불가리아, 루마니아 등과, 나아가 1990년 9월에는 소련과 국교수립을 이룰 수 있는 여건을 만들어줌으로써 남한이 대 사회주의권 관계개선에 커다란 성과를

올릴 수 있는 기회를 제공해주기도 하였다.[1]

그러나 북한에게 그것은 고립감을 증대시키는 일이었고, 특히 한·소 수교는 북한에 커다란 충격이 되었으므로 북한의 대남정책은 공세적 혁명전략의 일환이 아니라 수세적 체제생존전략의 일환으로 추진되었다. 중국과 소련이 한국과 직접 대화하면서 외교적 선택의 폭이 좁아진 북한은 국제적 고립과 경제침체의 심화로 인해 국력이 비대한 남한에 흡수당할지 모른다는 공포심을 갖게 되었다.[2] 따라서 1989년 중반 이후 남북대화는 다시 교착상태에 빠지지 않을 수 없었고, 그 연장선상에서 남북 국회회담 예비회담, 남북체육회담, 적십자회담 등 비당국간 대화는 이내 중단되지 않을 수 없었다. 그럼에도 불구하고 남북한당국 간 대화인 '남북고위급회담'은 어렵사리 이어졌다. 그 결과, 예비회담과정에서 회담의 의제선정을 둘러싸고 논란을 계속해왔던 남북고위급회담은 1990년 9월 본회담 개최에 이를 수 있게 되었다.[3] 즉 회담에 임하는 양측은 의제선정에 있어서 기본입장의 차이가 여전히 현저했기 때문에 본회담 진입이 곧장 협상의 진전으로 이어졌던 것은 아니었지만 역사적인 제 1차 남북고위급회담이 1990년 9월 5일부터 6일까지 서울에서 개최되었던 것이다.[4]

---

1) 정해구, 『탈냉전 10년(1988~1997)의 남북관계』, 세종연구소, 1999, 16쪽.

2) 통일노력 60년 발간위원회 편, 『하늘길 땅길 바닷길 열어 통일로』, 통일부, 2005, 161쪽. 북한은 미국과 적대관계를 해소하고 일본과는 수교를 통해 식민지 지배 배상금과 경제원조를 얻어 경제부활을 시도하였지만, 남한이 중국, 소련과 수교 등을 통해 이룩한 성과에 비하면 북한의 노력은 별다른 성과를 이루지 못하였고, 북한은 독일식 흡수통일을 강력히 반대하면서 1990년 5월 통일실현을 위한 5대과업과 1991년 1월 느슨한 연방제를 발표하였다(통일노력 60년 발간위원회 편, 위의 책, 161쪽).

3) 정해구, 위의 책, 18쪽.

4) 문익환, 유원호, 문규현 등 방북인사들은 남북고위급회담에 대해 기대감과 성공을 빌면서 남과 북의 총리들이 이번 회담을 진지하게 이끌어 민족의 염원인 통일의 기반을 다질 수 있는 계기를 마련하기를 기원하였다. 1990년 8월 29일 문익환을 면회하고 온 부인 박용길은 문익환이 이날부터 '나라와 겨레의 밝은 내일과 통일을 기원하는 무기한 금식기도'에 들어갔다고 전했다. 한편 9월 3일 유원

이 회담에서 남측의 강영훈 총리는 기조연설을 통해 "남북 쌍방이 상호체제 인정과 존중의 정신에 입각하여 상호관계를 개선하며 그 기초 위에서 통일을 향한 공존공영의 관계를 이루어나가는 일"이 가장 시급한 과제라며 '남북관계 개선을 위한 기본합의서(안)'에서 ① 상호상대방 체제인정 ② 상호 비방 중상과 내정간섭 금지 ③ 상호 간의 대립과 분쟁의 평화적 해결 ④ 상대방의 파괴·전복행위 금지 ⑤ 자유로운 왕래 다각적 교류와 협력 등 민중적 유대회복을 위한 공동노력 ⑥ 군사적 신뢰 구축과 군비감축 실현 ⑦ 국제무대에서의 불필요한 경쟁과 대결중지 ⑧ 휴전체제의 평화체제로서의 전환 등 8개항을 제시하였다. 그리고 남북 간의 다각적인 교류협력을 실시하는 것이 무엇보다 시급한 과제라는 입장이었다.[5]

한편 북측 연형묵 총리는 회담과정에서 준수할 원칙으로 ① 7·4남북공동성명에서 밝힌 자주, 평화, 민족대단결의 조국통일 3대원칙 준수 ② 쌍방의 문제토의에서 일방의 이익보다 민족공동의 이익 우위 ③ 회담의 분위기와 진전에 저촉되는 일을 하지 않아야 한다고 주장하였다.[6]

1990년 10월 17일부터 18일까지 평양에서 열렸던 제2차 남북고위급회담에서는 1차 서울회담의 기조를 유지한 채 남북이 각각 강조한 부분을 더욱 확대하여 구체화시킨 특색을 보였는데 북측은 통일 지향적 자세를 내세우면서 기존의 '하나의 조선' 논리를 견지하고 있었고, 남측은 상호 실체인정과 이를 바탕으로 한 다각적인 교류 협력문제를 강조하였다.

제3차 고위급회담이 12월 12일부터 13일까지 서울 신라호텔에서 있었는데, 남측의 강영훈은 비정상적인 남북관계를 정상화하기 위해서는 관계개선의 기본 틀로서 남북관계개선 기본합의서가 먼저 채택되어야 한다고 거

호를 면회하고 돌아온 부인 안순심은 "남북한 당국이 서로 조금씩 양보하면서 포용력 있게 대화해 주길 바란다"면서 "이번 회담이 성공적으로 진행돼 남편이 석방되는 계기가 되었으면 좋겠다"고 말했다(『한겨레신문』 1990.9.4).

5) 노중선, 『남북대화 백서』, 한울아카데미, 2000, 53쪽.
6) 노중선, 위의 책, 54쪽.

듭 주장하였고, 합의서가 채택될 경우 1개월 이내에 남북 정치군사 분과위원회를 구성, 이 분과위원회에서 불가침선언 채택 문제를 협의하자고 제의했다.[7] 이에 대해 북측의 연형묵은 "불가침선언이 시급히 채택되어야 한다는 데는 재론의 여지가 없으며, 불가침선언은 그 중요성과 의의로 볼 때 독립문건으로 채택되어야 한다"고 말하고, "그러나 남측이 굳이 단일화를 주장한다면, 우리의 불가침선언[8] 초안과 남측의 '화해협력에 관한 선언' 초안을 통과하여 하나의 문건으로 채택하자"고 말했다.[9] 제3차 회담의 가장 큰 걸림돌은 '불가침선언' 문제였다. 남측은 "북측이 제의한 불가침선언을 채택하기에 앞서 그 선언을 지킬 실천의지를 보여야 한다. 북측은 대남혁명노선을 바꿔야 하며 감시와 검증 등 확고한 보장 장치가 있어야 한다"고 하면서 남측이 제의한 남북관계개선 기본합의서부터 채택해야 한다고 주장했다. 그러나 북측은 "대결상태를 해소하고 평화통일의 새 국면을 여는 첫 출발이 불가침선언을 채택하는 것이며, 불가침선언 자체가 가장 공고하고 믿을 수 있는 신뢰 보장 장치"라고 맞섰다.[10]

이처럼 제1차에서 제3차까지 걸친 '남북고위급회담'에서 남한과 북한의 입장을 종합해 보면, 우선 남한은 분단의 현실을 인정하고 남북의 실체를 상호인정하고 존중하는 차원에서 즉 남북이 대등한 입장에서 '남북연합'을 구성하여 하나의 민족공동체를 건설하고 1국가 1체제 하에 평화통일을 이

---

7) 『동아일보』 1990.12.12.
8) 북측의 연형묵 총리가 내놓은 '남북불가침과 화해협력에 관한 선언'은 1. 상대방 사상 존중 및 비방 중상 중지 2. 무력사용 반대 및 군비경쟁과 군사적 신뢰조성과 단계적 군축실현 3. 현 군사분계선을 경계선으로 하고, 비무장지대의 평화지대화 4. 군당국자간 직통전화설치 5. 남북동포들의 자유로운 래왕과 접촉실현 6. 민족공동이익추구와 분야별 교환 협력 7. 끊어진 교통, 체신망 연결 8. 국제무대에서의 대결지양과 공동진출 9. 분과위원회 구성 등 10개항으로 되어 있다(『한국일보』 1990.12.13).
9) 『경향신문』 1990.12.12.
10) 『동아일보』 1990.12.12.

룩해야 함을 주장하였다. 이를 위해 남북관계의 기본문제들을 총괄적으로 규정하는 기본 틀이 될 '남북관계개선을 위한 기본합의서'부터 채택할 것을 주장한 것이었다. 또한 남측은 전쟁위험 제거와 평화정착이 시급한 당면과 제임에는 인식을 같이 하면서, 이를 위해서는 정치, 군사적 신뢰구축이 필수적이며 그것은 다각적인 교류와 협력을 통해 쌓아 나가야 한다는 입장을 견지하였다. 그래서 이산가족 상봉, 비방 중지, 경제교류 및 협력 등 우선 협의 실천 가능한 분야부터 실천에 옮길 것을 주장하였다.[11]

반면 북한은 남측이 주장하는 실체인정, 존중의 문제는 '두 개의 조선'을 합법화하고 분단을 고착화하는 분열지향적인 자세이며, 또한 1국가 1체제에 의한 통일은 '흡수통일'을 의미하는 것이라 반박하면서 1국가 2체제에 기초한 '연방제 통일'만이 실현가능한 현실적 통일방안이라 주장하였다. 또한 북한은 남북 간의 불신과 대결은 남침 또는 북침위협이라는 위협인식에 기인하므로 정치, 군사문제의 해결 즉, 전쟁위험부터 제거하는 것이 급선무라고 주장했다. 그리고 평화를 보장하기 위해 ① 남북사이 불가침 선언 채택 ② 북미 간 평화협정 체결 ③ 남북 간의 대폭적인 군축실현 ④ 한국 내에 핵무기와 외국군을 철수시켜야 한다는 종전의 입장을 되풀이하고 '남북불가침선언'부터 채택할 것을 주장하였다.[12] 결국 남한은 비정치적 교류·협력과 정치군사적인 신뢰구축을 주장했던 반면, 북한은 정치군사적 대결상태의 해소를 주로 강조하여 입장차이가 있었다. 또한 남과 북은 각자의 입장에서 남측은 '국가연합'의 방식으로 북측은 '연방제' 방식으로 통일할 것을 주장하여 의견 차이를 좁히지 못했던 것이다.

이상에서 살펴보았듯이 1990년 말의 시점에서 볼 때 7·7선언 이후 본격적으로 추진되었던 남북대화는 대부분 중단되고 남북고위급회담만이 지속되었지만 별다른 성과를 거두지는 못하는 그러한 상태가 지속되고 있었다.

---

11) 정문헌, 『탈냉전기 남북한과 미국: 남북관계의 부침』, 매봉, 2004, 70쪽.
12) 노중선, 앞의 책, 57~68쪽; 정문헌, 위의 책, 70쪽.

그러나 1991년 하반기 이후 남북대화가 급속히 진전될 수 있는 일련의 계기들이 만들어졌다.[13] 우선 유엔가입문제를 둘러싸고 취해진 북한 측 태도변화가 그 첫 번째 계기라 할 수 있었다. 1989~1990년 사이에 소련 및 동구 각국과 국교를 맺을 수 있었던 남한은 이 같은 외교적 성과에 바탕 하여 남한 단독의 유엔가입을 추진했다. 노태우는 1991년 신년사와 연두기자회견에서 "북한이 유엔가입문제에 대해 끝내 동시 가입에 응하지 않을 경우 남한단독으로라도 가입할 것"이라고 밝히면서[14] 그는 남북문제에서 "세계의 변화에도 불구하고 북한의 변화는 아직 기대에 못 미치고 있으나 일단 변화할 경우 굉장히 빠른 속도로 진척돼 금세기 안에 통일이 이룩될 것"이라면서 "남북정상회담은 김일성 주석도 심사숙고하고 있을 것"이라고 전망했다.[15] 이에 대해 김대중은 1월 19일 노태우와의 청와대 회동에서 "유엔에 동시가입은 강력히 추진하되 단독가입은 피해야 한다"고 말하였고 "남북대화가 성공하려면 북이 요구하는 군사적 대결의 종식문제와 남이 요구하는 남북 간 교류협력문제가 병행되어야 한다"고 강조하였다.[16]

북한은 남한 측에 "남북한 동시가입 및 단독가입이 한반도 분단을 고착화하기 위한 책동"이라고 비난하면서 단일의석 가입을 주장하였다. 그들은 "남한의 유엔 동시가입 안이 북한을 독일처럼 흡수하여 통일하려는 의도가 담긴 것"이라고 규정하고 "그로 인해 한반도가 전쟁의 위협에 직면하게 될지도 모른다"는 위협적인 발언까지 했다.[17] 이에 대해 소련은 "국제법이나

---

13) 정해구, 앞의 책, 18쪽.

14) 남한은 1990년 유엔단독가입신청을 보류했는데, 이는 남북대화를 통해 동시가입을 설득시키려는 목표에서 남한만의 단독가입신청을 유보하였다. 그러나 유엔회원국 대다수는 남한이 가입하기를 소망하고 있는 상황이었다(『세계일보』 1991.1.9).

15) 『한겨레신문』 1991.1.9.

16) 『서울신문』 1991.1.20.

17) 『세계일보』 1991.3.9.

유엔헌장에 따를 때 북한 측 주장은 실현가능성이 부족하며 국제공동체에서 현저한 지지를 받을 수 없다"[18]고 말해 북한 측 주장이 설득력 없음을 지적했다.

남한과 소련은 1990년 6월 샌프란시스코 정상회담 이래 1990년 12월과 1991년 4월 양국 정상 간의 교환방문으로 협력관계를 심화시켰으며 1991년 4월 제주 정상회담에서는 고르바초프 대통령이 남한의 유엔가입 지지 의사를 표명함으로써 남측의 유엔가입을 위한 국제적 여건이 성숙되도록 하였다.[19] 또한 소련에 이어 중국도 남한의 유엔가입지지 태도를 보이자, 그간 남북한 단일의 공동의석에 의한 유엔동시가입을 주장해왔던 북한은 불가피하게 자신의 입장을 변경하지 않을 수 없었다. 그래서 북한은 1991년 5월 28일 외교부 성명을 통해 한국과 별도로 유엔에 가입하기로 결정했다고 공식 발표했다. 이 성명에서 북한은 "남조선에 의해 조성된 일시적 난국을 타개하기 위한 조치"라고 그 가입의 결정명분을 밝혔다.[20]

한편 남한은 1991년 8월 5일 노창희 유엔 대표부 대사가 뉴욕의 유엔본부에 있는 케야르 유엔 사무총장을 방문, 역사적인 유엔 가입 신청서를 직접 제출하여 1991년 9월 17일 '제44차 UN 총회'에서 남북한의 유엔동시가입을 승인하는 의안을 만장일치로 채택했다. 이로써 남북한은 43년 만에 처음으로 유엔에 정식 회원국으로 되어 남북한이 공존공영의 시대를 열었고 남북이 모두 합법정부임을 전 세계에 표명하였다.[21]

---

18) 『국민일보』 1991.3.7.

19) 정문헌, 앞의 책, 48쪽.

20) 그러나 북한이 유엔에 먼저 단독으로 가입을 신청한 이유에 대해 한 일간신문은 첫째, 남한이 단독으로 유엔에 가입하겠다는 입장을 분명히 하면서 세계 각국을 상대로 외교노력을 해 온 사실을 알고 있는 북한으로서는 이를 방관할 경우 국제무대에서 소외를 당할 것에 대한 우려 때문이었고 둘째, 북한이 당면한 경제적인 어려움을 극복하고자 외국과의 경협을 통해 경제부흥을 이루기 위해서는 국제평화기구의 회원국이라는 외교적 담보가 뒷받침해 주어야 하기 때문이었다고 보았다(『동아일보』 1991.5.29).

다음으로 남북대화가 급진전될 수 있었던 또 하나의 계기는 1991년 하반기에 이루어졌던 남한 배치 미 전술핵의 철수였다. 당시 부시 미 대통령은 소련 및 동구 사회주의체제의 붕괴사태로 냉전적인 군사위협이 종식되어 가는 상황에서 9월 27일 지상 및 해상 발사의 단거리 전술핵무기의 일방적인 폐기를 선언했는데, 이를 계기로 미국은 남한에 배치된 공중 폭격 핵무기까지 포함한 모든 핵무기를 철수키로 결정했다. 북한은 "남쪽에 있는 미 핵무기가 모두 철수된다면 핵사찰을 전면 수용하겠다"는 의사를 밝혔으며[22] 남한 배치 핵무기가 철수된 직후인 11월 8일 노태우 대통령은 '한반도 비핵화와 평화구축을 위한 선언'을 발표, 한반도에 핵무기가 존재하지 않음을 공식 발표하기에 이르렀다.[23] 이에 따라 남북 간에는 핵협상의 여지가 만들어졌고, 1989년 이래 침체를 면치 못했던 남북대화 또한 획기적인 진전을 가져올 수 있는 토대를 마련하였다.

북한 당국의 태도변화를 불러올 수 있었던 이상의 계기에 의해 남북고위급회담은 1991년 하반기 이후 다시 급진전될 수 있었다. 그리하여 10월 제4차 본회담에서 남북은 기본합의서 명칭 및 구성 체계에 합의했고, 제5차

---

[21] 남북 유엔가입 일지를 살펴보면 다음과 같다. ◇한국의 독자적 신청 ▲49.1.19=가입신청서한(특별정치위원회(이하 '특정위'로 약칭), 안보리 특별보고서 토의) ▲51.12.22=가입재신청 서한(처리 안 됨) ▲61.4.21=가입신청 재심요청(처리 안 됨) ▲75.7.29=가입신청재심요청(안보리의 의제채택 부결) ▲75.9.21=가입신청 재심요청 및 북한 가입 불 반대(안보리 의제채택 부결) ◇한국 우방국에 의한 결의안 ▲49.4.8=자유중국, 한국가입 권고 결의안 안보리 제출(소련 거부권) ▲57.9.6=미국 등 8개국, 한국 유엔가입권고 공동결의안 안보리 제출(총회가결) ▲58.12.9=미국 등 4개국 한국가입 권고공동결의안 안보리 제출(소련 거부권) ◇북한의 독자적 신청 ▲49.2.9=가입신청전문(부결) ▲52.1.2=가입신청전문(처리 안 됨) ◇북한 우방국에 의한 결의안 제출 ▲57.1.24=소련이 남북한·남북베트남 등 4개국 동시가입 검토를 안보리에 촉구하는 결의안 제출하였으나 특정위 부결. 이처럼 남북한은 43년 동안 남한은 모두 14번, 북한은 5번씩 유엔가입을 시도했었다(『경향신문』 1991.5.29 참고).

[22] 『로동신문』 1991.9.30.

[23] 정해구, 앞의 책, 19쪽.

본회담인 12월 13일에는 마침내 남북화해와 남북불가침 그리고 남북교류, 협력을 중심 내용으로 하는 합의서, 즉 '남북사이의 화해와 불가침 및 교류·협력에 관한 합의서'(이하 '남북기본합의서'로 약칭)의 내용에 대해 완전한 합의를 이룰 수 있었다.

한편 제5차 '남북고위급회담'[24]의 결과로 1991년 12월 13일 남북한 두 총리가 '남북 기본합의서'에 서명하였다. 이는 불신과 반목, 대결의 역사를 청산하고 화해와 협력, 통일의 새 시대를 여는 거대한 첫 발을 내딛게 되었다.[25] 이 합의서는 1972년 7·4남북공동성명을 재확인하는 것으로 서문에서 알 수 있듯이 쌍방사이의 관계가 국가 사이의 관계가 아닌 통일을 지향하는 과정에서 잠정적으로 형성되는 특수 관계라는 것을 인정하였다. 그 구체적인 내용은 서문과 4장 25조로 구성되어 있는데, 서문에서는 조국통일 3대원칙의 재확인, 민족화해, 무력 침략과 충돌 방지, 긴장완화와 평화보장, 교류협력을 통한 민족공동의 번영 도모, 평화통일을 성취하기 위한 공

---

24) 제4차까지의 남북고위급회담 일지를 살펴보면 다음과 같다. △88.12.28=강영훈 총리, 남북 고위당국자회담 개최 제의. △89.1.16=연형묵 북한 총리, 고위급 정치군사회담으로 이름 바꿔 1차 예비회담 개최 수정제의. △89.2.8~90.1.31 =16차 예비회담. △90.7.3=7차 예비회담, 본회의 개최 의견 접근. △90.7.6=1차 실무대표 접촉, 9월중 서울에서 총리회담 개최합의. △90.7.12=2차 실무대표 접촉, 합의서 문안 교환. △90.7.26=8차 예비회담, 본회담 개최 합의서 서명·교환. △90.9.4~7=제1차 본회담(서울). 남한, 남북 관계 개선을 위한 기본합의서 안 제시. 북한, 회담준수 3개 원칙, 유엔가입·팀스피리트 훈련·방북 구속인사 문제 등 3개 긴급과제 우선 논의 주장, 정치적 대결상태 해소방안, 군사적 대결상태 해소방안 제시. △90.10.16~19=제2차 본회담(평양). 남한, 남북화해와 협력에 관한 공동선언 초안 제시. 북한, 불가침선언에 관한 초안 제시. △90.12.11~14=제3차 본회담(서울). 남한, 남북관계 개선을 위한 기본합의서 안, 남북 불가침선언 초안 제시. 북한, 남북 불가침과 화해·협력에 관한 선언 제시. △91.10.22~25=제4차 본회담(평양). 남한, 불가침 선언·남북관계 개선을 위한 기본합의서·3통(통신·통행·경제 교류·협력) 협정을 포괄하는 단일안 제시. 북한, 조선반도의 비핵지대화에 관한 선언 제시. 화해와 불가침·교류협력에 관한 합의서 명칭 등 5개항 합의(『한겨레신문』 1991.12.13 참고).

25) 『국민일보』 1991.12.13.

동의 노력 등을 담고 있다. 제1장은 남북화해에 관한 것으로 특히 상호체제 인정 및 존중, 내부문제 불간섭, 중상비방 금지, 파괴 전복 행위 금지, 정전 상태의 평화 상태로의 전환, 국제무대에서 대결과 경쟁 중지, 민족 상호 간의 화해와 신뢰 등을 담고 있으며, 제2장은 남북 불가침에 관한 규정으로 무력 불사용과 무력 침략 포기, 대립되는 의견이나 분쟁의 평화적 해결, 남북 군사 공동 위원회 구성 및 운영, 남북 군사 당국자 간 직통 전화 설치 등을 명시하였고, 제3장은 남북교류협력에 관한 내용으로 주로 남북 간의 교류와 협력을 통해 민족 전체의 복리 향상과 민족공동체의 회복·발전을 촉진하기 위해 실천적 조치들을 담고 있다. 마지막 제4장은 수정 및 발효에 관한 내용을 담고 있으며, 그 밖에도 남북 기본 합의서에서는 각 장마다 협의 실천 기구인 분과위원회, 공동위원회, 남북연락사무소에 관한 조항 등을 규정하고 있었다. 그러나 남북당국 간의 기본합의서의 성격이 구속력 을 가진 '조약'인지, 아니면 단순한 '신사협정'[26]인지 명확하지 않았던 점, 통일 3원칙에 대한 해석상의 차이가 존재하였고 통일과 어떠한 상관관계가 있느냐 하는 문제 등에 대해 남북 간의 의견차이로 합의서 이행에 진전을 보지 못한 점은 한계로 지적될 만하였다.

그럼에도 불구하고 1991년 12월에 합의되고 다음해 2월에 발표된 남북기 본합의서는 7·4남북공동성명의 경우와는 달리 남한 사회 내부의 역량이 크게 반영된 것이었다. 그것은 국제정세의 변화와 연결된 것이기도 하지만, 1980년대 이래 민족민주운동의 성과물이기도 한다는 측면을 고려하지 않을 수 없다.[27] 즉 1989년 문익환의 방북에 연이은 임수경, 문규현 등의 방북이 민간통일운동을 고조시킴으로써 정부당국의 통일논의 기저가 흔들리고 통

---

26) '신사협정'(Gentlemen's agreement)이란 법적구속력을 갖지 아니하는 비공식적 인 국제협정을 말한다(신사협정에 대한 자세한 내용은 구대열,『한국 국제관 계사 연구』, 역사비평사, 2006, 93~95쪽 참고).

27) 김인걸,「1990년대 남한 통일논의의 지형변화」,『한국사론』41·42, 1999, 928~ 929쪽.

| 통일의 선각자, 문익환의 삶과 분단극복론

일운동의 주도권에서 밀리지 않기 위해서 정부는 자구책으로 남북고위급회담과 남북기본합의서를 도출시켰던 것이다. 다시 말해 남북기본합의서는 민족민주운동이 이뤄낸 성과라고 볼 수 있는 측면도 있다고 봐야 할 것이다. 또한 제5차 남북고위급회담의 결과로 남북한은 1992년 2월 19일 한반도 비핵화를 내용으로 하는 '한반도 비핵화 공동선언'을 정식으로 발효시켰다.[28] 그 공동선언에는 내용은 핵무기의 시험, 제조, 생산, 접수, 보유, 저장, 배비(配備), 사용금지 등 '비핵8원칙'을 포함한 본문6개항과 '핵통제공동위원회 구성 및 운영에 관한 합의서'로 규정하고 있었다.[29] 이것은 북한의 핵무기 개발문제에 관한 남북 간의 자주적인 직접해결의 길을 열었다는 데 의의가 있고 한반도의 문제는 남북이 직접 해결하는 방향을 제시하였다는 데 긍정적으로 평가 할 수 있었다.[30]

그러나 북한은 남북기본합의서의 한계성과 북미 간의 관계 악화로 1993년 3월 '핵확산 금지조약(NPT)'를 탈퇴하면서 남북관계가 경색되었고, 새로 출범한 김영삼 정부의 통일외교정책의 일관성 부족으로 남북기본합의서의 이행에 어려움이 있었다.

2_
조국통일범민족연합의 결성과 문익환의 역할

범민족대회에 대한 기원과 성사 배경을 살펴보면 앞서 언급하였듯이 1988년 8월 8일 '한반도 평화와 통일을 위한 세계대

---

28) 이철기, 「한반도 비핵화의 과제와 방향」, 『국가경영전략』, 2003, 50쪽.
29) 이장희, 「제4차6자회담공동성명의 국제법적과제와 향후정책방향」, 『통일로』, 안보문제연구원, 2006, 42쪽.
30) 윤덕민, 「한반도 비핵화 공동선언과 JNCC구상」, 『주요국제문제분석』, 외교안보연구원, 1992, 190~191쪽.

회 및 범민족대회 추진본부'는 1,014명의 재야 각계 인사들이 발기하여 발족식을 갖고, 남북해외동포의 범민족대회 개최를 공표하였다.[31] 이 같은 결의에 따라 8월 23일부터 28일까지 서울, 광주 등에서 통일문제 세미나를 비롯한 각종 행사들을 진행하였는데, 이때 추진본부측은 북측의 조국평화통일위원회 위원장 앞으로 북측 대표단의 참석을 희망하는 초청의 뜻을 전하였다.[32]

28일 문익환, 박형규, 계훈제 등 재야인사들이 이른바 '한반도 평화와 통일을 위한 세계대회 및 범민족추진본부'를 결성하고,[33] 범민족대회를 1988년 9월 17일부터 10월 2일까지 개최하자고 북측에 제의했었다. 그러나 실제로는 이미 1988년 7월 13일 조성우가 '한반도 평화와 통일을 위한 세계대회 및 범민족대회'의 개최를 제안한 바 있었다.

조성우는 1988년 5월 황인철 변호사의 후원으로 '평화연구소'를 설립하게 되었는데, 이 연구소 소장으로써 조성우가 한반도 평화통일을 위한 세계대회를 공식제안하며, 평화운동을 시작했다. 당시 소련의 고르바초프는 아시아판 '헬싱키체제'를 거론하고 있었다. 이는 곧 남북분단의 고착화를 의미하는 것이었기 때문에 이러한 상황을 극복하고자, 이러한 구상을 했던 것이다.[34] 이를 통해 한반도가 처한 정치, 군사적 상황을 세계의 이목이 집중된

---

31) 발족선언문의 주요내용으로 ① 반미자주화, 반독재민주화투쟁의 성과를 바탕으로 한반도 평화와 통일을 위한 범국민적 결의를 천명하고 ② 한반도의 평화협정체결, 군비축소, 비핵지대화운동을 위한 대중적 기초를 마련하며 이를 세계 평화인들과 함께 확인하는 장이며 ③ 범민족대회는 세계대회의 성과에 힘입어 통일에의 광범위한 열망과 의지를 한데 모아, 4천만 남한민중과 2천만 북한민중, 천만 해외동포가 함께 한반도의 분단의 벽을 헐어버리기 위한 범민족적 실천을 결의하는 한마당으로 될 것이다(전민련 조국통일위원회, 「한반도 평화와 통일을 위한 세계대회 및 범민족대회 추진본부 발족선언문」, 『범민족대회 자료집』, 1988.7, 8쪽).

32) 노중선, 『남북대화백서』, 한울아카데미, 2000, 345쪽.

33) 위의 책, 344쪽. 그런데 발족식 날짜를 1988년 8월 1일로 보는 통일원의 견해도 있다(통일원, 「범민련, 범민족대회, 그리고 북한」, 『향토방위』 1991.9, 83쪽).

| 통일의 선각자, 문익환의 삶과 분단극복론

공간에서 국제화할 생각을 가지고 있었으며, 이를 확대하여 범민족대회로 가는 징검다리로 삼고자 했던 것이었다.35) 이에 따라 문익환, 박형규, 계훈제 등의 재야인사와 민통련, 민청련 등 23개 단체들이 조성우의 제안을 받아들여 범민족대회를 제의한 모양새를 갖추었다. 한편 범민족대회를 맨 처음 주장한 자를 김일성이라고 보는 견해도 있다.36) 김일성은 1980년 10월 10일 북한노동당 제6차 당 대회에서 고려민주연방공화국 창립에 의한 통일방안을 제시하면서 "우리당의 방안대로 연방공화국을 창립하고, 조국통일을 실현하기 위해서는 북과 남, 해외에 있는 모든 조선 동포들이 사상과 제도, 당파와 정견의 차이를 가리지 말고, 조국 통일의 기치아래 하나의 '민족대통일전선'에 굳게 뭉쳐야 합니다"라고 말했다. 그러나 김일성이 여기서 언급한 내용은 '고려민주연방공화국 통일방안'을 제시한 것이지 범민족대회를 염두에 두고 말한 것이라고 하는 것은 지나친 해석이라고 보아야 하므로 조성우가 처음 구상한 것이라고 보는 것이 더욱 설득력이 있다.

그러나 이후 88서울 올림픽의 성공적 개최를 바라는 국민들의 여망으로 인해 재야일부 세력들이 범민족대회에 참가하지 않을 것이라고 태도를 밝혔고, 이어 21개 재야단체가 공동명의로 범민족대회를 1988년 11월로 연기한다고 발표하기에 이르러 성사되지 못했다.37) 그 후 1988년 12월 9일 북측

---

34) 조성우, 『구부러진 한 길』, 아름다운사람들, 2004, 19쪽. 조성우는 반공이데올로기가 팽배해 있는 당시 상황에서 해외동포가 매번 희생이 되는 것을 보며, 막강한 해외동포역량과 민주역량을 결합해 범민족대회를 개최해야겠다는 결심을 하였다. 그에게 있어서 범민족대회는 문화운동이자, 해외운동과 결합한다는 측면도 있었던 것이다(2009년 4월 14일 종로 수운회관에서 조성우와의 인터뷰 내용 중).

35) 위의 책, 18쪽. 조성우가 범민족대회를 처음 구상하게 된 것은 통일굿을 통해서였다. 그는 일본에서 문화패 '한우리'를 조직해 마당굿 '통일굿'을 일본각지에서 공연했다. 그는 범민족대회이야기를 통일굿 종파티 때 처음으로 꺼낸 것이었다(2009년 4월 14일 종로 운현궁 낭만에서 조성우와의 인터뷰 내용 중).

36) 양동안, 「범민련과 범민족대회 무얼 노리나」, 『새물결』 1993년 가을호, 19권 제3호, 56쪽.

의 조국평화통일위원회(위원장 허담)는 범민족대회 추진본부에 공개서한을 보내 추진본부 측의 '범민족대회 소집 구상'을 적극 지지하고 환영하였다.[38]

이어 1989년 1월 21일 전민련은 결성대회에서 북측의 답신에 대한 재답신의 성격을 갖는 범민족대회를 위한 예비실무회담 제안서를 발표하여 본격적인 추진에 들어갔다.[39] 이에 대해 북측의 조평통은 2월 15일 서한을 통해 '3일 범민족대회 예비실무회담'을 수락하였고, 전민련은 10명의 예비실무회담 대표단 명단과 6개항의 의제를 발표했다.[40] 그러나 3월 1일 전민련 실무회담 대표단 10명과 참관인단 10여 명이 탄 버스가 판문점으로 가던 도중

---

37) 『내외통신』 1093호, 1998.1, B1쪽.

38) 이 서한의 내용은 다음과 같다. "우리는 조성된 현정세로 보아 귀 본부에서 추진하고 있는 범민족대회 소집이 나라의 평화와 평화통일을 추진하는 데서 매우 의의가 크다고 생각합니다.(중략)우리는 범민족대회 소집과 관련한 귀측의 제안에 아무 때나 응할 준비가 되어 있습니다. 앞으로 소집하게 될 범민족대회에는 나라의 평화와 자주통일을 지향하는 북과 남의 사회단체들과 해외교포단체들의 대표 및 개별적 인사들이 광범위하게 참여해야 할 것이라고 우리는 인정합니다. 그리고 이 대회에서는 귀 본부가 제기하고 있는 문제들과 함께 나라의 평화와 평화통일을 촉진하는 데서 나서는 모든 문제들이 제한 없이 자유롭게 토의되어야 할 것입니다"(「북한 '범민족대회'제의 공개서한」, 『말』 1989.1, 52쪽; 『한겨레신문』 1988.12.10).

39) 「범민족대회 개최를 위한 예비실무회담 제안서」. ① 예비실무회담의 일시와 장소는 1989년 3월 1일 정오 "판문점 평화의 집"으로 한다. ② 예비실무회담의 대표단은 각계각층에서 선정된 10인 이내로 하며, 남과 북측에서 2월 15일까지 그 명단을 발표한다. ③ 예비실무회담의 의제는 본 회담 대표구성, 본회담의 의제, 범민족대회의 개최와 관련한 준비, 남북간 민간차원의 교류를 위한 준비 등으로 한다. 통일염원 45년 1월 21일 전국민족민주운동연합 조국통일위원회(전민련 조국통일위원회, 『조국의 평화와 통일을 위한 범민족대회 자료집』, 통일염원 46년 7월).

40) 6개항의 의제의 내용은 다음과 같다. 1. 범민족대회 대표단 구성 및 해외동포 참가 문제 2. 범민족대회 행사내용 및 일정, 장소 문제 3. 분과별 범민족대회 추진문제 4. 예비회담 대표들의 남북상호방문 때 신변 보장문제 5. 남북간 민간교류 전면 자유화 및 민간차원의 각종 행사 정례화 문제 6. 조국의 평화와 통일방안에 관한 문제이다(남북대화사무국, 『범민족대회관련 주요의제 및 동향』, 국토통일원, 1990, 8쪽).

통일로 파주 근처에서 경찰의 저지를 받고 전원 연행되어 48시간 동안 억류 됨으로써 결국 예비실무 접촉은 무산되고 말았다.[41] 그 후 북한은 1989년 3월 당초 의도대로 유럽, 북남미, 일본 등 세계지역에 '범민족대회 해외추진 본부'를 결성했으며, 동년 7월 9일 북측의 조평통 위원장 허담은 범민족대 회를 위해 평양집회에 친북성향의 해외동포들을 다수 불러들여 조국통일 촉진대회를 개최하고, 1990년 8월 15일 판문점에서 '남과 북, 해외 동포가 참가하는 범민족대회'를 소집하고자 다시 제기했다.[42]

1990년 6월 2일~3일 1차 예비 실무 회담이 서베를린에서 열렸고, 발기자 인 남측의 입장이 존중되고, 반영되는 차원에서 범민족대회를 판문점에서 갖기로 하는 등의 합의가 되었으나, 정부는 가장 중요한 당사자인 우리대표 에게 출국허락을 하지 않아 참석조차 못했다. 정부가 참석을 불허한 이유는 범민족대회는 북의 대남침략전술에 이용되고 있다는 것이었다.[43] 이것이 범민족대회에 대한 남측정부의 본래 입장이었다. 그러나 노태우는 7월 20 일 '7·20 남북 간의 민족대교류를 위한 특별발표'(이하 '7·20선언'으로 약 칭)을 통해 8월 13일부터 17일까지 5일간을 '민족대교류'기간으로 선포하고 이 기간 중 판문점을 통해 남북한 주민들이 왕래할 수 있다고 밝혔다.

이에 대해 정해구는 범민족대회에 대해 정부당국이 거의 하루마다 내용 이 바뀌는 후속조치를 취했다고 보았다. 즉 20일에는 판문점에서 정치집회 를 반대한다고 했다가, 21일에는 평양에서 개최되고 각계각층이 참여하는 조건하에 범민족대회를 허락한다는 태도를 취했다가, 23일에는 각계각층의 참여조건하에 판문점에서 대회를 허용한다고 밝혔다는 것이다. 요컨대 민 족대교류의 이름으로 남한정부가 각계각층론을 들어 범민족대회에 적극

---

41) 『조선일보』 1989.2.16.

42) 『로동신문』 1989.7.10.

43) 이해학, 「통일운동의 현장에 서서」, 『씨알의 소리』 통권 118호, 1990년 11월호 42쪽.

간섭하였다고 보았다.[44)

또한 7·20선언은 대북정책의 어떤 방책으로 의도되었음에는 분명하나 통일의 원칙과 방향이 결여된 선언으로 남한당국의 자구책이었으며, 통일을 위한 선언은 아니었다고 해석하는 것이 설득력 있다. 왜냐하면 정부당국이 이 선언을 정치적 위기국면의 돌파구로 이용하였고, 노동자, 농민 등 민중의 생존권 쟁취운동의 약화수단으로서, 7·20선언이 구상되었던 측면이 강하였기 때문이다. 그리고 민족대교류선언은 남, 북, 해외에서 준비하고 있던 범민족대회 분위기를 총리회담 또는 정상회담 등 대북접촉을 위한 수단으로 이용하였고, 한정적으로 억제조치를 전제하고서, 허용하려던 당국의 조치는 결국 통일원칙이 결여된 미봉책이었기 때문이다.[45) 그래서 7·20선언은 교류 당사자인 북한과 사전 협의 없이 일방적으로 이루어졌다는 점에서 애초부터 실현가능성이 희박하였고, 북한의 조평통은 즉각 거부의사를 밝혔다.[46)

그럼에도 불구하고 범민족대회는 1990년 6월 전민련을 중심으로 성사결의가 높아졌다. 전민련은 범민족 대회가 '거족적인 남북대화와 협상의 단초를 여는 행사이며, 그간의 통일운동의 성과를 총결산하고 남북대화의 결실을 얻어내는 결정적인 사업'이라고 보았다. 아울러 '분단이후 처음으로 남북한 해외동포가 함께 모여 대규모 회합을 갖는 것은 그 자체로 통일의지를 고양하고, 통일운동의 대중화를 이루는 결정적인 기여를 하게 될 것'이라고 하였다.[47)

이에 따라 8월 4일 전민련, 전노협, 전대협 등 66개 재야단체 회원과 학생 등 1천 5백여 명은 8월 3일 고려대 대강당에서 범민족대회 추진본부 결성대

---

44) 정해구, 「8·15범민족대회와 통일운동」, 『말』 1990년 9월호, 77쪽.
45) 박순경, 『통일신학의 고통과 승리』, 한울, 1992, 28~30쪽.
46) 『한겨레신문』 1990.7.21.
47) 범민족대회 남측추진본부, 「8·15 범민족대회 사업계획서」, 1990.7.

회를 갖고 "모든 민주세력은 현 정권의 탄압을 분쇄하고 8·15 범민족대회를 기필코 성사시키자"고 다짐했다. 이날 결성식에서는 추진위원의 추천에 따라 범민족대회에 참가할 대표단 3백여 명을 선출했다. 이들은 이어 전민련 이창복 공동의장, 언노련 권영길 위원장, 문정현 신부, 지선 스님, 고은 시인 등 15명을 추진본부 공동본부장으로 선출하고, 문익환 등 31명을 고문으로 추대했다. 이에 앞서 서총련 소속 대학생 5백여 명은 이날 고려대 학생회관 앞 광장에 모여 '국토종단통일선봉대발대식'을 갖고 8월 7일부터 12일까지 자주적 평화통일과 전면개방 등을 위한 국토순례대행진을 가질 것을 결의했다.[48] 8월 11일 범민족대회 남측 추진본부 고문 문익환은 전주교도소에서 범민족대회는 "남과 북, 해외의 전체 민족의 통일에 대한 요구와 의지가 표출된 압력의 소산"이며, "정부당국에서조차도 이 거세찬 조류를 거역하지 못할 것"이라며 격려문을 보냈다.[49]

이후 8·15범민족대회의 준비를 위한 세 차례의 실무회담을 거쳐 제1차 범민족대회가 동년 8월 15일 개최되었다. 그러나 이 대회는 판문점에서 북과 해외동포 대표들만으로 열리게 되었는데, 남측대표단은 참석하고자 했으나, 경찰의 저지로 뜻을 이루지 못한 채 8월 17일 폐막식만을 해야 했다. 북측과 해외동포측이 판문점 북측 지역에서 범민족대회에 관한 결의문을 발표하였는데 주요내용은 조국통일의 평화적 환경을 마련하고, 남과 북사이의 자유왕래와 전면개방을 실현, 연방제통일을 실현, 통일대화에 적극 참가, 통일애국세력의 연합을 확대 강화하고 자주통일을 위한 연대공동투

---

48) 『조선일보』 1990.8.4.

49) 우리는 결코 분단 50년을 그대로 넘기지는 않을 것입니다. 우리가 통일한다는 것은 0.5와 0.5가 합쳐 1이 되는 것을 넘어서서 그 이상으로 더욱더 커지는 것입니다. 우리가 통일된다면 우리 민족은 위대한 창조성을 발휘하고 세계사적 역할을 해낼 것입니다. 범민족대회는 어떠한 난관이 있더라도 우리 민족의 단합된 힘으로 반드시 이루어질 것입니다(문익환, 『전집』 4권, 사계절, 1999, 401~402쪽).

쟁을 선포하였다.[50] 한편 이날 북한에 체류 중이던 작가 황석영이 남측 대표 자격으로 참석해 범민족대회의 상설기구의 설치를 제안했다. 그러자 해외 측 대표로 참석했던 재일 한통련 의장 곽동의가 범민족대회의 상설기구의 명칭을 '조국통일범민족연합'(이하 '범민련'으로 약칭)으로 하자고 제의했고, 북측대표 윤기복이 이를 지지해 범민련이 탄생하는 계기가 되었다.[51] 그러나 이날 북측 판문점 범민족대회에 남측대표로 참가한 황석영이 범민련의 구성을 제창하면서 통일운동을 본격적으로 추진하자는 제의가 적힌 팩스가 일본을 거쳐 남측에 전달되었는데, 그 팩스 내용은 북측에서 이미 범민련을 결성했다는 사실과 함께, 남측 본부 인선까지 마친 조직표도 그려져 있었다. 이에 남측 본부는 1차 집행위원회 회의를 열어 "연합구조는 현실적으로 너무 강경하고 실효성이 없고, 통일운동은 자주적인 방식으로 행해져야 함에도 불구하고, 충분한 내부검토 없이 북측에서 통보해 온 범민련 조직을 결성하는 것은 옳지 않다"며 북측이 일방적으로 남측본부의 인선까지 간섭하는 것을 불쾌해 했다. 또한 남측대표 자격으로 북측 범민족대회에 참여한 황석영의 대표성을 인정할 수 없다는 등의 이유로 북측의 범민련 결성 요구를 거부하기도 했다. 이후 11월까지 석 달에 걸쳐 20여 차례 회의

---

[50] 범민족대회 남측추진본부, 『범민족대회(주요채택 문건 모음)』, 1990, 7~9쪽; 노중선, 앞의 책, 350쪽.

[51] 당시 범민족대회와 범민련활동에 깊이 관여했던 조성우(민화협 공동의장, 자주평화통일민족회의 상임의장)는 인터뷰를 통해 범민족대회와 범민련은 구분해야 한다며, 범민족대회는 남측에서 제안한 것이고, 범민련은 북측에서 들고 나온 것이라고 하였다(2009년 4월 14일 종로 운현궁 낭만에서 조성우와의 인터뷰 내용 중). 이승환(민화협 집행위원장, 통일맞이 정책위원장) 역시 범민련에서 범민족대회를 주체한 적 없다며 범민족대회와 범민련은 분명히 다른 것임을 강조하였다(2009년 4월8일 민화협 사무실에서 이승환과의 인터뷰 내용 중). 반면 당시 전민련 공동의장이었던 이창복(민화협 상임의장, 전 자주평화통일민족회의 상임의장)은 범민련과 범민족대회가 연관성을 지니며 개최된 것이라고 회고하였다(2009년 4월 15일 민화협 사무실에서 이창복과의 인터뷰 내용 중). 따라서 범민족대회와 범민련은 일정정도 연관성은 가지지만, 별개로 인식해야 한다고 봐야 할 것이다.

가 반복되어 소모적인 논쟁이 계속되면서 회의에 참여하는 단체나 조직은 점차 줄어들어 결국 전대협 등 영향력 있는 단체들이 주도권을 잡아갔다.[52]

한편 범민족대회 남측 추진본부는 8월 17일 범민족대회 폐막식 결의문에서 ① 자주, 평화, 민족대단결 조국통일 3대원칙 확인 ② 외국과의 군사동맹 해체 ③ 핵무기의 철거, 평화협정 체결, 불가침선언 채택, 병력감축과 군사비 경감 ④ 통일운동가의 석방과 국가보안법 철폐 ⑤ 교차승인, 유엔 분리가입 반대 ⑥ 연방제 방식의 통일국가 건설 ⑦ 범민족적 통일운동체 결성 노력할 것[53]을 강조했다. 11월 12일 범민족대회 남측 추진본부의 판문점 3자회담 대표단 문익환, 이창복, 윤영규, 문정현, 권오중은 베를린 3자회담의 개최를 제안하는 「기자회견문」을 통해 "우리는 분열이냐, 통일이냐를 가름하는 엄중한 정세에서 통일의 결정적 국면을 여는 데, 해·내외 통일운동세력의 단결실현이 가장 절박한 과제임을 확신한다. 통일열망에 불타는 7천만 민중과 시대가 요구하고 있는 범민족적 통일운동체 결성을 더 이상 미룰 수 없다는 결단으로 우리는 북과 해외의 범민족대회 추진조직에게 오는 11월 19일 베를린에서 남, 북, 해외의 3자회담을 가질 것을 정중히 제안한다"고 발표했다.[54]

바로 이러한 성과를 바탕으로 1990년 11월 19~20일 베를린 3자회담[55]에서 공동선언문[56]의 채택과 함께 전 민족적인 민간 통일운동기구로서 범민

---

52) 이해학, 「묵묵히 가는 한 길」, 『구부러진 한 길』, 아름다운사람들, 2004, 158~159쪽.

53) 노중선, 앞의 책, 351쪽.

54) 조국의 평화와 통일을 위한 범민족대회 남측 추진본부 판문점 3자회담 대표단 문익환, 이창복, 윤영규, 문정현, 권오중, 「베를린 3자회담의 개최를 제안하며-기자회견문」, 1990.11.12.

55) 남측대표단은 조용술, 이해학, 조성우, 북측대표단은 여연구, 백인준, 전금철이 었는데, 여연구와 백인준은 독일정부로부터 비자발급을 받지 못해 불참했고, 전금철만 참석했다. 해외대표단은 황석영, 정규명, 임민식인데, 그들은 8월 북측의 범민족대회에 직접 참가한 바 있다(『한겨레신문』 1990.11.20).

56) 베를린 3자회담의 공동선언문의 내용의 요지는 다음과 같다. 한반도 평화보장을 위한 외국군의 철수, 핵무기 철거, 군비·무력의 상호감축, 휴전협정의 평화

련의 해외·남·북 본부를 1991년 1월까지 구성하기로 합의 하였다. 그런데 그 과정에서 남측 추진본부는 범민련 결성에 대해 우려감을 느끼기도 했다. 왜냐하면 미주 일부지역과 일본[57]을 포함해 유럽은 이미 범민련이 구성돼 있었지만[58], 단체들의 대표성이나 대중성이 허약하였고, 또한 북측 추진본 부가 남측 추진본부 측에 회의 시 사전에 통보하지 않고, 중요한 사안을 일방적으로 결정하는 경우가 많은 등 배타적, 편향적인 사고를 하였기 때문 에 현지의 지인들과, 현지 여론들도 범민련에 대해 비판적 시각을 가지고 있었기 때문이었다.[59] 이에 남측 대표들은 몇 가지 제안을 하였는데, 첫째, 남과 북 그리고 해외대표가 동일한 의사결정의 책임을 가지며, 만장일치제 를 채택할 것, 둘째, 범민련의 명칭을 쓰되 1년 후 범민련을 회의체로 전환 할 것, 셋째, 이산가족 명단 파악, 공개 후 상봉의 틀을 다지고 태평양 전쟁 피해 조사를 위한 남북 공동위원회 구성, 남북 문화패 운영 등 정치적 구호 가 아니라 민족적 공감대 형성이 가능한 실질적 사업을 벌려 나갈 것 등이 었다. 이에 대해 북측에서는 미군철수, 국가보안법 철폐, 장기수 석방 및

협정으로의 대체, 국가보안법 등의 제반 악법의 철폐, 남북간 자유왕래와 전면 개방 실현, 남북간 유엔 분리 가입 반대, 불가침선언 등을 강력히 촉구한다(노 중선, 『남북한 통일정책과 통일운동 50년』, 사계절, 1996, 448쪽).

[57] 범민련 일본지역본부(의장 양동민)는 1990년 10월 7일 결성선언문을 통해 국내 와 타 지역본부와의 연대를 강화하면서 당면 범민족대회에서 채택된 결의 사 항을 실천적 목표로 삼아 유엔동시가입과 '두 개의 한국' 책동을 반대하며 한반 도의 군축과 평화, 남북간의 자유왕래와 전면개방, 핵무기철거와 미군의 철퇴, 통일은 위한 유력한 국제적 환경의 조성 등을 천명하였다(범민련 일본본부, 「조국통일범민족연합 일본지역본부 결성선언문」, 1990.10.7;『주간 이데아』, 제 33호, 민주문화아카데미, 1990).

[58] 해외본부 결성은 다음과 같다. 1990년 12월 8일 미주본부(의장 양은식), 1990년 12월 1일 캐나다본부(의장 전충림), 1990년 9월 15일 유럽본부(의장 정규명), 1990년 12월 3일 재일조선인본부(의장 김정수), 1991년 2월 9일 호주본부(의장 배기홍), 1991년 3월 3일 중국본부(의장 양동영), 1991년 3월 5일 CIS본부(의장 김 열) 등이 결성되었다(김승호, 「범민련과 범청학련의 통일운동의 문제점 분 석」, 『민주사회연구』 6권 5호, 공안문제 연구소, 1989, 15쪽).

[59] 이해학, 앞의 글, 160~161쪽.

통일의 선각자, 문익환의 삶과 분단극복론

송환 등을 내세웠다.[60]

그러나 조성우는 회담에서 북쪽은 사회주의 건설을 위한 통일전선, 남쪽은 반미구국전선과 반파쇼연합전선이 결합된 맹아적 통일전선, 해외는 아주 낮은 단계의 반독재연합정도로 구축되어 있어서 세 개의 서로 다른 통일전선이 하나의 연합구도로 묶이려면 높은 수준의 통일전선의 지도가 필요한데, 북쪽의 가시적 지도력이 관철되는 대중적 통일전선이 남쪽에서 가능하겠느냐고 반문하면서 베를린 3자회담 전부터 범민련 구성에 회의적이었다.[61] 그리고 베를린 3자회담 이후 문익환 등 전민련의 핵심간부들에게 범민련의 결성과정상의 과오와 국가보안법이 존재하는 남측의 현실에서 범민련이 통일운동의 족쇄가 될 것이라는 것 등이 보고되어 문익환은 북한에 끌려가는 범민련이 아니라 남한의 독자적인 통일운동체를 구상하게 되었다.[62]

한편 1990년 12월 16일 범민련 해외본부(의장 윤이상)가 결성되었는데, 그 과정에서 해외본부 설치 장소를 둘러싸고 지역 교포들 간의 갈등이 표출되기도 했다.[63] 또한 범민련 북측본부는 베를린 3자회담 공동성명서에 의해, 1991년 1월 25일에 결성되었다.[64] 그러나 범민련 남측본부는 정부의 불허로 결성되지 못하다가 동년 1월 23일 범민련 남측본부 준비위원회 결성 및 제1차 회의가 이루어졌는데,[65] 준비위는 발족선언문을 통해 "범민련의

---

60) 위의 책, 163쪽.

61) 조성우, 앞의 책, 23~24쪽.

62) 2009년 4월 21일 신촌에서 조성우와의 인터뷰 내용 중 일부.

63) 해외본부의 설치 장소와 관련하여 동경과 베를린사이에 갈등이 있었으나 결국 해외본부는 베를린으로 결정되었다(「북한레이다-조국통일범민련 해외본부 결성」, 『북한』, 1991.2, 통권 230호, 26쪽).

64) 의장 윤기복, 부의장 여연구를 비롯한 12인, 중앙위원 노동당 핵심 간부들로 구성된 40인으로 구성되었다.

65) 문익환은 1월 23일 서울북부경찰서가 범민련 남측본부 준비위원회 결성 및 1차 회의에 참석할 수 없다고 통보하고, 자택에 전경 1개 소대를 배치, 문익환의

결성은 민족 자주와 통일을 위한 노력의 가장 큰 성과"라고 지적하고 "빠른 시일 안에 남측 본부를 결성, 오는 6월과 8월에 서울에서 열릴 '아시아 한반도 평화와 비핵지대화를 위한 국제회의'와 '9·1 서울 범민족대회'를 차질 없이 치러낼 것"을 다짐했다. 준비위원들은 이날 준비위원장에 문익환, 집행위원장에 이창복을 각각 선출했다.[66] 1991년 1월 27일 범민련 남측본부 준비위원회 준비위원장인 문익환은 「범민련 창립준비를 서두르며」라는 글을 다음과 같이 발표했다.

7천만 겨레의 뜨거운 통일의지를 담아낼 '조국통일범민족연합'의 창립이 드디어 눈앞에 다가왔습니다. 감개무량할 뿐입니다. 민주주의란 관을 밀고 가는 민, 민에게 밀리는 관 아니겠습니까? 이제 드디어 남과 북의 관을 밀고 통일의 문을 향해 전진할 7천만 민의 힘이 하나로 모아지게 된 것입니다.(중략)그 일이 아무리 어려워도 우리는 해야야 합니다. 그리고 해 낼 것입니다. 이것은 민족사의 지상명령이기 때문입니다.(중략)그러나 우리는 이 일을 해낼 것입니다. 우리는 이일을 해내고도 남을 힘이 있습니다. 그 힘은 역사를 밀고 가는 민중의 힘입니다. 민중의 슬기로운 힘입니다. 민중의 슬기는 냉철한 이성이요, 이성의 힘은 끈질긴 대화로 나타날 것입니다. 진실을 담은 혀와 붓끝이 칼보다 강하다는 것을 우리는 믿습니다.[67]

외부출입을 봉쇄해, 1차회의에 참석할 수 없었다(『경향신문』 1991.1.23). 그 이후 정부의 계속적인 탄압과 불허 속에서 마침내 1995년 2월 25일에서야 정식으로 범민련 남측본부(의장 강희남)가 결성되었다.

[66] 단체추천과 개인추천으로 나누어볼 수 있는데, 개인추천은 다음과 같다.
범추본 공동본부장: 조용술, 고은, 조화순
범추본 고문: 강희남, 계훈제, 김규동, 김병걸, 문익환, 박순경, 박형규, 백기완, 송월주, 신창균, 안민생, 안병무, 예춘호, 유한종, 이강훈, 이소선, 조아라, 홍남순 등
범추본 집행위원: 이창복, 조성우, 권형택, 김민호, 김영환, 황인성 등
감사: 곽병준, 이광렬
(범민련 남측본부 준비위원회, 「범민련 남측본부 준비위원회 결성 및 제 1차 회의」, 1991.1.23).

[67] 문익환, 「범민련 창립준비를 서두르며」, 조국통일범민족연합 남측본부 준비위원회, 1991.1.27.

이렇듯 문익환은 통일운동은 관이 아닌 민에게서 분출되어야하며, 그의 통일운동은 민족적인 사명감에서 출발하였고, 어떠한 고난과 역경이 있어도 기필코 해 낼 것이라고 강한 의지를 보였다.

1월 31일 범민련 남측본부 준비위원회 실행위원회 제2차회의가 전민련 회의실에서 이루어졌다. 참석자는 문익환(준비위원장), 김쾌상(부실행위원장), 신창균(전민련, 이창복과 교체), 임동규(광주, 김세원 대리), 서상권(부산, 배다지 대리), 김민호(노운협, 김승호 대리), 최종진(전농), 김경욱(전교조, 이동진 대리), 문국주(천주교), 전창일(민자통), 한충목(청년, 이범영과 교체), 주희상(민주당, 장기욱 대리) 등이었다. 이 자리에서는 범민련 결성 시기, 노태우 대통령과의 회담제안문 발송, 실행위원회 체계재정비 등이 결정되었다.[68]

그렇다면 문익환이 범민련 결성에 적극적으로 나선 배경과 이유는 무엇이었을까.

1991년 4월 15일 베를린 3자회담에 대표로 참석했던 남측대표 세 명에 대한 재판과정 중 증인으로 출석한 문익환은 범민련의 결성 이유와 배경에 대해 "만약 분단 상황에서 미국이나 일본의 강대국 주도로 세계질서가 재편

---

[68] 1) 범민련결성시기: 대중조직의 광범한 참가가 이루어 진 후 가능한 빠른 시일 내에 결성한다.
2) 2월 동경 의장단회의: 연기해 줄 것을 요청한다(범민련 남측본부의 결성 이후 의장 단회의를 제안하기로 함).
3) 노태우 대통령과의 회담제안문 발송: 2월 1일 서신전달, 언론사에 연락
4) 실행위원회 체계재정비-조직위원장(전창일)의 사임을 수락조직위원회: 배다지, 김세원, 김승호(노동), 최종진, 이동진(전교조), 전창일, 이효재(여성), 지선(불교), (위원장은 조직위에서 선출키로 함)-정책기획위원회: 홍근수(위원장), 김희선(서울), 한충목, 학생, 민주당-재정위원장: 이관복, 오용호(천사협)
5) 이관복 재정위원의 실행위원선출문제를 다음 준비위원회에서 결정키로 함
6) 전민련에 실무파견 요청서를 보내기로 함
7) 2월 8일 2차 준비위원회의를 예정대로 개최키로 함(조국통일범민족연합 남측본부 준비위원회, 「범민련 남측본부 준비위원회 실행위원회 제2차회의 결정사항」, 1991.1.31).

되는 과정을 맞는다면 우리나라는 미국과 일본의 식민지지배를 감수해야 되는 상황이 올 것이므로 통일운동은 결국 민족적 위기를 극복하는 구국운동의 일환으로 나라의 주권과 권위를 세워야 하는 절박감 속에서 범민련 결성이 시급하다'고 하여 범민련 결성의 배경을 구국운동의 차원에서 이해하고 민족자주의 시각에서 바라보았다.

또한 문익환은 2월 1일 청와대로 보낸 공개서한을 통해 범민련 준비 위원장으로서 대통령과 허심탄회하게 범민련에 관한 모든 오해를 풀기 위해 면담을 요청한다고 밝히면서[69] "통일을 위한 관의 몫까지 민이 하겠다는 것은 아니며 통일을 위해서 민이 담당해야 할 몫이 있고, 관이 해야 할 몫이 있다. 범민련에 대한 모든 오해를 풀고 통일운동의 동반자적 관계로 도와 줄 것"을 정부에 요청했다. 그래서 그는 범민련이 남과 북, 정부 간의 효과적인 교량역할을 하여 투쟁의 자세에서 화해의 자세로, 대결의 관계에서 상호보완의 관계로 범민련의 위상을 정립하였다. 또한 범민련의 발족이유는 첫째로 남북, 해외 동포의 민이 통일운동을 주도하자는 의도였고, 둘째로 칠천만이 하나의 공동체로 살겠다는 온 겨레의 통일의지를 담아내는 조직이 필요했기 때문이라고 밝혔다.[70]

문익환이 이처럼 정부를 상대로 적극적인 자세를 보인 이유는 남한정부도 통일에 대해 관과 민이 분리되는 것이 아니라, 하나로 통일운동에 나설 것을 촉구한 것이었다. 그래서 이것은 문익환이 민통련의장의 시기에는 군사독재정권을 부정하여 오직 민만이 통일운동의 주체로 인정을 했지만, 방북 이후에는 민과 관이 함께 통일운동을 해야 한다는 입장의 변화를 보여 범민련과 함께 노태우 정부도 통일운동에 동참해 민과 관이 통일을 이루자고 주장한 것이었다. 결국 문익환은 통일의 주체에 대해 유연한 태도를 견지하여 통일운동을 민과 관의 협조적인 관계 속에서 모색하였던 것이다.

---

69) 『동아일보』 1991.2.2.
70) 『전민련 신문』 1991년 6월호.

그러나 정부는 범민련이 이적단체임을 분명히 하여 범민련을 인정하지 않았고, 계속적인 탄압을 가해왔다.[71] 공안당국은 범민련 남측본부 준비위원 출범을 계기로 단순히 재야민간차원에서의 통일운동이 상징적 수준을 벗어나 남북한이 함께 참여하는 통일운동체 결성으로까지 본격적으로 확대되는 데 대해 원천봉쇄를 시키겠다는 의지를 표명했던 것이다. 그런데 노태우가 7월 6일 캐나다 순방 귀로에서 발표한 '대북정책 지시'는 북한이 그간 제의한 남북국토종단순례행사와 통일문제학술대토론회를 적극 수용하겠다는 점에서 획기적인 변화였다. 이러한 점은 남북관계를 남측이 주도해서 개선, 발전시켜야 한다는 자신감의 표명이었고, 남북 고위급 회담 등 교착상태에 빠진 남북대화를 진전시키는 첩경은 남측이 먼저 북측 제의를 과감히 수용하는 것이라는 각계의 반응을 받아들인 것이었다. 정부는 그간 줄기찬 북방외교를 벌여 1990년에 소련과의 수교를 성사시켰고, 1991년도 남북 유엔 동시가입을 끌어냄으로써 남북외교대결에서의 절대적 우위를 확실히 굳혔다. 그의 지시 중 ① 8 · 15 광복절 행사 남북 공동 개최 ② 대학 총장, 학, 처장 인솔 하에 대학생 방북단 구성 ③ 북한 각계 인사, 대학생의 남한 방문, 문호 개방 등은 성사 여부에 관계없이 중대한 결단으로 평가되었다.[72]

---

71) 정부가 범민련을 탄압한 사례는 다음과 같다. 1991년 1월 24일 경찰은 이창복 상임의장, 김희택 정책실장을 국가보안법 위반(이적단체 구성)혐의로 구속하고, 권형택 사무처차장, 김희선 집행위 부위원장을 사전구속영장을 받아 검거에 나섰다(『국민일보』 1991.1.25). 이에 앞서 1990년 11월 베를린 3자회담을 마치고 돌아온 조용술, 이해학, 조성우를 국가보안법 위반혐의로 30일 오전 귀국하는 대로 구속키로 했다(『세계일보』 1990.11.30). 이어 안기부는 2월 20일 향린교회 홍근수 구속, 3월 2일 박순경을 자택에서 연행, 4월 13일 문익환의 가택연금, 목사도 국가보안법상 이적단체 구성 혐의로 구속했다(『세계일보』 1991. 2.21). 또한 1월 25일 구속된 2인에 대해 증거확보를 위한 것이라며 전민련 사무실에 대해 압수수색을 벌이기도 했다. 안기부는 전대협 대표자격으로 6월 24일 베를린에 파견한 성용승, 박성희를 보낸 전민련 조통위 부장 정윤서 조직부장 김형민을 구속영장을 신청했다(『경향신문』 1991.7.3).

72) 실제로는 범민련 북측본부 윤기복 의장이 7월 10일 부총리 겸 통일원 장관 최

남한 정부는 노태우의 북방정책으로 소련, 중국과 수교를 맺으면서 정작 통일의 상대방인 북한에 대해서는 폐쇄적이고 강압적인 태도를 보여 서방 언론으로부터 비판의 대상이 되었다. 또한 정부는 북한이 범민족대회를 주도하고 있다고 판단해 이에 대한 맞불작전으로 7월 15일 통일원 장관 최호중은 8월 15일부터 31일까지 남북의 각계각층과 해외동포를 망라한 남북 각 1,000명씩 민간행사로 추진하되, 쌍방당국의 주선과 지원, 보장 하에 광복절 경축 기념행사, 국토종단 대행진, 통일문제 대토론회, 통일기원제, 통일문화축전 등의 행사인 '통일대행진'의 개최를 제의하는 대북성명을 발표했다.[73]

이에 대해 북한 윤기복 조평통 부위원장은 "① 8·15광복절 행사에 남한의 범민련 관계 단체들 이외에 통일을 지향하는 단체들과 인사들을 광범위하게 참가시킬 것, ② 8·15을 계기로 한 공동축제의 개최문제를 협의하기 위한 남북, 해외 측 준비회의를 7월 25일 서울에서 각각 5~7명으로 진행할 것, ③ 남측의 범민련과 전대협 관계자들을 준비회의 전까지 모두 석방하고 서울 범민족대회와 청년학생들의 통일대축전 개최를 어김없이 보장할 것" 등 세 개의 항을 요구하면서 남측의 '통일대행진' 제의를 사실상 거부하였다.[74] 왜냐하면 북측은 남한당국이 범민련의 실체를 인정하지 않았음에 분개했고, 북측이 통일전선의 일환으로 의도하고 있는 범민족대회를 계획, 염두해 두었기 때문이었다. 그 연장선에서 북한은 "8·15범민족대회가 열리지 못할 경우 남북고위급 회담 재개에 악영향을 주게 될 것"이라고 거듭 주장하면서 우리 정부를 압박했다.[75]

호중에게 "범민족대회 제2차 준비회의에 참석키 위해 전금철 북측본부 부의장 등 5인 대표와 취재기자 10인을 서울로 보내겠다"는 전화통지문에 대해 정부는 범민련의 이번 행사는 북한의 통일전선 구축에 불과하다고 지적, 허용하지 않았다(『경향신문』 1991.7.11; 『한국일보』 1991.7.7).

73) 『서울신문』 1991.7.16.
74) 『경향신문』 1991.7.17.

| 통일의 선각자, 문익환의 삶과 분단극복론

한편 범민족대회 남측본부가 8월 6일 통일원에 통일대행진과 범민족대회를 하나로 묶어 추진하는 협의를 하기 위해 최호중과 행사준비위원회 김창식 위원장을 만나자고 요청하는 등의 유연성을 보였으나, 정부는 이에 대한 응답조차 없었다.[76] 이러한 점에서 대행진 행사준비위가 범민족대회에 대항할 목적으로 제의한 통일대행진을 추진하기 위해 급조된 것이라는 비난을 면키 어렵다고 볼 수 있다.

범민련 남, 북, 해외 측은 '조국의 평화와 통일을 위한 제2차 범민족대회'를 1991년 8월 15일 서울에서 개최하기로 합의하였으나 남측 정부 당국의 불허로 뜻을 이루지 못하고 서울과 판문점 북측지역, 그리고 일본 도쿄에서 분산 개최하고 공동결의문[77]을 발표하였다.

제3차 범민족대회(1992.8.15)도 1차대회 때와 마찬가지로 북측과 해외측이 판문점 북측지역에서, 남측은 서울에서 각각 개최할 수밖에 없었다.[78]

---

[75] 『로동신문』1991.7.28.

[76] 『한겨레신문』1991.8.15.

[77] '공동결의문'의 내용은 다음과 같다. 첫째, 우리들은 조국해방 50돌이자 민족분열 50년이 되는 1995년을 통일의 원년으로 만들기 위하여 더욱 힘차게 투쟁할 것이다. 둘째, 우리들은 민족의 머리 위에 무겁게 드리운 전쟁의 위험을 제거하기 위하여 견결히 투쟁할 것이다. 셋째, 우리들은 한반도를 비핵화하기 위한 투쟁을 적극 벌여나갈 것이다. 넷째, 우리들은 조국통일 방도에 관한 민족적 합의를 이룩하기 위하여 적극 노력할 것이다. 다섯째, 우리들은 자주적인 민간 대화의 마당을 마련하기 위하여 모든 힘을 경주할 것이다. 여섯째, 우리들은 민족대단결을 이룩하기 위한 투쟁을 더욱 강화할 것이다. 일곱째, 우리들은 조국통일범민족연합을 일층 확대 강화할 것이다. 여덟째, 우리들은 반통일 세력의 민족분열 영구화 책동을 저지 파탄시키기 위하여 힘차게 투쟁할 것이다(범민련, 『범민련 자료집』1, 67~68쪽).

[78] 제3차 범민족대회도 북측과 해외측은 판문점 북측지역에서, 남측은 서울에서 각각 분산 개최되었다. 남측의 결의문은 서울에서, 북과 해외는 판문점에서 결의문을 발표하였는데 그 내용은 다음과 같다.
〈서울 채택 결의문〉 1.남북합의서와 비핵화 공동선언 조속 이행. 2.1민족 1국가 2체제 2정부의 연방제 방식통일의 국민적 합의를 위한 노력. 3.당국자의 통일논의 독점 반대배격하고 다방면적 대화협력 발전 노력. 4.주한미군 철수와 평화적 환경마련을 위한 전민족적 투쟁 전개. 5.일본 군국주의 재부활 기도

북한은 범민족대회를 '통일을 위한 역사적 큰 잔치'라고 선전하고 있으나, "이 대회는 북한이 분단 이후 일관되게 주장해 온 대남선동전략에 따른 군중집회의 일종이고, 우리사회내의 일부 재야 및 운동권을 고무 선전함으로써 사회혼란과 국론분열을 조장하는 데 그 목적이 있다"고 보는 견해도 있다.[79]

또한 범민련이 남과 북, 해외의 자주적 통일역량의 결집체이며 1990년대 통일운동의 중심축이 되어 활동하였지만 범민련에 대해서는 다음과 같은 비판이 있다. 먼저 1980년대 중반부터 1990년 범민련 결성까지 자주통일운동진영은 국가보안법 철폐, 주한미군 철수, 연방제 통일 등의 강령과 이를 남과 북이 함께 해야 한다는 관점에서 대체로 일치했다는 점이 지적되고 있다.[80] 즉 통일문제에 대한 범민련의 입장은 북한의 연방제 통일방안과

를 저지하기 위한 적극 투쟁. 6.사회의 민주화 실현을 위한 적극 노력. 7.범민련 남측본부 조속 결성을 위한 노력.
〈북, 해외 공동결의문〉 1.우리들은 남과 북이 불가침을 확약한 현실에 유의하면서 남한으로부터 미군을 철거시키기 위한 전민족적 투쟁을 힘차게 조직 전개할 것이다. 2.우리들은 남과 북이 화해에 합의한 현실에 주목하면서 민족적 화해에 저촉되는 모든 정치적 및 법률적 조건을 철폐시키기 위한 전민족적 공동투쟁을 적극 벌여나갈 것이다. 3.우리들은 남과 북이 교류와 협력에 합의한 사실에 주목하면서 당국자들만 아니라 우리 민간인들도 서로 접촉하며 자유롭게 왕래할 수 있는 길을 열기 위하여 적극적인 투쟁을 벌여나갈 것이다. 4.우리들은 전 민족적 합의에 기초한 조국통일 방도를 확정하기 위하여 모든 힘을 다할 것이다. 5.우리들은 과거 일본에 의하여 잘못 처리된 민족의 역사를 바로 잡고 민족의 상처로 되고 있는 종군위안부 문제를 해결하기 위하여 적극적인 투쟁을 벌여 나갈 것이다. 6.우리들은 해내외의 각계각층 동포들과 동포조직들을 범민련의 깃발 아래 더욱 튼튼히 단합시켜 나갈 것이다(범민련, 『범민련 자료집』 1, 67~76쪽).

[79] 송남헌(민족통일촉진회 대표 최고위원), 「통일칼럼」, 『한겨레신문』 1992.8.5; 한 신문은 사설에서 다음과 같이 언급하였다. 8월 범민족대회 기간에 북한의 인공기를 전대협 소속 대학생들이 각 대학에 게양했던, 일명 '인공기 사건'으로 인해 진보와 보수로 이념적 색깔이 갈리고, 서울과 전국에서 벌린 민주화요구와 통일운동이 도심의 교통을 마비시키고, 화염병과 최루탄으로 국민 모두가 고통을 당하면서 범민족대회에 대해 부정적 시각을 갖게 되었다(『동아일보』 1992.6.1, 사설).

맥을 같이 하고 있다. 범민련 강령 초안에서는 "남과 북의 서로 다른 사상과 제도를 인정하고 존중하는 기초위에서 누가 누구를 먹거나 누구에게 먹히우지 않는 연방제 형태의 통일국가를 창립한다"고 규정하고 있는데 이는 "하나의 민족, 하나의 국가, 두 개의 제도, 두개의 정부에 기초한 연방제 방식으로 실현되어야 한다"는 북한의 통일방안과 유사하다고 볼 수 있다.[81] 둘째, 범민련 강령에는 "조국강토에서 미군과 핵무기를 철수시키고 남과 북의 군축을 실현하여 한반도를 비핵화 평화지대로 한다"라고 되어 있다. 이는 '조선반도의 비핵지대화'는 한국을 미국의 핵우산으로부터 제거시키려는 것으로 주한미군을 철수시켜 한미상호방위조약을 폐기시키려는 데 그 의도가 있었다는 지적이다.[82] 셋째, 범민련은 북한이 대남공작 차원에서 남북한 및 해외동포를 연계하여 결성한 친북반한통일운동전선체로 북한의 대남공작기구 중 하나인 '통일전선부'가 개입하고 있다는 주장도 있다.[83] 또한 범민련에 대해 북한의 '전 민족적 통일전선' 실현을 위한 전위대[84] 혹

---

80) 자주 통일 노선에 대한 평가는 대체로 세 부류로 나누어지는데, 첫째는 자주통일노선이 정당했고, 여전히 유효함을 주장하며 지금도 그에 기초하여 통일운동을 전개하는 세력들이다. 둘째는, 1980년대 중반의 자주통일노선을 민주화운동과정에서 분출된 사상해방운동이라고 보는 견해이다. 이 견해는 자주통일노선이 당시에는 긍정적 의미가 있고, 한번은 거쳐야하는 통과의례지만, 지금은 유효하지 않은 노선이라고 평가한다. 셋째는, 1980년대 중반 자주 통일 노선을 제기했다가 자신의 과거를 친북적 입장이었다고 평가하여 역으로 북의 체제를 강도 높게 비판하면서 전향한 사람들이라고 주장하는 부정적 평가가 있다(민경우, 「통일운동의 백가쟁명시기, 6·15공동선언으로 자주통일노선 정당성 입증」, 『민족21』 2005.10, 116~117쪽).

81) 편집부, 「연방제 추종하는 재야단체 통일론」, 『자유공론』, 2007.12, 112~113쪽.

82) 북한이 1987년 이래 조선반도의 비핵지대화안을 내놓고 주한미군 철수, 주한미군의 핵무기 및 핵기지 철거를 주장해 왔다. 1991년 12월 31일에 합의하고 1992년 2월 19일 제 6차 남북고위급회담에서 발효시킨 '한반도의 비핵화에 관한 공동선언'은 한국이 핵무기를 생산, 보유하지 않는 것을 의미하며, 미국의 핵우산 보호하에 있는 것을 부정하는 것은 아니기 때문에 조선반도 비핵지대화안과는 본질적으로 다르다(유한동, 『범민련은 어떤 단체인가』, 남북문제연구소, 1992, 22쪽).

83) 편집부, 「연방제 추종하는 재야단체 통일론」, 『자유공론』, 2007.12, 112~113쪽.

은 '연북연공'[85] 이라고 주장하는 견해도 있다.

그러나 이러한 비판에도 불구하고 범민련의 연방제 방식에 의한 통일논의도 전술한 것처럼 충분히 논의 할 가치가 있고 또한 이미 연방제를 시행한 국가들이 다수 있으므로 북한이 먼저 주장하였다고 하여 거부하는 것은 바람직하지 않다. 한반도비핵지대화도 통일의 과정에서 반드시 자주적인 입장에서 통일을 이루어야 통일에 대한 부작용이 없을 뿐만 아니라, 범민련이 7·4공동성명에서 천명한 자주, 평화, 민족대단결에 조국 통일 3대원칙을 분명한 자기 강령으로 했던 것은 "통일을 가로막는 외세에 반대하여 남과 북, 해외동포가 힘을 합쳐 하나의 통일조국을 건설한다"는 통일운동의 대전제를 다시 한 번 확인했다는 점에서 중요한 성과를 남겼다.

범민련 결성의 의의는 첫째, 외세를 비롯한 반통일 세력의 분단고착화 책동을 전민족의 강력한 단결을 통해 극복할 수 있는 역량의 집대성을 이루었다는 점이다. 다시 말해 그동안의 통일운동은 남과 북 당국자 간의 논의는 있었지만, 범민련처럼 남과 북의 민간단체와 해외동포까지 아우르는 통일운동은 처음이어서 통일운동에 대한 외연이 확대되었다. 범민련은 조국 통일이라는 민족지상의 과제를 실현하기 위해 남, 북, 해외에 거주하는 모든 통일 애국역량이 참여하는 전민족적 연대 조직이었다. 둘째, 이전까지의 통일운동이 자주적 교류운동, 국가보안법 철폐투쟁 등 주로 통일의 장애물을 제거하는 투쟁이었다면 범민련은 평화, 군축과 불가침선언의 문제와 통일방안 마련 등 통일을 주동적으로 준비해 나가는 사업까지를 담당하게 되었다.[86]

문익환은 범민련을 남, 북, 해외를 아우르는 통일운동체로 보았다. 그는

---

84) 유한동, 앞의 책, 19~26쪽.
85) 김승호, 「범민련과 범청학련 통일운동의 문제점 분석」, 『공안연구』 33호, 1994. 12, 43쪽.
86) 한국역사연구회 현대사연구반, 앞의 책, 228~229쪽.

민과 관이 두개의 수레바퀴처럼 협력해 통일을 위한 노력들이 이루어져야 한다고 보았으며, 범민련을 구국운동의 일환으로 사고하였던 것이다. 그는 1991년 1월 23일 결성된 범민련 남측본부 준비위원회의 준비위원장으로 범민련 창립 준비에 힘썼으나 이른바 분신정국에서 많은 열사들의 장례위원장을 맡는 등의 활동으로 형 집행정지가 취소되고 6월 6일 재수감되었다. 그 후 그는 1993년 3월 6일 21개월 만에 출옥한 후 다른 인사들과 함께 '새로운 통일운동체'의 구상으로 방향을 전환하게 되었다.

3_
제4차 범민족대회에서 문익환의 활동

북한은 1993년 초부터 6개월여 동안 문민정부에 나름대로의 기대감과 함께 기존 대결정책의 전환을 내비치기도 했었다. 북한은 대남정책 책임자를 오랫동안 이 부분에 종사해온 '강경파' 윤기복에서 협상을 중시하는 외교전문가로 알려진 당 외교부장 김용순으로 교체했다.[87] 1993년 김일성의 신년사는 과거 의례적으로 제기했던 주한미군 철수

---

[87] 김용순은 1990년 5월 당비서(국제담당)와 최고인민회의 외교위원회 부위원장에 기용됐으며 92년 4월 최고인민회의 9기3차회의에서 허담의 사망(91년 5월) 이후 공석이던 외교위원장직에 올라 주로 미국과 서구 등과의 대외업무를 맡아왔었는데 1993년 대남담당 비서 윤기복이 교육문화 담당으로 자리를 옮김에 따라 당의 대남업무를 관장해왔고 지난 4월 최고인민회의 9기 5차회의에서 통일정책위원장으로 자리를 이동한 바 있다(『한국일보』1993.8.17). 북한 노동당 비서 겸 최고인민회의 통일정책위원회 위원장인 김용순과 93년 7월 천도교청우당 위원장에서 해임된 정신혁이 최근 북한의 대남전위조직인 「조평통」부위원장으로 각각 기용된 것을 밝혀졌다. 과거 윤기복이 갖고 있었던 대남담당 직책을 모두 물려받아 명실공히 대남업무의 전반을 관장하게 됐다. 이 같은 사실은 북한 중앙방송이 15일 평양에서 열린 제4차 범민족대회 행사의 주석단 명단을 보도하면서 이 자리에 참석한 김용순과 정신혁을 각각 「조국평화통일위원회 부위원장」으로 호칭함으로써 확인됐다(『세계일보』1993.8.18).

등을 포함한 반정부투쟁 촉구언사를 자제하면서 "자주적이고 성실한 태도라면 과거를 묻지 않고 누구와도 대화하겠다"[88]고 새 정부와의 대화의지를 내비쳤다. 이후 김영삼 대통령이 2월 취임사에서 "어느 동맹국도 민족보다 더 나을 수는 없다"고 대북 유화론을 펼치는 가운데 3월에는 비전향 장기수 이인모를 송환하자 '새 정부가 과거와는 무언가 다른 것 같다'는 일말의 기대를 한 것도 사실이었다.[89]

북한은 4월 김 주석이 직접 작성한 '전 민족 대단결 10대강령'을 통해 민족 복리를 중시한 새 정부의 대북정책 기조에 화답하면서 "북침과 남침, 승공과 적화에 대한 우려를 다 같이 없애고 신뢰·단합하자"는 공존론을 폈다. 이어 5월에는 '민족 앞에 누적돼 있는 중대사들을 포괄적으로 풀어 나갈 수 있는 획기적 제안'으로 남북 특사교환을 주장했다. 그러나 북한의 이런 방침이 남쪽의 소극적 대응으로 모두 무산되고 이어 김영삼의 대북관도 핵문제와 관련해 점차 강경해지자 적어도 외향적으로 북한의 대남인식은 과거의 공격적 자세로 되돌아갔는데 시기적으로는 김영삼이 취임 1백일 회견에서 "핵무기를 가진 상대와는 악수할 수 없다"고 밝힌 6월 초였다.

이러한 상황 속에서 1993년 3월 형집행정지로 출옥 후 문익환이 새통체에 대한 구상으로 방향을 잡고 있을 무렵 제4차 범민족대회가 열리게 되었다. 범민족대회 준비위원회(위원장 이창복)는 7월 30일 서울 종로구 수운회관 대강당에서 전국연합 등 35개 참가단체, 5백여 명이 참가한 가운데 '제4차 범민족대회 남측추진본부' 결성식을 갖고 문익환을 대회장으로 선출했

---

88) 『로동신문』 1993.1.1.

89) 3월 북송된 이인모는 최근 병원에서 퇴원, 김정일에게 충성을 맹세하는 내용의 편지를 보냈다고 북한방송들이 12일 보도했다. 이인모는 이 편지에서 자신이 가족의 품으로 돌아오고 건강을 회복할 수 있게 된 것은 모두가 김정일의 깊은 배려 때문이라고 감사를 표시하고 "이제 여생을 친애하는 지도자동지께 바치겠다"고 다짐한 것으로 북한방송들은 전했다(『조선신보』 1993.3.13).

제4차 범민족대회 대회사를 낭독하는 문익환 대회장

다.[90] 문익환은 7월 16일 『범민족대회 신문』의 '통일을 염원하며'라는 제목
의 글을 통해 "1995년 8월 15일까지의 범민족대회는 두 번만 남았습니다.
통일의 문턱까지 두 걸음이 남았다는 이야기입니다. 통일된 새 조국의 탄생
을 위해 두 차례 마지막 힘을 써야 합니다"라며 마지막까지 최선의 노력을
경주할 것을 강조하면서, "분단 반세기를 넘기기 전에 꼭 통일을 해야 한다"
며 강한 당위성을 피력했다.[91]

---

[90] 『조선일보』 1993.7.31.

[91] 문익환, 『문익환 전집-통일 2』, 사계절, 1999, 406쪽. 북측이 공식회의 석상에서
공개적으로 '95년 통일설'을 제기한 것은 1989년 9월 28일로 조선노동당 중앙위
원회 정치국 위원이며 정무원 부총리 겸 외교부장인 조평통 부위원장 김영남
이 기조보고를 통해 '조국의 자주적 평화통일을 촉진하기 위한 공화국 북반부
당국 정당 단체 연석회의'가 개최된 자리에서였다(박동운, 「통일전선의 이론과
95년 통일설」, 『북한』 통권 233호, 1991년 5월호, 65쪽). 이는 문익환이 방북하
여 분단 50년을 넘기지 말자고 김일성에게 말한 것을 북한이 인용하여 1995년
통일원년으로 삼았다고 보는 것도 무리는 아닐 것이다.

제4차 범민족대회 발대식에서 참석자들과 함께한 문익환

범민족대회 발대식 현장에 함께 앉아있는 임수경과 문익환

| 통일의 선각자, 문익환의 삶과 분단극복론

제4차 범민족대회 남측 추진본부는 '범민족대회 준비를 위한 남, 북, 해외 3자 실무회담'을 8월 6일 서울에서 개최할 것을 공개 제의하였고, 이에 범민련 북측본부도 남측이 제기한 3자 실무회담 제안을 지지하여 8월 5일 실무회담 대표 3명을 판문점에 파견하였다. 그러나 남북 정부당국의 불허로 성사시키지 못하자 남측의 범추본은 정부당국의 부당한 방해에 대한 유감을 표명하고 범민족대회의 분산 개최를 선언하였다. 이에 따라 북한은 8월 14일 평양서 제4차 범민족대회 행사의 일환으로 '전민족대단결과 조국통일에 관한 대토론회'를 열고 남한 정부에 '민족통일 정치협상회의' 소집제의를 즉각 수용하라고 촉구했다.

범민련 및 범청학련 북측본부 의장단, 제4차 범민족대회 북측대표를 비롯한 관계자들이 참석한 8월 14일 토론회에서 북한은 "민족통일 정치협상회의를 소집하는 것은 민족공동의 조국통일 방도를 확정하기 위한 가장 정당한 협상형식"이라고 거듭 주장하는 가운데 이의 조속한 수용여부가 "남조선의 현 정권이 통일 지향적인가, 분열 지향적인가를 가르는 시금석"이라고 강조하였다.[92]

정부는 범민련 해외본부 측에 분산 개최 결정을 전달하고 북측과 해외측에 범민련 운영계획에 대해 문의하였다. 그리고 8월 12일에는 범민족대회가 분산 개최되는 조건에 따라 남, 북, 해외가 각각 결의문을 채택할 것을 범민련 북측과 해외측에 제안하였는데, 이에 대해 범민련 해외본부는 남측의 분산 개최 제의에 대해 동의하며 해외측은 도쿄의 '일본도시센터'에서, 북측은 '평양에서 대회를 진행하겠다고 하였다. 뿐만 아니라 범추본은 범민족대회 결의문 채택에 관한 의견을 해외측에 전달하였다. 이렇게 해서 제 4차 범민족대회는 서울, 평양, 일본 도쿄에서 각각 열리게 되었고, 결의문도 각 곳에서 독자적으로 발표하게 되었다.[93]

---

92) 『로동신문』 1993.8.15.

93) 〈남측본부 채택 결의문〉

1993년 8월 14일부터 15일까지 재야단체와 학생운동권이 주축이 돼 범민
족대회를 치른 제4차 범민족대회추진본부(이하 '범추본'으로 약칭, 대회장
문익환)는 대회공식 슬로건을 '한반도 평화정착과 남북합의서 이행'으로 잡
고 이를 위해 ① 비핵군축 ② 국가보안법 철폐 ③ 자주교류 등을 실천과제
로 세웠다. 제4차 범민족대회 남측 대회 대회장 문익환은 8월 14일 대회사

---

1. 조국통일이야말로 민족 공동 번영의 대전제이자 지름길이다.
2. 외세에 의해 갈라진 우리 민족의 통일실현은 일체의 외세 간섭을 배제하는
민족자주 원칙을 견지해야 가능하다.
3. 민족의 화해와 단결의 열쇠인 남북합의서 실천은 어떠한 이유로도 유보되
어서는 안 된다.
4. 한반도 평화정착은 민족생존의 요구이며 통일의 필수적 조건이다
5. 동포를 적으로 규정하여 서로 만나 통일문제를 논의하고 화해를 도모하는
것을 불법시하는 국가보안법과 같은 일체의 법과 제도는 폐지되어야 하며 장
기수를 비롯한 구속 수배된 애국인사들은 모두 자유의 몸이 되어야 하다.
6. 일본의 군사대국화 추세는 우리 민족의 장래를 위협하고 있는 남북공동의
문제이다.
7. 남과 북에 서로 다른 이념과 제도가 존재하는 현실에서 연방제 방식의 통일
이 가장 빠른 평화통일의 길임을 확인한다.
8. 남과 북의 모든 분야에 걸친 교류협력이 활성화되어야 하며 이산가족의 생
사 확인 및 자유상봉이 실현되어야 한다.
9. 조국통일운동은 온 겨레가 주인이 되어 함께 하는 범민족적 운동이다.
〈북측본부 채택 결의문〉
1. 우리들은 90년대 통일을 성취하려는 민족 공동의 결의를 재확인한다. 2. 우
리들은 민족 내부문제에 대한 외세의 간섭을 배격하고 민족자주의 원칙을 철
저히 실현해나갈 것이다. 3. 우리들은 남조선에서 민족적 화해와 단합을 가로
막는 모든 법적, 제도적 장치들을 철폐시키기 위하여 적극 투쟁할 것이다. 4.
우리들은 민족공동의 통일방도를 확정하기 위하여 적극 노력할 것이다. 5. 우
리들은 민족의 대단결을 실현하기 위하여 모든 것을 다할 것이다. 6. 우리들은
범민련을 강화하고 조국통일을 위한 투쟁에서 전민족적 련대운동을 줄기차게
벌여나갈 것이다.
〈해외측 본부 채택 결의문〉
1. 우리는 외세의 간섭을 결연히 반대하고 확고한 민족자주의 원칙에서 조국
의 자주적 평화통일을 이룩하기 위하여 모든 노력을 다할 것이다. 2. 우리는
련방제방식으로 조국통일을 실현하기 위하여 힘있게 투쟁할 것이다. 3. 우리
는 온겨레의 대단결로 조국통일을 이룩하기 위하여 모든 노력을 다할 것이다.
4. 우리는 조국통일운동을 더욱 확대 발전시키기 위하여 범민련 조직을 급속
히 확대 강화하고 그 역할을 더욱 높여나갈 것이다(노중선, 앞의 책, 356쪽).

를 통해서 "이 자리를 빌어서 우리는 남과 북의 두 정부 당국에 호소합니다. 7·4공동성명과 남북합의서의 정신과 내용을 실현해 내는 일에 걸림돌이 되는 모든 것을 과감하게 청산하고 제거해 줄 것을 강력하게 그리고 간곡하게 호소합니다. 이 일은 용단을 가지고 일시에 해내야 합니다. 북은 남을 살리면서, 남은 북을 살리면서 모든 외세의 지배와 예속에서 풀려나 민족자주와 자립을 완수해 내야 합니다"[94]라고 하며 남과 북이 합의한 7·4공동성명과 남북합의서의 원칙하에서 남과 북이 힘을 합쳐 민족 자주의 정신에 입각해 통일운동에 매진할 것을 역설했다. 이어서 문익환은 주변국에게 다음과 같이 호소하였다.

주변국, 특히 미국, 중국, 일본에게 호소합니다.
한반도의 통일이 동북아시아와 서북 태평양이 만나는 이 지역의 평화정착이라는 것을 인식하고 이 일이 이루어지도록 적극적으로 협력해 줄 것을 강력하게 그리고 간곡하게 호소합니다. 1910년의 비극과 불행이 절대로 다시 되풀이 되어서는 안 됩니다. 그 비극과 불행은 우리 민족뿐만이 아니라 미국과 일본에게도 마찬가지입니다. 그것은 지난 역사가 웅변으로 말해 주고 있습니다.[95]

그는 한반도의 통일은 우리나라뿐만 아니라 동북아시아의 평화에 이바지함을 역설하였고, 그에게 있어 통일운동은 나라를 구하는 구국운동이며, 민족운동이었던 것이다. 그리고 그에게 있어서 통일운동과 통일인식은 한반도의 우리 민족에게만 국한한 것이 아니라, 미국과 일본 등 전 우주적 차원의 공동체적 의식을 견지하고 있음을 알 수 있다. 특히 제4차 대회부터는 대중성 확보를 위해 정부와의 대결국면에서 한발 물러나서 범민족대회가 과격, 불법시위라는 인식을 불식시키기 위해 일부 행사를 철회하고서라

---

94) 『범민족대회 신문』 1993.7.16.
95) 문익환, 앞의 책, 410쪽.

도 일반 국민들의 공감을 얻어야 한다는 입장이었다.[96] 또한 주한미군 철수
와 같은 민감한 주장을 유보한 대신 남북이산가족 찾기 사업 등 지난 대회
까지 내세웠던 명분보다는 국민들의 공감을 얻는다는 실리에 치중하여 합
법성과 대중성 확보를 위해 정부나 경찰의 충돌을 피하려 했다.[97] 그래서
범추본이 대중성 확보 차원에서 국민의 관심을 얻기 위해 '통일문화 대 축
전'이라는 이름으로 다양한 문화행사를 치렀다. 예컨대 대회장인 문익환은
장기복역 중 틈틈이 익힌 한의술로 '통일한의원'을, 민주사회를 위한 변호사
(이하 '민변'으로 약칭)가 국가보안법에 대한 상담을 해 주는 '통일 법률상담
소'를, 기타 '북청사자놀이' 같은 '민속놀이'와 '남북우수 영화제' 등을 열어
국민들의 지지를 얻고자 하였다.[98] 한편 제4차 범추본은 7월 19일 '남북이
산가족생사확인 사업본부'(이하 '사업본부'로 약칭)를 발족하여 8월 14일까
지 사업본부가 이산가족을 위해 집단적으로 일괄 접수하여 해외로 연락해
실제적인 도움을 주는 데 목적이 있었다.[99]

　요컨대 당국과의 협의아래 최대한 합법대회를 치른다는 원칙을 세워놓
은 범추본은 정치성행사를 최대한 탈피하고 정부와의 마찰이 적은 문화행
사에 치중하였을 뿐만 아니라 대학생참가자수를 줄이고 남북합의서 이행
촉구 서명운동 등 일반국민들을 겨냥한 부문사업이 다수 포함돼 대중성을
강화한 점이 특징적인 점이었다.[100] 제4차 범민족대회는 서울, 평양, 동경

[96] 한총련 등 일부 강경파들은 범추본이 본연의 범민족대회를 축소 왜곡하고 있
　　다고 비판하면서 일부행사를 취소한 것은 '개량주의'로 몰아붙이며 반발하였다
　　(『조선일보』 1993.8.9).
[97] 당초 가장 중요한 행사일정으로 잡았던 '남-북-해외대표가 참가하는 '범민족회
　　의'계획을 자진 철회하는 한편 나머지 행사를 평화적으로 진행할 것"이라고 밝
　　혔다. 범추본은 또 "당국이 북측대표의 접촉을 불허하더라도 제3국을 통한 접
　　촉이나 판문점 행은 강행치 않을 방침"이라고 밝혔다(『세계일보』 1993.8.4).
[98] 『세계일보』 1993.8.9.
[99] 『범민족대회 신문』 1993.7.23.
[100] 『국민일보』 1993.8.10. 당국은 범민족대회준비가 본격화되자 7월 24일 불허방
　　침을 공식 발표했다. 정부 측의 불허배경에는 대회배후단체인 범민련이 이적

｜통일의 선각자, 문익환의 삶과 분단극복론

에서 분산개최 되었고, 서울에서는 범추본의 인내와 대중성 확보를 위한 노력으로 정부와 물리적 충돌 없이 개최되어 이전 대회와는 외형적 차이를 보였다. 뿐만 아니라 내용적으로도 대회장소의 긴급한 변경 등 어려운 조건 속에서도 각계각층의 참여폭을 확대시켜 4천여 명에 이르는 노동자들이 참가하여 통일운동의 대중화를 위한 토대를 다지는 데 큰 성과를 보였다.

결과적으로 4차 범민족대회의 특색은 무엇보다 재야가 과거의 정면대응 방식을 탈피, 전례 없이 부드러운 대정부태도를 취하고 있다는 점이다. 그 동안 신군부 독재세력 하에서는 문익환은 민이 주도하는 민중통일론을 주장하였는데 김영삼 문민정부가 들어서면서 그는 "김영삼 정부가 민족통일의 길로 나아갈 수 있도록 힘을 실어 줘야 할 필요가 있고 다만 통일논의를 관이 독점하고 민의 통일운동을 반국가적인 것으로 탄압하는 것은 문제이다"[101]고 지적하며 통일운동의 주체를 과거에는 민으로 보았던 것과는 달리, 통일운동에 있어서 민과 관의 상호역할을 강조했다. 즉 민과 관이 두 개의 수레 바퀴역할을 하면서 이 둘이 서로 잘 꾸려져 나갈 때 통일의 길이 열린다고 보았다.[102]

그러나 범추본의 이러한 노력에도 불구하고 검찰은 '제4차 범민족대회'를 불법집회로 규정, 사전봉쇄 하였다.[103] 제4차 범민족대회를 둘러싸고 정부와 재야운동이 서로 평행선을 달린 것은 통일을 바라보는 권력과 민중세력

단체인 데다 집회허용시 북의 대남전술에 휘말릴 우려가 있다는 분석이 깔려 있었다.

[101] 김택수 기자의 문익환 인터뷰, 「통일 이후 대비한 큰 설계를 하자」, 『말』 1993년 7월호, 50~51쪽.

[102] 이승환, 「탐방 통일맞이 늦봄 문익환 목사 기념사업」, 『통일시론』 99년 봄호, 212~213쪽.

[103] 서울경찰청은 11일 재야 및 학생 운동권에서 불법으로 규정된 제4차 범민족대회를 강행하려 함에 따라 12일부터 대회장인 연세대 주변에 전·의경 등 1백 73개 중대 2만 여 명을 동원, 재야인사 및 외부 학생들의 출입을 통제하는 등 대회를 원천 봉쇄키로 했다(『서울신문』 1993.8.12).

의 자세가 판이하게 달랐기 때문이었다. 부총리 겸 통일원 장관 한완상은 8월 12일 담화문에서 "남북관계의 실질적인 진전을 위해서는 책임 있는 당국 간의 대화를 통한 관계개선의 노력이 무엇보다 중요하다. 특히 이미 발효된 남북기본합의서와 비핵화공동선언은 반드시 이행되어야 한다"고 강조했다. 이어 "범민족대회는 순수 민간통일운동과는 거리가 먼 정치행사이므로 정부는 대회를 불허하기로 결정했다"고 발표했다.[104] 따라서 범추본(상임본부장 강희남 목사)은 당초 연세대에서 대회를 가질 예정이었으나 정부의 원천봉쇄로 개최가 어려워지자 14일 한양대로 장소를 옮겨 개막식과 전야제 등 행사를 예정대로 치렀다.[105] 정부의 범민족대회 불허방침에도 불구, 한총련소속 대학생 재야인사 등 1만 5천여 명이 참석한 가운데 15일 한양대에서 제4차 범민족회의를 강행키로 하여 이날 오전 문익환 등 남측대표 3백여 명이 모여 '평화정착과 남북 합의서이행'을 앞세운 가운데 남북한 평화협정체결, 국가보안법 철폐, 자유로운 교류협력보장, 일본의 유엔 안보리 상임이사국 진출 반대 등 9개항을 결의했다.[106]

개막연설에서 대회장인 문익환은 "남북 간의 화해를 이루고 완전한 평화정책을 위해서는 남북한 정부를 비롯해 남북 해외의 모든 동포들이 힘을 합쳐야 할 때"라고 강조하고 "이를 위해 새 정부는 과거 정권들의 분단지향적인 정책에서 벗어나 전향적인 통일정책을 추진할 것"을 촉구했다.[107] 대회 마지막 날인 15일 한양대 제 3교육관에서 대회장 문익환 등 남측대표

---

104) 『중앙일보』 1993.8.13.

105) 『경향신문』 1993.8.15.

106) 남측본부 채택 결의문의 9개항의 내용은 다음과 같다. 금세기내 조국통일의 실현, 민족자주원칙을 견지해 주한미군의 철수, 남북합의서의 조속한 이행, 휴전협정의 평화협정으로의 교체, 국가보안법 폐지, 일본의 유엔안보리 상임이사국 진출저지, 흡수통일의 배격과 연방제 방식의 통일 실현, 다방면에 걸친 교류협력의 활성화, 범민족운동의 지속적 활성화와 상호연대이다(제 4차 범민족대회 남측 추진본부, 『93 범민족대회 자료모음집』, 322~323쪽).

107) 『한겨레신문』 1993.8.15.

178명만 참석한 가운데 '범민족회의'를 열고 남북합의서 이행 등 4개의 의제에 대한 특별결의문을 채택했다.[108] 또 당초 계획했던 북측본부와의 전화회담이 실정법위반인 점을 감안, 취소하는 대신 팩시밀리를 통해 북측 회의 결과를 통보받기로 했지만 북측으로부터 아무런 연락을 받지 못했다.[109]

한편 북한은 15일 평양인민문화궁전에서 제4차 범민족대회를 열고 ① 민족자주원칙실현 ② 민족공동의 통일방도확정을 위한 노력경주 ③ '범민련' 조직 강화를 골자로 한 6개항의 결의문이 채택됐다.[110] 그러나 북한은 한국 정부의 대회불허에 대해 거듭 비난하면서 '범민련' 의 과제에 대해 전 민족적인 통일의 장애요인 제거운동전개, 김일성의 '전민족대단결 10대강령' 철저 구현, 조직 강화 및 각 지역본부 간 연대강화 등을 제시, 종전의 입장을 고수했다.

대회장인 문익환은 "대회를 원만히 열려고 개막일을 하루 늦추면서까지 당국의 허용을 촉구했고 거리투쟁이나 몸싸움을 주로 하는 통일운동에서 벗어나겠다"는 의지도 밝혀 가급적 합법적이고 유연한 태도로 정부당국의 자극을 피하려고 노력하였다.[111] 그러나 정부는 "범민족대회가 불법임으로

---

108) 1. 남북합의서의 실천대책, 2. 한반도 평화정착을 위한 대책, 3. 일본군국주의에 대한 대책, 4. 통일방안 합의를 위한 대책을 만장일치로 결의하였다(『국민일보』 1993.8.16).

109) 『세계일보』 1993.8.18.

110) 북측본부 채택 결의문의 6개항은 다음과 같다.
금세기내 조국통일의 실현, 외세의 간섭 배격과 민족자주의 원칙 중시, 민족통일의 장애물인 국가보안법과 법적 제도적 장치의 철폐, 민족공동의 통일방도의 확정, 민족의 대단결의 실현, 범민련의 강화와 전 민족적 연대운동의 지속적 추진(제 4차 범민족대회 남측 추진본부, 『93 범민족대회 자료모음집』, 1993, 351~352쪽).
한편, 해외측 본부 채택 결의문의 4개항은 다음과 같다.
외세의 간섭의 배격과 민족자주의 원칙으로 평화통일의 실현, 연방제방식으로 조국통일의 실현, 민족의 대단결, 범민련의 조국 강화이다(제4차 범민족대회 남측추진본부, 『93 범민족대회 자료모음집』, 1993, 361~365쪽).

111) 대회장인 문익환은 김영삼 대통령에게 보내는 공개서한에서 "정부가 8월 4일

원천봉쇄한다"는 대답으로 일관했던 것이다.112) 이러한 점은 김영삼 정부
가 문민정부임을 내세워 개혁을 표방했지만, 역대정부처럼 민간통일운동
을 인정하지 않는 '창구일원화 정책'을 고수하여 통일문제와 남북관계 개선
에 큰 진전이 없었다고 할 수 있다.

그러나 한국기독교교회협의회(KNCC)가 주최한 '평화와 통일을 바라는
인긴띠 잇기'(이하 '인간띠 잇기대회'로 약칭)는 정부의 승인과 후원아래 이
루어지는 만큼 허용 방침이라고 밝혀 정부는 민간통일운동에 대한 '이중
잣대'를 보였다.113) 이 행사는 8월 15일 남과 북의 기독교인들이 민족의 화
해와 조국의 평화통일을 염원하며 남과 북이 인간띠를 잇고 공동예배를 보
는 남북공동행사였다.114) 범민족대회나 인간띠 잇기대회 모두 민족의 화

3자 실무회담을 불허한 상황에서 불행한 충돌을 피하기 위해 8월 9일 대표자
회의를 통해 범민족적인 단결의 취지를 분명히 하면서도 범민족대회의 동시
분산 개최를 선언한 바 있습니다. 범민족적인 화해와 단결을 지향하는 우리로
서는 뼈를 깎는 아픔이었습니다. 이러한 노력에도 불구하고 민간통일운동을
무조건 억압하는 것은 역대정권의 구시대적 발상과 타성을 답습하는 것이므
로 대통령께서는 반드시 이를 바로 잡아야 하고 13일로 예정된 개막식을 14일
로 연기해서라도 원만한 대회진행을 위해 대통령의 결단을 기다리겠습니다"
고 하여 대통령의 결단을 촉구했다(제4차 범민족대회 남측 추진본부, 『93 범
민족대회 자료모음집』, 146~147쪽).

112) 경찰은 8월 12일 범민련 남측본부 사무실에 대한 압수수색을 실시해 이 사무
실에 보관돼 있던 범민족대회 관련 회의록과 유인물, 범추본 자료집, 컴퓨터,
디스켓 등 30여 점의 물품을 압수했다(『한겨레신문』 1993.8.13).

113) 『한국일보』 1993.8.11.

114) 1993년 8월 15일 광복절을 맞아 평화통일을 기원하는 '인간띠잇기대회'를 50여
개 개신교 및 민간단체(조흥은행, YMCA, 천도교 동학 민족통일회, 천주교 카
톨릭 의대생, 성균관새사람운동협의회, 평화와 통일을 위한 종교인 협의회,
인권수호운동 가족 협의회, 남북나눔운동본부 등)가 협력하여 독립문에서 임
진각까지 48km구간을 6만여 명의 시민들이 자발적으로 참여해 손에 손을 잡
았다. 이 대회는 교회가 주최한 범기독교, 범종교, 범민족대회였다는 평가여
서 그동안 진행된 범민련의 한계를 극복하는 통일운동의 새로운 모델로 작용
하였다(『국민일보』 1993.8.19). 인간띠잇기대회는 남북통일을 위한 전 국민의
실천적 계기를 만들어 주고 남북민들이 직접 손을 잡음으로써 우리가 하나의
민족이라는 민족대단결의식을 가지고 민족의 자발적, 자주적인 힘과 의지로

제4차 범민족대회 남측 추진본부 대회장 문익환이 연설하는 모습

해, 단결조국의 평화와 통일을 바라는 기본방향에서 공통점을 갖고 있는데도 기준도 없이 정부의 구미대로 허, 불허를 결정하는 것은 불공정한 일이었다. 그리고 범민족대회는 각계각층의 전 민족적 통일 사업으로 추진하였고, 인간띠 잇기대회는 주로 종교인 중 기독교인들이 추진하는 종교인들의 통일행사였던 점에 비추어 볼 때 범민족대회를 불허한 것은 납득하기 힘든 면이 없지 않았다. 그럼에도 범추본 남측본부는 인간띠 잇기대회가 남북 종교인들의 공동행사이고 국민들에게 통일의 활력을 불어넣을 수 있다고 성원하였다..115)

한편 문익환은 문민정부인 김영삼 정부가 '사회개혁'과 '통일'을 정책기조로 내세운 점을 지지하면서도 미국과 김영삼 정권이 바라는 흡수통일은 반

통일을 이뤄 내겠다는 합의와 결의를 전 세계에 과시하고 정치적 통일이전에라도 민족이 하나 될 수 있음을 체험하는 통일의 산교육 이라는 데 그 의의가 컸다(『국민일보』 1993.8.12).

115) 제4차 범민족대회 남측추진본부, 『93범민족대회 자료모음』, 1993, 50~52쪽.

드시 막아야 한다는 입장을 보였다. 또한 통일운동은 전 민족적인 것이어야 하기 때문에 만일에 범민련이 정부를 설득해서 합법성을 얻는다면 범민련 체계만으로도 충분히 통일이 가능하다고 보았다.[116] 그러나 문익환을 포함한 재야측은 범민련이 계속해서 이적단체로 규정되어 있으므로 이를 해체하고 합법적인 통일운동조직을 결성할 필요성이 제기되었다.[117]

4_
새 통일운동체 결성
논쟁과 문익환의 타계

전술하였듯이 범민련이 남, 북, 해외를 망라한 전 민족적 단체를 지향했음에도 불구하고 출범초기부터 몇 가지 문제점을 안고 있었다. 첫째, 남측 통일운동세력의 폭넓은 합의가 부족했다는 점이다. 왜냐하면 남측을 대표하여 참석한 황석영이 사실은 당시 북에 있었기 때문에 남측 통일세력의 의견을 충분히 수렴할 위치에 있지 못했다.

둘째, 남, 북, 해외가 상설적인 통일운동체 건설의 필요성에는 원칙적으로 동의하고 있었지만 서로 다른 조건에서 통일운동을 전개해 온 남북 해외가 당장 '연합적 수준'의 조직을 결성하기 보다는 각자 실정에 맞게 '회의체 수준'에서 시작해 차츰 단계의 수준을 높여 가자는 의견이 강하게 제기되었다.[118]

---

[116] 문익환 목사 인터뷰, 『정세연구』, 1993.4, 민주노동연구소, 35쪽.

[117] 『국민일보』, 1993.8.10. 대법원은 1997년 범민련 남측본부가 표면적으로는 강령, 규약 등에 반국가단체 등의 활동을 찬양, 고무, 선전, 동조하는 등의 활동을 목적으로 내걸지 않았더라도 그 단체가 주장하는 내용, 활동 내용, 반국가단체 등과 의사연락을 통해 연계성 여부 등으로 판단하여 국가의 존립이나 안전, 자유민주적 본질에 실질적 해악을 끼칠 위험성이 있다고 보아 범민련을 '이적단체'로 보았다.

[118] 상설적인 통일운동체가 필요하다는 남측의 원칙적 입장이 북, 해외에 전달되

셋째, 남측 통일운동 내에 다양한 분화가 발생했다는 점인데, 이것은 북측과 직접적인 연합조직에 참가해서 활동할 만한 대중조직이 없었다는 것과 관련이 있다. 1991년 초기 추진본부에는 32개 단체의 대표들이 참여하고 있었지만,[119] 2년이 지난 1993년도에는 여타의 조직들은 다 빠져 나가고 학생조직과 청년조직, 민자통 등 6개 단체만이 명맥을 유지하고 있었다.[120] 그 결과 제 1차 범민족대회에 참여했던 광범위한 세력 중 전대협, 전국청년단체대표자협의회(이하 '전청대협'으로 약칭) 등을 제외하고는 여타의 기층 대중조직과 전민련 밖의 통일운동세력이 대부분 범민련에 참여하지 못했다.[121]

넷째, 남측 준비위 결성 직후부터 몰아닥친 정부의 조직적인 탄압을 대중적으로 돌파하지 못했다는 점이다. 예컨대, 베를린 3자회담은 대표가 공항에서 곧바로 구속되었는데, 이미 탄압이 예상되었어도 이에 대한 방어를 조직적으로 대응하지 못했고, 탄압을 돌파할 만한 대중적 동력을 제대로 갖추지 못했다는 것이다.

이밖에 남북 간의 왕래는 물론 회담마저 제대로 진행하기 어려운 상황도 문제였고, 조직과 사회구조의 상이점도 문제 가운데 하나였다. 또한 남측에서는 번번이 모임에 참석하지 못하고 북과 해외동포 간의 회담으로 일이 처리되었던 점도 범민련이 기형적으로 되는 요인으로 작용했다.[122] 결론적

는 과정에서 '즉시 범민련을 결성하자'고 북과 해외에 제안한 것으로 탈바꿈되었다. 이는 남, 북, 해외가 서로 입장과 처지를 충분히 전달하고 이해시킬 수 있는 대화의 통로가 원천적으로 봉쇄된 상황에서 발생한 일이었다.

[119] 1989년 8월 범민족대회에서는 70여 개의 단체가 참여했었는데, 1991년 1월 23일 향린교회에서 결성된 범민련 준비위원회는 32개의 단체가 참여해 많은 단체가 불참했다. 그 이유는 범민련이 범민족대회를 주최를 하였지만, 범민련과 범민족대회는 별개의 것으로 인식하는 단체들이 많았던 것으로 보아야 할 것이다(2009년 4월8일 민화협 사무실에서 이승환과의 인터뷰).

[120] 이창복, 『세기의 길목에서』, 한울, 1999, 216쪽.

[121] 전청대협은 1992년 2월 한국민주청년단체협의회(이하 '한청협'으로 약칭)로 확대개편 되었다.

으로 범민족대회 운동과정에서의 한계점은 당국의 불법화 정책으로 인하여 조직화된 대중들 이외에도 통일운동에 관심을 갖고 있는 광범한 사람들을 대회장에 결집시키지 못하는 한계를 노정하였다.

당국의 불법화 정책은 범민족대회에 광범한 통일역량을 하나로 결집시키는 데 장애를 조성해 통일세력과 분열세력의 폭넓은 전선의 형성보다 당국의 불법화 정책에 반대하는 투쟁이 보다 가시화되었었다.[123] 남측준비위는 그 역사적 의의와 성과에도 불구하고 결성초기부터 중대한 과제였던 '통일운동의 대중화'를 성공적으로 이끌지 못했으며 오히려 결성초기보다 더욱 왜소해진 상태에서 3년 가까이 준비위 수준에 머물러 있었다.[124]

이러한 범민련의 태동적(胎動的) 한계에의 극복과 통일운동의 대중성 강화라는 목적에서 새로운 통일운동체의 논의가 불거져 나왔던 것이다. 그러나 새통체 구상은 이미 1990년 범민련 추진 과정에서 조성우를 중심으로 하여 문익환, 이승환 등으로부터 시작되었는데 이러한 문제의식은 남측의 통일운동을 대표하는 문익환 등에 의해 논쟁이 가시화되었다. 문익환은 1993년 6월 범민련 남측준비위원회의 회의석상에서 "통일운동을 대중적으로 새롭게 전개하기 위해 북과 해외에 범민련을 해소할 것을 제안하자"는 문제를 제기하였다. 그러자 범민련 내부에서 큰 논란을 불러 일으켰고, 범민련 남측준비위는 이 논의를 정리하기 위해 범민련 조직 재편을 위한 '9인 수권위원회'를 구성했다.[125]

새통체 결성은 두 갈래로 진행되었는데 그 하나인 '민주주의 민족통일 전국연합'(이하 '전국연합'으로 약칭)은 중앙집행위원회에서 그간 통일운동을 선도해 온 한청협과 한총련에 의해 '새로운 대중적 통일운동체'의 결성이

---

122) 이창복, 앞의 책, 215쪽.
123) 조국통일범민족연합, 「범민족대회의 성과 및 범민련 결성과정」, 1993.
124) 이승환, 「범국민 통일운동체의 건설을 제안한다」, 『월간 말』 1993.11, 66쪽.
125) 위의 글, 63쪽.

제기되었다.[126] 전국연합 중앙위원회는 이러한 논의를 조직적으로 전개하기 위해 1993년 9월 15일 전국연합내에 '통일운동조직 강화발전을 위한 특별위원회'(특별위원회, 위원장 윤영규)를 구성했다.[127] 특별위원회는 급변하는 주·객관 정세에 능동적으로 대처하기 위해 새로운 통일운동체 건설이 필요하다는 데 공감해 그 건설을 적극 추진한다는 입장이었다. 12월 6일 중앙위원회에서 "통일운동의 대중화를 위해 새로운 통일운동단체를 결성하자"고 위원장 윤영규의 제안을 논의하는 과정에서 "범민련이 정부에 의해 불법단체로 규정되어 있고 국민대중 속에도 친근하게 다가가고 있지 못한 문제점을 안고 있지만 범민련을 유지하는 가운데 이러한 문제점을 극복해 나가야 한다"는 의견도 제시돼 결정을 내리지 못했다.[128] 이후 전국연합 특별위원회는 1994년 1월 25일 임시 중앙 위원회를 열고 재야 및 시민운동단체들이 광범위하게 참여하는 대중적 통일운동체를 결성하기로 했다.[129]

또 한 갈래는 광범위한 종교계와 시민운동세력의 참여움직임인데, 불교, 개신교, 천주교, 원불계의 진보세력이 중심이 되어 1993년 7월 1일 '민족의 화해와 통일을 위한 종교인협의회'(이하 '종협'으로 약칭)가 정식 출범해 4

---

126) '전국연합'은 1991년 12월에 결성된 민족민주운동세력의 결집체로서 1989년 1월에 결성되었던 전민련이 합법정당 논쟁으로 이부영을 비롯한 일부 간부진이 사퇴하고 강기훈 유서대필사건 등으로 정권의 탄압으로 조직역량이 약화되자 침체되었던 재야운동세력들이 다시 모여 출범한 단체였다. 이에 민족민주운동진영 투쟁의 구심점 역할을 한 전국연합은 민주노총의 전신인 전노협, 전농, 한총련 전신인 전대협 등 14개 운동단체와 서울, 부산, 광주 등 13개 지역운동단체를 포함하여 모두 27개의 재야민주화운동단체가 참여했다. 민주생존권 수호, 전 사회적 민주개혁, 민주자주권 쟁취, 한반도의 자주적 통일을 결성목적으로 하였으며, 주요 활동은 범민족대회 참여 등 통일운동의 대중화, 기층민중의 생존권 투쟁지원, 국가보안법 등 악법 개폐운동 등을 투쟁사업으로 전개했으나, 2006년 한국진보연대가 출범하면서 해산을 결의하고, 2008년 2월 공식적으로 해산되었다.

127) 이승환, 앞의 글, 63쪽.

128) 『내일신문』 제13호 1993.12.30~1994.1.5.

129) 『국민일보』 1994.1.26.

개의 종단 성직자 및 신도 200여 명은 서울 종로구 기독교 회관에서 창립총회를 갖고 공동대표에 김상근 목사, 지선 스님, 함세웅 신부, 김현 교무 등 4인을 선출하여 새로운 통일운동체 결성을 적극 추진했다.130) 이날 종교인 협의회에는 범민족대회가 민간의 자주적 통일운동 역량이 모두 참여할 수 있는 내용과 방식으로 합법적이고, 대중적으로 치러질 수 있도록 정부와 범민련 양측의 자세 변화를 촉구하는 입장을 취했다. 김상근은 발제문에서 "정부안에 반통일세력이 인적, 제도적 장벽을 확고히 구축하고 있으며, 통일문제에 관해 이전보다 전향적으로 임하는 새 정부가 오히려 강경하게 창구단일화 논리를 펴면서 민간통일운동을 제어하려는 경향을 보이고 있다"고 밝혔으며, 또한 선언문에서는 "우리는 통일운동에 대한 다양한 접근법을 존중하고(중략) 이 바탕위에서 민간의 자주적 통일운동 세력들이 작은 차이를 극복하고 하나가 되는 데 기여하고자 한다"고 천명했다.131) 천도교는 오익제 교령이 준비모임 발기인에 참여 하는 등 교단 전체가 준비모임 활동에 적극적이었다.132) 종협은 7월 13일 '종교인 1천인 선언대회'를 갖고 ① 남북합의서의 전면적 실현 ② 북한을 적으로 여기는 모든 법과 규정 제도적 장치의 철폐 ③ 전 민족적인 통일방안 마련 등을 결의했다.

이처럼 전국연합과 종협의 두 갈래로 이루어지는 새통체 논의를 하나로 묶어 내기 위하여 1993년 10월 23일 문익환, 박순경, 함세웅, 지선, 조성우,

---

130) 참가한 종교단체로는 한국기독교사회운동연합, 전국목회자정의평화실천협의회, 한국교회여성연합회, 민족자주통일불교운동협의회, 실천불교전국승가회, 천주교정의구현전국사제단, 원불교사회개혁교무단 등이었다.

131) 『한겨레신문』 1993.7.4.

132) 오익제는 "천도교는 역사적으로 동학운동, 3·1운동, 6·10, 신간회 등 민족문제에 발 벗고 나섰지만, 한편으로는 천도교의 많은 지도자들이 어용적이어서 민주화의 길에 제 역할을 못했으나, 민족의 열망인 통일을 빚어내지 못하는 민주주의는 내용이 빠진 가짜 민주주의이다. 따라서 민족이 있고 나서, 국가가 있기 때문에 통일노력을 공권력이 제재하는 것은 부당하고 김구와 문익환 목사는 그래서 정당했다"고 말했다(『한겨레신문』 1994.1.30).

강정구 등이 주도적으로 참여해 '새로운 통일운동체 결성을 위한 준비모임'
(이하 '준비모임'으로 약칭, 대표 박순경)이 결성되었다. 준비모임은 "통일
문제가 노동자, 농민을 비롯한 다양한 직업계층으로 확대되고 있어 이들을
하나로 묶어내는 일이 시급하다"고 보아 통일이 눈앞에 다가왔다는 절박감
에서 출발했다. 핵문제만 풀리면 남북관계는 합의서의 실질적인 이행과 정
상회담으로 진전될 전망에서 민이 통일과정에 주체적으로 참여하려면 국
민적지지 속에 대안능력을 갖춘 대중적 통일운동체를 갖춰야 한다고 강조
했다.[133]

여러 갈래의 새로운 통일운동체를 어떻게 하나로 결집한 것인가의 문제
를 두고 준비모임은 각계에 보낸 발기인 권유문에서 "전국연합의 조직을
주축으로 종교단체, 민간사회단체, 학술단체 등이 새로운 통일운동체의 중
요 구성원이 될 것"이라고 밝혔으며 전국연합도 "진행정도의 차이일 뿐 서
로 다른 작업이 아니다"라고 강조해 두 갈래지만, 지향점은 물론 하나였
다. 그러나 결성과정의 어려움은 진보진영의 통일운동을 맡아온 범민련의
위상 문제였는데 "새통체는 그동안 범민련이 범민족대회 등을 통해 통일운
동의 활성화에 기여한 점을 인정하지만, 당국이 이적단체로 규정한 탓에
대중적인 활동을 벌이는 데 한계가 있었다"고 지적하여 대중의 폭넓은 참여
를 유도하는 새로운 조직이 불가피하였다는 입장이었다.[134]

한편 범민련 내부에서는 범민련이 벌여온 그동안의 성과와 북한 및 해외
동포가 함께 결성한 조직이라는 고유의 성격을 강조하면서 "민간통일운동
이 범민련의 활동을 강화하는 방향으로 나가야 한다"는 주장도 제기되었다.
결국 1994년에 이르러 전국연합과 종협이 주축이 되어 7월 2일 '자주평화통
일민족회의'(이하 '민족회의'로 약칭)로 결집돼 통일운동의 중심체가 되었
다.[135]

---

133) 『한겨레신문』 1993.12.14.
134) 『한겨레신문』 1993.12.14.

'평화통일의 대단결을 모색하는 모임'이 1993년 12월 3일 범민련의 위상 정립을 둘러싼 통일진영의 분열을 막아보자는 뜻에서 홍근수와 윤성식이 주선하여 문익환, 강희남, 이창복, 이현수, 박순경, 함세웅 등이 참석했고, 황인성 등이 참관자로 배석했다. 이 모임에서는 범민련의 한계를 인정하고, 새로운 방향의 통일운동을 해야된다는 인식에는 큰 차이점이 없었다. 다만 쟁점이 됐던 부분은 새로운 통일운동체의 구심점이 어디에 두느냐의 문제 였다. 즉 범민련의 확대·강화일 것인가, 아니면 범민련의 정신을 살린 새 로운 조직체인가를 둘러싼 문제였다. 이 자리에서 문익환은 "1993년 5월 북 한과 해외의 범민련 베이징 회의[136]가 중립을 잃고 한쪽(북한쪽)으로 치우 친 느낌을 받음과 동시에 '이것이 끝이다'고 다짐했다"[137]고 하여 그가 범민

---

[135] 자주평화통일민족회의는 1990년 설립한 조국통일범민족연합의 활동을 바탕 으로 보다 대중적이며 남측 상황에 기반한 통일운동을 전개하기 위해 1994년 7월 2일 54개의 민간단체가 모여 창립한 민간통일운동단체로서 민족회의는 7·4남북공동성명과 남북기본합의서, 6·15 남북공동선언에서 확인된 화해협 력과 평화 통일의 정신에 따라 시민의 능동적인 참여에 기초한 통일운동을 전개해 왔고, 이를 위해 남과 북의 상호 존중, 외세의 내정간섭 배격과 민족자 주 실현, 냉전적 법제도 문화 청산과 통일문화 형성, 한반도의 평화정착 실현 을 목적으로 하고 있다(출처: http://www.onekorea.or.kr).

[136] 베이징의 공동의장단회의는 민족대단결 실현 투쟁의 확산, 주한미군 핵무기 철수 및 대북 핵압력과 제재 저지, 국가보안법 안기부법철폐, 통일방도에 대 한 전민족적 합의도출 등 5개항의 투쟁방침을 채택했다. 그러나 제 4차 범민 족대회에서 남측본부의 행사에서는 이를 대폭 수정, 가급적 정치적 색채를 배제하려고 애쓴 흔적이 나타났다.

[137] 문익환은 범민련이 내부진통을 겪게 된 이유와 자신이 범민련에 탈퇴하게 된 원인에 대해 "지난 5월 북경에서 열린 범민련 공동의장 회의가 결정적이었습 니다. 당시 범민련이 북쪽에 끌려 다닌다는 인식이 널리 퍼지고 있었습니다. 우리는 이러한 점을 고려해서 서울에서 의장단회의를 열자고 제안했습니다. 그러나 결국 북경에서 회의가 열렸고 당연히 우리 남측은 참가하지 못했습니 다. 이 과정에서 남측의 의견은 별 영향력이 없다는 인식이 심어진 것이지요. 범민련 해외본부에서 연락업무를 제대로 하지 못한 것 아닌가 하는 생각이 들었습니다"라고 한 것으로 보아 북측 범민련에 편향된 범민련에 대해 한계를 느꼈음을 알 수 있다(인터뷰 문익환, 「95년에 UN에 한 나라로 들어가자」,『내 일신문』1993.12.30~1994.1.5).

│ 통일의 선각자, 문익환의 삶과 분단극복론

련을 해체하고 새로운 통일 운동체를 결성하고자 했던 큰 이유 중의 하나가 범민련이 북측에 경도된 점에 대해 문제의식을 가지고 있었기 때문이라고 볼 수 있다. 또한 통일운동에는 범민련식 만이 있는 것이 아니라 남쪽 통일 운동에서 자연발생으로 성장한 다양한 방식의 통일운동이 가능하다는 생각을 가지고 있었다. 이어 그는 "베이징 회의 이전까지는 전체가 범민련의 틀로 들어가는 형식이었으나, 연합의 어려움이 드러났고, 남측에서도 통합이 안 되는 형편이어서 통일운동 진영을 어떻게 크게 묶느냐를 놓고 고민해 왔다. 남, 북, 해외를 잇는 범민련의 뜻을 살리며 전술적으로 새로운 관계를 조정할 필요성이 있어, 느슨한 관계를 정립해, '연합'에서 '연대'로의 이행을 모색해 왔다"고 자신의 의견을 피력해,[138] 범민련을 통해 남, 북, 해외의 3자가 연합하여 통일의 길로 나아가고자 한 자신의 노력이 한계를 느껴, 3자의 특수성을 살리면서 큰 틀에서 연대하는 방향으로 선회하고자 한 것을 알 수 있다.

또한 이 자리에서 그는 "범민련이 합법성을 쟁취하지 않으면 존립하기 어렵기 때문에 새통체는 합법성을 쟁취해 가면서 운동을 전개할 생각이다"고 하여 합법성을 담보한 대중적 지지를 기반으로 하는 새로운 통일운동 단체로의 전환이 필요하다고 보았다.[139] 이에 동조하여 박순경은 "문민정부의 수립을 계기로 합법적인 통일운동의 공간을 창출할 필요가 있는데, 범민련의 정신을 지키면서 합법적인 공간을 확보해 독자적인 협의체 형태로 3자 연합을 지향하는 것이 국민에게 더욱 설득력이 있다"[140]고 하면서

---

138) 「평화통일의 대동단결을 모색하는 간담회」, 『통일맞이 자료집』, 24~33쪽.

139) 조성우는 통일운동에 있어서 '합법성'은 반대세력들의 음모라면서 새통체가 '합법성'을 담보하기 위한 목적은 아니었음을 강하게 주장하였다(2009년 4월 21일 신촌에서 조성우와의 인터뷰 내용 중 일부).

140) 여성쪽은 여러 가지 이유로 범민련에 참여하는 것을 꺼려하여, 결과적으로는 별도의 여성위원회를 범민족대회에서 급조했다. 이는 범민련 준비위가 다양한 세력들을 포섭하지 못한 단적인 예다.

〈표 4〉 범민련 유지론자와 새통체 구상론자의 비교

	범민련 유지론자	새통체 구상론자(문익환 중심)
배경	- 통일운동조직의 합법화. 대중성확보의 미흡을 인정하지만 통일운동세력의 분산은 경계. - 범민련의 틀을 유지하면서 조직내 모순 타파 등 범민련의 확대, 강화.	- 93년 베이징회의가 '중립'을 잃고 북측에 끌려간 점. - 합법적 통일운동 공간의 확보 필요(범민련을 이적단체로 보는 국민들 시선에 대한 부담감). - 범민련의 성과를 계승하면서 대중성을 담보하는 새로운 통일 운동체 조직으로 범민련의 확대, 개편.
조직형태	- 연합체(남·북·해외의 범민련이 합쳐 하나의 조직을 만듦).	- 연대(남·북·해외의 3자연합의 원칙하에 독자적인 협의체 지향). - 연대회의 또는 협의체.
추진방향	- 90년범민족대회 때 일시적인 합법성을 확보했기에 범민족대회의 상설화 추진. - 전술의 가변성 인정. - 전국연합 자위통의 활성화.	- 통일운동의 합법성 쟁취. - 대중성 확보에 노력. - 3지역 통일운동체들의 느슨한 관계 유지(독자적 통일운동체 조직).
대정부관	- 김영삼 정부를 반통일체제로 규정(창구단일화, 흡수통일론자).	- 문민정부를 통일 지향적으로 기대. - 진보적 통일원 장관의 기대감. - 흡수통일은 반대.
대북관	- 북한을 통일을 위한 동반자로 봄.	- 북한이 중립성을 잃었고 특히 범민련 해외 본부의 결함을 지적.
주장자	강희남, 윤성식, 이현수 등 민자통 관련자	문익환, 박순경, 이창복, 함세웅, 황인성

국민과 범민련의 내부를 설득하여 새통체로 가는 교량적 역할을 강조했다. 반면에 강희남은 김영삼 정부는 창구단일화와 흡수통일론을 주장하는 반통일세력이기 때문에 '합법'이라는 말을 하면서 통일운동을 할 수는 없다고 하여 범민련을 사수할 각오로 정통성을 이어나가야 한다고 역설했다. 또한 윤성식도 "범민련을 확대강화하면서 조직 내의 모순이 내재한다면 그 모순을 타파해야 한다. 범민련이 이적단체로 규정되었다면 창구단일화를 획책

통일의 선각자, 문익환의 삶과 분단극복론

하는 정권담당자들에게 책임이 귀착된다"며 합법성을 인정하지 않는 정부의 책임을 규탄하며 범민련만이 남, 북, 해외동포, 7천만 겨레의 단체임을 강조했다.[141]

범민련의 틀을 유지하면서 통일운동을 하자는 측과 범민련의 한계를 극복하고 새로운 통일운동체를 만들자는 주장자들의 입장을 비교, 분석해 보면 〈표 3〉과 같다.

범민련의 북측본부 의장 백인준은[142] 문익환이 범민련이 아닌 새로운 통일 운동체를 모색하고 있음을 알고, "범민련운동 즉 조국통일운동이 결코 어느 한 지역운동의 성과로만 이루어질 수 없는 것이며, 남과 북, 해외의 혼연일체의 연대 속에서만 이루어질 수 있다"며 "범민련운동은 '삼발이'처럼 남과 북, 해외 어느 한 쪽 없이는 정립될 수 없는 숙명적인 일심동체의 운동"이기 때문에 문익환이 범민련에 남아 계속 활동할 것을 촉구하였다.[143]

이에 대해 문익환은 그의 범민련과 새통체에 관한 의중이 나타난 범민련 북측본부 의장 백인준에게 보낸 공개서한에서 "남과 북, 해외는 각기 다른 처지에 맞게 독자적인 통일운동체를 되도록 크게 조직해 내야 한다. 이렇게 해서 조직된 세 지역의 통일운동체들의 관계는 새로 조정되어야 한다"고 하여[144] 문익환은 범민련의 틀에 뚜렷한 한계가 있음을 인정하였다. 또한 문익환은 처음부터 기존의 범민련의 형태가 아닌 남과 북, 해외가 각각 독립적인 조직으로 활동하면서 통일운동의 공통분모를 이끌어 내려는 운동

---

141) 「평화통일의 대동단결을 모색하는 간담회」,『통일맞이 자료집』, 24~33쪽.

142) 북한은 1993년 1월 26일 범민련북측본부 의장 윤기복을 백인준으로 교체했다. 북한은 이날 평양 인민문화궁전에서 범민련 북측본부 중앙위 총회를 개최, 의장에 문예총위원장 백인준을 선출했으며 16명의 부위원장과 56명의 중앙위원도 선거했다고 북한방송이 보도했다(『연합통신』 1993.1.27).

143) 백인준이 문익환에게 보낸 서한 1993.12.10.

144) 문익환, 문익환이 범민련 의장 백인준 선생님께 보낸 서한(답장).

체를 기대하였지만, 범민련의 그간의 활동에 대해 남측범민련이 지나치게 북쪽으로 편향되었고 해외조직은 유명무실하다는 사실을 절감하게 되었다.[145]

문익환은 남측에서 모든 통일운동체를 하나로 크게 묶어 내길 염원하였고, '통일맞이 칠천 만 겨레모임'(가칭, 이하 '통일맞이'로 약칭)을 준비하였다.[146] 문익환은 이 단체를 통해 통일을 맞이하기 위한 국민과 정부가 함께 하는 국민운동으로서 통일맞이를 구상하였다.[147] 그는 사회, 문화, 경제, 군사, 정치 등 여러 부분에 걸쳐 통일 문제에 대해 연구하고 검토해서 통일을 준비하며, 통일교육과 사회문화 교류 사업을 추진하고자 계획하였다.[148] 문익환이 민통련에서 활동했을 당시에는 민중이 주체가 되어 통일이 이루어져야 한다는 인식을 하고 있었다. 그러나 전민련의 고문으로서 방북을 준비하고 활동했던 시점 이후에는 통일을 위해서라면 노태우 정부나 김영삼 정권도 밀어줘야 한다는 입장으로 변화하였던 것이었다. 즉 그는 통일을 이루기위해서는 민과 관이라는 두 개의 수레바퀴가 제 역할을 해야 한다고 생각하였다. 이러한 생각하에 활동하던 문익환이 북측의 입장에 경도된 범

---

145) 2009년 4월 8일 민화협 사무실에서 이승환과 인터뷰 내용 중 일부.

146) 한편 김호근의 친분이 있던 김용태는 문익환이 돌아가시기 전에 준비하셨던 '통일맞이'라는 표현은 그의 아들인 문호근이 맨 처음 제안한 것이었다고 증언하였다(2009년 4월14일 종로 운현궁 '화백'모임에서 김용태와의 인터뷰 내용 중 일부).

147) 민통련 조직국장이었던 이명식은 "80년대 말부터 문익환과 백기완의 큰 차이점 중의 하나를 든다면, 백기완은 민중주체의 통일론에 끝까지 집착한 반면, 문익환은 민뿐만이 아니라 정부의 역할도 강조했다"고 증언하였다(2009년 6월 27일 당산역 스타벅스 커피숍에서 이명식과 인터뷰 내용).

148) 이승환, 「통일맞이 늦봄 문익환 목사 기념사업」, 『통일시론』 1999년 봄호, 215쪽. 문익환이 돌아가시기 직전 준비하셨던 통일맞이는 사회, 문화, 경제, 정치 등의 통일문제에 대해 연구해 통일을 준비한다는 의미도 있지만, 다른 한편으로는 통일에 대한 열망, 열의를 이끌어 내고 그렇게 해서 차이를 넘어 함께 하나로 단결하는 기운을 북돋우자는 의미도 있다(이승환, 「통일맞이 늦봄 문익환 목사 기념사업」, 『통일시론』 1999년 봄호, 215쪽).

| 통일의 선각자, 문익환의 삶과 분단극복론

민련이 한계가 있음을 절감하고, 통일운동단체를 새롭게 정부의 허가를 받아 사단 법인화하여 꾸려 가야한다고 생각하였던 것이다.[149]

범민련에서 활동하던 문익환이 이러한 활동을 준비하는 과정에서 그의 말과 행동을 둘러싸고 논란과 비난이 난무하였는데, 그가 통일운동을 분열시켰다는 치명적인 비난을 받기에 이르렀다. 반민주, 반통일정권과 싸우면서 11년 2개월간의 옥중생활에서도 의연했던 그가 변절했다거나, 통일운동을 분열시켰다는 등의 범민련 북측과 해외 측의 비난에 대해서는 말할 수 없는 정신적 고통과 번민 속에서 정신적 압박과 부담을 느꼈다.

그렇다면 문익환은 과연 통일운동에서 변절하였는가. 그리고 그를 둘러싼 일부 재야인사들의 비판과 비난은 정당하다고 볼 수 있는가. 문익환이 통일운동세력을 하나로 묶으려는 의도는 있었지만, 결과적으로 분열시켰다는 것은 사실이었다. 그러나 그가 범민련 준비위원장을 사임하고 새로운 통일운동체를 구상하기까지 그가 범민련 남측본부를 결성하기 위한 일 년여에 걸친 노력이 의미 없이 수포로 돌아가게 된 남측의 현실과 또한 북측과 해외 범민련 관계자들이 남측 정권을 비판하면서 사실상 북측에 기울어진 현상으로 범민련 남측본부를 결성하기 어렵게 만든 객관적 상황에서 내려진 결단이었다.[150] 따라서 문익환은 범민련이라는 틀 보다는 새로운 틀이 필요하다고 믿었을 뿐이었지 통일운동에서의 변절이라 할 수 없다.

또한 그가 운명하던 1월 18일에 쓴 범민련 북측 의장 백인준, 해외의장 윤이상, 남측 본부 준비위원장 강희남에게 각각 보낸 그의 마지막 글에서

---

[149] 유원호는 방북으로 인한 수감생활을 마친 이후 '앞으로의 통일운동은 합법성이 담보되어야 하고, 이를 위해서는 통일운동단체가 '사단 법인화'되어 정부의 승인 하에 통일운동을 해야 한다'고 생각하여 문익환에게 이를 강력하게 제안하였고, 문익환이 이를 일정정도 수용하여 '통일맞이'를 구상하였다고도 볼 수 있다고 증언하였다(2009년 4월 28일 일산 잎새에서 유원호와의 인터뷰 내용).

[150] 홍근수, 「통일의 선구자 고 문익환 목사의 유산」, 『평화와 통일』 제2권 1호(통권 6호), 평화와 통일을 위한 연대회의, 1994, 3쪽.

"제가 남측본부 준비위원장직에서 물러난 것은 통일운동을 그만 두기 위한 것이 아닙니다. 남쪽의 통일운동을 더 크게 묶어내기 위한 것이었습니다. 북쪽과 해외 통일운동세력과 손을 끊기 위한 것이 아니라 더 원만한 관계를 이루려는 것이었습니다"라고 하였고, 이어 "통일운동 자체를 하나로 묶어내지 못하면서 반세기에 걸친 민족분단의 역사를 청산하고 갈라진 민족을 하나로 묶는 일을 하겠다고 어찌 감히 말인들 할 수 있겠습니까?"라는 것을 보면, 민족통일을 향한 그의 뜨거운 열정과 간절한 마음을 읽을 수 있다. 그는 또 마지막 글에서 "우리는 7·4공동성명의 3대원칙 가운데서도 대동단결의 원칙으로 돌아가야 합니다. 사상과 이념의 자유를 거론하지 않아야 합니다. 좌도 아니고 우도 아닌 것이 아니라 좌도 우도 다 같이 한겨레가 되어 분단의 장벽에 온몸 부딪쳐 가야 합니다. 7·4공동성명을 받아들이고 남북 기본합의서를 지지하는 모든 개인이나 단체는 다 하나가 되어야 합니다"라고 하여 통일운동의 대동단결을 호소하였다.[151]

민족대단결의 원칙을 지킨다는 것은 통일을 바라는 각계각층의 민족 성원들이 사상과 이념, 제도의 차이를 초월해서 조국통일의 기치아래 하나로 단결된다는 것을 의미하며, 그에 기반 하여 민족공동의 이익과 번영을 도모하는 것을 의미하였다. 이에 문익환은 남북 간의 체제 차이로 통일이 어렵다는 말은 통일을 원치 않는 핑계에 불과하다고 생각했고, 같이 하겠다는 민족의 의지만 있다면 통일은 언제든지 할 수 있다고 생각하였던 것이다.[152]

결국 문익환은 통일운동체는 좌나 우에 치우치지 않고 남북한 당국에 대해 중립적이어야 한다고 인식하고 있었기 때문에[153] 범민련을 떠나서 생

---

151) 문익환, 문익환 목사의 유고(범민련 북쪽 본부 백인준 의장, 해외 본부 윤이상 의장, 남쪽 본부 강희남 준비위원장께 보내는 서한), 1994.1.18.

152) 김지형·김민희, 『통일은 됐어』, 지성사, 1994, 272~273쪽.

153) 문익환, 「통일을 맞이하는 민의 철저한 준비가 있어야 합니다」, 『정세연구』, 1994.2, 35쪽.

각할 수밖에 없었던 것이지 이를 두고 변절이나 분열이라고 볼 수는 더더욱 없다.

그러나 1994년 1월 17일까지만 해도 매우 건강했고 정력적으로 활동했던 문익환은 통일론을 둘러싼 재야운동권 지도자들과의 견해차이[154] 와 국내외 범민련 측으로부터의 비난으로 인해 큰 충격을 받게 되었다. 문익환은 18일 몸의 이상을 느껴 병원을 찾았다가 제대로 진료를 받지 못한 채 집에서 숨을 거두었다.[155]

문익환이 타계 직전에 그가 인식하고 있었던 그의 통일론의 최종 입장을 정리하면 다음과 같다. 첫째, "통일은 자주하는 민족의 힘으로 이루어지는 것이어야 합니다. 통일은 철두철미 민족자주의 성취여야 한다는 말입니다. 분단으로 잃었던 민족자주를 통일과 함께 찾아야 합니다"[156]라고 했듯이 통일은 자주의식이 무엇보다 중요함을 인식하였다는 점이다.

둘째, 그는 통일에 있어서 좌나 우에 치우치지 않은 중립적 입장에서, 통일이 이루어져야 한다고 사고하였다.[157] 즉, "남과 북의 대등한 통일이어야 합니다. 남과 북의 장점만을 살려 새나라, 새사회, 새문화를 창조해 나가는 통일이어야 합니다. 자유와 평등이 하나로 종합되는 통일이어야 합니

---

154) 문익환과 재야 범민련 측의 철학의 차이가 운동론의 차이를 초래했고, 서로 받아들일 수 없는 이념적 장벽이 높아짐에 따라 문익환은 허탈에 빠졌던 것으로 보이는데, 문익환은 변증법을 신봉했지만, 유물론자는 아니었다. 게다가 그는 헤겔의 변증법을 믿었을 뿐, 마르크스주의자들의 변증법에는 끝내 반대했다(「기획연재: 남과 북 장점만 살린 만남 지향- 문익환 목사 통일론 어떤 것이었나」, 『세계일보』 1994.5.4).

155) 「사설; 죽는 날까지 달려간 통일의 길」, 『한겨레신문』 1994.1.20.

156) 「문익환이 범민련 의장 백인준 선생님께 보낸 서한」, 1994.1.18.

157) 문익환이 1994년 1월 14일 마지막 남긴 김석형과의 대화에서 "그 문제에 대해서 너무 걱정 안 해도 됩니다. 앞에서도 이미 말한 바와 같이 제가 속리산 연수회에 가서도 말을 많이 했는데, 그 요점은 '나는 좌도 우도 아니다. 이 엄청난 시기에 좌다, 우다, 이념이다, 편견을 거론 할 때가 아니다. 오직 민족이 하나 됨에 모든 역량을 합쳐야 한다'고 역설했습니다"라고 하여 문익환이 좌나 우가 아닌 중립적 입장에서 통일이 이루어져야 함을 강조했던 것이다.

다"158)라고 하여 흡수통일에 원칙적으로 반대하고, 어느 한편으로 경도되지 않는 통일이 되어야 한다고 보았던 것이다.

셋째, '95년까지 남과 북이 유엔에 한 나라로 가입'해야 한다는 분명한 인식을 보였다. 남과 북이 유엔에 한 나라로 가입해 남북한이 한겨레, 한 나라임을 전 세계에 선포해야 하고 그러기 위해서는 남과 북, 해외 세 지역의 독립된 통일운동체가 각각 연대하여 제 역할을 해내야 한다고 하였다.159)

넷째, 남북한의 통일방안인 느슨한 연방제나 남북연합은 큰 차이가 없고, 문익환의 통일방안 1단계와도 유사하다고 보았다. 이에 문익환은 95년까지 통일을 하자면 외교권과 군사권도 남북 두 자치정부가 독자적으로 행사하는 전단계가 필요한데, 이는 자신의 연방제 3단계 통일방안의 제1단계인 Confederation이고 김영삼 정부가 제안한 남북연합도 Confederation이라고 할 수 있어서 느슨한 연방제와 남북연합의 기본틀이 같게 되었다고 하였다.160)

---

158) 「문익환이 범민련 의장 백인준 선생님께 보낸 서한」, 1994.1.18.
159) 「문익환이 범민련 의장 백인준 선생님께 보낸 서한」, 1994.1.18.
160) 문익환, '김남식과의 통일대담(장소: 통일맞이 사무실)', 1993.12.8·12.29.

통일의 선각자, 문익환의 삶과 분단극복론

　1980년대 이후 통일론과 통일운동에서 문익환의 위치는 중요하다. 이 때문에 1980년대 이후 남한의 통일론과 통일운동을 이해하기 위해서 문익환을 연구하는 것은 대단히 의미 있는 일이다. 문익환의 민족주의 사상과 통일론의 배경으로는 북간도라는 공간적 배경과 가계, 그리고 교류관계 등을 들 수 있다. 그는 북간도에서 성장하면서 민족주의와 기독교사상의 영향을 받게 되었으며, 민족문제와 기독교 신앙을 동일시했던 아버지 문재린의 영향은 문익환에게 지대한 것이었다. 그리고 훗날 문익환과 많은 사상적 교류를 했던 윤동주, 강원룡, 안병무 등은 은진중학교 시절 만나 함께 공부하며 친분관계를 쌓았다. 특히 조선신학교 재학 중 김재준으로부터 이어받은 '역사 참여신학'과 '화해의 신학'은 문익환의 민족의 화해를 통한 통일운동에서 이론적 바탕이 되었다.

　문익환은 스승 김재준의 '성육신 신학'과 '화해의 신학'의 영향을 받아 「민족의 비원」(1959)과 「화해의 복음」(1967)이라는 글을 통해 남북의 동포가 화해하여 남북통일을 이루어야 함을 강조하였고, 1972년 10월 「남북통일과 한국교회」라는 글에서 "남북통일이라는 거족적인 문제를 해결하기 위해 한국 신학은 이제는 남북통일의 신학이 하루속히 모색되어야 할 것"을 주장하며 이때부터 통일신학을 주장하였다. 기독교가 반공이데올로기에 매몰되어 북한을 적으로 인식하고, 평화적 통일을 금기시하던 시기에 문익환이 북한을 형제이자 동포라고 인식하면서 용서와 화해를 구한 것은 순수한 민족주의적 발로이자 대담한 주장이었으며, 1972년에 이미 '남북통일'을 강조해 통일신학을 주장한 것은 획기적인 것이었다.

한편 1972년에 발표한 7·4남북공동성명은 한국 기독교로 하여금 민족통일 문제에 대해 진지한 고민을 하게 하였으나, 기독교계는 여전히 반공주의적 시각에서 벗어나지 못했다. 김대중이나 천관우, 김낙중 등이 자신들의 통일방안을 내놓았을 때 문익환은 아직 구체적인 통일방안이라 할 만한 것을 내놓지 못하고 단지 '남북통일의 신학'에 주목했을 뿐이었다.

이 시기의 문익환의 '남북통일'이라는 것은 지리적인 통일을 뜻하는 것이었다. 그러나 7·4남북공동성명의 발표를 계기로 통일의 주체를 민중으로 내세우며 분단체제의 극복에 노력했던 장준하가 1975년 8월 의문사를 당하자, 문익환은 장준하의 못 다한 일을 하리라고 다짐하였다. 그때까지 신학자이면서, 신구약공동성서 번역작업에 몰두하던 문익환은 이후 장준하의 뒤를 이어 민중이 주도하는 조국통일을 이루겠다는 신념으로 민주화와 통일운동에 뛰어들었다. 그는 1970년에 이미 민주화운동에 뜻을 두었지만, 본격적인 활동은 장준하의 죽음 이후에 이루어졌다고 볼 수 있다. 이렇듯 그는 1972년에는 통일의 개념을 국토의 통일인 지리적 통일이라고 보았고 또한 아버지의 수난에서 비롯한 체험적 반공주의 시각을 가지고 있었지만, 1975년 장준하의 죽음을 기화로 반공적 시각에서 벗어나면서 민족주의적 입장이 더욱 강화되었다.

그는 1976년 '3·1민주구국선언문'을 기초하면서부터 민주화운동과 통일운동에 본격적으로 참여하게 되었다. 서명자들은 이 사건에 반유신운동과 민주화운동의 일환으로 참여하였다고 증언하였으나, 문익환은 내면적으로 민주화가 곧 통일의 초석임을 자각하였고 장준하의 통일론을 계승하는 차원에서 이 사건을 주도하였던 것이다. 이때 그에게 있어서 통일이란 남과 북으로 갈려 있는 국토의 지리적인 통일만이 아니었다. 그것은 서로 갈려져 반목질시하며 원수가 되어 있는 민족의 통일이었다. 지리적인 통일만으로는 이질화되어 있는 민족의 통일이 이루어질 수 없다고 보았다. 그리고 이둘 중에 본질적인 것은 지리적인 통일이 아니라 사회학적인 통일, 즉 국토통일과 민족통일 중에 본질적인 것은 민족통일이라고 보았다. 1978년 「민주회복과 민족통일」이라는 글에서 민주와 통일은 하나라고 하여 '민주, 통일 병행론'의 입장이었다. 또 그는 이 글에서 아직 통일방안으로서 중립화를 의미하는 것은 아니었지만, '중립'을 처음으로 언급하였다.

문익환은 1978년 10월부터 1979년 12월까지 두 번째 징역을 사는 동안 통일의 문제를 민족통일과 국토통일과 조국통일의 세 차원에서 이해하였고 이들은 서로 분리될 수 없는 하나라고 강조했다. 그는 1980년 5월부터 1982년 12월까지 공주교도소에서 한 세 번째 감옥생활에서 민주화도 통일도 평화운동임을 깨달았다. 이때 비로소 민족문제가 국제관계에서의 평화문제로 비춰지기 시작했다. 이러한 인식에서 문익환은 '중립'노선의 중요함을 피력하였다. 즉 '한반도를 중립화시켜 4강의 힘의 완충지대로 만들자'는 것이었다. 1980년 10월 10일의 북한의 고려민주연방공화국 창립방안은 '연방제'통일방안이자 중립 국가를 지향하는 것이었기 때문에 문익환의 '중립화' 주장은 용공성 시비에 휘말릴 가능성이 있었다. 그러나 문익환의 이 시기 통일론은 북한 입장에 동조한 것이 아니라 분명히 '민주주의' 사상에 기반하고 있었다.

또한 통일의 주체는 오직 '민중'에 의해서만 이루어져야 함을 분명히 하였다. 1984년 「통일문제인식의 현 단계」라는 글에서 문익환은 통일을 '자유와 평등의 조화'라고 보아 남측의 자본주의와 북측의 사회주의의가 절충하는 방향으로 통일이 이루어져야 한다고 보았다. 아울러 이때 문익환은 "북측도 남측입장인 교차승인안과 유엔동시가입을 받아들이고 남측도 진정 국민의 지지를 받을 자신이 있다면 '연방제'를 받아들이라"고 하여 '연방제' 방식의 통일을 언급하였다. 그러나 이 시기에 그는 구체화된 자신만의 통일방안을 정립하지는 못했다.

한편 기독교 장로회가 주축이 된 KNCC는 1980년대 들어서 남북화해와 평화통일을 위한 일련의 노력으로 민간통일운동에 앞장서게 되었다. KNCC가 도잔소회의나 글리온회의 등을 통해 북한교회와 포옹하고 교류하는 수준의 점진적인 신뢰구축을 하려는 목표하에 남북의 교회와의 접촉을 추진하였던 데 비해, 문익환은 민중주체의 통일론에 근거하여 강연회와 민통련의 통일위원회의 활동 등을 통해 대중적 통일운동을 전개하였다. 문익환은 김재준의 영향을 받은 자유주의적 신학에 근거하여 일반교회의 틀 안에 갇히는 것을 거부하고 민통련 등 재야활동을 주로 하였는데 그의 활동에 대해 KNCC는 정신적 연대감으로 동조하였고, 문익환 역시 KNCC의 통일운동에 대해 직간접적인 영향과 자극을 받았다. KNCC는 1988년 시기에도 민주와 통일의 병행입장이었고 통일방안이 아닌 통일의 원칙만을 내세웠으나, 문익환은 이 시기에 이미 선통일 즉 통일우선주의로 기울어져 있었고 문익환이 강력히 제안하여 만들어진 민통련의 통일위원회는 각계의 통일방안을 수렴하여 그 결과물을 기초로 통일방안을 작성하고자 하였다. 문익환은 KNCC 통일위원회 인사들과의 개인적 교류를 통해 자극을 받았고, 민통련 인사들과의 교류와 민통련 통일위원회의 모임을 통해 자신의 통일방안을 구체화시켜나가면서 4월 16일 '문익환의 연방제 3단계 통일방안'을 발표하기에 이르렀던 것이다.

1988년 4월 16일에 열린 연세대 국민 대토론회는 그의 통일론을 이해하는 데 있어 의미가 있다. 그는 통일의 전제조건으로 평화협정체결을 들었고, 연방제 통일 1단계는 당분간 군사와 외교를 남과 북이 독립적으로 운영하는 단계로서 김대중이 제안하고 주장한 것과 유사한 것이라고 하였으며, 한반도에 평화를 정착시켜 세계 평화의 초석을 만들기 위해 한반도의 영세중립화를 선언해야 한다고 하였다. 2단계는 군사와 외교까지 통합하는 통일의 단계, 3단계는 남북 두 단위의 지방자치제를 도 단위로 세분화하는 단계라고 할 수 있다. 문익환의 통일안의 특징은 반외세 민족자주를 지향하고 있다는 점, 영세중립국통일을 지향한다는 점, 남의 통일방안과 북에서 제기된 연방제통일방식을 적극적으로 결합하였다는 점, 도 단위까지 지방자치제를 확대한다는 점, 민간 주도의 다방면에 걸친 남북교류의 추진이라고 볼 수 있겠다.

1989년 국제적으로는 동구 및 미소의 화해분위기인 신 데탕트의 분위기가 조성되었으며, 국내적으로 남한은 북방정책의 일환으로써 대북포위 및 개방화 압력의 성격으로 북한과 대화하였고, 북한은 남한당국과 정당 및 민간단체와의 교류를 시도하고 있었다. 이러한 국내외적 상황에서 남측의 문익환을 비롯한 세력들은 방북을 결행하게 되었다. 우선 방북 때 문익환과 동행했던 정경모는 여연구의 감사편지가 촉매제가 되어 1987년 6월 항쟁의 불꽃을 살려 통일로 연결되어지기를 바라는 목적이었으며, 기독교인이자 실향민이었던 유원호는 이러한 늘 존경해 왔던 문익환과 함께 방북을 하여 민족통일에 일조하기 위함이었다. 한편 민족의 통일을 위해 지속적으로 노력해왔던 문익환에게 방북은 순수한 통일의 기대와 열망에 의한 것이었다. 또한 북측의 김일성의 입장에서는 자신이 주도적으로 남북문제와 통일문제를 이끌어가기 위해 회담에 참여하였을 것이다. 방북 후 이루어진 문익환과 김일성의 회담 결과 역사적인 4·2공동성명서가 발표되었다. 성명서의 3항에서는 북측의 정치, 군사 회담 우선의 주장을 경제, 문화 등 다방면에 걸친 교류의 병행 추진으로 합의하였고, 4항에서 한꺼번에든 점진적으로든 연방제 방식으로의 통일에 합의하였다. 이것은 1991년 김일성으로 하여금 신년사에서 '느슨한 연방제'를 주장하도록 이끌었고, 이를 기반으로 하여 6·15공동선언에서 낮은 단계의 연방제와 연합제 접목에 대한 합의를 도출해낼 수 있었다.

문익환은 방북 후 통일운동을 구국운동 차원에서 이해하고 민족자주의 시각을 강조하였는데 남·북·해외 동포의 민이 통일운동을 주도하자는 범민련의 입장을 부정하지는 않았지만, 통일운동의 대중화를 위해 새로운 통일운동단체를 결성해야 한다는 인식을 가지고 있었다. 통일은 민과 관이 함께 이루어나가야 한다는 인식을 가졌던 것이다. 조성우 등도 정부가 탄압하는 범민련으로 통일운동을 이끌어 나가기에는 한계가 있다고 보고, 새로운 통일운동체 결성을 추진하였다. 문익환은 새로운 통일운동체 결성의 필요성을 인식하고 통일운동의 대중성 강화를 위해 범민련을 해소할 것을 제안하였는데, 이후 범민련 내부에서 큰 논란에 휩싸이게 되면서 내부 논쟁을 여러 차례 거치게 되었다.

그는 범민련 북측본부 의장 백인준에게 보낸 공개서한에서 보여지듯, 남과 북, 해외는 각기 다른 처지에 맞게 독자적인 통일운동체를 되도록 크게 조직해내야 하며, 범민련이라는 틀에는 뚜렷한 한계가 있음을 분명히 하였다. 문익환이 죽기 전에 인식하고 있었던 통일론의 최종입장을 정리하면 다음과 같다. 첫째, 통일은 자주의식이 무엇보다 중요하다고 인식하였고, 둘째, 좌나 우에 치우치지 않은 중립적 입장에서 통일이 이루어져야 한다고 생각하였으며, 셋째, 통일은 남과 북의 통일만이 아니라 세계평화에 이바지해야 하며, 평화적으로 통일되어야 함을 강조하였다. 아울러 민중중심의 통일과 연방제 방식을 구상하였던 것이다.

이상의 검토를 통해서 드러난 이 책의 의미는 다음과 같다. 첫째, 문익환이라는 개인을 통해서 한국현대사에서 민족문제를 어떠한 시각으로 바라볼 것인지에 대한 여러 가지 시사점을 얻을 수 있다. 둘째, 문익환이 개신교와 사회운동단체의 경계선상에 있어 왔다는 점을 주목하면서 기독교계 운동단체들이 또 어떠한 시각에서 통일운동을 전개해 왔는지 살펴보았다는 점이다. 셋째, 본서는 그간 방북에 대한 글과 논문들이 다소 있었지만 방북사건 및 새통체 부분에서 드러나지 않았던 세밀한 부분에서 진실을 규명하였다는 데 그 의미가 있다고 평가할 수 있다. 예컨대 방북을 주도했던 정경모가 왜 문익환과 함께 하였는지, 4·2공동성명서의 합의과정이나

협의과정, 또한 논란이 많은 새통체 부분에 대한 실체적 진실을 밝히고자
하였다.

문익환 연보 〉

1918.6.1 중국 길림성 화룡현 지신진 명동촌 동거우에서 문재린, 김신묵 사이에서 장남으로 출생

1925 명동 소학교 입학

1929 5학년 때 윤동주와 송몽규등과 문예지 『새 명동』 발간

1931 명동 소학교 졸업, 용정으로 이주

1932 북간도 용정 해성 소학교 졸업하고 은진 중학교 입학

1935 평양 숭실 학교로 전학(4학년 편입)

1936 신사참배 문제로 시위, 동맹 퇴학, 광명학원 중학부 5학년 편입

1937 광명중학교 졸업

1938 도쿄 일본신학교 입학

1940 일본 시나가와 교회에서 봉사활동

1943 학병거부, 만주 봉천신학교로 옮김, 만보산 한인교회에서 전도사 활동 시작

1944 박용길과 결혼

1945 신경 중앙교회 전도사로 근무(신경에서 해방을 맞이함) 장녀 문영실 출생

1946.8 걸어서 신의주, 사리원, 개성을 거쳐 서울에 도착함. 그길로

	아버지 목회지 김천으로 내려가 김천 배영중학교에서 영어 교사로 봉직
1946.11.17	장남 문호근 출생
1947.6.17	한신대를 졸업하고 목사 안수 받음, 구미교회 전도사, 을지 교회 전도사 등을 지내며 복음동지회를 만듦
1948.7.7	차녀 문영금 출생
1949	미국 프린스턴 신학교 유학
1950.6	한국전쟁 발발, 유엔군 자원. 도쿄 GHQ(유엔극동사령부)에 근무, 정전회담 통역. 이때 정경모와 만남
1950.3.3	차남 문의근 출생
1952	3남 문성근 출생
1954.8	재차 도미. 프린스턴 신학교 대학원과정을 마치고 신학석사 학위를 받음
1955	한빛교회 설립. 한신대, 연세대에서 구약학 강의
1965~1966	미국 유니온 신학교에서 1년간 수학
1968	한빛교회 목사 시무. 신,구교 공동 구약번역 책임위원
1970	성서번역매진을 위해 한빛교회 목사 사직
1973.5	첫 시집 『새삼스런 하루』 출간
1975	수필집 『새것, 아름다운 것』 출간
1976.3.1	'3·1 민주구국선언' 성명서를 작성하여 명동성당에서 발표
1977	전주교도소에서 21일간 단식 단행

1977.12.31	형 집행정지로 22개월 만에 출옥함
1978.4	『꿈을 비는 마음』 출간
1978.10.13	유신헌법의 비민주성을 폭로한 일로 형 집행정지 취소, 재수감
1979.12.14	형 집행정지로 15개월 만에 출옥
1980.5.17	'내란예비음모죄'로 구속. 공주, 안양, 서울 등지에서 복역하며 공주교도소에서 24일간 단식함
1982.12.24	형 집행정지로 31개월 만에 출옥
1983.1	'고난 받는 사람을 위한 갈릴리교회' 담임목사
1983.5.31	함석헌, 홍남순, 이문영, 예춘호 등과 '민주긴급선언'을 발표하며 단식 시작
1983.6.18	'제2긴급민주선언'을 발표
1984.7.20	시집 『난 뒤로 물러설 수 없어요』 출간 옥중서한집 『꿈이 오는 새벽녘』 출간
1984.10.10	논설집 『통일은 어떻게 가능한가』 출간
1984.10	계훈제, 백기완, 장기표 등과 함께 '민주통일국민회의'를 결성하고 의장에 취임
1985.3	'민주통일민중운동연합' 의장에 취임
1985.12.29	부친 문재린 목사 별세
1986.11.10	『죽음을 살자』 간행
1987.2.11	진주교도소로 이감. 전태일 기념사업회장. 박종만 기념사업회 고문. 블랙리스트 철폐위원회 고문

1987.7.8	형 집행정지로 출옥. 이한열 장례식에서 연설
1987.12	대통령 부정선거 규탄 항의 단식
1988.6.8	민통련 의장에 재추대
1988.7	'조국의자주적평화통일을위한민주단체협의회' 공동대표
1989.1.21	'전국민족민주운동연합'을 결성하고 상임고문에 취임
1989.3.25	방북. 김일성과 두 차례 회담
1989.4.2	조국평화통일위원회와 공동성명 발표
1989.4.13	베이징, 도쿄를 거쳐 서울에 도착, 구속
1990.9.18	모친 김신묵 권사 별세
1990.10.20	형 집행정지로 19개월 만에 전주교도소 출옥
1990.11.16	방북보고대회 참석차 부산 방문 『히브리 민중사』, 『가슴으로 만난 평양』, 『빼앗긴 변론』, 『걸어서라도 갈 테야』 출간
1991.1.23	'조국통일범민족연합남측본부결성준비위원회' 결성 및 위원장 취임
1991.5	강경대 장례위원장으로 장례식 집례
1991.6.6	형 집행정지 취소로 재수감
1992.1.25	미국 퀘이커에서 문익환 목사를 노벨평화상 후보로 추천
1992.4.11	서울에서 '문익환 선생 노벨평화상 수상을 위한 후원회' 발족
1993.3.6	형 집행정지로 21개월 만에 출옥
1993.4	'통일맞이 칠천 만 겨레모임' 운동 제창

'사월혁명상' 수상

1993.8   제4차 범민족대회 서울대회 대회장

1994.1.18   자택에서 졸도 후 한일병원으로 옮겼으나 별세

참고문헌 〉

1. 문익환 주요 저작

문익환,『꿈을 비는 마음』, 화다, 1978.

_____,『난 뒤로 물러설 자리가 없어요』, 실천문학사, 1984.

_____,『통일은 어떻게 가능한가』, 학민사, 1984.

_____,『죽음을 살자』, 형성사, 1986.

_____,『혁명의 해일』, 청노루출판사, 1988.

_____,『두 하늘 한 하늘』, 창작과 비평사, 1989.

_____,『통일을 비는 마음』, 세계, 1989.

_____,『가슴으로 만난 평양』, 삼민사, 1990.

_____,『걸어서라도 갈 테야』, 실천문학사, 1990.

_____,『내 마음 우러나는 소리로 살고 싶었네』, 일송정, 1990.

_____,『마침내 오고야 말 우리들의 세상』, 한마당, 1990.

_____,『히브리민중사』, 삼민사, 1990.

_____,『꿈을 비는 마음』, 민족통일, 1991.

_____,『옥중일기』, 삼민사, 1991.

_____,『하나가 되는 것은 더욱 커지는 일입니다』, 삼민사, 1991.

_____,『꿈을 비는 마음』, 실천문학사, 1994.

_____,『더욱 젊게』, 사계절, 1994.

_____,『목메는 강산 가슴에 곱게 수놓으며』, 사계절, 1994.

_____,『예수와 묵자』, 일월서각, 1994.

_____,『오늘을 살아가는 젊은이들에게』, 일송정, 1995.

_____,『통일시대를 열어가는 아홉 가지 이야기』, 통일맞이, 1995.

_____,『문익환 전집 1~12』, 사계절, 1999.

2. 신문·잡지

『경향신문』, 『국민일보』, 『기독교공보』, 『대한매일』, 『동아일보』, 『로동신문』, 『서울신문』, 『세계일보』, 『조선신보』, 『조선일보』, 『중앙일보』, 『크리스챤신문』, 『한겨레신문』, 『한국일보』.

『극동타임지』, 『기독교사상』, 『기억과 전망』, 『내일을 여는 역사』, 『동향과 전망』, 『마드모아젤』, 『말』, 『북한』, 『사회와 사상』, 『새물결』, 『세계』, 『시사저널』, 『시사저널』, 『신동아』, 『씨알의 소리』, 『역사비평』, 『역사와현실』, 『월간조선』, 『월간중앙』, 『정세연구』, 『제 3일』, 『창작과 비평』, 『통일로』, 『통일시론』, 『한겨레 21』, 『한겨레』, 『흐름』.

3. 관계문헌 및 정부자료

국가보위 비상대책위원회, 『국보위 백서』 1980.
국가안전기획부, 『최근 북한의 대남 전략·전술』, 1989.
국가정보대학원, 「북한체제연구」, 1999.
국사편찬위원회, 『한국 민주화운동 자료 목록집』, 2005.
국토통일원, 『남북한 통일제의자료총람』 제3권, 1985.
_____, 『남북대화백서』, 1988.
_____, 『통일논의-자료집 Ⅰ~Ⅲ』, 1988.
_____, 『한민족공동체 통일방안』, 1989.
국토통일원 남북대화 사무국, 『남북한 통일 대화 제의 비교』, 1988.
김용민 외, 『갈등을 넘어 통일로: 화해와 조화의 공동체를 위하여』, 통일교육원, 2004.
김학준, 「민족공동체와 남북한 체제연합 연구: 제 6공화국 한민족통일방안의 배경」, 『통일 문제연구』 제 1권 3호, 국토통일원, 1989.
남북대화사무국, 『범민족대회관련 주요의제 및 동향』, 국토통일원, 1990.
남북조절위원회, 「평화통일 외교정책에 관한 특별선언」, 『남북대화백서』, 1978.

통일의 선각자, 문익환의 삶과 분단극복론

노태우, 『노태우 대통령 연설문집』 2권, 대통령 비서실, 1990.

──── , 『민주주의의 시대 통일을 여는 연대 : 노태우 대통령 1년의 주요연설』, 대통령 공보비서실, 1989.

대법원, 「문익환 목사 방북사건 관련 판결문 사본」, 1990.

동아일보사 안보통일문제 조사연구회 편, 『안보통일문제 기본자료집』, 1972.

박영호, 『남북한 평화공존과 대북정책』, 통일연구원, 2001.

북한연구소, 『북한대사전』, 1999.

세종연구소 편, 『남북정상회담과 한반도 평화』, 2001.

아태평화재단, 『남북정상회담』, 2000.

안보문제연구소, 『문익환 목사 입북 동향 종합』, 안보문제연구원, 1989.

연정열, 「문명사적 측면에서 본 문익환 목사 방북이 갖는 의미」, 안보문제연구원, 1989.

외무부, 『유엔 한국문제 결의집(1947-1976)』, 1976.

외무부 편, 『한국의 북방외교』, 외무부, 1990.

윤덕민, 『한반도 평화협정에 관한 연구-평화협정의 쟁점사항을 중심으로-』, 외교안보연구.

이홍구, 『한민족공동체통일방안의 정책기조와 실천 방향, 한민족공동체통일방안의 이론적 기초와 정책방향』, 국토통일원, 1990.

전두환, 『전두환 대통령 연설문집』, 대통령비서실, 1982.

──── , 『전두환 대통령 연설문집 제 2집』, 대통령 비서실, 1982.

정석홍, 『알기 쉽게 풀어쓴 통일이야기』, 통일교육원, 2006.

채근식, 『무장독립운동비사』, 대한민국공보처, 1985

통일노력60년발간위원회 편, 『하늘길 땅길 바닷길 열어 통일로』, 2005.

통일부, 「1992통일백서」, 1992.

──── , 『남북대화』, 2001.

──── , 『평화와 협력의 실천』, 2003.

──── , 「2004북한개요」, 2004.

──── , 『한반도 통일과정의 이해』, 2005.

──── , 『남북합의서』, 2006.

──── , 「남북교류법규집」, 2007.

──── , 『남북대화 연표』, 2007.

──── , 『통일백서』, 2008.

통일부 통일교육원,『민족통일로의 전진-국토통일원 20년』, 1989.

_____,『2004통일문제의 이해』, 2004.

_____,『통일, 남북관계 사전』, 2004.

_____,『2006 북한이해』, 2006.

_____,『자주 묻는 통일이야기 50』, 2007.

통일연구원,『남북한 평화공존과 남북연합 추진방안』, 2001.

_____,『베를린선언과 남북관계』, 통일연구원, 2001.

_____,『독일통일백서2005』, 2006.

_____,『통일환경 및 남북한 관계전망: 2006~2007』, 2006.

_____,『북한인권 백서2007』, 2007.

_____,『2008년 북한 신년 공동사설 분석』, 2008.

통일원,『대학생통일론문집』, 통일원, 1991.

_____,『남북기본합의서 해설』, 1992.

_____,『남북한 통일 대화 제의 비교』, 1993

통일위원회 편,『1980-2000한국교회평화통일운동 자료집』, 한국기독교교회협의회, 2000.

4. 연구논저

1) 단행본

강만길,『강만길 선생과 함께 생각하는 통일』, 지영사, 2000.

_____,『강만길 사론집-역사는 이상의 현실화 과정이다』, 창작과 비평사, 2002.

_____,『21세기사의 서론을 어떻게 쓸 것인가』, 삼인, 2008.

강만길 외,『한국사 20-자주 민주 통일을 향하여 2』, 한길사, 1994.

강만길, 유재현 엮음,『통일, 그 바램에서 현실로』, 비봉출판사, 1995.

강인철,『한국의 개신교와 반공주의』, 중심, 2007.

_____,『한국기독교회와 국가·시민사회 1945~1960』, 한국기독교역사연구소, 1996.

고 은,『역사는 흐른다』, 풀빛, 1990.

권영성,『헌법학원론』, 법문사, 2008.

권혁범 외,『한반도와 통일문제』, 대왕사, 2002.

권형철,『한국변혁운동논쟁사』, 일송정, 1990.

김갑철 외,『통일논의의 제문제』, 대왕사, 1988.

김갑철,『민중민주주의의 민중통일론』, 문우사, 1992.

김경재,『영과 진리 안에서』, 대한기독교서회, 1999.

_____,『김재준 평전』, 삼인, 2001.

_____,『울타리를 넘어서』, 유토피아, 2005.

김계동,『북한의 외교정책』, 백산서당, 2002.

김교식,『다큐멘터리 박정희 3』, 평민사, 1990.

김낙중, 노중선,『현단계 제통일방안』, 한백사, 1989.

김대중,『공화국연합제(평화공존, 평화교류, 평화통일의 길)』, 학민사, 1991.

김삼웅,『통일론 수난사』, 한겨레신문사, 1994.

김양선,『한국기독교해방십년사』, 대한예수교장로회, 1956.

김영작, 서주석 외 공저, 한국정치외교사학회 편『한국전쟁과 휴전체제』, 집문당, 1998.

김용복,「민족분단과 기독교의 대응」,『한국기독교 사회운동』, 로출판, 1986.

김용운 편,『김대중 자서전』2-역사와 함께 시대와 함께, 인동, 1999.

김원일,『푸른 혼』, 이룸, 2006.

김인걸 외,『한국현대사강의』, 돌베개, 1998.

김일성,『조선민주주의인민공화국에서의 사회주의건설과 남조선혁명에 대하여』, 조선로동당출판사, 1965.

_____,『남조선혁명과 조국통일에 대하여』, 조선로동당 출판사, 1969.

_____,『김일성 저작집』5, 조선로동당출판사, 1980.

_____,『김일성 저작집』35, 조선로동당 출판사, 1987.

_____,『조국통일을 위하여』, 조선로동당출판사, 1991.

_____,『김일성 저작집』, 조선로동당출판사, 1997.

김재준,『(범용기속편)귀국 직후』, 선경, 1985.

_____,『김재준전집 1: 새술은 새부대에(1926-1949)』, 장공김재준목사기념사업회, 1992.

김재홍,『북간도 명동촌, 그 삶과 독립운동』, 독립기념관 한국독립운동사연구소, 2005.

김정기,『국제정세변화와 한반도 통일』, 원광대출판국, 1999.

김정남,『진실 광장에 서다: 민주화 운동 30년의 역정』, 창비, 2005.

김종순, 『김대중: 그의 투쟁 그의 민주화 의지』, 시인통신사, 1987.

김지하, 『김지하전집』, 실천문학, 2002.

김지형 · 김민희, 『통일은 됐어』, 지성사, 1994.

김창우, 『민주대연합과 통일전선운동』, 두리, 1992.

김청석 외, 『80년대 한국사회, 쟁점과 전망』, 공동체, 1986.

김택현 옮김, 『역사란 무엇인가』, 까치, 1997.

김학준 외, 『민주화로 가는길』, 다나, 1991.

김학준, 『반외세의 통일논리』, 형성사, 1980.

_____, 『한국문제와 국제정치』, 박영사, 1988.

김형수, 『문익환평전』, 실천문학사, 2004.

김흥수 엮음, 『해방 후 북한교회사-연구, 증언, 사료』, 다산글방, 1992.

노중선 엮음, 『남북한 통일정책과 통일운동 50년』, 사계절, 1996.

노중선, 『4 · 19와 통일논의』, 사계절, 1989.

_____, 『연표: 남북한 통일정책과 통일운동 50년』, 사계절, 1996.

_____, 『남북대화백서』, 한울아카데미, 2000.

도진순, 『분단의 내일, 통일의 역사』, 당대, 2001.

동아일보사 조사연구실, 『통일 어떻게 할 것인가-남북한 통일방안 심포지엄』, 동아
        일보사, 1988.

라보도, 『한국의 한국교회협의회와 북한의 조선기독교연맹』, 바른신앙, 1988.

리성준, 『위대한 주체사상총서1: 주체사상의 철학적 원리』, 사회과학출판사, 1985.

리영희, 『대화』, 한길사, 2006.

문규현, 『분단의 장벽을 넘어서』, 두리, 1990.

문동환박사고희기념논문편집위원회, 『평화교육과 민중교육』, 풀빛, 1990.

문익환 외, 『오늘을 살아가는 젊은이들에게』, 일송정, 1995.

문익환, 기세춘, 홍근수 공저, 『예수와 묵자』, 일월서각, 1994.

문익환, 『민족, 통일, 해방의 논리』, 형성사, 1984.

_____, 『발바닥으로 외칠 거야』, 도서출판 소리, 1990.

문재린 · 김신묵, 『기린갑이와 고만녜의 꿈』, 삼인, 2006.

민병천 편저, 북한의 대외정책』, 대왕사, 1987.

민병천, 『민족통일론』, 고려원, 1985.

민성길, 『통일이 되면 우리는 함께 어울려 잘 살 수 있을까?』, 연세대학교출판부,
        2004.

통일의 선각자, 문익환의 삶과 분단극복론

박경수,『재야의 빛 장준하』, 해돋이, 1995.

박기덕,『한국민주주의 10년: 변화와 지속』, 세종연구소, 1998.

박상중 편저,『한국교회와 에큐메니칼 운동』, 대한기독교서회, 1992.

박순경,『통일신학의 고통과 승리』, 한울, 1992.

＿＿＿,『통일신학의 여정』, 한울기독교, 1992.

박원순,『국가보안법연구』1~3, 역사비평사, 1995.

박일범,『위대한 주체사상총서1: 주체사상의 철학적 원리』, 사회과학출판사, 1985.

박재규 편,『새로운 북한 읽기를 위하여』, 법문사, 2005.

박재순,『한국 에큐메니칼 운동의 전통과 신학적 유산』, 한국신학연구소, 2005.

박종성,『인맥으로 본 한국정치』, 한울, 1997.

박현채,『한국자본주의와 민족운동』, 한길사, 1984.

박호성,『남북한 민족주의 비교』, 당대, 1997.

백기완,『인간해방의 논리를 찾아서』, 시인사, 1979.

＿＿＿,『통일이냐 반통일이냐』, 형성사, 1987.

＿＿＿,「통일만이 민족의 살길이다」,『발바닥으로 외칠 거야』, 도서출판 소리, 1990.

＿＿＿,『분단체제 변혁의 공부길』, 창작과 비평사, 1994.

＿＿＿,『흔들리는 분단체제』, 창작과 비평사, 1994.

＿＿＿,『한반도식 통일 현재진행형』, 창비, 2006.

백영철,『분단을 넘어 통일을 향해』, 건대 출판부, 2000.

백형조,『'민중민주주의와 민중통일론'의 정체』, 유신각, 1988.

변형윤,『한국사회발전과 민주화운동』, 정암사, 1986.

브루스 커밍스 지음, 김주환 옮김,『한국전쟁의 기원』, 청사, 1986.

서굉일 · 김재홍,『규암 김약연 선생』, 고려글방, 1997.

서대숙,『현대 북한의 지도자: 김일성과 김정일』, 을유문화사, 2000.

＿＿＿,『한국현대민족운동연구』2, 역사비평사, 1996.

＿＿＿,『조봉암과 1950년대 (상):조봉암의 사회민주주의와 평화통일론』, 역사비평
사, 1999.

＿＿＿,『사진과 그림으로 보는 한국현대사』, 웅진지식하우스, 2006.

＿＿＿,『한국현대사 60년』, 역사비평사, 2007.

＿＿＿,『대한민국선거이야기』, 역사비평사, 2008.

성균관대학교 사회과학연구소,『한반도 통일운동의 과제와 그 방향』, 인간사랑, 1991.

송건호 외,『민중-제 2권』, 청사, 1985.

_____,『변혁과 통일의 논리』, 사계절, 1987.

송건호,『민족통일을 위하여』, 한길사, 1987.

_____,『송건호 전집 1-민족통일을 위하여 1』, 한길사, 2006.

송건호 · 강만길,『한국민족주의론 Ⅱ』, 창작과비평사, 1983.

송우혜,『윤동주 평전』, 푸른 역사, 2004.

신정현,『북한의 통일정책』, 을유문화사, 1989.

신정화,『일본의 대북정책(1945~1992)』, 오름, 2006.

심지연,『남북한 통일방안의 전개와 수렴』, 돌베개, 2001.

아 · 태평화재단,『김대중의 3단계 통일론-남북연합을 중심으로』, 아 · 태평화출판사, 1995.

양영식,『통일정책론』, 박영사, 1997.

양호민 외,『북한의 통일 정책』, 을유문화사, 1989.

양호민, 이상우, 김학준 공편,『민족통일론의 전개』, 형성사, 1986.

역사비평사 편집부 엮음,『빼앗긴 변론』, 역사비평사, 1990.

염홍철,『통일과 민주화를 향한 대장정』, 동화출판공사, 1992.

유동식,『한국신학의 광맥』, 다산글방, 2003.

유석렬,『북한정책론』, 법문사, 1988.

_____,『남북한통일론』, 법문사, 1995.

유시춘 외,『70 · 80 실록 민주화운동 Ⅰ-우리 강물이 되어』, 경향신문사 출판본부, 2005.

유호열 외,『남북화해와 민족통일』, 을유문화사, 2001.

윤상철,『1980년대 한국의 민주화 이행과정』, 서울대학교 출판부, 1997.

윤재걸,『청와대 밀명』, 한겨레, 1987.

이계창,『법정에서의 진실-명동 3 · 1사건, 부산 미문화원 방화사건』, 가톨릭출판사, 1991.

이만열,『한국기독교와 민족통일운동』, 한국기독교역사연구소, 2001.

이상우 외,『북한40년』, 을유문화사, 1988.

이상우,『함께 사는 통일』, 나남출판, 1993.

이선호,『세월속이 서북간도와 조선인, 나의 생활』, 이지북스, 2005.

이성구,『민족통일론』, 법문사, 2001.

_____,『민족공동체통일론』, 형설출판사, 2007.

이수언,『인간 문익환』, 조선일보사, 1986.

이재오, 『해방 후 한국 학생운동사』, 형성사, 1984.

이정식, 『반전반핵 평화통일론』, 형상사, 1989.

이종석, 『분단시대의 통일학』, 한울 아카데미, 1998.

_____, 『현대북한의 이해』, 역사비평사, 2000.

이찬행, 『북한 사회주의의 현실과 변화』, 두리, 1993.

이창복, 『세기의 길목에서』, 한울, 2000.

이한두, 『(유신공화국의 몰락) 박정희와 김영삼과 김대중』, 범조사, 1987.

이한엮음, 『북한의 통일정책 변천사상, 하』, 온누리, 1989.

일송정 편집부, 『학생운동 논쟁사』, 일송정, 1988.

임경석, 『한국사회주의의 기원』, 역사비평사, 2006.

임용순, 『신 국제 질서와 한반도의 통일』, 성균관대 출판부, 1993.

장기표, 『80년대의 상황과 실천』, 한길사, 1991.

장일하, 『백범 김구의 아류도 못되는 문익환』, 정문연구회, 1989.

정경모, 『이제 미국이 대답할 차례다』, 한겨레신문사, 2001.

정대위, 『하늘에는 총총한 별들이-북간도 정재면의 독립운동사』, 청맥, 1993.

정성한, 『한국 기독교 통일운동사』, 그리심, 2003.

정해구, 『6월 민주항쟁과 한국사회 10년 Ⅱ』, 당대, 2008.

조형균 편, 『역사신앙고백』, 그물코, 2008.

조희연, 『한국사회운동사』, 죽산, 1990.

차기벽, 『차기벽 저작집 9-뜨거운 가슴과 차가운 머리』, 한길사, 2006.

총신대학부설 한국교회문제연구서 편, 『분단 상황과 한국교회』, 한국로고스 연구원, 1989.

최장집, 『민주화 이후의 민주주의』, 후마니타스, 2005.

편집부 엮음, 『북한'조선로동당'대회 주요문헌집』, 돌베개, 1989.

한겨레신문사, 『한반도통일국가의 체제구상』, 한겨레신문사, 1995.

한국기독교교회협의회 통일위원회 편, 『희년의 삶 속으로』, 한국기독교교회협의회, 1995.

한국기독교역사연구소 북한교회사집필위원회, 『북한교회사』, 한국기독교역사연구소, 1996.

한국기독교장로회 총회 교육원 엮음, 『민족의 희년을 향한 행진』, 한신대 출판부, 1993.

한국기독교장로회역사편찬위원회 편, 『한국기독교100년사』, 한국기독교장로회출판

사, 1992

한국역사연구회 현대사연구반,『한국현대사』 3, 풀빛, 1991.

한국정치사연구소,『대명: 박정희와 그 정적들』, 동광출판사, 1987.

한승주,『제2공화국과 한국의 민주주의』, 종로서적, 1983.

_____,『남과북, 그리고 세계』, 나남, 2000.

한완상,『민중사회학』, 종로서적, 1984.

함석헌,『함석헌 전집』 12, 한길사, 1988.

_____,『함석헌 전집』 14, 한길사, 1988.

_____,『함석헌 전집』 17, 한길사, 1988.

홍석률,『통일문제와 정치·사회적 갈등: 1953~1961』, 서울대학교출판부, 2003.

황범주·윤용민,『인물로 본 통일에세이』, 지리산, 1992.

2) 논문

KNCC,「민족의 통일, 평화위한 한국교회 선언」,『월간 말』, 1988.1.

강만길,「80년대의 민족운동사적 의미」,『사회와 사상』, 1988.9.

_____,「통일운동의 단계 높임을 위한 제언」,『역사비평』, 1988년 가을호.

_____,「3·1민주구국선언의 역사적 성격」,『새롭게 타오르는 3·1민주구국선언』,
        사계절, 1998.

_____,「문익환 목사 방북 10주년 기념-민간통일운동의 회고와 전망」,『가슴으로
        만난 평양-방북 10주년 기념 및 토론회 자료집』, 1999.

강원룡,「남북통일과 우리의 과제」,『기독교사상』, 1961.2.

강인철,「해방 후 한국개신교회와 국가, 시민사회(1945~1960)」,『현대한국의 종교와
        사회』, 한국사회사연구회논문집 제35집, 1992.

_____,「민주화 과정과 종교-1980년대 이후의 한국 종교와 정치」,『종교연구』, 2002
        년 여름호.

강정구,「세계사적 전환화 통일운동의 접합」,『창작과 비평』, 가을호, 1992.

_____,「통일방안의 연대기적 고찰과 평가」,『민간통일운동의 나아갈 길』, 아시아
        사회과학연구원, 1999.

_____,「늦봄 통일방안의 민족 통일사적 의의: 4·2공동선언과 6·15공동선언을 중
        심으로」,『늦봄 문익환 목사 방북 12주년 기념토론회』, 2001.

_____,「늦봄 문익환 목사의 통일사적 의의, 늦봄 문익환 목사 10주기」, 자주평화

│통일의 선각자, 문익환의 삶과 분단극복론

통일민족회의, 2004.

강태호, 「동북아정세의 변화와 남북관계」, 『사회와 사상』, 1988.12.

＿＿＿, 「미소의 세계전략과 남북한관계」, 『월간 말』, 1989.6.

고무송, 「한국교회 통일론과 북한교회와의 만남」, 『교회와 신학』 여름호, 2000.

고성국, 『한국의 민주화와 사회변혁운동에 관한 연구, 1987년 이후의 운동의 변화와
　　　전략 전환을 중심으로』, 고려대 대학원 박사논문, 1995.8

고성원, 「지배구조의 성격변화와 사회운동에 관한 연구」, 연대 석사논문, 2002.

곽태환, 「국제환경의 변화와 북한의 통일정책」, 『북한의 통일방안』.

권영성, 「문익환 목사 방북 좌우대결 구실 안 된다」, 『신동아』 1989.5.

＿＿＿, 「문익환, 임수경은 왜 생겨나는가」, 『신동아』, 1989.12.

권영종, 「한국의 진보정당에 관한 연구, 1987년 민주화운동 이후의 민주주의 공고
　　　화와 관련하여」, 부산대 석사논문, 2002.

권형택, 「80년대 변혁운동에 있어서 학생운동의 역할과 과제」, 『전환: 6월 투쟁과
　　　민주화의 진로』, 사계절, 1987.

김경민, 「현 시기 동북아정세와 한반도」, 『한겨레』 1988.5.

김경재, 「한민족통일운동에서 한국기독교의 역기능과 순기능」, 『평화교육과 민중교
　　　육』, 풀빛, 1990.

＿＿＿, 「민중신학의 해방 영성」, 『바닥에서 일하시는 하나님』, 한국신학연구소,
　　　1992.

＿＿＿, 「히브리민중의 얼 체현자 늦봄의 영성세계」, 『기독교사상』 2000.12.

＿＿＿, 「장공 김재준의 정치신학, 신학적 원리와 사회. 정치변혁론」, 『한국개신교
　　　가 한국 근현대의 사회. 문화적 변동에 끼친 영향 연구』, 한국 신학연구소,
　　　2005.

＿＿＿, 「분단시대 한국교회의 보수적 반공주의와 진보적 민족주의 간의 대립에 대
　　　한 비판적 성찰」, 『한국개신교가 한국 근현대의 사회. 문화적 변동에 끼친
　　　영향 연구』, 한국 신학연구소, 2005.

김관석, 「교호와 한국통일」, 『기독교사상』 1970.12.

김광식, 「NCC통일선언과 그 쟁점, 진통하는 한국교회」, 한국기독교사회문제연구원,
　　　1990.

김교만, 「1980년대 이후 북한의 통일정책 변화에 대한 연구」, 고려대학교 대학원 석
　　　사논문.

김근식, 「연방제와 연합제의 공통성인정: 통일접근방식과 평화에 합의」, 『아태평화

포럼』 39호, 2000.

김낙중, 「남북의 당국자에게 드리는 글」, 『사회와 사상』, 통권 제20호, 1990.4.

_____, 「문익환 목사 방북의 역사적 의의-지상증언」, 『빼앗긴 변론』, 역사비평사, 1990.

_____, 「선민주후통일론의 문제점」, 『사회와 사상』 제10호, 1989.6.

_____, 「현단계 주요 통일방안에 대한 비교 검토」, 『현단계 제통일 방안』, 한백사, 1989.

김남식, 「북한의 통일전략과 통일방안」, 『사회와 사상』, 1988.9.

김대중, 「민족통일의 필요성과 가능성」, 연세대학교 동서문제연구원, 1993.9.

김동춘, 「레닌주의와 80년대 한국의 변혁운동: 레닌주의의 한국적 수용과정의 비판적 검토」, 『역사비평』 겨울호, 1990.

김보영, 「4월 민중항쟁 시기의 남북협상론」, 『4 · 19와 남북관계』, 민연, 2000.

김상근, 「기장교단의 선교, 연대 사업에 있어서의 민중교회운동의 의의」, 『바닥에서 일하시는 하나님』, 한국신학연구소, 1992.

김선택, 「통일문제 금요강좌- 시작과 아쉬움」, 『민통련 20주년』, 민통련 창립 20주년 기념행사위원회.

김성만, 「1980년대 한국의 정치변동, 1979-1987년」, 연세대학교 석사논문, 2002.

김성호, 「연변에서 본 정상회담」, 『역사비평』, 2000년 가을.

김요섭, 「늦봄 문익환 목사의 사회선교신학에 대한 연구」, 한신대신학대학원 석사논문, 2006.

김용성, 「늦봄 문익환 시론」, 국어문학회, 1995.

김이곤, 김기석, 「늦봄 문익환 목사의 삶과 신학」, 한국신학연구소, 1994.

김인걸, 「1990년대 남한통일논의의 지형변화」, 『한국사론』 41~42.

김일동, 「문 목사 방북 의혹, 유원호는 누구인가」, 『신동아』 1989.5.

김재명, 「문익환 그는 누구인가」, 『월간 중앙』 1989.5.

김재준, 「4 · 19이후의 한국교회」, 『기독교사상』 5, 1961.

_____, 「남북한교류의 시점에서」, 『제3일』 1972.9.

_____, 「새역사의 발자취」, 『김재준전집』 13, 장공김재준목사기념사업회, 1992.

김종일, 「한민족 평화통일을 위한 교회의 사명」, 『한국교회와 민족통일』, 에이멘, 1997.

김지형, 「4월 민중항쟁 직후 민족자주통일협의회의 노선과 활동」, 『4 · 19와 남북관계』, 민연, 2000.

_____, 「통일운동세력의 분단인식과 대응」, 『인문과학연구』 5호, 가톨릭대학 인문과학연구소, 2000.

김춘호, 「통일사목 관점에서 본 민족통일」, 『생활성서』, 1988.12.

김해진, 「80년대 민주화운동의 성장과 발전」, 『6월항쟁과 한국의 민주주의』, 민주화운동기념 사업회, 2004.

김호진, 「재야, 학생들의 통일논의와 통일정책정향」, 『통일 어떻게 할 것인가』, 동아일보사, 1988.

김흥수, 「한국교회의 통일운동역사에 대한 재검토」, 『기사연 무크』 3, 1988.

_____, 「해방직후 북한교회의 정치적 성격」, 『한국기독교와 역사』 2, 한국기독교역사연구소, 1992.

김희석, 「한국의 민주화 과정과 시민운동에 관한 연구」, 경성대대학원 석사논문, 2002.

남궁영, 「남북정상회담과 통일방안의 새로운 접근: 연합제와 낮은 단계의 연방제」, 『한국정치학회보』 36집 1호, 2002.

노중선, 「문익환목사 10주기, 다시 그를 기억한다―6·15통일시대는 4·2공동성명에서 열리기 시작」, 『민족 21』 2004.1.

도진순, 「2000년 6월 "평양회담과 남북공동선언」, 『역사비평』, 2000 가을.

로광욱, 「나의 평양행과 미국에서 본 정상회담」, 『역사비평』, 2000 가을.

류영모, 「한국교회와 민족통일을 위하여」, 『신앙세계』, 1989.6.

문동환, 「아리랑 고개의 교육」, 한국신학연구소, 1991.

문익환, 「남북통일과 한국교회」, 『기독교 사상』, 1972.10.

_____, 「7·4공동성명 이후의 민족문제」, 『홍남순 선생 고희 기념 논총』, 1983.12.

_____, 「민족통일에 관한 구체적 제안」, KNCC주최 기독교지도자 회의에서 발표된 논문, 1988.4.14.

박성준, 1980년대 한국 기독교 통일운동에 대한 고찰」, 『희년신학과 통일희년운동』, 한국신학연구소, 1995.

박재순, 「한국 에큐메니칼 운동의 전통과 신학적 유산」, 한국기독교교회협의회, 2004.

박종화, 「남북교류와 선교의 과제」, 『평화교육과 민중교육』, 풀빛, 1990.

_____, 「김대중 통일론 연구」, 『후광 김대중 전집 3: 통일론』, 중심서원, 1993.

박지수 외, 「문익환 목사 10주기, 다시 그를 기억한다」, 『민족 21』, 2004.

박찬웅, 「민주운동과 통일운동: 문 목사와 김 주석의 대화에 붙여」, 『씨알의 소리』,

1990.

박현채, 「좌담-민족통일운동과 민주화운동」, 『창작과 비평』 제16권 3호 가을호, 1988.

박형규, 「화해의 복음과 남북의 대화」, 『제 3일』, 1971.9.

_____, 「한반도의 미래와 교회의 선교자세」, 『해방의 길목에서』, 사상사, 1974.

백기완, 「통일논의의 허실과 우리 민중의 나아갈 길」, 『민주통일』 제 1호, 1985.2.

_____, 「장준하와 박정희」, 『한국현대사의 라이벌』, 역사비평사, 2000.

백기완·정동익, "문 목사 구속은 또 하나의 38선", 백기완 전민련고문이 말하는 문익환목사 방북의 의미」, 『월간 말』, 1989.

변수형, 「6·10남북학생회담과 통일논의」, 『생활성서』, 1988.7.

서굉일, 「일제하 북간도 기독교인들의 역사적 상황과 민족이념의 실천」, 『평화교육과 민중교육』, 풀빛, 1990.

_____, 「기독교 민족주의 교육을 실시한 북간도 용정 은진학교의 역사와 전통」, 『살림』 통권 제144호, 2001.

서남동, 「민중(씨알)은 누구인가?」, 『한국민중론』, 한국신학연구소, 1984.

서영석, 「재야, 정치 전면에 나서야」, 『월간 경향』 1988.2.

서중석, 「택시운전사 박종만씨의 죽음」, 『신동아』 제305호, 1985.2.

_____, 「교육민주화운동」, 『신동아』 제322호, 1986.7.

_____, 「1950년대 이후의 혁신정당론」, 『한국의 민족주의운동과 민중』, 두레, 1987.

_____, 「사면, 복권을 기다리는 사람들」, 『신동아』 제329호, 1987.2.

_____, 「민가협과 양심인」, 『신동아』 제335호, 1987.8.

_____, 「3선개헌반대, 민청학련투쟁, 반유신투쟁」, 『역사비평』 1988.6.

_____, 「80년대 민중의 삶과 투쟁」, 역사비평사, 1988.

_____, 「한국현대사와 80년대의 의미」, 『월간 중앙』 제156, 1989.1.

_____, 「분단과 통일」, 『창작과 비평』 1992년 가을호.

_____, 「조봉암, 진보당의 진보성과 정치적 기반」, 『역사비평』 1992년 가을호.

_____, 「객관적 진실에 의한 근현대사의 공통적 인식」, 『통일 그 바램에서 현실로』, 비봉출판사, 1995.

_____, 「한국전쟁 후 통일론의 전개와 민족공동체의 모색」, 『분단 50년과 통일시대의 과제』, 역사비평사, 1995.

_____, 「분단체제 타파에 몸 던진 장준하」, 『역사비평』 통권 38, 1997.

_____, 「한국통일론의 전개과정과 새로운 전망 민족통일을 앞당기는 국학-무엇을

어떻게 할 것인가」, 제2회 한국학국제학술대회(1997.10.3~4, 안동)발표요지.

_____, 「1950년대와 4월혁명기의 통일론」, 『통일시론』 1999년 봄호.

_____, 「통일지향 역사의식과 시민의식 형성의 중요성」, 『늦봄 방북 20년, 통일운동의 성찰과 전망』, 문익환 방북 20주년 기념 심포지엄, 2009.

_____, 「진보당 연구-조봉암 · 진보당의 평화통일론을 중심으로-」, 『국사관논총』 제66집, 1995.12.

_____, 「남과 북의 체제위기와 한국 민족주의의 진로」, 『인문과학연구』 3, 1998.12.

서총련, 「조국통일 지도자 문익환 선생님 평양방문 대응방침」 『월간흐름』 1989.5.

성유보, 「민족분단이 민중생활에 끼치는 폐해」, 『민주통일』 제1호, 1985.2.

셀리그 헤리슨, 「북한, 통일방안수정 시사」, 『월간 말』 1987.12.

송석중, 「우리의 통일과 남. 북. 미. 소 정권의 속셈」, 『씨알의 소리』 1990.11.

송재근, 「80년대 한국 민주화 이행과정에 관한 연구」, 충북대 대학원 석사논문 2001.

신계선, 「문익환 5분 인터뷰」, 『신동아』 1987.8.

신동호, 「재야의 설 땅은 어딘가」, 『월간 경향』 1988.2.

신성규, 「한국 민주화과정에서의 진보정치세력에 관한 연구: 1987-1992년까지의 진보 세력을 중심으로」, 충남대대학원 석사논문, 1993.

신주백 · 홍석률 · 정창현, 「통일운동의 역사」, 『역사와 현실』 제16호, 1995.

신현칠, 「민족민주운동의 몇 가지 문제점」, 『사회와 사상』 1990.3.

안기부, 「문익환, 황석영 씨 입북은 북한의 정치공작」, 『얼굴』 1989.5

안병무, 「한국통일문제의 성서적 조명」, 『한국기독교장로회 총회 회보』, 1981.6.

양길현, 「신 남북시대의 평화공영과 연합제-낮은 단계의 연방제」, 『국가전략』 7권4호, 2001.

양대석, 「노태우집권후 재야 운동1년」, 『월간 경향』 1988.12.

양동안, 「범민련과 범민족대회 무얼 노리나」, 『새물결』 1993년 가을호.

양성철, 「북한은 한국사회를 어떻게 인식하고 있나」, 『통일한국』 1989.10.

양호민 외, 「'한민족공동체 통일방안'을 평가한다」, 『통일한국』 1989.10.

연정열, 「문명사적 측면에서 본 문익환 목사 방북이 갖는 의미」, 『통일로』 1989.5.

오문균, 「재야통일론의 형태와 성격」, 『자유공론』 1988.8.

오민수, 「통일의 꽃 못 보고 간 늦봄 문익환」, 『시사저널』 233, 1994.2.

우재승, 「기능주의 이론을 통해 본 남북한 간의 단계적 접촉」, 『제 3일』 1972.9.

월간 사회와 사상 전권 특별기획, 「'90년대 한국사회의 쟁점」, 한길사, 1990.

유원호, 「문익환목사 방북사건 재판 법정유감」, 『민주사회를 위한 변론』 2, 1993.

_____, 「문 목사 꿈을 안고 통일언덕 오른 시론」, 『한겨레 21』 1994.3.

윤모린, 「한국 민주화과정에서 운동조직의 역할에 관한 연구: 1987년 "국민운동본부"를 중심으로」, 서강대대학원 석사논문, 2000.

윤병석, 「한국근대사상 간도와 독립운동, 서전서숙」, 『한국독립운동과 서전서숙』, 보재 이상설선생기념사업회, 2007.

윤병조, 「한반도평화통일을 위한 교회의 과제」, 『한국교회와 민족통일』, 에이멘, 1997.

윤석인, 「1988년 여름의 조국통일운동」, 『사회와 사상』 1988.12.

_____, 「달라진 북한 태도와 남북관계의 전망」, 『사회와 사상 통권』 제20호, 1990.4

윤선자, 「1970년대의 통일운동과 3.1민주구국선언 사건」, 『전남사학』 2002.12.

윤일웅, 「기독교교회협의회(NCC)의 실체」, 『월간조선』 1988년 8월호.

이만열, 「한국기독교통일운동의 전개과정」, 『민족통일을 준비하는 그리스도인』, 두란노, 1994.

_____, 「5·17 김대중 내란음모 사건의 진실과 그 역사적 의의」, 『김대중 내란음모의 진실』, 문이당, 2000.

_____, 「한국기독교와 민족통일운동」, 『한국기독교사 연구』, 한국기독교역사연구소, 2001.

이명식, 「민통련 운동의 전개과정과 평가」, 『기억과 전망』 가을호, 2005.

이삼성, 「남북한 정부당국의 통일정책」, 『한반도 통일운동의 과제와 그 방향』, 인간사랑, 1991.

이삼열, 「통일문제 우선과제로 삼아라」, 『월간조선』 1988년 3월호.

이상규, 「통일운동에 대한 보수교단의 어제와 오늘」, 『기독교 사상』, 1995.7.

_____, 「해방후 한국교회의 민주화운동과 통일운동」, 『한국기독교와 역사』 4, 1995.12.

이석호, 「한반도 군축과 북한의 통일방안, 북한의 통일방안」.

이성구, 「고려연방제통일방안에 관한 연구」, 『동서문화연구』 7, 1999.12.

_____, 『김정일정권의 대남정책 1994~2005』, 숭실대학교 정치학 박사학위논문, 2006.

이승환, 「탐방-통일맞이 늦봄 문익환 목사 기념사업」, 『통일시론』 봄호, 1999.

_____, 「군사정권시기의 민간통일론」, 『통일시론』 가을호, 1999.

_____, 「문익환, 김주석을 설득하다-늦봄 방북 20주년을 맞아」, 『창작과 비평』 제

143 2009년 봄호.

이영숙, 「진보적 개신교 지도자들의 사회변동방안 연구 1957~1984년을 중심으로」, 『현대 한국의 종교와 사회』 제35집, 1992.

이영희, 「통일의 주체는 민중이어야 한다」, 『월간정론』 통권 1호, 정론사, 1989.

이완범, 「북한 '낮은단계의 연방제' 통일방안의 형성과정에 대한 연구」, 『현대북한연구』 4권 1호, 2001.

이요한, 「문익환 목사의 통일운동연구」, 서울신학대 대학원 석사논문, 2007.

이우정, 「3.1민주구국선언 사건의 부스러기 이야기들」, 『새롭게 타오르는 3 · 1 민주구국선언』, 사계절, 1998.

이장희, 「'민족화해협력범국민협의회' 결성을 통해 본 해방 후 민간 통일 운동과 정부의 통일 정책」, 『통일경제』, 1998.9.

이재현, 「한국 민주화과정에서 민주자유당의 형성과 구조적 특성에 관한 연구」, 고려대 정치학 석사논문, 1999.2.

이종성, 「남북 통일의 지름길」, 『기독교사상』, 1981.6.

이종오, 조희연, 「북한의 통일노선과 통일정책에 대한 연구」, 『한국 민중론과 주체사상과의 대화』, 풀빛, 1989.

이창하, 「문 목사 입북 계기 '민간급 대화 확대 획책'」, 『통일』, 1989.5.

이해학, 「통일운동의 현장에 서서」, 『씨알의 소리』 118, 1990.11.

인하대 법정대학 편집부, 「남북한 유엔동시가입과 통일운동」, 『법정대학보』, 1991.12.

임경석, 『고려공산당 연구』, 성균관대학교 박사학위논문, 1993.

임대식, 「김대통령보세요: 김구. 장준하. 문익환이 띄우는 편지」, 『역사비평』, 2000년 가을.

임유현, 「문익환 목사 방북, 구속, 통일논의에 역풍 분다」, 『극동타임즈』, 1989.5.

장준하, 「민족주의자의 길」, 『씨알의 소리』, 1972.9.

_____, 「민족통일전략의 현단계 『민족주의자의 길』, 세계사, 2002.

전원하, 「군축을 둘러싼 주변국의 전략과 입장」, 『사회와 사상 통권』 제20호, 1990.4.

정건화, 「개방국면 하의 한국경제의 동향」, 『동향과 전망』 1989년 3월호.

정경모, 「정경모의 양심선언 무엇이 죈가」, 『월간 말』, 1989.8.

_____, 「봄을 기다리는 망명기」, 『월간 말』, 1992.1.

_____, 「나의 평양행과 일본에서 본 정상회담」, 『역사비평』 2000년 가을호.

정관용, 「1980년대 한국사회의 지배구조변화」, 『80년대 한국사회 지배구조』, 풀빛, 1989.

정규섭, 「1980년대 북한의 외교와 대남정책」, 『현대북한 연구』 7권 1호, 2004.

정대화, 「현 단계 남북관계와 통일운동의 총점검」, 『사회와 사상』 제20호 1990.4.

_____, 「급변하는 동북아 정세와 북한의 대응」, 『월간 말』, 1991.6.

_____, 『한국의 정치변동, 1987~1992: 국가-정치사회-시민사회의 관계를 중심으로』, 서울대학교 정치학 박사학위논문, 1995.

_____, 「민주화과정에서 민통련과 국민운동본부의 역할에 대한 평가」, 『민주사회와 정책 연구』 제8호, 2005.

_____, 「새로운 국제환경과 한반도의 통일전망」, 『민족문제 논총』 제3집.

정창현, 「해방 50년 분단의 역사, 통일의 역사」, 『역사와 현실』 16, 1995.

정하은, 「에큐메니칼운동과 공산주의」, 『기독교사상』 7, 1963.

정해구, 「북한의 통일론의 성격과 통일정책의 전개과정」, 『서강』 18, 1988.11.

_____, 「북한의 혁명론과 실천과정」, 『사회와 사상』 4, 1988.12.

_____, 「8.15범민족대회와 통일운동」, 『월간 말』, 1990.9.

_____, 「남북한 유엔가입후의 동북아 질서」, 『월간중앙』 1991.9.

_____, 「남북한 통일정책과 미국의 대한반도정책」, 『동향과 전망』 제31 가을호, 1996.

_____, 「김영삼정권 대북정책의 이중성」, 『현장에서 미래를』 제1호, 1996.6.

제성호, 「북한연방제안의 분석 및 평가」, 민족통일연구원, 1991.

조 순, 「1980-1990년대 기독교 통일운동과 그 이론적 기반 및 쟁점들」, 『한국개신교가 한국 근현대의 사회. 문화적 변동에 끼친 영향 연구』, 한국 신학연구소, 2005.

조향록, 「선거의 의의와 기독자의 책임」, 『기독교사상』 제7호, 1963.

조현연, 『한국 정치 변동의 동학과 민중운동: 1980년에서 1987년까지』, 한국정치외교학과 박사논문, 1997.

조현철, 「한국과 독일의 통일운동에 관한 역사적 고찰-한국교회와 독일교회의 비교·분석을 통해」, 감리교 신학대학원 석사논문, 1997.

조희연, 「80년대 사회변혁론의 전개과정」, 『사회와 사상』 1988.11

진영일, 「함석헌의 현대사인식과 통일관」, 『공주교대논총』, 2000.

채만수, 김장한, 「통일전선운동의 전개(민통련, 국본, 전민련)」, 『한국사회운동사』, 한울, 1995.

채희동, 「늦봄 문익환의 삶과 사상」, 『샘』, 2000.

천관우, 「민족통일을 위한 나의 제언」, 『창조』 1972.9.

최민희, 「우리시대의 통일꾼 문익환: 분단과 사람들 3」, 『월간 말』, 1990.

최석만, 「민주화와 진보정당의 성립에 관한 연구, 한국의 민중당과 브라질의 PT를 중심으로」, 경남대 대학원 석사논문, 1996.8.

최승우, 「한국의 민주화와 시민사회의 역할: 1983-1987」, 경희대대학원 석사논문, 2001.

최완규, 「남북한 통일방안의 수렴가능성 연구: 연합제와 낮은 단계의 연방제」, 『북한연구학회보』 6권 1호, 2002.

최인학, 「반공광복단 사건과 김병조 목사」, 『일제 김병조의 민족운동』, 남강문화재단출판부, 1993.

최장집·정해구, 「해방 8년사의 총체적 인식」, 『해방전후사의 인식』 4, 한길사, 1989.

편집부 편, 「한국교회 민족통일운동」, 『기독교연감』 통권 6권, 한국기독교교회협의회, 1990.

피재현, 「늦봄 문익환 연구: 통일담론과 통일운동을 중심으로」, 성공회대학교 NGO 대학원 석사학위논문, 2005.

한겨레사회연구소, 「좌담, 87년 선거투쟁 평가와 향후전망」, 『한겨레』, 제2호, 1988.2

_____, 「좌담-통일운동의 과제와 전망」, 『한겨레』, 1988.9.

_____, 「최근 남북관계의 흐름」, 『한겨레』, 1989.2

한겨레사회연구소 민족분과, 「남북대화의 전개과정과 전망」, 『한겨레』, 1989.2

_____, 「문익환 목사 방북 이렇게 생각한다」, 『한겨레』 1989.5.

한겨레사회연구소 정치분과, 「'한민족공동체통일방안' 분석」, 『한겨레』, 1989.10.

한국기독교사회문제연구원 편, 『1970년대 민주화운동과 기독교』, 한국기독교사회문제연구원, 1983.

한국기독교사회문제연구원, 「개헌과 민주화운동」, 『민중사』, 1986.

한완상, 「남북통일의 제 난점과 교회의 사명」, 『기독교 사상』, 1970.12.

한철하, 「남북통일과 선교전략」, 『기독교사상』, 1970.12.

한홍구, 「문익환 목사 보세요: 김일성이 하늘에서 본 정상회담」, 『역사비평』 2000년 가을호.

함석헌, 「우리의 살길」, 『씨알의 소리』, 1971.11.

함운경, 「통일운동의 과제와 전망」, 『한겨레』 통권 2호, 1988.2.

현철승, 「문익환 목사의 통일운동론 연구」, 목원대학교 신학대학원 석사학위논문,

2001.

홍근수, 「이데올로기로부터의 자유」, 『생활성서』, 1988.11.

_____, 「한국 기독교의 통일운동에 대하여」, 『바닥에서 일하시는 하나님』, 한국신
학연구소, 1992.

_____, 「통일의 예언자 문익환 목사의 통일론-그의 투쟁의 삶을 회고하면서」, 『밝
은 전망; 예측되는 미래』, 지성사, 1995.

홍석률, 「1968년 푸에블로 사건과 남한·북한·미국의 삼각관계」, 『한국사 연구』
113호, 2001.

_____, 「1970년대 전반 동북아 데탕뜨와 한국 통일문제-미·중간의 한국문제에 대
한 비밀 협상을 중심으로」, 『역사와 현실』 42호, 2001.

_____, 「1970년대 전반 북미관계: 남북대화, 미중관계 개선과의 관련 하에서」, 『국
제정치논총』 제44집 2호, 2004.

_____, 「민간 통일운동의 전개와 쟁점」, 『내일을 여는 역사』 2005년 가을호.

3) 해외 저서 및 논문

『New York Times』, June 15, 2000.

『Washington Post』, June 15, 2000.

Han sung joo, 「Opinion, -A Grave Disservice」, 『Newsweek』 1989.4.10.

Kim Il-Song, 『Report to the 6th Congress of the Workers Party of Korea on the Work
of the Central Committee』, Foreign Language Publishing House, 1980.

Robert S. Rapp., 『The KNCC(South Korea) and The KCF(North Korea)』, The Korea
Branch oh Westminster Biblical Missions, 1988.

5. 성명서 및 자료집

「조국의 평화와 통일을 위한 범민족대회 남측 추진본부 판문점 3자회담 대표단 문
익환, 이창복, 윤영규, 문정현, 권오중, 베를린 3자회담의 개최를 제안하며
기자회견문」, 1990.11.12.

김관석, 김수환, 문익환, 박경리, 박형규 외, 「보도자료-새 신문에 대한 지지 성명」,

1987.10.12.

문익환 외 21명, 「조국의 위기 타개를 위한 우리의 제언」, 1986.1.12.

문익환 외 22명, 「오늘의 민주국민 선언」, 1984.

문익환 외 30인, 「6.10판문점 남북학생회담에 관한 긴급성명」, 1988.6.7.

문익환 외, 「학생운동 관련서한」, 1988.8.11.

문익환, 「민주 통일 국민회의 창립대회보고서」, 1984.

민족민주운동연구소 편, 『국민운동본부: 민주쟁취 국민운동본부 평가서(Ⅰ)』, 1989.

민족민주운동연구소, 「민주통일민중운동연합 평가서 1-자료편」, 1989.10.

민주 통일 국민회의, 「85 민주통일 국민회의 신년 기자 회견문」, 1985.1.7.

민주 통일 민중운동연합, 「양심수석방과 거국중립내각 구성이 군부독재 종식의 지름길이다-거국중립내각 수립 및 양심수석방을 위한 국민대회에 임하는 민통련의 입장」, 1987.10.31

_____, 「통일논의 압살하는 노태우독재정권을 규탄하라-이율배반적인 제6공화국의 통일논의 개방정책에 대한 민통련의 입장」, 1988.6.15.

민주 통일 민중운동연합 (의장 문익환), 「현 시국에 대한 민통련의 입장-국정연설과 여야의 정국견해 표명을 보고-」, 1986.1.31.

민주 통일 민중운동연합 민주헌법쟁취위원회, 「나가자! 민주헌법쟁취를 위해-민헌쟁위 제1차 실천 대 회에 부쳐-」, 1985.12.2.

민주 통일 국민회의, 「전두환 정권과 민한당 유치송 총재는 농성중인 해고노동자들의 요구사항을 즉각 해결하라」, 1985.1.19.

_____, 「성명서-전두환 군사독재정권을 지원하는 미국행정부의 대한 정책을 규탄한다-레이건 미국대통령의 전두환 씨 초청에 즈음하여」, 1985.2.6.

_____, 「성명서-구속인사를 석방하고 인권유린정책을 중지하라」, 1985.3.4.

민주통일민중운동연합 의장 문익환, 「추모대회사1980년 5월항쟁 성명서」.

민주화운동청년연합, 「민주통일국민회의의 발족에 즈음하여」, 1984.10.20.

민통련, 「민주, 민족, 민중운동을 보다 치열하게 전개하자-민통련 문익환 의장의 구속사태를 맞아」, 1986.5.24.

백인준, 「문익환 목사에게 보내는 서한」, 전민련 상임고문 문익환 목사 방북자료, 1993.12.10.

범민족대회 추진본부, 「4차 범민족대회의 추진방향」, 1993.

성명서 「민주인사 인권유린에 대하여」, 1978.10.20.

일본재침략저지민족운동대회 함석헌 등 77인(대회장 문익환), 「구국투쟁 선언문」, 1984.

전국대학생대표자협의회, 「범민련의 결성과 91범민족대회의 과제와 의의」, 1991.

전대협, 「문익환 목사 북한방문에 대한 전대협의 입장」, 1989.3.28.

조국의 자주적 평화통일을 위한 민주단체협의회, 「공동올림픽 쟁취와 평화협정체 결을 위한 공동투쟁선언문」, 1988.7.27.

조국통일범민족연합 남측본부, 『범민련 10년사』1-자료편, 2000.

조국통일범민족연합 남측본부 준비위원회, 문익환, 「범민련 창립준비를 서두르며」, 1991.1.27.

조국통일범민족연합 남측본부 준비위원회, 「범민련 남측본부 준비위원회 결성 및 제 1차 회의」, 1991.1.23.

조통협, 「조국의 자주적 평화통일을 위한 민주단체 협의회 발족선언문」, 1988.7.20.

청계피복노동조합문제 공동대책위원회 (위원장 문익환), 「성명서」, 1984.

통일맞이 칠천 만 겨레모임, 「통일맞이가 부릅니다」, 『통일맞이 자료집』, 1993.

통일맞이 칠천 만 겨레모임 발기준비위원회, 「통일맞이 칠천 만 겨레모임 발기 취지문」, 1994.

학계 · 기독교 · 천주교 · 불교 · 노동 · 문단,언론 · 여성 · 법조 · 재야, 「6월 민주항쟁 두돌에 즈음한 긴급시국선언」, 1989.6.10.

한국기독교교회협의회인권위원회 위원장 조용술, 「성명서」, 1986.5.24.

한국기독청년협의회, 「성명서-문익환 목사의 평양 방문을 지지하며」, 1989.3.28.

함석헌, 박용길, 「기자회견문-민주화를 위한 후보단일화에 대한 재야인사들의 견해 발표」, 1987.10.5.

6. 회고록 및 증언(인터뷰)

1) 회고록

계훈제, 『흰 고무신』, 삼인, 2002.

김대중 외, 『80년 서울 봄: 유신 붕괴와 지성의 목소리』, 다리, 1985.

김대중, 『후광 김대중 대전집』 3, 1993.

김영삼, 『김영삼 대통령 회고록·민주주의를 위한 나의 투쟁, 상·하』, 조선일보사,
    2001.

김영삼, 『나의 정치 비망록: 민주화와 의정 40년』, 심우, 1992.

예춘호, 『서울의 봄-그 많은 사연』, 언어문화, 1996.

이문영, 『겁 많은 자의 용기』, 삼인, 2008.

이창복, 『세기의 길목에서』, 한울, 1999.

이해찬 평론집, 『민주와 통일의 길목에서』, 함께사는세상, 1989.

조성우 외, 『구부러진 한길』, 아름다운사람들, 2004.

2) 증언

김경재 증언, 2009.5.17, 서울 서교동 '삭개오 작은교회'.

_____, 2009.5.19, 서울 수유동 자택.

김낙중 증언, 2009.5.27, 경기도 파주 '평화 연구소'.

김상근 증언, 2009.5.20, 서울 목동 '카페'.

김성재 증언, 2009.6.8, 서울 동교동 '김대중 도서관'.

김용태 증언, 2009.4.14, 서울 종로 운현궁 '낭만'.

노중선 증언, 2009.6.1, 서울 사월혁명연구소 사무실.

_____, 2007.9.10, 서울 사월혁명연구소 사무실.

문성근 증언, 2009.4.2, 서울 프레스센터.

박용길 증언, 2009.4.4~5, 도쿄 YMCA.

_____, 2007.9.24, 서울 수유리 '통일의 집' 자택.

박종화 증언, 2009.6.1, 서울 동대문 '경동교회'.

박형규 증언, 2009.5.21, 서울 시청 앞 '프라자 웨딩홀 커피숍'.

유원호 증언, 2009.4.28, 경기도 일산 '잎새'.

이명식 증언, 2009.6.27, 서울 당산역 커피숍.

이승환 증언, 2009.4.8, 서울 민화협 사무실.

이창복 증언, 2009.4.4~5, 도쿄 YMCA.

_____, 2009.4.15, 서울 민화협 사무실.

장기표 증언, 2009.6.29, 서울 여의도 사무실.

정경모 증언, 2009.4.4~5, 도쿄 YMCA.

조성우 증언, 2009.4.14, 서울 종로 운현궁 '낭만'.
_____, 2009.4.21, 서울 신촌 '카페'.

7. 관련사이트

1) 통일관련단체 사이트

남북공동선언실천연대 http://www.615.or.kr
남북나눔운동 http://www.sharing.net
남북농업발전협력민간연대 http://www.potato.or.kr
대한적십자사 http://www.redcross.or.kr
민족화합운동연합 http://hwahap.org
민족화해협력범국민협의회 http://www.kcrc.or.kr
우리민족서로돕기운동 http://www.ksm.or.kr
자주평화통일민족회의 http://www.onekorea.or.kr
조국통일범민족연합 남측본부 http://www.tongil-i.net
좋은벗들 http://www.jungto.org/gf
통일맞이 문익환목사기념사업 http://www.moon.or.kr
통일에듀넷 http://www.tongiledu.net
한국자유총연맹 민주시민교육센터 http://www.civicedu.or.kr
한반도평화를한민네트워크 http://www.peacekorea.org

2) 시민 사회단체 사이트

4월혁명회 http://rev419.jinbo.net
경제정의실천시민연합 http://www.ccej.or.kr
국제옥수수재단 http://www.icf.or.kr
나눔인터내셔날 http://www.inanum.org
남북물류포럼 http://www.kolofo.org
남북함께살기운동 http://www.kltm.org
녹색연합 http://www.greenkorea.org

통일의 선각자, 문익환의 삶과 분단극복론

다물민족연구소 http://www.dhamul.co.kr

대한변호사협회 http;//www.koreanbar.or.kr

민족문제연구소 http://www.banmin.or.kr

민주노총 http://www.kctu.org

민주사회를위한변호사모임 http://minbyun.jinbo.net

민주언론운동시민연합 http://www.ccdm.or.kr

민주주의민족통일전국연합 http://www.nadrk.org

바르게살기운동중앙협의회 http://www.bareuge.com

불평등한SOFA개정국민행동 http://sofa.jinbo.net

소비자문제를연구하는시민의모임 http://www.cacpk.org

인권운동사랑방 http://www.sarangbang.or.kr

전국교직원노동조합 http://eduhope.net

전국농민회총연맹 http://www.junnong.org

전국민족민주유가족협의회 http://ugh.or.kr

주한미군범죄근절운동본부 http://usacrime.or.kr

참여연대 http://peoplepower21.org

천주교정의구현전국연합 http://kcfj.org

평화를 만드는 여성회 http://wmp.jinbo.net

평화인권연대 http://peace.jinbo.net

한국교육단체총연합회 http://www.kfta.or.kr

한국노총 http://www.fktu.or.kr

한국대인지뢰대책회의 http://landmine.peacenet.or.kr

한국민족예술인총연합 http://www.kpaf.org

한국예술문화단체총연합회 http://www.facok.or.kr

한국청년단체협의회 http://www.youthkorea.org

환경운동연합 http://www.kfem.or.kr

찾아보기 〉

통일의 선각자, 문익환의 삶과 분단극복론

통일의 선각자, 문익환의 삶과 분단극복론

저 자

이 유 나
李유나

서울에서 출생하였으며, 성균관대학교 대학원 사학과에서 한국근현대사를 전공하고 박사학위를 받았다. 한국농촌경제연구원에서 연구활동을 하였고, 현재는 홍익대학교, 상명대학교 등에서 현대사회와 이데올로기, 민족통일론, 역사와 문화, 한국문화사, 한국근현대사의 이해 등의 과목을 강의하고 있다.

주요 저서와 논문으로는 『21세기와 이데올로기(공저)』, 「1946~1948년간 김규식의 통일민족국가 건설운동」, 「문익환의 통일론의 형성과 성격」, 「88선언 전후시기 한국 기독교교회협의회(KNCC)의 통일운동과 제 세력의 통일운동 전개」 등이 있다.